Moses Mendelssohn

Briefwechsel der letzten Lebensjahre

Sonderausgabe
Eingeleitet von Alexander Altmann

Friedrich Frommann Verlag (Günther Holzboog)

CIP-Kurztitelaufnahme der Deutschen Bibliothek
Mendelssohn, Moses:
[Sammlung]
Briefwechsel der letzten Lebensjahre / Moses
Mendelssohn. Eingel. von Alexander Altmann. —
Sonderausg. — Stuttgart-Bad Cannstatt: Frommann, 1979.
ISBN 3-7728-0736-4

Einleitung

Moses Mendelssohn (1729—86), dessen zweihundertfünfzigster Geburtstag in das Erscheinungsjahr dieses Bandes fällt, gilt mit Recht als eine der eindrucksvollsten Gestalten der Berliner Aufklärung. Der Zauber seiner Persönlichkeit, über den der junge Lavater, Elise Reimarus und viele andere in überschwenglicher Weise berichten, entsprang einer seltenen Mischung von Verstandeskraft, moralischem Ernst und musischer Begabung. Er drückte sich vor allem in der abgeklärten Stilform seiner Schriften aus, die gegenüber der Schwerfälligkeit der älteren Traktate einen neuen Ton in der deutschsprachigen philosophischen Literatur erklingen ließen. Kein Geringerer als Kant sprach davon, es sei „nicht jedermann gegeben, so subtil und doch zugleich so anlockend zu schreiben als David Hume, oder so gründlich und dabei so elegant als Moses Mendelssohn". Die Gründlichkeit, die Kant an Mendelssohn pries, war das Ergebnis seines eindringlichen Studiums der Leibniz-Wolffschen Schulphilosophie, der er lebenslänglich die Treue wahrte. Die Eleganz, auf die Kant hinwies, war nicht nur die Folge seiner inneren Musikalität (die er als Erbteil seinem Enkel Felix Mendelssohn Bartholdy vermittelte). Sie war z. T. erworben im Umgang mit Lessing und durch die intensive Beschäftigung mit der schönen Literatur und mit den Schriften der Engländer und Franzosen auf philosophischem Gebiete. Alles Enge und Pedantische war aus seinem Umkreis verbannt.

Das treibende Element in Mendelssohns Persönlichkeit war nicht ein Drang nach Originalität, sondern ein Bestreben, Gegensätzliches zu einer Einheit zu verbinden oder als im Grunde nicht widersprüchlich zu erklären. Charakteristisch für sein Bemühen um eine Ganzheitsschau ist die briefliche Bemerkung (1. Mai 1764) gelegentlich einer Würdigung staatsrechtlicher Schriften: „Wer aus Wolffs Jus naturae und Montesquieus Esprit des Lois ein Ganzes zu machen wüßte!" Aus der gleichen Tendenz heraus hatte er es verstanden, seine Frühschriften zur Metaphysik von Leibniz-Wolffschen Grundsätzen getragen und zugleich von Locke und Shaftesbury beschwingt sein zu lassen. In eben diesem Geiste hatte er sich bemüht, die ästhetischen Lehren eines Baumgarten und Sulzer mit denen Edmund Burkes zu einer Ganzheit zu verschmelzen. Dieses Harmonisierungsbestreben, das seiner denkerischen Leistung zugrunde liegt, offenbart sich nicht zuletzt in der Synthese von Judentum und Aufklärung, der die Bahn zu brechen er sich zeitlebens bemühte und deren archetypische Verkörperung er wurde. Er, dessen „Litteraturbriefe" als erste „den attischen Ton mit den Tiefen des spekulativischen Nachdenkens verbanden" (s. Brief Nr. 723), war auch der Erste, der die geistigen und politischen Möglichkeiten eines Heimatrechts der Juden im europäischen Raum der Neuzeit darzutun versuchte.

Mendelssohns reiche und vielseitige Persönlichkeit spricht sich am unmittelbarsten in seinem Briefwechsel aus, von dem sich, die an ihn gerichteten Briefe eingerechnet, 744 Nummern feststellen lassen. Fast alle von diesen sind entweder im handschriftlichen Original (im Mendelssohnschen Familienarchiv sowie in öffentlichen oder privaten Sammlungen) oder im Abdruck aufgrund von Autographen erhalten. Alle zur Zeit bekannten Briefe liegen in erstmaliger Vollständigkeit in den Bänden 11, 12.1, 12.2, 13 der Jubiläumsausgabe der gesammelten Schriften Moses Mendelssohns mit Quellenangaben und ausführlichen Anmerkungen vor. Die in dieser Sonderausgabe vorgelegte Sammlung enthält 202 Briefe von und an Mendelssohn aus dem Zeitraum Januar 1781 bis Ende Dezember 1785, also aus der letzten Phase seines Lebens. (Mendelssohn starb am 4. Januar 1786.) Die Epoche, die sich in diesem Briefwechsel spiegelt, war die bewegteste in seinem Dasein und Wirken, und keine andere Auswahl hätte dem Leser die Gestalt Mendelssohns und den Kreis der Menschen um ihn plastischer vor Augen stellen können. Mendelssohn stand damals auf dem Höhepunkt seines Ansehens, aber zugleich unter dem Druck einer Reihe von Aufgaben sowohl wie Krisen, die die höchsten Anforderungen an seine schon seit langem geschwächte Gesundheit stellten.

Den Reigen der Briefe eröffnet der Hinweis auf den verlorengegangenen letzten Brief Mendelssohns an Lessing, der kurz vor dessen Tode geschrieben wurde. Lessing, mit dem ihn eine bis ins Jahr 1754 zurückreichende innige Freundschaft verbunden hatte, starb am 15. Februar 1781, und die Sorge um seinen literarischen Nachlaß ist ein Thema, das in einer Reihe von Briefen (an den Herzog von Braunschweig; von Lessings Bruder Karl Gotthelf; etc.) vorwaltet. Lessings Tod brachte auch Herder und Mendelssohn wieder zusammen, wozu Herder in seinem Briefe vom 21. Februar 1781 den ersten Schritt tat. Die für Mendelssohn folgenreichste Wirkung des Hinscheidens Lessings war jedoch sein Entschluß, „etwas über Lessings Charakter zu schreiben“, um der Welt ein getreues Bild des Mannes zu geben, der in seinen letzten Jahren von vielen verkannt worden war. Es ist dieses literarische Vorhaben, das sich unheilvoll für ihn auswirken und schließlich nicht zur Ausführung kommen sollte, als wäre es unter einem Unstern geboren. Es führte zur harten Auseinandersetzung mit Friedrich Heinrich Jacobi im sogenannten „Pantheismusstreit“, der Mendelssohn bis zu seinem Tode in Atem hielt. Die Stadien dieses Konflikts, der um die Deutung des Lessingschen Spinozismus ging, lassen sich anhand der hier abgedruckten Korrespondenz mit Jacobi und den Geschwistern Reimarus (Elise und ihr Bruder, Dr. Johann Albert Heinrich) deutlich ablesen. Die Wiedergabe des berühmten Berichtes Jacobis über sein Gespräch mit Lessing (Nr. 615) erfolgt hier nach dem Original, ohne die Veränderungen, die Jacobi in den von ihm veröffentlichten drei Fassungen vornahm. Der Briefwechsel mit Dr. Reimarus, der sich im Gefolge des Streites mit Jacobi entspann, enthält äußerst wertvolle Äußerungen über die philosophische Siuation der Zeit und zeigt u. a. die Schwierigkeiten, die der Rezeption der kritischen Philosophie Kants entgegenstanden.

Auf einem gänzlich anderen Blatt liegen die in der Korrespondenz mit Christian Wilhelm Dohm berührten Fragen bezüglich der bürgerlichen Gleichstellung der Juden, die in dessen epochalem Werke über diesen Gegenstand zum ersten Mal befürwortet wurde und die Mendelssohn zur Herausgabe einer deutschen Übersetzung von Manasseh Ben Israels „Vindiciae Judaeorum" (1656) anregte. Die dieser Verteidigung der Juden vorausgeschickte Vorrede Mendelssohns — ein Manifest der Toleranz, das seiner Zeit weit vorauseilte — enthält bereits den Kern seines staatspolitischen Denkens, wie es ein Jahr später (1783) in der Schrift „Jerusalem oder über religiöse Macht und Judentum" ausführlicher dargestellt wurde. Zwischen der Vorrede und „Jerusalem" liegt die in den Briefen Friedrich Eberhard von Rochows und August Hennings zum Ausdruck kommende negative Reaktion auf Mendelssohns Darstellung des Judentums als einer Religion der Toleranz sowie die öffentliche Herausforderung des anonymen Traktätchens „Das Forschen nach Recht und Licht". „Jerusalem" ist die Antwort auf diese Schrift, die Mendelssohn ursprünglich dem Wiener Politiker Josef von Sonnenfels zuschrieb, deren Verfasser aber, wie sich herausstellte, der Berliner Publizist August Friedrich Cranz war. Darüber hinaus enthält das Werk Mendelssohns naturrechtliche Ideen und seine daraus folgenden Anschauungen über das Verhältnis von Kirche und Staat, die eine rege Polemik hervorriefen und auch im Briefwechsel ein Echo finden. Mendelssohn spricht sich darüber in einigen Briefen an Herz Homberg aus und berührt die juristische Materie von der Gültigkeit der Verträge in einem Schreiben an Garve. Kant und Herder äußern sich darüber in ihren Briefen (Nr. 609, 643). Auch der Briefwechsel mit Ernst Ferdinand Klein, den bedeutenden Juristen und Mitarbeiter Svarez' am Allgemeinen Preußischen Landrecht, bewegt sich z. T. um verwandte Probleme, die die Rechtsstellung der Juden betrafen.

Die im Frühjahr 1783 erfolgte Einladung (Brief 590), der Berliner Mittwochsgesellschaft als Ehrenmitglied beizutreten, ist der sichtbare Ausdruck der Anerkennung, die sich Mendelssohn auch als politischer Denker errungen hatte. Die Aktivität, die er in diesem Zeitraum entfaltete, war jedoch keineswegs auf das politisch-rechtliche Gebiet beschränkt. Sie erstreckte sich mit gleicher, wenn nicht erhöhter Energie auf kulturelle Bemühungen wie die Vollendung der 1778 zuerst angekündigten Pentateuch-Ausgabe mit deutscher Übersetzung und einem neuen hebräischen Kommentar (Bi'ur) und die Herausgabe seiner 1770 begonnenen Psalmen-Übersetzung. Eine Reihe von Briefen beziehen sich auf diese Werke, die Mendelssohn sehr am Herzen lagen. Mehrere Schreiben an Herz Homberg berühren dessen Mitarbeit (Kommentierung des 5. Buches Moses), mit der Mendelssohn wenig zufrieden war. Zu all dieser rastlosen Tätigkeit gesellt sich die Inanspruchnahme durch die innerjüdischen Kämpfe um das von Hartwig Wessely vertretene Programm einer radikalen pädagogischen Reform (vgl. Briefe 559, 573). In diesem Zusammenhang sei auf die kulturhistorisch äußerst interessanten Briefe hingewiesen, die Ferdinand Kindermann Ritter von Schulstein, der große pädagogische Reformator in Prag, an Mendelssohn richtete.

In den hier gebotenen Briefen treffen wir eine Reihe von Männern, mit denen Mendelssohn z. T. schon vorher und z. T. erst in der letzten Phase seines Lebens in Beziehung stand. Mit Kant korrespondierte er bereits seit 1766, und es ist nicht ohne Reiz, aus dem Brief vom 10. April 1783 zu ersehen, daß er es war, der Friedrich Gentz, den später zu Berühmtheit gelangten konservativen Politiker, als Sohn des ihm befreundeten General-Direktors des preußischen Münzamtes bei Kant einführte, als er die Universität Königsberg bezog (Brief 593). Mit Peter Camper, dem großen Naturwissenschaftler, Chirurgen und Freund des holländischen Philosophen Hemsterhuis, war Mendelssohn erst seit dem Sommer 1780 bekannt geworden. Sein Brief an ihn (528) enthält einen Beweis gegen den Pantheismus. Josef von Sonnenfels trat mit Mendelssohn zum ersten Mal in Verbindung, als er ihm im Dezember 1784 die Mitgliedschaft an der von ihm begründeten wissenschaftlichen Gesellschaft in Wien anbot (Brief 670). Mendelssohns Verhältnis zu Christian Garve, dem hochangesehenen, auch von Kant geschätzten Philosophen, trug den Stempel einer gegenseitigen Wertschätzung und hatte seinen Ursprung in Garves Initiative (1769), den von ihm verehrten Verfasser des „Phädon" um eine Begegnung zu ersuchen. Der Briefwechsel zwischen den beiden behandelt vorwiegend naturrechtliche Fragen. Mendelssohns alter Freund und ärztlicher Berater Johann Georg Ritter von Zimmermann empfing einen Dankbrief (655) für die Gabe seines Werkes „Über die Einsamkeit", der sich mit großer Offenheit über die Gefahr des mit Schwärmerei gepaarten Atheismus ausspricht und einer rührenden väterlichen Hoffnung Ausdruck gibt. Dem erst seit kurzem mit ihm in Verbindung getretenen Stuttgarter Philosophen Johann Christoph Schwab zollt Mendenlssohn Anerkennung für seine Anhänglichkeit an die Leibniz-Wolffsche Metaphysik, die im Urteil vieler Zeitgenossen ihre Geltung verloren hatte (Brief 689). Er hätte ein ähnliches Lob seinem getreuen Freund und Verehrer Johann August Eberhard spenden können, mit dessen Bedenken gegenüber der kritischen Philosophie Kants er vertraut war. Beide, Eberhard und Schwab, werden sich später (1789) im „Philosophischen Magazin" zusammenfinden, um die Leibnizische Philosophie gegen Kant zu verteidigen. In einem Brief an den Mannheimer Professor Anton von Klein (621) empfahl Mendelssohn Eberhard als den geeignetsten Darsteller der Gestalt Leibniz' für das geplante Werk „Leben und Bildnisse großer Deutschen". Eberhards Buch „Theorie der schönen Wissenschaften" (Halle 1783) enthält ein achtseitiges Widmungsschreiben an Mendelssohn, das von Freundschaft überströmt (s. Brief 594).

Ein Kapitel für sich ist der ausgedehnte Briefwechsel mit August Hennings, der lange Zeit in dänischen Staatsdiensten stand, als liberaler Publizist auf Widerstand stieß und schließlich nach Deutschland zurückkehrte. Er war, wie je einer, Mendelssohn mit Herz und Seele ergeben, scheute sich aber nicht, ihm auch unverhohlen zu widersprechen, wenn er dazu Anlaß fand (vgl. die Briefe 560 und 660). Seiner Kritik an Mendelssohns Aufsatz „Über die Frage: was heißt aufklären?" verdanken wir eine Antwort (Brief 664), die den besten Kommentar zu jenem Aufsatz liefert. Einer seiner Briefe an ihn gibt ihm Gelegenheit, seine Geschichtsphilosophie in einer Weise zu entwickeln, wie sie eindrucksvoller nirgends sonst zu finden ist. In vielen seiner Briefe bewundern wir die Geduld und Feinfühligkeit, mit der er Hennings Sentimentalität und Neigung zur Hypochondrie aufzunehmen und umzulenken verstand.

Mit dem Verleger Friedrich Nicolai, dem wohl unentwegtesten Vertreter der Berliner Aufklärung, verband Mendelssohn eine herzliche Freundschaft, die bis in die frühesten Anfänge ihrer literarischen Bemühungen zurückreichte. Dank der skrupulösen Gewissenhaftigkeit, mit der Nicolai alles Schriftliche aufbewahrte, sind selbst die kleinsten geschäftlichen Billets, die Mendelssohn an ihn richtete, auf die Nachwelt gelangt. Von historischem Interesse ist das von Nicolai (und Ramler) mitunterzeichnete Gesuch an den Herzog von Braunschweig (531) sowie ein Brief Nicolais, der seinen Konflikt mit Herder betrifft. Der Letztere hatte Mendelssohn gebeten, die Rolle eines Vermittlers zu spielen. Der Streit ging um Nicolais Theorien über den Tempelherrenorden und den Ursprung der Freimaurerei. Dabei wurde u. a. auch über die Deutung des von den Templern verehrten Bildes des Baphometus (Mendelssohn schrieb Bavemetos) gezankt. Dieser Hinweis mag genügen, um den Inhalt der Briefe 643 (P.S.), 649 und 651 einigermaßen verständlich zu machen.

Zu Mendelssohns Freundeskreis gehörten auch der Berliner Philosoph Johann Jacob Engel, der Arzt und Philosoph Marcus Herz (ein Schüler Kants, dem die Ehre widerfahren war, bei der öffentlichen Verteidigung von Kants Inauguraldissertation (1770) das Amt des „Respondenten" auszuüben) und, allerdings nur für kurze Zeit, der hessisch-darmstädtische Hofrat Franz Michael Leuchsenring. Der Brief 631 spielt auf dessen Enttäuschung in der Liebe zu einer jungen Dame der Berliner jüdischen Gesellschaft an, die ihn zu einer überstürzten Abreise von Berlin veranlaßt hatte. Der österreichische Dichter Johann Baptist von Alxinger hatte nur zu kurzem Besuch in Berlin geweilt, war aber von Mendelssohn tief beeindruckt worden. Eine Verehrerin aus der Ferne war auch die portugiesische Dichterin, die Karl August Grafen von Oeynhausen-Gravenburg geheiratet hatte und nach seiner Ernennung zum portugiesischen Gesandten am österreichischen Hof mit ihm nach Wien gezogen war, wo sie bald ein großes Interesse an der deutschen Literatur bekundete. Ein gelegentlicher Besucher im Mendelssohnschen Hause war Johann

Friedrich Reichardt, Königl. Preußischer Kapellmeister und hauptsächlich bekannt durch seine Kompositionen Goethescher Lieder. Der Brief 667 bezieht sich auf seine Vertonung des 65. Psalms in Mendelssohns Übersetzung.
Die letzten fünf Briefe dieser Sammlung wurden zwischen Mendelssohn und Sophie Becker gewechselt, einer feinsinnigen jungen Dichterin, die als Reisebegleiterin der Charlotte Elisabeth Constanze von der Recke, geb. Gräfin von Medem, in Berlin weilte. Mit Mendelssohn wurde sie wenige Wochen vor seinem Tode bekannt und, wie die Briefe bezeugen, blickte sie zu ihm als einem seelischen Berater auf. Was Mendelssohn ihr über seine eigene Religiosität in schlichten, zu Herzen gehenden Worten sagte, gehört zu dem Schönsten, was er geschrieben hat.

ALEXANDER ALTMANN

Leser, die nähere Aufklärung über die in den Briefen angeführten Gegenstände und Personen suchen, seien auf Band 13 der Jubiläumsausgabe (die Gliederung dieser Edition findet sich auf S. 336 f. dieses Bandes) verwiesen, dem die vorliegende Sonderausgabe entspricht. Nicht wiedergegeben sind lediglich dessen Nachträge und Anmerkungen; außerdem wurde das Register, das sich auf die Bände 11—13 der „Jubiläumsausgabe" bezieht, durch ein ausschließlich diesen Band umfassendes ersetzt. Die Numerierung der Briefe, in diesem Band beginnend mit Nr. 527, wurde um der Zitierfähigkeit dieser Sonderausgabe willen beibehalten.

527

AN GOTTHOLD EPHRAIM LESSING

[Berlin, Anfang Januar 1781]

528

AN PETER CAMPER

[Berlin, 6. Januar 1781]

Haben Sie den verbindlichsten Dank, bewundernswürdiger Mann, für die unerwartete Aufmerksamkeit, mit welcher Sie, mitten unter Ihren so wichtigen und der Menschheit so ersprießlichen Beschäftigungen, sich noch eines Wunsches erinnern, den ich in Ihrer Gegenwart geäußert, um ihn so angelegentlich zu befriedigen. Die schöne Schrift des Hrn. Hemsterhuys, welche ich Ihrer Güte zu verdanken habe, hat nunmehr in meinen Augen einen dreifachen Werth. Zu ihrem innerlichen, wesentlichen Werthe kommt hinzu, daß ich sie als unschätzbares Geschenk von dem Verfasser selbst, und als Denkmal von der herablassenden Gefälligkeit eines großen Mannes besitze, der diesen Namen nicht bloß von Seiten des Geistes, sondern auch von Seiten des Herzens verdienen, nicht bloß der Natur, sondern auch sich selbst zu verdanken haben will.
Ich habe mir seitdem auch des Hrn. Hemsterhuys Aristée ou sur la Divinité angeschafft, davon ich die erste Nachricht gleichfalls Ihrer Güte schuldig bin. Ich kann Ihnen nicht beschreiben, wie erquickend mir diese Lectüre gewesen, da ich eben einige Tage vorher Dav. Hume's Gespräche über die natürliche Religion gelesen, und mich, fast möchte ich sagen, geärgert hatte.
Außer zweien oder dreien einzelnen Beobachtungen, die sich in Hume's Schrift auszeichnen, scheinen mir die darin enthaltenen Gründe so seicht, daß sie auch des gemeinsten Sophisten unwürdig sind. Wenn das berüchtigte „Système de la Nature", das ich nie

habe lesen mögen, nicht gründlicher ist, als diese englische Broschüre, so begreife ich nicht, wie es vernünftigen Männern hat so furchtbar scheinen können.
Indessen brachte mich doch der englische Schriftsteller auf den Gedanken, einen kurzen, logikalisch stengen Beweis aufzusetzen: daß dieses sichtbare Weltall nicht das vollkommenste Wesen seyn könne; und da eben dieser Beweis auch einen Satz des Newton, den Ihr Freund Hemsterhuys begünstigt, umzustoßen scheint, so bin ich so frei, Ihnen solchen durch Einlage zuzusenden und mir Ihre Gedanken darüber auszubitten. Haben Sie die Gewogenheit, diese meine Gründe, wenn Sie solche nicht ganz unerheblich finden, auch unserm Weltweisen vorzulegen und dessen Urtheil darüber zu vernehmen. Versichern Sie denselben auch meiner vollkommensten Hochachtung und Erkenntlichkeit für alles Gute und Schöne, das ich aus seinen Schriften gelernt habe. Ich füge keine Entschuldigung hinzu, daß ich so frei bin, seine Meinung zu bestreiten; denn ich setze zum voraus, daß Hr. Hemsterhuys derjenige ist, welcher er aus seinen Schriften zu seyn scheint, ein Mann, der die Wahrheit über alles liebt, und gern Nachsicht hat, wenn Jemand aus Liebe zur Wahrheit irrt. Ich bin etc.

Ihr

Moses Mendelssohn

Beweis, daß weder die sinnliche Welt das göttliche Wesen, noch Zeit und Raum Eigenschaften Gottes seyn können.

1) Alles, was ist, ist entweder eins oder viel.
2) Viel ist eins und eins und eins u. s. w.
3) Viel ist ein Gesammtbegriff, der keinem einzelnen Dinge, sondern einem und noch einem zusammengefaßt zukommt, ein sämmtliches Wesen (ens collectivum).
4) Ein auf diese Art sämmtliches Wesen hat kein objectives Daseyn; sondern wenn es vorhanden ist, so kann es bloß auf eine subjective Art vorhanden seyn. Das Zusammennehmen oder die Umfassung alles Einzelnen, worin das Wesen eines sämmtlichen Dinges besteht, gehört nicht mehr zum gedachten und vorgestellten Object, sondern zum denkenden und vorstellenden Subject.

Als Object der Vorstellung ist jedes Ding einzeln und für sich. Bloß durch das Zusammennehmen wird aus vielen einzelnen Dingen ein sämmtliches Ding. Die Existenz eines solchen sämmtlichen Dinges ist also nicht in den sämmtlich umfaßten einzelnen Dingen, sondern in dem vorstellenden, umfassenden Wesen anzutreffen.

5) Das Daseyn eines sämmtlichen Wesens setzt nicht nur das Daseyn, sondern auch die Handlung eines denkenden Subjects voraus.

6) Dieses denkende Subject wird entweder selbst ein einzelnes Wesen seyn, oder abermals ein einzelnes Wesen vorausetzen, dem eine objective und reale Existenz zukommt.

Wenn diese Sätze zugegeben werden, so läßt sich gar leicht beweisen, daß die Sinnenwelt nicht das göttliche Wesen seyn könne; denn:

A. Die Welt ist ein Inbegriff aller Dinge, die in Raum und Zeit zur Wirklichkeit gelangen.

B. Raum und Zeit sind beide Ausbreitungen, jenes zugleich seiender, dieses auf einander folgender Dinge, in so weit die Merkmale derselben nicht in einander fallen, sondern außer einander liegen.

C. Jedes ausgebreitete Ding ist kein besonderes einzelnes Wesen, sondern eins und eins mehreremal genommen, d. h. V i e l oder etwas S ä m m t l i c h e s.

D. Die Sinnenwelt ist also ein sämmtliches Wesen, welches das Daseyn eines einzelnen denkenden Subjects vorausetzt. Dieses subjective Wesen wird sich den Inbegriff aller Dinge, aus welchen das sämmtliche Wesen, W e l t, besteht, auf das allerdeutlichste vorstellen, und daraus den Sammtbegriff bilden, welcher dem Worte W e l t zukommt.

E. Das Daseyn der Welt kann also ohne das Daseyn eines göttlichen Wesens nicht gedacht werden.

Es folgt aber aus eben dem Grunde, daß Raum und Zeit keine Eigenschaften des göttlichen Wesens seyn können; denn als Gesammtbegriffe setzen sie das Daseyn eines zusammennehmenden Subjects voraus, und können demselben nicht als Eigenschaften zugeschrieben werden. Die Eigenschaften eines einzelnen Dinges können nicht selbst sämmtliche Dinge seyn. Als sämmtliche Dinge müssen sie objectiv seyn; die Eigenschaften eines einzelnen Dinges aber können nicht außer demselben anzutreffen seyn, also nicht in vielem bestehen.

529

AN FRIEDRICH NICOLAI

Bester Freund!
Unser Lessing ist hin! Sollten wir, seine Freunde, nicht an den Herzog schreiben, und um seine Papiere bitten?

den 20. Febr. 1781 Moses Mendelssohn

530

VON FRIEDRICH NICOLAI

Liebster Freund,
Hier haben Sie das verlangte Concept. Alles wohl überlegt, scheint es mir schicklicher, daß Sie den Brief in Ihrem Namen abfassen, und daß ich nur erwähnt werde. Finden Sie es aber schicklicher daß wir beide unterschreiben, so ändern Sie mit weniger Mühe i c h in w i r wo es gehört — und senden mir den Brief auch zur Unterschrift. — Unterschreiben Sie aber allein so senden Sie ihn zur Post mit der oben angemerkten Aufschrift.
Daß Sie Lessings Charakter schildern wollen, schien mir ein Bewegungsgrund zu seyn, der auf den Herzog einen starken Eindruck machen könnte, die Bitte zu gewähren. Finden Sie aber nicht für gut dieses noch zu sagen, so werden Sie es weglaßen.
Morgen sehen wir uns hoffentlich

d. 20. Febr 81 Nicolai

531

AN KARL WILHELM FERDINAND HERZOG VON BRAUNSCHWEIG

Durchlauchtigster Herzog
Gnädigster Herr

Wir Endesunterschriebenen seine ältesten und vertrauten Freunde. Wir glauben es dem Andenken unseres verewigten Freundes schuldig zu seyn, zu sorgen, daß seine hinterlaßene Korrespondenz und Manuscripte für die Nachwelt bewahret, und nichts davon verlohren gehe, aber auch nichts davon anders bekannt gemacht werde, als wie es den Wissenschafften vortheilhaft, und dem Andenken unseres Freundes rühmlich ist. Wir selbst, haben mit ihm einen interessanten Briefwechsel geführt, und da verschiedene Beyspiele vorhanden sind, daß hinterlassene Briefe auf indiscrete Art bekannt geworden sind, so ist uns daran gelegen, daß unsere Korrespondenz nicht ein gleiches Schicksal erfahre. Dazu kommt, daß ich Moses Mendelssohn meinem innigstgeliebten Freunde, ein Denkmal errichten, und seinen Charakter öffentlich der Welt schildern will, wozu mir nöthig ist, alle dazu dienlichen Papiere in Händen zu haben.

Wir unterstehen uns daher Ew Durchlaucht unterthänigst zu bitten

des sel. Lessing hinterlassene sämtliche Manuscripte, besonders dessen geführte Korrespondenz an uns gnädigst ausliefern zu laßen, damit wir davon einen Gebrauch machen können, wie wir es dem Vortheil der Wissenschafften und der Ehre des Verstorbenen am zuträglichsten halten.

Wir versichern zugleich, daß wir hierdurch die Rechte der Erben des Seligen, auf keine Weise kränken wollen, sondern, daß wir, wenn etwas von den Manuscripten oder Korrespondenz öffentlich bekannt zu machen wäre, sollte es nicht ohne Vorbewust der Erben, und ohne uns über den zu bezahlenden Werth mit denselben zu vergleichen, thun wollen. Unsere einzige Absicht ist, allen Misbrauch der mit den Manuscripten und Korrespondenz gemacht werden könnte, zu verhüten.

Wir sind mit tiefster Ehrfurcht Ew. Durchlauchten

Berlin d. 20 Febr
1781

unterthänige Diener
Moses M
Ramler
Nicolai

532

AN KARL GOTTHELF LESSING

[Berlin, Februar 1781]

Nicht ein Wort, mein Bester, von unserm Verluste, von der großen Niederlage, die unser Herz erlitten. Das Andenken des Mannes, den wir verloren, ist mir jetzt zu heilig, um es durch Klagen zu entweihen. Es erscheinet mir nunmehr in einem Lichte, das Ruhe und erquickende Heiterkeit auf die Gegenstände verbreitet. Nein! ich rechne nicht mehr, was ich durch seinen Hintritt verloren. Mit gerührtem Herzen dank' ich der Vorsehung für die Wohlthat, daß sie mich so früh, in der Blüthe meiner Jugend, hat einen Mann kennen lassen, der meine Seele gebildet hat, den ich bey jeder Handlung, die ich vorhatte, bey jeder Zeile, die ich hinschreiben sollte, mir als Freund und Richter vorstellte, und den ich mir zu allen Zeiten noch als Freund und Richter vorstellen werde, so oft ich einen Schritt von Wichtigkeit zu thun habe. Wenn sich in diese Betrachtung noch etwas Melancholisches mit einmischet; so ist es vielleicht die Reue, daß ich seine Führung nicht gehörig benutzt habe, daß ich nicht geizig genug war nach seinem lehrreichen Umgange, daß ich manche Stunde vernachlässigte, in der ich mich mit ihm hätte unterhalten können. Ach! seine Unterhaltung war eine ergiebige Quelle, aus welcher man unaufhörlich neue Ideen des Guten und Schönen schöpfen konnte, die er wie gemeines Wasser von sich sprudelte, zu jedermanns Gebrauch. Die Milde, mit welcher er seine Einsichten mittheilte, setzte mich zuweilen in Gefahr, das Verdienst zu verkennen; denn sie schien ihn in keine Unkosten zu setzen, und zuweilen schob er sie den meinigen so mit unter, daß ich sie nicht mehr unterscheiden konnte. Ueberhaupt war seine Mildthätigkeit hierin nicht von der engherzigen Art mancher Reichen, die es fühlen lassen, daß sie Almosen ausspenden; sondern er spornte den Fleiß an, ließ verdienen, was er gab.

Alles wohl überlegt, mein Liebster, ist Ihr Bruder gerade zur rechten Zeit abgegangen. Nicht nur in dem Plane des Weltalls zur rechten Zeit: denn da geschiehet eigentlich nichts zur Unzeit; sondern auch in unserer engen Sphäre, die kaum eine Spanne zum Durchmesser hat, zur rechten Zeit. Fontenelle sagt von Kopernikus: er machte sein neues System bekannt, und starb. Der Biograph Ihres Bruders wird mit eben dem Anstande sagen können: er schrieb Nathan den Weisen, und starb. Von einem Werke des Geistes, das eben so sehr über Nathan hervorragte, als dieses Stück in meinen Augen über alles, was er bis dahin geschrieben, kann ich mir keinen Begriff machen. Er konnte nicht höher steigen, ohne in eine Region zu kommen, die sich unsern sinnlichen Augen völlig entzieht; und dies that er. Nun stehen wir da, wie die Jünger des Propheten, und staunen den Ort an, wo er in die Höhe fuhr und verschwand. Noch einige Wochen vor seinem Hintritte hatte ich Gelegenheit ihm zu schreiben: er solle sich nicht wundern, daß der große Haufe seiner Zeitgenossen das Verdienst dieses Werks verkenne; eine bessere Nachwelt werde noch funfzig Jahre nach seinem Tode daran lange Zeit zu kauen und zu verdauen finden. Er ist in der That mehr als Ein Menschenalter seinem Jahrhunderte zuvorgeeilt.

533

VON JOHANN GOTTFRIED HERDER

Ohne Zweifel, lieber, theurer Mendelssohn, wissen Sie, so gut wie ich, Lessings Tod; ich kann aber nicht umhin, da ich mich schon seit zwei Tagen damit trage und gegen niemand mein Herz darüber recht ausschütten und losmachen kann, an Sie, liebster Mendelssohn, zu schreiben — an Sie, dessen Freund er so sehr war und den ich mir in meinen ersten Jahren so gern und oft mit ihm zusammen dachte. Die Vorsehung hat auch hiebei, wie bei allem, ihre weisen, guten Zwecke und Wege: er ist bald und frühe des unvollkommenen Wirrwars losgeworden, in und mit dem wir uns hier schleppen, um nur die ersten Blicke der Wahrheit und festen Seelenfreiheit thun zu können; Ihnen aber brauche ichs gewiß nicht zu sagen, was Deutschland, was die Wissenschaften, was die edle männliche Bestrebung in den Wissenschaften an ihm verloren, und lange nicht wiederfinden werden. Mir ists noch immer, so entfernt wir von einander arbeiteten und dachten, so leer zu Muth, als ob Wüste, weite Wüste um mich wäre.

Lassen Sie sich, lieber Mendelssohn, erbitten, gewissermaßen seinen Platz in mir auszufüllen, und mir etwas näher zu sein, als Sie's sind. Eine Reihe von Zufällen und Umständen, in denen ich zum Theil, doch nicht ganz Schuld bin, hat Sie, wie ich lange wenigstens gedacht habe, entfernter gegen mich gemacht, als ichs wünsche. Der unglückliche Zeitpunkt, in dem wir uns zu Pyrmont einander sahen und so wenig genossen, mit dem, was durch Nicolai darauf folgte, hat dazu beigetragen; und es ist mir oft ein schmerzliches Andenken gewesen, daß sich das alles so schicken, so zusammenschicken mußte. Ich begehre nicht Ihre Freundschaft, die sich nicht antragen läßt, die ich auch meiner Gemüthsart nach niemanden in der Welt je angetragen habe; aber ihre Gutmüthigkeit, Ihr unverhohlenes Wohlwollen in Sachen, wo wir doch einerlei Zweck im großen Ganzen, wenn gleich in so verschiedenen Sphären zu befördern haben, dies wünsche, dies erbitte ich mir, da ich Sie so innig und aufrichtig hochschätze und liebe, auch mit jedem Jahre des Lebens lieber gewinne.

Es war Thorheit von mir, daß ich in meinem letzten Briefe Ihr Urtheil über die „Urkunde" ablenkte. Ich vergaß dabei den weisen, unbestochenen, gütigen Mendelssohn, und dachte an das große Geschwirr, das insonderheit von Berlin aus mir über dieses Buch, bei dem der eigentliche Zweck nur noch immer bei mir ist, so viel zum Theil gewiß unnöthige und ungerechte Händel und bösen Leumund gemacht hat, das mancherlei Unangenehme, das ich darüber insonderheit mündlich erfahren, das Buch auf Jahre zu vergessen, um einmal mit neuem Gemüth und ohne Spuren der Bitterkeit dran zu gehen und es kurz und gut, wenigstens da ich wollte, zu enden. Vielleicht habe ich Unrecht, wenn ich überhaupt von dieser Zeit an Herrn Nicolai durch seinen großen Einfluß in die mancherlei Provinzen Deutschlands für den Urheber eines großen Theils von Urtheilen über mich und meine spätern Schriften halte; ganz Unrecht kann ich indeß kaum haben. Meine ersten, unstreitig schlechtern sind durch seine damalige — Freundschaft kann ichs nicht nennen, aber Zuthat mags heißen, viel zu sehr erhoben worden, damit die andern um so tiefer herabgesetzt würden; wie ich dies Rad der Wiedervergeltung, das zuletzt alles doch eben macht, mehrmals erfahren habe. Es ist also auch nicht mein Zweck, je mit e i n e r Silbe oder e i n e m Bestreben dahin einzugreifen; ich komme hier nur darauf, weil es zur Geschichte meines Herzens gehört, die mich auch von Ihnen, aus Scham und Bescheidenheit wenigstens, eine Reihe von Jahren entfernter gemacht hat. Vergessen Sie alles, lieber Mendelssohn, wenn Ihnen auch durch diese unreine trübe Röhren Widriges von mir, zumal, wie es so oft sogar öffentlich geschehen, auch von meiner Person zu Ohren gekommen ist. Ich begehre Herrn Nicolais Freundschaft oder Gelindigkeit nicht; er fahre fort auf dem Wege, der ihm recht dünket; Sie aber, lieber Mendelssohn, möchte ich gern davon abgetrennt betrachten, und sofern es sein kann, den Meinen nennen.

Freilich stehen Sie ungemein freier und reiner als ich in meinem Stande, wo ich so viel tragen, schonen muß, um nicht größere, wesentlichere Pflichten des Lebens zu verderben; allein auch in diese weiß sich ein weiser, billiger Mann, wie Sie, zu setzen, und mich dünket, Sie werden auch aus meinen Briefen und vielleicht Schriften wahrgenommen haben, daß ich hierin mit Bescheidenheit, und ich kann gewiß sagen, mit Versetzung in des andern Person denke: von Ihnen bin ichs gewiß, daß Sie auch so denken werden. Unser armer Erdball dreht sich noch der reinen Sonne so fern, und so abwechselnd in Witterungen und Jahreszeiten, daß wir uns in Meinungen einander nicht quälen oder verfolgen sollten. Auch in verschiedenen Gängen und Irrgängen kommen wir gewiß, früher oder später, zu e i n e r Burg der Wahrheit.

Ich weiß, lieber Mendelssohn, Sie nehmen diesen Brief so gut und menschlich auf, als ich ihn schreibe. Eine Antwort hat er nicht zum Zweck; er ist nur dazu, daß Sie ihn lesen, ins Herz nehmen, und

verbrennen. Ich habe mir nur Luft gemacht und zu Ihnen gesprochen, wie ich schon lange wollte.
Und nun auf den Anfang des Briefes. Tragen Sie doch auch dazu bei, daß Lessings Nachlässe gerettet werden und in gute Hände kommen. Sie könnens durch sich und ihre Freunde vorzüglich. Der brave Freund und Ringer für helle Wahrheit!
Leben Sie wohl, liebster Mendelssohn, und sparen sich, so viel an Ihnen ist, unsrer Erde. Da Lessing hin ist, hat Deutschland Sie, wenn Sie auch nur stillwirkender Zeuge sind, vor so vielen andern nöthig.

Ihr
herzlich ergebener
W[eimar] den 21. Februar [17]81. Herder.

Noch am Ende vorigen Monats hat mir Lessing geschrieben.

534

AN JOHANN GOTTFRIED HERDER

Berlin den 15. März 1781.

Auch dieses, mein bester Herder, ist Weg der Vorsehung, daß Lessing's Tod zwei Gemüther sich einander näher bringen muß, die, wie jetzt am Tage liegt, ein leidiges Mißverständniß von einander entfernt hatte Ich muß meinem Freunde Nicolai und mir Gerechtigkeit widerfahren lassen. Er ist gegen mich wenigstens in seiner freundschaftlichen Zumuthung allezeit bescheiden, und hat nie solchen Anspruch auf mein Herz gemacht, ihm seine häuslichen Ab- und Zuneigungen aufdringen zu wollen; und ich bin der Mensch auch nicht, der so leidsam auf sich wirken läßt. Daß ich an der allgemeinen Bibliothek nicht den mindesten Antheil habe, können Sie mir auf mein ehrliches Wort glauben; und dürfen zum Beweise dessen nur die Recension meiner 5 Bücher Mosis lesen, die in einem der letzten Theile erschienen, und in welcher ich offenbar als Einer, der nicht zur Massonei gehört, behandelt werde. Ich gestehe es, mein Freund gab mir die Recension im Manuscript zu lesen. Weil ich aber keinen Einfluß haben wollte, so ließ ich die schalen Kritiken alle unberührt, und that bloß zuletzt eine Anmerkung hinzu, um eine Stelle zu retten, über die der Recensent den Stab gebrochen hatte.

Aber unsere Begegnung zu P. mag wohl an der darauf erfolgten Entfernung der Gemüther so ziemlich schuld seyn. Offenherzigkeit verdient Gegenoffenherzigkeit. Ich werde Ihnen gestehen, was damals in meinem Herzen vorgegangen, als ich Sie einige Male sah und sprach. Ich glaubte in allen Ihren Blicken die Bitte zu lesen: „Lieber Mann, ich habe jetzt einen Weg zu gehen, auf dem ich mir Ihre Begleitung verbitten muß. Je näher in Lehre, desto entfernter im Leben. Sie kennen die Menschen, auf die ich jetzt wirken muß, wenn ich meinen Endzweck erreichen will. Unsere Stege müssen divergiren, wenn wir beide zur Herberge kommen wollen.“

Diese Sprache hat mir so mancher rechtschaffene Mann in Ihrer Lage zu verstehen gegeben, daß sie mich an Ihnen nicht mehr befremdete. Ich bin ohnehin gewohnt, so oft ein Freund seinen Stand verändert oder verändern will, ein wenig schüchtern zu werden; und nicht mehr mit meiner gewöhnlichen Vertraulichkeit ins Haus zu stürzen, sondern erst leise anzupochen und zu lauschen, ob nicht auch innerlich eine Veränderung vorgegangen, oder wenigstens zum Scheine vorgenommen werden muß. Ich beschloß daher, mich nach Ihrem Wunsche zu bequemen, und der Zeit zu überlassen, was sie aus unserer Gesinnung gegen einander machen will. So wenig ich diese w e l t k l u g e Weise im Herzen billige, so kann ich sie doch an Andern entschuldigen; und bescheide mich willig, daß vielleicht meine Mißbillgung selbst der bürgerlichen Lage zuzuschreiben, in der ich mich befinde. Diese bedarf allezeit mehr passive als active Herablassung.

Und nun L e s s i n g ' s Tod! der einzige Mann, an dem ich in mehr als 30 Jahren keine Spur von dieser Gesinnung wahrgenommen, der so allezeit ungetheilten Herzens, ganz sich selbst gleich, ganz mein Freund und Wohlthäter blieb! Der Tod dieses Freundes,mit dem ich zu leben gleichsam gewohnt war, hat in meinem Herzen eine tiefe Wunde geschlagen; und es ist ein wahres Labsal für meine Seele, daß Sie eine gleiche Lücke in Ihrem Herzen empfinden, und solche durch die Annäherung mit dem meinigen

wieder auszufüllen gedenken. Haben Sie herzlichen Dank dafür, daß Sie den ersten Schritt dazu gethan. Sie sollen mich sicherlich auf halbem Wege treffen. Ich gehe etwas langsam, aber ununterbrochen. Jeder hat seine Weise; und ich habe das Zutrauen zu Ihrer Menschenkenntniß, daß Sie meine kaltscheinende Weise nicht mißerkennen werden. Sie ist in Wahrheit mehr gemäßigt, als kalt; und Sie werden sie hoffentlich in der Folge der Zeit immer ächter und bewährter und Ihrer Liebe würdiger finden.
Nach dieser gemäßigten Blutmischung kann ich weder an L. noch an H. die Heftigkeit billigen, mit welcher sie die Meinungen und Schriften Anderer beurtheilen, so, daß sie nicht selten im Lehrer und Schriftsteller den Mann und Hausvater kränken. L. wußte vieles zu seiner Rechtfertigung vorzubringen, das mich zuweilen zum Stillschweigen brachte; allein mein Herz widersprach ihm immer. Daß diese beiden Söhne der Weltweisheit zuweilen in einer Anwandlung von Übermuth der Mama in die Frisur gegriffen, und der Großmama Vernunft die Zähne gefletscht haben, schreibt man dem Verlangen zu, Andere auf diese Vertraulichkeit eifersüchtig zu machen, und vergiebt ihnen gern.
Und nun wieder auf Lessing! dessen Tod noch geraume Zeit mein Refrain bleiben wird. Sein Nachlaß ist, wie ich hoffe, in guten Händen. Professor Schmidt, ein Freund des Verstorbenen, hat auf Befehl des Herzogs alles versiegelt, bis die Brüder und Erben öffnen lassen. Lessing aus Breslau wird nächstens hier durch nach Wolfenbüttel gehen. Privatschriften und Briefe von Freunden, schreibt der Herzog, sollen durch Professor Schmidt von den eigenen Manuscripten Lessing's abgesondert, und an ihre Behörde wieder zugestellt werden. Bei jetzigen drucksüchtigen Zeiten wird manchem seiner Correspondenten diese Vorsicht sehr angenehm seyn.
Ich hoffe, es soll bei diesem ersten Schritte, den wir zur Freundschaft gethan, nicht bleiben; und verspreche Ihnen, allezeit so offenherzig zu seyn, als Sie mich jetzt finden. Ich kann Ihnen auf der Laufbahn, auf welcher Sie so große Schritte thun, nicht folgen; aber ohne Neid kann ich Ihnen meinen herzlichen Beifall nachrufen, so oft Sie ihn mir zu verdienen scheinen. Lieben Sie mich, Brüderchen!

Moses Mendelssohn.

535

AN MARCUS HERZ

den 2 April 1781.

Eben der witzlose Reimer, der am 1 April, Abends um 10 Uhr, unsere Unterhaltung von der Erklärung des Witzes unterbrach, weckte mich diesen Morgen auf, die Untersuchung fortzusetzen. Man muß so stumpfe Sinne wie ein Nachtwächter haben, um einen sinnreichen Einfall logisch zu zergliedern, d. h. Nerve von Nerve und Muskel von Muskel zu trennen.

Ich glaube die Wolf'sche Erklärung retten zu können. Jedoch ist das Wort Ähnlichkeit in einer etwas weitern Bedeutung zu nehmen, in welcher es jede Convenienz zweier Begriffe bedeutet; und so scheint es Wolf nicht nur hier, sondern auch bei seiner Erklärung des Wiedererinnerns genommen zu haben.

1) Arnolph will nicht mehr Arzt seyn,

2) Arnolph will Husar werden;

zwei disparate Entschließungen, davon der Witz den Grund in einer und eben derselben Neigung des Willens entdeckt, in der Menschenliebe.

Der Witz ist reichhaltig; denn eben diese Neigung kann sonst gerade die entgegenstehenden Entschließungen hervorbringen, nämlich: nicht Kriegsmann, sondern Arzt zu seyn. Er enthält also die Convenienz zweier disparaten Entschließungen, und zugleich ihrer Gegensätze, und ist zugleich satyrisch; denn er zeigt das Lächerliche in dem Charakter Arnolphs: er ist schlechter Arzt und feiger Soldat. Zu dieser Bemerkung gehört auch Scharfsinn; nämlich die Gabe des Geistes, in derselben Neigung des Willens, in der Liebe zur Erhaltung der Menschen, die Verschiedenheit der Entschließungen wahrzunehmen, nachdem sie einem Wissenden oder Unwissenden, einem Tapfern oder Verzagten beiwohnt. —

Eine Frau heirathen,

Eine Frau nicht heirathen;

zu diesen entgegenstehenden Sätzen entdeckt der Witz einen ähnlichen Grund in ihrem Alter. Man heirathet sie nicht, weil sie alt ist; und man würde sie heirathen, wenn sie noch älter wäre. Der Scharfsinn unterscheidet: man heirathet eine junge Person ihretwegen, und eine sehr alte des Geldes wegen.

Eine Dichter seyn, und geizig seyn, scheint sich der gemeinen Erfahrung nach zu widersprechen. Der Witz entdeckt die Convenienz:

alle Dichter darben,
alle Geizige darben.

Man suchte die veranlassende Ursache, und der Witz schob die Endursache, des Schicksals Schluß, unter, um freies Spiel zu haben. Der Scharfsinn würde unterscheiden: der Dichter darbt, weil er muß, und der Geizige, weil er will. Der Widerspruch ist also im Grunde nicht gehoben.
Leben Sie wohl! den Mittwoch sehen wir uns vielleicht wieder.

Der Ihrige,
Moses Mendelssohn.

536

AN FRIEDRICH NICOLAI

[Berlin, 29. April 1781]

Bester Freund!
Der Wechsel, den Sie endoßirt, war nicht auf Hamburg, sondern auf Chr. Traser in Amsterdam, ß 105 1/2 in Cour. Ich habe ihn unterm 19. Merz nach Amst. gesandt, und muß derselbe allerdings angenommen worden seyn, da seitdem nichts erfolgt ist. Er war vom 28. Febr. 65. Tage. Gestern Abend waren wir, Hr. Pr. Engel, Hr. Meil und ich, bey dem Herrn G. R. Wloemer. Ich rechnete darauf, Sie auch daselbst zu finden, und siehe! Sie ließen mich ganz allein mit Engel über den Werth der Agnes Bernauerin streiten, die er der Aemilia Galotti, dem Oedip. des Soph. und wer weis, welchem Meisterstücke sonst vorziehen will. Was sagt mein Freund hierzu?

Moses Mendelssohn

537

AN AUGUST HENNINGS

Berlin den 8 May 1781.

Wie ich von meinem Schwager Gugenheim vernehme, sind Sie verdrießlich über die Anzeige Ihrer Schriften in der Bibliothek, und unwillig über mich, daß ich den Recensenten nicht auf gewiße Localgründe aufmerksam gemacht, die Sie veranlaßt haben, gerade so und nicht anders zu schreiben. Alles dieses, mein theuerster Hennings, wundert mich nicht. Sie denken sich noch immer zwischen Nicolai, seiner Bibliothek und mir dieselbe Verbindung, die zwischen seinen Litteraturbriefen und mir, und vielleicht auch in den ersten Paar Stücken zwischen der Bibliothek und mir gewesen seyn mochte. Allein die Sachen haben sich, wie alle sublunarische Dinge, ziemlich verändert. Nicolai sehe ich des Jahres kaum so oft, als Theile von seiner Bibliothek erscheinen. Unsere Freundschaft ist noch immer dieselbe, allein unser Hausstand und unsere Geschäfte haben zugenommen, und letztere liegen zu weit von einander. Unser Geschmak und unsere Neigungen, denen man in Erholungsstunden nachzugehen pflegt, mögen sich auch zum Theil verschiedentlich modificirt haben, und was sonst für kleine Ursachen hinzuzukommen pflegen, warum man in 20, 30 Jahren nicht immer denselben Zeitvertreib liebt. — Nicolai ist ein Mann von überhäuften Geschäften, und die Besorgung der Bibliothek ist eine so weitläuftige und mühsame Arbeit geworden, daß er sie einem andern hat auftragen müssen. Er selbst besiehet die einlaufenden Recensionen etwa wie ich die abgelieferten seidenen Waaren, mit flüchtigem Auge, eine und die andere Lage, ob die Arbeit reglementmäßig sey. — Denken Sie sich hiernächst 80, 90 Gelehrte in ganz Deutschland zerstreuet, jeder mit seiner Hypochondrie und Laune, Eigenliebe und Eitelkeit, der sich lieber einen Fetzen aus seinem besten Sonntagsrok ausschneiden, als eine Zeile in seinem Manuscript ausstreichen läßt; so werden Sie sichs erklären, wie von meiner Uebersetzung der 5 Bücher Moses in einem der letzten Stücke der Bibliothek so schaale Critiken haben Platz finden können, denen ich noch kaum am Ende eine Note habe anhängen können, um eine gar zu schnöde verdammte Stelle zu retten; so werden Sie es begreiflich finden, wie allen Ihren und meinen Protestationen ungeachtet, Ihre gute Absicht hat verkannt, und selbst Ihr Talent, als Schriftsteller, so unbillig, so einseitig hat beurtheilet werden können. Geben Sie acht, mein bester Hennings, am Ende gehet es den Recensenten wie den Zöllnern, königlichen Accise Beschauern, Tobakoreitern, Coffeeriechern. Rechtschaffene Männer entstehen sich mit ihnen in öffentlicher Verbindung zu stehen, und man wünscht, bey einer gesetzmäßigen Besichtigung lieber mit Strenge, als mit Nachsicht untersucht zu werden, um den feilen Männern keinen Dank schuldig zu seyn.

Was ich Ihnen noch zu sagen habe, gehet blos mich an. Mich beschäftiget itzt der einzige Gedanke: Lessings Tod. Er macht mich nicht traurig, nicht tiefsinnig; aber er ist mir immer gegenwärtig, wie das Bild einer Geliebten. Ich schlafe mit ihm ein, träume von ihm, wache mit ihm auf, und danke der Vorsehung für die Wohlthat, die sie mir erzeigt hat, daß ich diesen Mann so frühzeitig habe kennen lernen, und daß ich seinen freundschaftlichen Umgang so lange genossen habe. Die Welt kennet seinen schriftstellerischen Wehrt; wenige aber kennen nur seinen freundschaftlichen Wehrt; ja ich finde daß sein moralischer Wehrt überhaupt in vielen sogar miskannt werde. Auch die Begriffe von Tugend und Sittlichkeit sind der Mode unterworfen, und wer sich nicht nach den Modebegriffen seines Jahrhunderts schmiegen kann, der wird von seinen Zeitgenossen verkannt und verschrien. — So viel scheinet mir indessen außer allem Zweifel zu seyn: Wenn irgend ein Mensch besser war, als er sich in seinen Schriften zu erkennen gab; so war es Lessing. Die am meisten wider ihn eingenommen waren, wußte er in einer Stunde persönlichen Umganges zu gewinnen, und gleichwohl ist ihm meines Wissens nie eine geflissentliche Schmeichelei aus dem Munde gegangen; ja er hatte sogar die — wie soll ich es nennen? — Bizarrerie, ein abgesagter Feind von der äußern Höflichkeit zu seyn. Seine gesellschaftlichen Tugenden bestanden vielmehr in ächter Theilnehmung, aufrichtiger Dienstbeflissenheit, in der äußersten Entfernung von Eigennutz und Eigendünkel, und in der milden Bereitwilligkeit einem jeden mit seinem Reichthum an Begriffen zuvorzukommen, daß man sich in einer Unterredung mit ihm, allezeit scharfsinniger glaubte, als man wirklich war, ob

man gleich nicht unterlassen konnte, dessen Ueberlegenheit innerlich recht sehr zu fühlen. Sarkastisch und bitter gegen jeden Gek, der sich die Wahrheit allein gefunden zu haben einbildete, war er liebreich und bescheiden gegen jeden der Wahrheit suchte; und zu allen Zeiten bereit, ihm mit seinem Vorrathe zu dienen.
Ich habe mich übrigens recht sehr gefreuet von meinem Schwager zu vernehmen, daß Sie, mein Freund, itzt in einer häuslichen Glückseeligkeit leben, die allein Ihnen bisher gefehlt zu haben scheinet. Am Ende ist diese doch die wahre Bestimmung des Menschen, und die bewährte Glükseeligkeit des Weisen. Auch Lessing ist dieses nach langem Widerstreben inne geworden, aber leider zu spät, und zu einem sehr kurzen Genusse.

538

VON AUGUST HENNINGS

Kopenhagen 15 May 1781.

Da ich immer mehr auf Würksamkeit als auf Lehren gehalten habe und nur durch iene zu diesen geführet bin, ist es mir bey meinen Schriften, die ich zuerst selbst vergaß, nicht um den schriftstellerischen Wehrt und Ruhm zu thun, und in dieser Absicht hätte also die A. d. Bibliothek gerne sagen mögen, was sie gerecht und billig gefunden haben würde. Nur die Wahrheit, für die ich geschrieben, nur der Erfolg, den diese Wahrheit auf mich gehabt hat, hätte unangefochten bleiben müssen, und das ist nicht geschehen, sondern vielmehr mir mein Betragen gegen einen Fanatiker, der nach einem öffentlichen groben und unanständigen Angriff, nach heimlichen niedrigenden Intriguen, mich durch die heuchlerische Maske der Versöhnung überlisten wollte, als ein Fehler angerechnet worden.
Dies Verfahren des Bibliothekars ist gerade so, als wenn man Zaubsern in Bayern wegen des poetischen Verdienstes seiner Ode und Franz Xaver Grubern wegen des rednerischen Wehrtes seiner Predigt beurtheilen und die Veranlassung und Natur des Verfahrens ganz aus der Acht lassen wollte.

... Itzt da meine Streitigkeiten im Publiko beygelegt sind, will ich gerne jederman ruhig lassen, wenn ich selbst nur ruhig bleiben kann; ich hoffe meine Handlungen und Schriften werden nie Schaden verursachen. In dem innern wesentlichen des Geistes bin ich so glücklich, als ich seyn kann, und dieses ist, wie Sie sagen, die einzige bewährte Glükseeligkeit, so lange unsere Nebengeschöpfe uns nicht hindern, dieselbe ungestört zu genießen.
Lessings Tod ist eine wichtige Epoque in der Menschheit. Vielleicht werden vielen, die ihn bisher miskennen wollten, die Augen geöfnet. Ich wünsche daß Ihre feierliche Gesinnungen, die so voll Freundschaft, Wahrheit und Theilnehmung an das Schiksahl der Menschheit sind; allgemeiner werden, und so etwas zur besseren Erkenntniß beytragen könnten. Viele reden itzt, die sonst schwiegen. Nicht einer so nachdrüklich als er, aber alle stärker. Und doch scheint es, statt weiser zu werden, werden wir immer weicher und schwächer. Die Zeit wird lehren, wo es hinaus soll.
Ihr völliges Stillschweigen, liebster Mendelssohn, hatte mich mehr, als alles beunruhiget. Ein Wort der Freundschaft mit Ihnen und von Ihnen enthält für mich mehr Wahrheit, als alle Bücher Weisheit. Auch ohne diese Nebensache wünschte ich iene Hauptsache zu erhalten. Und glauben Sie nur nicht, daß es umsonst ist, wenn Sie mir schreiben. Sie haben vielleicht wenig Hauptgeschäfte, die einen so völligen Erfolg haben, als ein Brief von Ihnen an mich.

539

AN JOHANN GOTTFRIED HERDER

Berlin den 18. Mai 1781.

Ich setze als ausgemacht zum voraus, theuerster Herder, daß der vertrauliche Ton, den ich in meinem vorigen Schreiben angenommen und in diesem noch immer beibehalte, Sie unmöglich beleidigen könne. Moses, der Mensch, schreibt an Herder, den Menschen; nicht der Jude an den Superintendenten. Jenes Verhältniß setzt Sie wahrlich nicht unter Ihren Stand; aber ich bin eitel genug zu glauben, daß es mich in etwas über den meinigen erhebe. Halten Sie mir diese Eitelkeit immer zu gute: sie ist das, was mich in diesem Gewirre menschlicher Schicksale und Ereignisse noch aufrecht erhält.

Ich bin Willens, diesen Sommer, wenn es meine Gesundheitsumstände erlauben, etwas über unsres Lessings Charakter zu schreiben. Mich dünkt, daß er von dieser Seite noch immer allgemein verkannt, und zum Theil mißkannt wird. Nur seine vertrautesten Freunde kennen ihn als einen von den seltenen Menschen, die besser sind, als sie scheinen wollen. Die Gleißnerei der Modesitten und der sogenannten g u t e n L e b e n s a r t ist ihnen so zum Ekel, daß sie in ihrem Aeußerlichen lieber das Gegentheil davon annehmen und eine Art von Ungeselligkeit zur Schau tragen, daran ihr Herz nicht den mindesten Antheil hat. Ich finde in Lessings Briefen, die ich bei dieser Gelegenheit wieder durchgelaufen, daß er auch mit Ihnen welche gewechselt, die von der vertraulichen Art gewesen sein müssen, in welcher er nur mit wenigen zu correspondiren pflegte. Sollte sich in diesen etwas finden, das zur Beleuchtung seines sittlichen Charakters dienen und den Augen des Publicums vorgelegt werden kann, so bitte ich, bei gelegener Stunde solches auszuziehen und, da ich einmal beim Bitten bin, einige Anmerkungen von Ihrer Art hinzuzuthun. Erlauben es Ihre Umstände nicht, daß man Sie nenne, so sein Sie immer von meiner Verschwiegenheit versichert. Ich verspreche, wenn Sie wollen, allenfalls Ihre fast nicht zu verkennende Schreibart so herabzustimmen, daß sie nicht zu errathen sein soll, wenn Sie mir nur Ihre Gedanken über die Sitten unsres Freundes zu meinem Gebrauche schenken wollen.

Einige Proben Rabbinischer Weisheit, die letztlich allhier in einer ziemlich unbekannten periodischen Schrift eingerückt worden, lege ich hiermit bei. — Leben Sie übrigens wohl, und wenn meine Bitte zu dreuste gewesen, so schlagen Sie mir solche mit eben der runden Freimüthigkeit ab, mit welcher ich sie gethan.

Der Ihrige

M o s e s M e n d e l s s o h n .

540

VON JOHANN AUGUST EBERHARD

Halle den 19.ten May 1781

Der junge Mann, mein Theuerster Freund! der Ihnen diesen Brief überreichen wird, ist ein hier studirender Kurländer Nahmens Kupfer. Er glaubt, daß ich ihm die Erlaubniß verschaffen könne, den er so oft mit Rührung hat nennen hören; und im Vertrauen auf Ihre Güte übernehme ich es, ihn mit diesen Zeilen bey Ihnen einzuführen.

Unter den angenehmern Besuchen, die ich bey meiner letzten Reise in Leipzig gemacht habe, gehört insonderheit der bey Hr. Adelung. Dieser brave Mann ist jetzt mit sehr wichtigen Untersuchungen über die deutsche Sprache beschäftigt, von denen er auch diese Messe ein Paar Kapitel hat drucken lassen. So viel ich aus seinem Gespräch habe urtheilen können, ohne seine beyden neuen Schriften noch selbst gelesen zu haben: sehe ich wohl, daß ihm solche allgemeine Untersuchungen über die Entstehung der Sprache und ihrer Theile, als ich mich erinnere von Ihnen gelesen zu haben, vortrefflich würden zu Statten kommen. Sollten Sie uns die jetzt nicht gedruckt geben. Der Himmel gebe Ihnen Gesundheit dazu, wie auch zu Lessings Leben, wovon mir Nicolai gesagt. Ich umarme Sie herzlich.

Eberhard.

541

AN BRENTANO BOVARA & GREPPI

Berlin den 22. May 1781

Hochzuehrende Herren!

Mein Freund, der hiesige Buchhändler, Herr Frider. Nicolai, der itzt auf der Reise ist, dürfte nöthig finden, einige Hundert Reichsthaler, jedoch aller Wahrscheinlichkeit nach, nicht über 500 ß in

Banco, auf Hamburg abzugeben. Sollte er solche auf Ew. Hochwohlg. für meine Rechnung, 14 Tage Sicht, trassiren; so bitte solche gütigst anzunehmen, und mir Nachricht davon zu ertheilen. Ich besorge alsdenn dankbarlich die Rimesse, der ich die Ehre habe zu seyn

Moses Mendelssohn

542

AN FRIEDRICH NICOLAI

[Berlin, Mai 1781]

Mein Freund zu Amsterdam meldet mir, auf meine Anfrage, Herr Gulicher sey sehr gut, und wäre zu wünschen, daß man mit lauter solchen Leuten zu thun hätte. Von der wirkl. Bezahlung der Aßig. habe zwar noch keine positive Nachricht, aber auch noch keine vom Gegentheil; also ist solche vor aus zu setzen.

M. Mendelssohn

543

AN FRIEDRICH NICOLAI

[Berlin, den 23. Mai 1781]

Bester beneidenswerther Wanderer!

Hierin erhalten Sie das Formular zum Wechsel; den Sie auszustellen haben. Mein Advis Briefchen lassen Sie abgehen, sobald Sie den Wechsel gezogen haben, und geben aber zugleich auch in Ihrem Namen advis, daß Sie zu N.N. unter dem und dem Dato, au ordre N.N. zu dieser Sicht, so und so viel, abgegeben; bitte solche anzunehmen, und dem Moses Mendelssohn zu Rechnung zu bringen.

Findet der Käuffer des Wechsels nöthig auch Secunda davon machen zu lassen; so ist das Formular auch mit dabey. Die Ausfül-

lung ist völlig so, wie des Primawechsels. Beide werden alsdan von Ihnen unterschrieben; aber nur für einen erhalten Sie die Bezahlung.
Von Lessingens Nachlaß höre ich und sehe weiter nichts. So bald ich die Briefe bekomme, die ich ihm geschrieben, mache ich mich an die Arbeit. Reisen Sie glüklich! Bester Freund! und liefern Sie bey Ihrer Zurükkunft, alles was Sie mitgenommen, wenigstens nicht schlechter wieder ab, Ihre Gesundheit, Munterkeit kritische Galle, alles, wo nicht verbessert, wenigstens nicht verschlimmert; aber Ihre auch ganze Freundschaft für

Moses Mendelssohn

544

AN MADAME NICOLAI

Madame!
Einliegendes Billet bittet Herr Gulcher aus Amsterd. dem Herrn Nicolai zu übersenden. Vielleicht kan Er von der Empfehlung auf der Reise Gebrauch machen.
Fl 226,9 Stüber Cour. hat Herr Gulcher angenommen und bezahlt. Diese betragen à 137 p^{C} in Louis d'or — ß 124,1 g.
Ich bitte mich gleichfalls der Freundschaft des Herrn Nicolai gütigst zu empfehlen. Ich wünsche von Herzen, daß Er Sie, Madame! und ich ihn bald wieder sehn möge.

Dero
gehorsamst ergebenster
Berlin den 13. Aug. 1781 Moses Mendelssohn

[Beilage]

VON TH. GULCHER

Werthester Freund!
Unser Nicolai schreibt mir nicht das geringste von seiner Reise Routte; Wann Er über Straßburg gienge; so wollte ich Ihn dort

an einen meiner besten Freunden HE. Friedrich von Turckheim empfohlen haben — Ist es noch Zeit und kommt Er hin: so senden Sie ihm dieses Billet — dessen Übergabe wird Ihm die wärmste Empfehlung in einem Hause seyn, wodurch Er alle Annehmlichkeiten von Straßburg genießen wird — ich hoffe Er reist dann über Manheim, Furth, Mayntz, den Rhein herunter biß Gölln; von da zu Lande hiehin über Aachen, Eupen;, von hier über Münster, Oßnabrück, Braunschweig zurück —.
Senden Sie ihm dieses Billet mit erster Post — ich bitte Ihn mir mit zwey Zeilen zu sagen, ob ich hofen darf Ihn zu sehen —.
Ich empfehle mich in Ihre Freundschaft und bin von Hertzen

der Ihrige
Th. Gulcher.

545

VON CHRISTIAN WILHELM DOHM

P. P.
Endlich habe ich das Vergnügen Ihnen hierbey den Schluss meiner Schrift zu schicken. Der Anhang u Vorwort werden nicht über 1½ Bogen mehr betragen. Wenn es H. Moses erlauben, werde ich Ihnen auch diese noch zuschicken, u Sie bitten sie durchzusehen, da ich bey dem französischen meinem Auge nicht genug traue. Wenn ich die K Bogen heute wieder erhalte, könnte das morgen abgedruckt werden.
Da eine Schrift doch immer mehr Eindruck macht, wenn sich jemand zu ihr nennt, da in der meinigen nichts enthalten ist, was ich abläugnen dürfte, auch die Censur sie durchaus approbirt hat; ohnedem der Verfasser doch immer bekannt wird; so habe ich beschlossen meinen Nahmen auf den Titel zu setzen, welches H. Nicolai auch sehr lieb seyn wird. Haben Sie noch keine Briefe aus Strasburg? Wenn Sie dieselben erhalten, bitte ich um gefällige Mittheilung des mir so wichtigen Urtheils.
H. Wessely könnte seine Berichtigungen mir entweder als einen Anhang mittheilen, oder sie in einer besondren kleinen Schrift

nachfolgen lassen, worin er füglich die Hauptsache bestätigte. Letzteres halte ich selbst für besser, da ersteres auch noch aufhalten würde. Jedoch hängt es von Ihrer Verabredung mit H. W. ab. Ich wünsche sehr, dass er über diese Sache schreiben möge, u dies allein wird schon ein Vortheil meines Schreibens seyn.

Dohm

d 24ten Aug. 81

546

AN MADAME NICOLAI

Madame!
Ich gebe mit der heutigen Post den Herren Gulcher & Mulder von der Tratte des HE. Nicolai, meines sehr schätzbaren Freundes, die erforderliche Nachricht. Die Rimeße haben Sie bereits in Händen. Der Betrag ist à 137 % in Louisdor à 5 rthl; — Rthl 247,12 g.
Von der Schrift Ueber die bürgerliche Verbesserung der Juden, die in Ihrem Verlage, Madame! zum Vorschein kömt, bitte ich dem Verfasser 50 Exemplare zukommen zu lassen. Ueber die übrigen verabredeten Exemplare werde ich so frey seyn, weiter zu verfügen, sobald solche zu bekommen seyn werden. —
Haben Sie übrigens die Gewogenheit, Madame! mich Ihrem würdigen Mann bestens zu empfehlen. Von der Anekdote von Lessingen dürfte ich schwerhlich Gebrauch machen können. Denn ich bin selbst ein großer Bewunderer des goldenen Spiegels; ob ich mir gleich sonst nicht vorwerfen kan, den Spiegel oder das Gold so sehr zu bewundern. Ich habe die Ehre mit vollkommener Hochachtung zu seyn,

Madame!
Dero
gehorsamst ergebenster
Moses Mendelssohn

den 4. Sept. 1781

547

VON JOHANN GOTTFRIED HERDER

[Weimar, Mitte September 1781]

548

AN JOHANN GOTTFRIED HERDER

Haben Sie tausendfachen Dank, bester, theuerster Herder, für die guten Empfindungen, die Sie diesen Morgen bei mir erregt haben. Meine Hochachtung haben Sie schon seit vielen Jahren, aber dieser Aufsatz über Lessing macht, daß ich mich näher an Sie schließe, daß ich Sie liebe, und sehnlichst wünsche, von Ihnen wieder geliebt, Ihr Freund genannt zu werden; denn die Freundschaft eines solchen Mannes kann den Verlust eines Lessings auf den Ueberrest meiner Tage ersetzen.

Ja, Freund, Sie haben nunmehr den wichtigen Schritt gethan, der bisher zur Abründung Ihres ganzen Charakters gefehlt hat. Sie sehen die Menschen nicht mehr mit tadelfrohen pädagogischen Augen an; der Mensch sammt seiner Bemühung um Wahrheit ist Ihnen nicht mehr bloß ein Gegenstand der Satire und der Geringschätzung. Sie betrachten ihn sammt allen seinen Fehltritten und Schwachheiten als ein Product des ewigen Künstlers, das, bewundert und geliebt, zurecht gewiesen, aber nicht gemeistert sein will. Sie haben Ihr Herz mit Ihrem Geiste, und wo mir recht ist Ihren Stil mit beiden in bessere Harmonie gebracht. Dieses habe ich Ihnen schon vor vielen Jahren zugetrauet und von Ihnen vorhergesagt, und es ist nicht wenig schmeichelhaft für meine Eigenliebe, meine Prophezeihung so eintreffen zu sehen.

Auch der Aufsatz über Winkelmann hat meinen völligen Beifall; aber ich muß es Ihnen gestehen, Winkelmann selbst nicht. Ich kann ihm das nicht vergeben, daß er sich auf den Umgang mit Cardinälen so kindisch viel zu Gute that, und auf jeden deutschen Professor mit solcher schnöden Verachtung herabsah. Wo blieb da

die Empfindung des Sittlicherhabenen, die ihm doch sonst nicht fremd zu sein schien?
Aber die Uebersetzung der Klagelieder will mir nicht sonderlich gefallen. Die critischen Anmerkungen des Herrn Börmels sind von keiner Bedeutung, und auf Ausdruck haben Sie in seinem Namen mit Recht Verzicht gethan. Im Anfange des dritten Klageliedes übersetze ich:

Ich, der Mann, ich sah das Elend (den Jammer)
Mit der Geißel seines Grimmes.
Mich trieb es fort u. s. w.

Auf das personificirte Unglück passen die folgenden Ausdrückungen weit besser, als auf Gott.

Sie erhalten in einem Pakete folgende Hebräische Sachen. 1) das dritte Buch Mose mit meiner Uebersetzung und einem Commentar von meinem gelehrten Freunde, Herrn Wessely, der zu meinem Schaden und zu manches Lesers Langeweile viel zu gelehrt gerathen ist. 2) Examen mundi, Hebräisch und Lateinisch, eins der schönsten unserer neuern Lehrgedichte, das Ihnen vielleicht schon bekannt ist. 3) ein allegorisches Drama. Der Verfasser hat vor 50 Jahren zu Amsterdam gelebt, war ein großes Genie in mancher Betrachtung, ward aber von der Eifersucht einiger Rabbiner abgeschreckt, sich zu entwickeln, ward gemißhandelt, zog sich in die Einsamkeit zurück — und starb gar frühzeitig. Seine cabbalistischen Manuscripte werden nunmehr in Polen fleißig studirt. Er soll auch neue Psalmen geschrieben haben, die mir aber nicht zu Gesichte gekommen sind.
Wie es um meinen Aufsatz über Lessings Charakter stehet, fragen Sie? Ich warte noch immer auf meine Correspondenz, die mir der Bruder aus der Verlassenschaft zuzuschicken versprochen. Und wenn ich nun diese erhalte, werde ich auch etwas hervorbringen können, das dem Ihrigen an die Seite gesetzt zu werden verdient? Wir wollen sehen! Leben Sie wohl, bester Freund, und lieben Sie mich!

Ihren
aufrichtigen Freund und Verehrer
Berlin den 24. September 1781. Moses Mendelssohn.

Daß ich nicht der Verfasser der „Fragmente" sei, darf ich Ihnen wohl nicht lange betheuern. Wenn ich auch so was schreiben könnte und wollte, so würde ich es sicherlich nicht ohne Namen thun. Aber dieses werden Sie vielleicht Mühe haben zu glauben, daß ich diese berufene, berühmte, verschriene, widerlegte und doch noch nicht genug widerlegten „Fragmente" bis auf diese Stunde nicht gelesen habe. Und gleichwohl ist dieses im genauesten Verstande wahr. Lessings Zänkereien habe ich niemals um der Sache willen gelesen; bloß seine Art und Weise machte, daß man ihn lesen mußte, wenn auch die Sache sonst nicht interessant war.

549

VON CHRISTIAN WILHELM DOHM

P. P.
H Basedow hat mir beykommende verschiedene Schriften, Frieden zwischen Vernunft und Urchristenthum, ec. überschickt, um sie Ihnen, theuerster H. Moses zuzustellen. Von den lateinischen Colloquien sollen Sie eins für sich behalten, und die übrigen Ex. unter einige Judenfamilien, deren Kinder Latein lernen, auszutheilen.
Von unserer französischen Uebers. habe ich seit einiger Zeit nicht gehört, ich vermuthe H. Bernoulli ist desto fleißiger. Von Dessau habe ich die Nachricht, dass die Buchh. der Gelehrten die Sache gern übernehmen will und der Druck ist dort auch 25 rt. wohlfeiler als hier.

Dohm
d. 2ten Oct. 81

550

VON CHRISTIAN WILHELM DOHM

P. P.

Ich weiss nicht, ob H. Moses die Büschingische Zeitung lesen, und überschicke also hierbey den Beschluss s.. Recens. der so günstig ist, als wir ihn nur von ihm erwarten konnten. Ich lege zugleich einen Brief des Fürsten von Dessau bey, der Ihnen interessant seyn wird, da er sich so sehr in die Materie einlässt. Ich habe mit H. Bernoulli schon über die Hälfte seiner Uebersetzung durchgelesen, und gefunden, dass unsre letzte Erinnerung sehr gut gewirkt habe. Er übersetzt itzt weit französischer, dünkt mich, und weniger sclavisch. Unserm Wunsch, dass ein guter französischer Grammaticus noch die letzte Durchsicht übernehmen möchte, ist H. B. auch zuvor gekommen, indem er seine Arbeit schon einem solchen Mann (den Uebersetzer von Erasmus Lob der Narrheit und andrer Sachen) gegeben hat. Ich hoffe also in kurzem einen Anfang nach Dessau schicken zu können. Den Extract eines Briefes über die Seedienste der Juden in Holland bitte ich mir bald aus, damit er gehörigen Orts eingeschaltet werden könne. — Anliegendes Avertis. über Lamberts Schriften bitte ich in H. B. Nahmen doch gelegentlich bekannt zu machen.

Dohm
d 23ten Oct. 81

551

VON CHRISTIAN WILHELM DOHM

P. P.

Ich überschicke hierbey die Uebersetzung, soweit sie fertig und schon nach der Durchsicht eines Franzosen, ausgebessert ist. Es würde mir lieb seyn, wenn sie H. Moses noch einmal durchlaufen und mir Ihre Meynung davon sagen wollten; wenn ich sie auf übermorgen wieder bekomme, werde ich sie alsdann noch nach

Dessau schicken. Hierbey noch einige Avert. von Lamberts Posthumis.

Dohm
d 1sten Nov: 81

552

VON CHRISTIAN WILHELM DOHM

Ich will H. Cerf Beer noch nicht wieder mit einem Schreiben beschwerlich werden. Aber ich bitte ihn zu ersuchen mir doch baldigst gefällig zu melden:

1. Ob er alle Exempl. die in meinem Briefe angegeben, richtig erhalten habe?
2. Ob der Verkauf verstattet und welche Maasregeln er mit Buchhändlern deshalb getroffen?
3. Wie es sonst mit der Sache der Elsasischen Juden stehe?

H. Jacobi hatte seine Schrift Ihnen bestimmt, daher sie wieder beykömmt. Da er durchaus Wahrheit und strengen Tadel haben wollte, so werden ihm Ihre Anmerkungen wohl recht seyn, die mir ungemein treffend scheinen.

Dohm
d 25ten Nov: 81.

553

VON CHRISTIAN WILHELM DOHM

P. P.
Ich möchte in die französische Uebersetzung meiner Schrift anliegenden kleinen Zusatz über den P u n c t d e s B a n n s bringen, und wünsche nur zu wissen, ob Sie denselben billigen, theuerster Herrn Moses. Ich glaube dieser Zusatz reicht hin, um allen Missverstand dessen, was über das Ausschliessungsrecht (das ich unschicklich Bannrecht genannt hatte, weil B a n n nach Ihren

Grundsätzen weit Mehreres andeutet) gesagt ist, zu verhindern. Die ausführlichere Erörterung erwarte ich von H. Wessely und werde sie bey einer 2ten Ausg. gewiss nutzen. Das von H. Cranzen in einer Schrift über die weltl. Macht in Glaubenssachen angeführte Beyspiel von Altona habe ich nicht citiren mögen, weil ich nicht glauben kann, dass das Factum richtig erzählt ist.

Dohm
d 14ten Dec: 81.

554

VON KARL GOTTHELF LESSING

Liebster Freund
Eine gute Nachricht läßt sich immer lesen so komisch ernsthaft sie mit Geschäftenstil eingekleidet ist. Ich bin recht begierig das Nähere davon von der Salomon Moses Levischen Handlung zu erfahren; denn ich seufze recht, so zu sagen, nach den Mskten.
Wenn Sie nur, bester Freund, Zeit hätten, mir Ihre Gedanken über die Herausgabe davon eröfnen zu können! Die Wahl können Sie mir freylich nicht eher bestimmen, als bis Sie sie gesehen. Macht man überhaupt eine Ausgabe von seinen Schriften? oder gibt man seine postuma jetzt nur besonders heraus? Oder nur seinen Briefwechsel? Aber um den ordentlich zu haben, werden wir zwanzig Briefwechsel anfangen müssen. Und dabey wirds manchen komischen und verdrießlichen Auftritt setzen. Ich wünschte, Sie hätten meine Gesundheit, aber nicht meine Trägheit. Die Reize des Müßiggangs sind bey mir so groß, daß ich glaube gearbeitet zu haben, wenn meine Hände sich bewegen oder meine Füße fortschreiten.

Breslau — Stets der Ihrige
den 21 Januar 1782. — Lessing

Ist denn Klein bey Ihnen gewesen? Er bat mich um einen Brief an Sie und haben Sie diesen erhalten?

555

AN FRIEDRICH NICOLAI

Bester Freund!
Sie erhalten hierbey einen Theil des Mst. das Sie gütigst zum Drucke zu befördern versprochen, nebst dem Schreiben des Herrn K. R. D o h m s , in welchem er anzeigt, wie er es mit der Correktur zu halten wünscht. Ich bitte, diese Brochure, sobald als möglich abdrucken zu lassen. Ich denke, man sollte itzt beständig das Publikum über diese Materie en haleine halten, und immer für und wider die Sachen streiten.
Ich schike Ihnen auch zugleich das Wiener Patent in extenso mit. Was H. Dohm davon sagt, habe ich sehr gefühlt. Wollen wir nicht Gelegenheit nehmen, am Ende unserer Brochure, das ganze Patent mit abdrucken zu lassen? Man hat in den Zeitungen einen gar zu windschiefen Auszug davon gemacht. Jedoch mag es lieber noch bleiben! Ich kan doch meine Meinung darüber nicht so rund und so frey heraus sagen, als ich thun zu können wünschte. Mithin schweige ich lieber ganz davon.
Ich wollte Sie den Mittwoch besuchen; allein, Gott weis! ich bin itzt wie ein Hund geplagt, und habe, ausser den ganz frühen Morgenstunden, nicht die geringste Musse mehr. Vielleicht, oder vielmehr ganz gewiß besuche ich Sie morgen. Von d. Herrn Eberhards Amyntor habe ich noch keinen Aushängebogen zu sehen bekommen.

den 8. Febr. 1782 M. Mendelssohn
Das Wiener Patent bitte ich mir noch heute wieder aus.

556

AN FRIEDRICH NICOLAI

Bester Freund!
Es sind in diesen 2 Bogen häßliche Druckfehler stehen geblieben,

die den Sinn verderben. Sollte es nicht noch möglich seyn, solche am Ende anzuzeigen?

den 12. März 1782 Moses Mendelssohn

557

VON CHRISTIAN WIHELM DOHM

P. P.
Sehn Sie hier meinen ersten Gegner, dessen Äusserungen Sie wohl so wenig befremden werden, als mich. Nur wegen des ersten Eindrucks können sie der guten Sache nachtheilig seyn. Sollte das, was von Eisenmenger gesagt wird, gegründet seyn? Ich werde im Archiv nachsehen, wo sich das, was K. Friedr. I deshalb gethan haben soll, finden muss. Ich höre, dass auch mehrere unserer Theologen nicht mit meiner Schrift zufrieden sind; aber ihr Beyfall war auch nicht das Ziel, das ich zu erreichen strebte.

Dohm
[März 1782]

558

AN JOHANN ANDREAS VON SCHOLTEN

Hochwohlgeborner Herr!
Gnädiger Herr Oberster!
Die Rede zur Empfehlung der Tugend und nützlicher Kenntnisse und Ausbreitung derselben, welche Ew. Hochwohlgeboren mir mitzutheilen die Gnade gehabt, habe ich mit Aufmerksamkeit und Vergnügen gelesen. Ich wünsche, daß sie auf alle Ihre Zuhörer den Eindruck gemacht haben möge, den sie auf mich gemacht. In dem Alter, in welchem ich mich befinde, wird man von Schmuck und Redezierrath selten mehr gerührt, und die Erfahrung scheint uns

vielmehr wider dieselben einigen Verdacht beigebracht zu haben. Aber Worte der Wahrheit, die aus unbefangenem Herzen kommen, verlieren nie ihre Kraft, und dringen desto tiefer ein, je mehr wir ihre Seltenheit und ihren Werth kennen gelernt haben. Nur durch aufrichtige Sprache des Herzens kann der Redner mein Zutrauen erobern; und wenn ich zu bekehren wäre, mich würde Kleist oder Scholten leichter bekehren, als Mosheim und Silberschlag.

Ich werde immer mehr in dem Gedanken bestärkt, daß die Menschen von je her vielleicht nicht wohl gethan, dem Lehramte der Tugend und Weisheit einen besondern Stand zu widmen; und Spalding's Schrift von der „Nutzbarkeit des Predigtamtes" hat mich mehr von der N u t z b a r k e i t als von der N ü t z l i c h k e i t desselben überführt. Wie kann eine Tugendlehre frommen, eine Vermahnung Wirkung haben, wenn derjenige, der sie mir giebt, dieser Empfehlung Amt und Würden, Brodt und Ansehn zu verdanken hat? Und welche Kraft hat Tugend und Weisheit in dem Munde eines unbärtigen Redners, der sie beide nur aus seinen Schulbüchern kennt?

In meiner utopischen Republik soll nur derjenige die Erlaubniß haben, in seinem Alter Tugend und Weisheit zu lehren, welcher seine Jugend der Theorie, und seine männlichen Jahre der Ausübung derselben gewidmet hat. Wer seine Zeit und seine besten Kräft dem Staate aufgeopfert hat, der trete auf und rede von Liebe des Nächsten! Wer im Dienste des Menschengeschlechts Gefahr und Tod nicht gescheut hat, der rede von Religion, Aufopferung und von Verachtung des Todes! Wer Beruf verspürt, wird auch unbesoldet auftreten; und wer diesen nicht in seinem Innern hat, wird immer ein tönend Erz bleiben.

Vielleicht habe ich die nächste Ostermesse das Vergnügen, auf der Reise nach Leipzig Ew. Hochwohlgeboren persönlich von der wahren Hochachtung zu versichern, mit welcher ich bin

Dero
aufrichtiger Verehrer,
Moses Mendelssohn

Berlin den 18 März 1782.

559

AN DAVID FRIEDLÄNDER

Liebster Freund!

Ich höre, daß der Rabbiner die Sache unseres Freundes Hartwig Wessely wirklich bei den Vorstehern der Gemeinde angebracht haben soll. Ob er die Briefe, welche er dieserhalb bekommen, vorgelegt hat oder nicht, weiß ich nicht. Ich will aber nicht hoffen, daß man sich dazu wird brauchen lassen, das Mindeste zu verfügen, was dem ehrlichen Wessely unangenehm seyn könnte. Ich setze alles übrige bei Seite, will gar nicht untersuchen, wer in der Sache Recht hat; und gebe nur dieses zu bedenken: was werden Christen dazu sagen? was wird man von uns denken, wenn wir uns solche Gewalt über die Schriftsteller anmaßen, und sie verhindern wollen, ihre Gedanken bekannt zu machen? Als ich mich unterfangen, bei dem Lavater'schen Streit wider den christlichen Glauben aufzutreten, ist mir von dem Consistorio alle Freiheit gelassen worden, mit der einzigen hinzugefügten Clausel: man wäre von mir versichert, ich würde nichts schreiben, das öffentliches Ärgerniß geben könnte. Überhaupt genießt jeder Scribent im Lande unseres gnädigen Königs alle mögliche Freiheit: beschnitten oder nicht beschnitten, wer nur die Feder führen kann; und wir wollten Jemand Einhalt thun, der bloß unsere Lehren und Erziehungs-Methode tadelte? Was werden die Herren dazu sagen? Ich bitte Sie und Ihren Freund Herrn Itzig, dieses Ihrem Schwiegervater und seinem Vater, den Ältesten der jüdischen Gemeinde, wie auch dem Herrn Isaac Wolff vorzustellen. Ich würde selbst zum Rabbiner gehen, wenn ich nicht zu befürchten hätte, ich käme zu weit mit ihm in den Text; wozu jetzt der Zeitpunkt nicht ist. Nach meiner Meinung müßte man ihn auch davon abzubringen suchen, daß er in seiner Rede nichts davon erwähnt. Will er den Rabbinern antworten, so kann er sich ja bloß darauf berufen, daß in Deutschland die Preßfreiheit allgemein gesichert und gesetzlich sei; man könnte dagegen schreiben und drucken: aber nichts verfügen, wodurch Jemand gehindert wird, seine Meinung zu sagen.

17 April 1782. Moses Mendelssohn

560

VON AUGUST HENNINGS

Kopenhagen d. 27 Apr. 1782.

Ihr Herr Schwager hat mir Ihr Scherflein zur Toleranz Ausbreitung gebracht und ich danke Ihnen für die Uebersendung Ihrer Schrift. Sie wissen schon, wie sehr meine Gesinnungen mit den Ihrigen übereinstimmen, und wie sehr ich wenigstens wünsche, daß Menschen einer uneingeschränkten Toleranz fähig seyn mögten. Da die Erfahrung aber zeigt, wie wenig sie es sind, wie sie sich sogar beleidiget glauben, wenn man allgemeine Verträglichkeit anräth, wie sie den anfeinden, der das Joch erleichtern mögte, das, so sehr ist das Wohl der Menschheit in einander verwebt, nicht einzelne Menschen drücken kann, ohne der ganzen Gesellschaft zur Last zu fallen, so muß man es fast für eine Thorheit halten über Duldung zu reden und zu schreiben, und ich werde Sie glüklich schätzen, wenn Ihr bereits schon bekannter Geist und Charakter sie für das allgemeine Schiksal der Friedenstifter schützen kann, von beyden Partheyen gemishandelt zu werden. Ich höre, daß der gelehrte Herr Wessely diesem Schiksahle nicht entgangen, sondern, seiner Worte des Friedens halber, von seiner eigenen Nation angefeindet ist.

Wegen der Ausstoßung aus der Gemeine, oder ieder Art ungesellschaftlicher Behandlung der Religionsmeinungen halben, ist es mir lieb gewesen, zu sehen, daß ich in meiner Schrift über die Duldung völlig Ihrer Meinung zugethan gewesen bin, und das Verfahren der ersten Christen in dieser Hinsicht für eine bloße Polizeiordnung erkläret habe. So ist es mir auch lieb gewesen zu sehen, daß in den göttingischen Anzeigen des Herrn Dohms wohlgedachte und wohlgeschriebene Schrift eben so unduldend, obgleich glimpflicher behandelt ist, als meine Streitsache, und daß also nicht ich, sondern die Denkungsart des Recensenten und der Göttingischen gelehrten Gesellschaft überhaupt, ein solches herbes Urtheil veranlasset hat.

Weit weniger, als Ihre Vorrede, hat mich das Sendschreiben des braven Manassehs interessirt, und wie man von Milton sagt, daß

er fast nie Schriftsteller anführte, und doch immer gründlicher und gelehrter war, als seine Zeitgenossen, so könnte man auch von Ihnen sagen, daß Sie viel stärker sind, wenn Sie aus eigenen Quellen schöpfen, als wenn Sie fremde Hülfsmittel gebrauchen. Indessen ist Manassehs Schreiben sehr passend zu seinem Zwecke, den Lordprotektor in England zum Vortheil der Juden zu gewinnen, aber Ihrem Zwecke, die Urtheilskraft der Menschen auf Wahrheit und Gerechtigkeit aufmerksam zu machen, scheint es mir nicht angemessen, theils weil die Vorwürfe, welche man itzt den Juden macht, von anderer Beschaffenheit sind, als in vorigen Zeiten, wie Sie mir erlauben werden, nachher freimüthig anzuführen, theils weil ich glaube, daß man die Sache der Vernunft und des uneingeschränkten Willen Gottes damit verdirbt, wenn man von einzelnen Religionspartheien redet, wo selbst so viel menschliches mit unterläuft, daß man immer eben so vieles gegen, als für sich, hat.
Um bey den Juden stehen zu bleiben, so ist es wohl offenbar, daß ihre Vorrechte, als Menschen, welche auf iede Bildung und Glückseeligkeit im Staate Ansprüche machen können, größer sind, als ihre Vorrechte, als Juden. Insonderheit scheinen mir die Gründe sehr schwach, welche man aus dem Judenthum für ihre Toleranz nimmt. Die Geschichte des alten Testamentes ist voll von Beweisen, wie wenig duldend die Juden waren, und dieses auf Rechnung der allgütigen Gottheit zu schieben, widersteht meiner Ehrfurcht für dieselbe, welche mir zu heilig ist, um Blut und Mord durch den Vater des unendlichen Weltkreises zu entschuldigen. Ich weiß nicht einmahl, welches Organon die Gottheit hat, etwas anzubefehlen, das wider die ersten Grundgesetze der Natur, wider Tugend und Rechtschaffenheit ist. Was für diese spricht, weiß ich; wie aber Gott; selbst mit aller Allmacht, mir faßlich machen könnte, daß er etwas dagegen befehlen wolle, kann ich nicht begreifen. Gott müßte mir denn die Urtheilskraft nehmen, mein inneres Gefühl unterdrücken, und die Harmonie, in der die Tugend ruhet, unterbrechen, und statt dessen eine blinde Ueberzeugung in meine Seele gießen, daß sie durch mechanische, durch ein Wunder, seinen Willen vernehmen, das heißt, wenn es auf Verfolgung ankommt, wie ein Rasender, der von fanatischen Eifer beseelt, seiner nicht bewußt ist, wüte, und für diesen Zustand wird Gott mich und ieden Menschen behüten! Ich gestehe Ihnen also, daß ich den

Ausdruck Manassehs, einer ungesetzmäßigen Zulassung Gottes die Egyptier zu berauben, nicht verstehe, ob ich gleich den Juden aus dieser Handlung keinen Vorwurf machen will, indem ich sie wie iedes kriegerisches Verfahren, wie z. B. das Plündern der Engländer auf St. Eustachius, ansehe. Ebenso wenig kann ich die Ausrottungen so vieler Geschlechter und Völker, welche den Juden anbefohlen worden, als Ausnahmen der Duldung ansehen, welche Gott besonders anbefohlen. Sie scheinen mir vielmehr gerade zu zu beweisen, daß die Juden sehr zur Verfolgung geneigt waren, wenn sie, es sey in Religionspartheien, oder in Siegen über ihre Feinde, die Oberhand hatten. Auch das strenge iüdische Gesetz, Gottesleugner zu steinigen, beweiset dies; da es, so wenig sonst die gänzliche Verläugnung Gottes zu dulden ist, doch eine zu gewaltsame Strafe war, welche alle Belehrung und Besserung aufhob; denn wer kann den Gott erkennen, der mit Steinen predigt?

Manasseh beruft sich freilich auf einzelne Schriftstellen und Beweise, um zu zeigen, daß den Juden Verträglichkeit anbefohlen war. Man kann aber vielmehr daraus schließen, daß sie solche nicht übten, so wie man aus Juvenals Satiren die Tugenden sehen kann, welche den Römern fehlten. Wenn Josephus sich dem Volke widersetzt, das die Trachoniten beschneiden will, so beweiset dies vielmehr, daß die Juden Bekehrungsgeist hatten, als das Gegentheil. Das demütige Bezeigen der Hohenpriester gegen Alexander und gegen die römischen Kaiser beweiset eben so wenig die Liebe der Juden für fremde Nationen. Der unpartheiische Mann siehet hier nichts als die Unterwürfigkeit des Schwächeren, der verfolgen würde, wenn er herrschte. Solche Gesinnungen aber sind der wahren Duldung völlig entgegen. Und daß die Juden nur diese Gesinnung des Schwächeren, und nicht allgemeine Menschenliebe hatten, kann man daraus beurtheilen, daß es ungereimt und selbst gotteslästerlich gewesen seyn würde, für die siegreichen Waffen Alexanders zu opfern, da dieser Eroberer Judäa mit Gefahr drohte, und sein ganzes Unternehmen gegen die Menschlichkeit war, gegen dessen Fortgang ieder frommer Mann beten mußte. Eben so unzulässig waren die Opfer für die römischen Kaiser. Die Juden sagten nicht, wir opfern dem einigen Gott für den Kaiser, sie sagten, wir verehren den Kaiser mit Opfer, und bekanntlich verlangten die Kaiser nicht, daß man in den Tempeln für sie, sondern daß man auf

ihren Altären ihnen, als Göttern, opfern sollte. Dieses scheinen, nach dem Manasseh, die Juden aus politischer Klugheit eingestanden zu haben, so wie Sie in Ihrer Schrift Ihrem würklichen großen Friederich, der doch die Juden aus Westpreußen vertrieb, Ihre gerechte Bewunderung zum Opfer bringen, damit er über seinen großen Rival nicht eifersüchtig werde. Solche Schritte, die, nach ihrer Moralität mehr oder weniger zulässig sind, müssen an ihrer Stelle beurtheilt werden. Sie können aber bei Beweisen der Duldung und der Verträglichkeit nicht in Betracht gezogen werden.
Und wozu brauchen wir hier des Judenthums oder des Christenthums? Wir haben Lehren, die allen Religionen gemeinsam sind, und die die gesunde Vernunft in allen Sekten anerkennen muß. Jemehr wir diese Gründe oder Lehren ausbreiten, desto sicherer befestigen wir die Duldung, welche ohne diese allgemeine Aufklärung immer in Gefahr bleibt, von dem Gifte der Partheilichkeit angestekt zu werden, und mehr Thorheit als Wahrheit zu beweisen. Könnten wir uns, wenn denn das das Gebet der Juden ist, alle in der Anbetung des einigen wahren Gottes vereinigen, und dann, welches weder Christen noch Juden gethan haben, iedem die Mittel überlassen, durch die er zu der Anbetung Gottes geführet wird, so würden wir unsern Vorzug darinnen suchen, Gott mit der größten Ehrfurcht zu dienen, das heißt, seine Güte und Liebe nachzuahmen, und nicht im Stolze unserer Meinungen, uns besser dünken, als andere, welche im Drukke der Verfolgung durch ihr Leiden Gott besser ehren als ihre Verfolger.
In unsern Zeiten sind die Juden, ob sie gleich in einer Art Dienstbarkeit leben, nicht duldsamer und verträglicher geworden, als in der Wüsten und in Palästina. Sie können freilich ihren Charakter nicht so deutlich zeigen, aber was man von ihnen siehet, ist hinreichend, ihn zu errathen, ohne sich zu betriegen. Sie empfehlen sich also so wenig itzt, als in ihrer Geschichte, durch sich selbst, sondern thun es nur durch die allgemeinen Grundsätze der Menschlichkeit, welche iedoch ihnen selbst, mehr als anderen, geprediget werden müssen. So haben Sie auch bey Ihrer Bibelübersetzung die Barbarei der Juden erfahren, und wenn man hier einige der angesehensten Juden über die Geschichte des Markus reden höret, so sollte man gauben, daß dem Rabbi in Altona großes Unrecht geschehen wäre, weil die Regierung in verhindert hat, seinen Gegner

zu Tode zu peinigen. Ihr Herr Schwager Gugenheim wird Ihnen geschrieben haben, wie viele Mühe es ihm gekostet hat, hier aufgenommen zu werden, und diese Schwierigkeit rühret blos von den Juden her, welche aus unüberlegtem Handels Neide sich jedesmahl der Niederlassung ihrer Glaubensgenossen widersetzen. Am auffalendsten aber ist das Betragen der Juden in Ansehung des Kaisers, welches Ihnen besser bekannt ist, als mir, da ich weiter nichts davon weiß, als was ich von H. Wessely's Schrift gehört habe. Von dem Beharren der Juden an ihre Gebräuche, durch welche sie die Nationen, unter denen sie leben, wie die Indianischen Braminen die Bareier, von sich stoßen, will ich nichts erwehnen, da solche unabänderlich scheinen, aber an die allgemeine Verfeinerung und Ausarbeitung der Seelenkräfte sollten doch die Juden Antheil nehmen können, und daß sie hier noch ganz zurückstehen, ist wohl nicht zu läugnen, und selbst in Berlin, wo die Juden wenigstens im äußern Anstriche der feinen Sitten gebildeter sind, als in den meisten andern Städten, und wo sie einen Mendelssohn unter sich haben, dessen Beispiel sie zu einer bessern Denkungsart führen könnte, giebt es wohl sehr wenige Juden, die nicht sich klüger dünken als Sie, weil Sie gemeinnützig denken, und iene die Kunst verstehen sich zu bereichern.

Dieser Zustand der Juden hat mich veranlasset, und wird wohl die Vertheidiger der Vorurtheile noch mehr veranlassen, einer Vertheidigungsschrift der Juden, wie die des gelehrten Manassehs, weit weniger Gewicht zu geben, als der reinen und unwidersprechlichen Philosophie eines Mendelssohns, und da Sie durch Erneuerung einer veralteten Schrift, einer abgeschlissenen Münze gleichsam Ihr Stempel gegeben haben, war mir die Abweichung meiner Denkungsart von der Ihrigen zu auffalend, um mich nicht darüber mit Ihnen zu unterhalten. Ich glaube nicht befangen zu seyn, denn wenn ich eine Schutzschrift der Christen an den Kaiser von Japan schreiben sollte, würde ich meine Gründe nicht von den Christen hernehmen, die ich in der Moralitet ihres Wandels und ihrer Denkungsart keineswegs den Juden vorziehe, ob ich gleich das eigentliche Christenthum eben so gut kenne, als Sie das eigentliche Judenthum, und in beiden unsern Gesinnungen wahrscheinlicher Weise nicht von einander abweichen können, da wir einen Gott kennen dessen Bund älter ist, als der alte und neue Bund,

dem wir aber für beyde danken. Aber freilich muß man im Stillen danken, daß es die Priester Baals nicht hören, die sonst verlangen, daß man für ihren Götzen die Knie beugt, oder wohl gar, wie Nikolai, aus der Anbetung des einigen Gottes einen Baffemet machen und Gott weiß welche Abscheulichkeiten uns andichten.
Aus Nikolai kann ich mich nicht finden, ich mögte ihn nicht gern einen gelehrten Schwätzer und interessirten Wahrheitskrämer nennen, und doch kann ich seine Inconsequenzen nicht anders entschuldigen. Seine Anschuldigung der Tempelherren empöret die Menschlichkeit, so wie seine Unbestimmtheiten in der Philosophie, welche sich höchstens zum Roman schwingen kann, den Verstand irre machen. Man mag die Tempelherren beschuldigen was man will, so kann man die gegen sie verübte Grausamkeiten nicht rechtfertigen, die weiter, als alle Verbrechen, gehen. Ich finde, ich gestehe es Ihnen, die Calvinisten in Frankreich, weit strafbarer, als die Tempelherren, aber muß man nicht Mörder seyn können, um die Bartholomäus Nacht, um selbst die Widerrufung des Edikts von Nantes zu entschuldigen? In Ansehung der Religionsmeinungen der Tempelherren ist es schwer, etwas zu entscheiden, theils, weil kein Schriftsteller hierin zuverlässig seyn kann, theils, weil, zu den Zeiten dieses Ordens, iede Meinung besser war, als die christliche Lehre, so wie sie damals beschaffen war, welches ieder Geistliche, der die Kirchengeschichte kennet, eingestehet. In Ansehung der Sitte der Tempelherren denke ich, daß so wie man das Aergerniß in Bestrafung der ihnen vorgeworfenen Abscheulichkeiten hätte vermeiden müssen, der moralische Schriftsteller auch die historische Berichtigung derselben mit dem Schleier der Bescheidenheit dekken sollte. Wie aber Nicolai in Berlin aus solchen Lastern den Schluß ziehen konnte, daß die Tempelherren die erlittenen Marter und Ausrottung verdienten, begreife ich nicht, indem es übel für die Christen in Berlin und in andern Städten aussehen mögte, wenn seine Schlußfolge gelten sollte. Ueberhaupt so wenig man dem Corpori Evangelico die Laster und Verbrechen zur Last legen muß, welche unter uns im Schwange gehen, so wenig kann man wohl den Orden der Tempelherren die Ausschweifungen einzelner Ritter die in England, Frankreich, Deutschland, Preussen verstreut waren, selbst wenn sie solche eingestanden, zur Last legen.

Von der Recension meiner Versuche in der allgemeinen deutschen Bibliothek will ich Ihnen nur so viel sagen, daß sie in einer hiesigen gelehrten Zeitung aufgewärmet und als eine Autoritet angeführet ist, meine Schriften zu tadeln, und dem Tadel den Vorwurf hinzuzusetzen, daß ich die christliche Religion habe angreifen wollen. Dieses sahe ich zum voraus und daher wünschte ich, daß die deutsche Bibliothek etwas weniger den Vorurtheilen das Wort geredet hätte. An meiner schriftstellerischen Ehre ist mir wenig gelegen, wie ich denn den festen Vorsatz gefaßt habe, keine Silbe mehr drukken zu lassen, so lange die Sachen in der itzigen Verfassung sind; aber an meiner bürgerlichen Ruhe liegt mir etwas, und diese ... kann man angreifen wollen, ... deren Absicht zeigte, die alten Streitigkeiten aufzuwärmen und mich zum Feinde des Christenthums zu machen, wie dies unstreitig die Absicht der hiesigen Recensenten ist, und gewiß geschehen würde, wenn ich mich weiter einließe. ... wenn man sagt, der Satz wird durch das Christentum oder durch die Bibel widersprochen, denn das kann man ... Vorwurf, daß man gegen eine Religion, sey das welche sie wolle, auftrete, sollte billig nicht zugelassen werden, so lange man nicht öffentlich als Reformator auftritt. Er hat keinen andern Zweck als verhaßt zu machen, und dieser Zweck ist der bürgerlichen Ruhe entgegen, und folglich ungesetzmäßig. Er ist auch deswegen schädlich, weil er die Aufklärung hemmet, wie vieles würden wir z. B. nicht in der Physik verlohren haben, und durch sie in der Erkenntniß der Größe Gottes, wenn man Büffon und andern Naturkennern vorgeworfen hätte, daß sie die christliche Religion über den Haufen stießen. So wie in physischen, so gilt dieses in moralischen Wahrheiten, wie z. B. die Lehre, daß Gott Sünden bestraft und vergiebt, wie man sie heutigen Tages lehret, mir die gefährlichste moralische Lüge scheinet, die meines Wissens auf keine Weise im Christenthum gegründet, obgleich als darin gegründet, angenommen ist. — Die philosophischen Tadler der Bibliothek sind übrigens zu weit von meinem Sinne entfernt geblieben, als daß mir hier der Raum erlaubte etwas dagegen zu sagen, wie denn ich überhaupt fürchte Ihre Geduld gemißbraucht zu haben. Entschuldigen Sie es

Ihrem

Hennings.

561

AN AUGUST HENNINGS

[Ende April 1782]

562

VON JOHANN ANDREAS VON SCHOLTEN

[Treuenbrietzen, 5. Mai 1782]

563

VON ERNST FERDINAND KLEIN

[Breslau, 5. Mai 1782]

564

VON FRIEDRICH EBERHARD VON ROCHOW

Verehrungswürdiger Mann!

Obgleich die Vorrede zu Manasseh Ben Israel Rettung der Juden, das erste Ihrer schätzbaren Werke nicht war, welches ich las — so soll mir doch dieses die frohe Gelegenheit werden, mich Ihnen näher bekandt zu machen.

Warum aber eben dieses? werden Sie fragen. Darum vortreflicher Mann! weil es in einem Zeitpunkte geschrieben ist, wo es aller guten Menschen Pflicht wird, alles in der Art, aufs möglichste

/ wie man spricht / ins Reine zu bringen, und der Ausbreitung des so heilsamen Gemeinsinns die Hand zu bieten.
Erwarten oder fürchten Sie nicht von mir, eine controvers Schrift, oder einen zu Ihrer größeren Seeligkeit abzielenden Sturm. Ich bin zu keinen von beyden geschickt oder berufen. Nur einen Tausch von Gedanken, eine Bemühung zu Ihrem großen Vorrathe, die Eröfnung weiterer Aussichten hinzuzuthun, die mir bey Lesung und Prüfung Ihrer Schrift wichtig geschienen haben —
Ich werde, das weiß ich, bey Ihnen auch Gedanken veranlaßen, und durch die Bescheidenheit und Kürze mit der ich die meinigen, und zwar nach der Seitenzahl der Vorrede, zu sagen gedenke, vielleicht von Ihnen mir eine belohnende Antwort verdienen.
S. 5. Sollten bekandt gewordene Schriften, denen, die damals noch nicht bekandt waren, an Erstigkeit nicht vorgehen? Ist dieses, so hat Basedow früher als der Fragmentist, Duldung für Naturalisten, gefordert.
S. 7. Haben Sie den ganzen Umfang der Worte: — Zu seinem Dienste anzustrengen — im Verhältniß, mit dem von Ihren Glaubensgenossen noch beybehaltnem Mosaischen Gesetz, nebst denen von Ihnen gleichfalls göttlich erklärten spätern Auslegungen desselben gedacht, und sich dennoch entschlossen, diesen Ausdruck zu gebrauchen — So müßen Sie dazu wichtige Gründe gehabt haben. Ich wünschte diese, oder die Rettung des daraus entstehenden Contrasts, zu wissen.
S. 9. Das Vorurtheil, dessen Sie erwähnen, ist so alt, daß es wohl nicht von der sogenannten AEra Christiana datiert werden müßte. Juden und Samariter verfolgten sich, nach der Babilonischen Gefangenschaft, schon herzlich; und die Ausschließung ist nur durch Ueberlieferung von ihren Glaubensgenossen auf die Christen gekommen. Unter den seltnen Salomonen aller Jahrhunderte, gab es freylich einige, die, wär' es auch nur im Gebet, andre Gesinnungen äußerten — Aber man weihte ja nicht alle Tage, Tempel ein.
Den Vorwurf der Unbrauchbarkeit zu Diensten des Staats /: und dessen Forderungen sind, wie man weiß, sehr allgemeiner Natur:/ abzulehnen, ohne die Nothwendigkeit einzugestehen, gewissen Gebräuchen /: die aber leider! aus bey Ihnen heilig gehaltenen Quel-

len fließen:/ entsagen zu müssen — Dieses Thema glaube ich, wird des ganzen Scharfsinns eines Mendelssohns bedürfen.
Das Zeitalter, in dem man Juden unmöglicher Thaten bezüchtigte, verfuhr mit Christen nicht glimpflicher. Christliche Hexen und Zauberer, klingt dem Philosophen eben so paradox; und doch starrt von Beyspielen dieser Art, die Geschichte jedes Landes. Aber Unsre Bemühungen Sie zu unserm Glauben, zu *bereden*, sollten keinen Spott verdienen. Wer den Zustand Ihres Volks / nicht in Holland allein, sondern auch in Pohlen / sieht; der kann aus der edelsten Menschenfreundschaft wünschen, daß sie doch alle Christen wären. Warum? das wird etwas weiter hin, sich zeigen.
S. 11. Giebt es philosophische Vorurtheile? Woran ich jedoch zweifele, so ist der die ganze Christenheit treffende Vorwurf, daß die Juden „von allen Künsten, Wissenschaften und andern nützlichen Gewerben und Beschäftigungen, entfernt werden" doch wohl auch ein unphilosophischer Vorwurf. In der Folge macht schon Holland fürs letzte, und fürs erste, der edle Verfaser der Vorrede selbst, die Herren Marcus Hertz, Bloch p.p. die beste Wiederlegung.
S. 14. Wenn doch die Fürsten die Note des Herrn Leibmedikus Möhsen beachten wollten! Doch über das Schädliche der sklavischen Erfüllung des Buchstabens ohne Rücksicht auf veränderte Zeit, Art, Umstände, und wie schädlich sodann Gesetze werden können, die doch damals als sie gegeben wurden, gute Gesetze waren — Darüber manches, was ich wohl auf dem Herzen hätte, zu entwickeln, enthalt ich mich — aus Toleranz.
S. 17. Die Ehre, von einem Mendelssohn einsichtsvoll genannt zu werden, wäre minder beneidenswürdig, wenn die „Christen aus Polen und andern katholischen Ländern" welche dergleichen kurz vorher erzählte Dinge *glauben*, daran theil nehmen. Denn; Etwas anders ist, sagen, unsre Gesetze taugen nichts — /und darauf ist in allen Ländern fast schwer zu antworten/ — und wieder etwas anders, behaupten, die Juden brauchen geschlachtete Christenkinder zur Osterfeyer, zum Zaubern p.p.. Ueberhaupt scheint mir wegen des letztern ein Schreibfehler im Gesetz zu seyn. Es sollte statt

Du sollt nicht zaubern!

heißen,

Du sollt nicht zaubern wollen!

oder mit deutlichern Worten:

Du sollt nicht dumm seyn!

Denn so wie es da steht, sollte man fast glauben, es ginge an; weil man das Unmögliche doch nicht eben zu verbieten braucht.

S. 18. Unweisen Gesetzen ist wohl am besten durch weise Gesetze abzuhelfen. Denn die Abweichungen führen gerades Wegs zur Anomie. Es müste dann auch ein Codex Exceptionum legis da seyn — Doch wir spielen mit Worten — Was geschehen soll, ist in jedem Fall das Gesetz, ob aber das Recht???

S. 19. Möchte doch der edle Mendelssohn bey Gelegenheit der *„Modesprache"* auf den Gedanken gekommen seyn, daß eben die, den Juden so ähnliche Naturalisten, und nicht die Christen, diese ihm verhaßt scheinende Sprache führen! Dieses beweißt nichts mehr und nichts weniger, als daß bey den Christen /NB: ich spiele nicht mit Worten/ viel gesunde Philosophie sich doch erhalten habe müsse.

Doch es ist hier, wo jemals, Pflicht, bestimmt zu schreiben, und daher erklär' ich mich lieber, gleich ein für allemahl, über die Worte Naturalist und Christ, um nicht Doppelsinn zu veranlassen.

Naturalist, heißt mir ein Mensch, der da glaubt, die nähere Belehrung über Gott und Pflicht, durch Christum, sey — wenigstens — entbehrlich: Der

Christ aber behauptet das Gegentheil; beyde aber wünschen allen Menschen die glücklichen Folgen ihrer Behauptungen mittheilen zu können. Denn die Proselyten-Sucht ist allen Glaubensgenossen gemein, und von ihr gilts eigentlicher, daß sie sey, as old, as the world.

S. 21. Sind in Holland die Erwerbmittel den Juden eben so kärglich zugezählt, und ihre Freyheiten fast so eingeschränkt als in Deutschland, wie kommts, daß bald hernach, die Freyheit, Milde der Regierung, Billigkeit der Gesetze und die ofnen Arme, mit welchen man in Holland Menschen aller Art,

Kleidung, Meinung, Sitte, Gebrauch und Religion aufnimt, gerühmt werden, und nur daher der Flor dieses Staats hergeleitet werden könne? Sollte z. E. Berlin nicht toleranter seyn als Amsterdam? Meines wenigen Ermessens liegt der Flor von Holland hauptsächlich in seiner Lage; und der weise Salomon selbst, würde mit allen obigen Hülfsmitteln z. E. aus Berlin, doch kein Amsterdam machen können.

S. 23. „Ueberhaupt Menschen dem Staate unnützlich? — Menschen „die in einem Lande nicht zu gebrauchen sind!“ — dieses halten Sie, vortreflicher Mann, für eine des Staatsmanns unwürdige Sprache? Ganz recht — wenn von brauchbaren Menschen die Rede ist. Aber wie nun, wenn es Menschen gäbe, die durch Institution, schlechterdings in gewissen Fächern unnützlich seyn wollen? Nehmen Sie an, ein Staat bestände halb aus Juden und halb aus Christen. Die Juden in demselben wollten zwar alle Commoda der Gesellschaft genießen, handeln, erwerben und geschützt seyn, aber z.E. nicht schützen helfen. Würde nun der Staatsmann dem dieses einleuchtete, unwürdig sprechen, wenn er sagte: „ich kann die Juden nicht zu allem gebrauchen, wozu ich die Christen gebrauchen kann — Sie wollen z.E. nicht Soldaten seyn, weil sie am Sonnabend nicht marschieren, arbeiten p.p.. Wollen sie so wie sie jetzt sind, bleiben, so scheinen sie am besten für Palästina zu taugen, und nicht für mein Land.“ Aber des allgemeinsten Beyfalls würdig ist, was Sie in der Folge bis S. 32 über die Einschränkung der Bevölkerung, Nothwendigkeit des Zwischenhandels, und Schädlichkeit der Monopolien äußern.

S. 33. Haben denn die Juden schon den Versuch gewagt, das was in den schriftlichen Gesetzen Mosis, sich auf Judaea und damalige Verfassungen bezieht, von dem was alle Menschen angeht, gehörig zu sondern? Und giebt es NB. *göttliche* Gebote, die sie durch mündliche Ueberlieferung noch besonders erhalten haben? Mit den durch richtige Argumentation herausgebrachten Folgerungen, Erklärungen und Auslegungen, die gleichermaßen bey ihnen als göttliche Gebote gehalten werden, überall für dem Richterstuhl einer gesunden Kritik durch zu kommen, dürfte es schwer halten. Doch verdiente die Beantwortung der ersten zwey Fragen, und der Beweiß des letztern Satzes die Bemühung des gelehrten Vertheidigers des Judenthums.

S. 35. Vortreflich und beschämend für die, deren Vorzug allgemeine Menschenliebe seyn sollte, redet hier, der wahre Philosoph, über praktische Irrthümer. Kirchliche Rechte, können freylich nur über leblose Dinge, nicht aber über freygeschafne Seelen, als sich erstreckend, gedacht werden. Zum auswendig lernen schön ist alles bis S. 49.

S. 51. Wer wird die herzliche Schluß-Apostrophe nicht aus voller Seele billigen, niederknien und die schöne philosophische Bitte des christlichen Mustergebets: Dein Reich / o Gott / komme! voll Inbrunst paraphrasieren! Doch nun vortreflicher Mann,! bleiben mir noch einige Gedanken übrig, die ich im vorigen schon skizzirte, und um derentwillen eigentlich dieser Brief geschrieben ist.

Wenn ich den Naturalisten/ das Wort hat freylich verschiedene Acceptionen, und Sie haben es nicht definirt,/ recht getroffen habe: So müssen Sie mit der Definition des Christen/nicht was da — und da — und dort — hinzu gedacht wird, sondern wie ihn der wahre Philosoph sich denkt,/ vermuthlich völlig zufrieden seyn. Dieses angenommen, was für ein Einwand kann mit Grunde demjenigen gemacht werden, der da behauptete:

> Die christliche Religion ist *geschickter* den Menschen zur sittlichen Vollkommenheit zu führen, als irgend eine andre:

Denn

a. Sie hat alles, was in jeder andern Religion gut ist.

b. Sie ist von allen den unerträglichen das Gewissen beschwerenden Lasten / Menschen Satzungen / frey, die in allen übrigen, theils mehr, theils minder, noch befindlich sind.

c. Sie verträgt sich am besten, NB. mit allen Himmelsstrichen, Staatsverfassungen, kurz mit der ganzen Menschheit, und ist daher die eigentliche allgemeine Menschen-Religion.

Den gelehrten Beweiß dieser Sätze schenken Sie mir gewiß, vortreflicher Mann! Hinreichend ist die bloße Ansicht der allgemeinen Lehren Jesu, ohne Rücksicht auf das locale p.p. — Seines von allen großen Männern seiner Zeiten ihn e m i n e n t unterscheidenden Zwecks, nehmlich Gott, a l l e n M e n s c h e n ehr und l i e b e n s w ü r d i g zu machen; die Tugend zur letzten Absicht jedes Menschen zu erheben; den A r m e n und N i e d r i g e n, auch durch Mittheilung hinlänglicher praktischer Weißheit, gegen alle Schrecken des Lebens und des Todes zu wafnen, und zum Genuß aller reinen Freuden auch fähig zu machen; den sonst das stolze Synedrium kaum einer Betrachtung, als etwa des Fluchs würdig fand, und den bey den Heyden ein

— o d i profanum v u l g u s !

eben nicht zu trösten vermochte —

Kurz der Christus, der von ihren Vätern herkommt nach dem Fleisch, und der u n s b e y d e n, wenn wir recht philosophisch richtig argumentieren wollen, doch gewiß eine Ursach zur Glückseeligkeit geworden; ja ohne den Sie ihre Vorrede, und ich diesen Brief nicht geschrieben hätten — Er ist wahrlich dem unbefangensten Denker mehr werth, als alles was einen Werth hat. Und wenn man nun, weil doch sehr disparate Dinge / also auch Christen —Staat, und Jüdische Verfassung / sich nicht vertragen, ein Christ seyn kann, o h n e e b e n ein grober oder feiner P o l y - t h e i s t zu werden / laut meiner sehr milden Definition des Christen im Gegensatz des Naturalisten, / so frag ich Sie, nach dieses Christus eignen Erklärung, Ev. Joh. 4 v. 23. ob der *weise* J u d e nicht *kürzer* zu allem Seegen der Menschheit, und zu den bürgerlichen Vortheilen der Christen, gelangte, wenn er, auf alle Bedingungen, die, von seiner Seite, die wahre Philosophie nur machen kann — ein Christ würde?

Mit Ungeduld werde ich dero schätzbare Antwort erwarten; sie falle aus wie sie wolle, so wird sie mich belehren, und vielleicht auch mit der Freude beglücken, Sie noch höher, wenn dis möglich ist, als bisher zu schätzen! Vale fave!

Reckahn
den 9ten May 1782 Friedrich Eberhard von Rochow

565

AN ERNST FERDINAND KLEIN

[Berlin, Mai 1782]

Wohlgeborner Herr Assistenzrath!
Verehrungswürdiger Herr!
Ew. Wohlgeboren überaus werthe Zuschrift vom 5ten dieses habe ich erhalten. Da die Rechte niemals mein Hauptstudium gewesen sind, so war mir die Lehre, über welche Ew. Wohlgeb. mich zu befragen belieben, etwas fremd geworden, und ich gerieth, die Wahrheit zu gestehen, in nicht geringe Verlegenheit. Ihr bündiges Räsonnement überführte mich vollkommen; und ich war entschlossen, mein Zeugniß der Wahrheit gemäß einzurichten und alle übrigen Betrachtungen aus den Augen zu setzen. Gleichwohl kränkte es mich von der andern Seite, daß die Weisen meiner Nation eine so verdächtige Lehre begünstigt haben sollten. Wie? sie sollen erlaubt haben, den Richter durch reservationes mentales zu hintergehen, wenn die Parthei der Meinung ist, daß ihr Unrecht geschehe? So fällt ja offenbar alle Glaubhaftigkeit der Eide dahin, indem in den mehrsten Fällen jeder Processirende dieses glaubt. Mit der Restriction, die Heisler zur Vertheidigung der Judeneide anführt: daß dieses nur alsdann erlaubt sei, wenn der Jude einem offenbaren Unrecht, so ihm ein Anderer thun will, auf keine andere Weise, als durch den Eid, entgehen kann; — mit dieser Restriction, sage ist, ist dem Übel bei weitem nicht abgeholfen. Denn was ist offenbar? wer soll diese Evidenz beurtheilen? wird nicht jede Parthei sich selbst hierin zu Gunsten seyn, und dasjenige evident finden, was vielleicht nichts weniger ist?
Ich ging zur Quelle zurück, schlug die Stelle im Schulchan Aruch, Majemonides, so wie im Talmud selbst auf, aus welchem sie jene Verfasser genommen, und fand, zu meinem nicht geringen Vergnügen, die Sache so beschaffen, wie ich sie wünschte. Die ganze Verwirrung beruht auf einer Unbestimmtheit in den Begriffen, daran die ersten Rabbiner wenigstens nicht schuld sind, die Eisenmenger veranlaßt und aus welcher

Heisler sich nicht zu finden gewußt hat. Ob Eisenmenger geflissentlich zu dieser Verwirrung Anlaß gegeben, lasse ich dahingestellt seyn; wiewohl er sich dieses an vielen Stellen offenbar zu Schulden kommen läßt, und den Verdacht auch hier zu rechtfertigen scheint.
Weder im Talmud, noch im Majemonides, noch im Schulchan Aruch ist die Rede von einem Rechtshandel, der vor Gericht entschieden werden soll. Die Rabbiner handeln bloß von einem annas. Eisenmenger übersetzt einen Gewaltthätigen, oder einen Zwanggebrauchenden. Es heißt aber annas eigentlich ein Usurpator, ein Rechtsräuber, ein Mensch, der sich über mich gewaltsamerweise ein Recht anmaßt, das ihm nicht zukommt, wie die Exempel ausweisen, die an derselben Stelle angeführt werden: ein Rebelle, Straßenräuber, Mörder, unbefugter Zöllner, Freibeuter. Die Frage ist: in wie weit ist es erlaubt, einen solchen Rechtsräuber durch falsche Aussagen, verstellte Gelübde und allenfalls rückhaltige Eide zu hintergehen? Hier ist kein gesetzmäßiger Richter, dem ich verbunden bin die Thatsache aufrichtig zu gestehen, sie mag Einem oder Anderm, zum Schaden gereichen. Der Mann, den ich hintergehen will, hat nicht das mindeste Recht, ein Geständniß von mir zu fordern, und will bloß durch Gewalt ein solches Recht erzwingen. Dieses verändert, dünkt mich, offenbar die Lage der Sache, und macht die Entscheidung schon ziemlich bedenklicher.

Die ersten Lehrer meiner Nation waren gewohnt, ihren Unterricht nicht allezeit in allgemeinen, abstracten Sätzen vorzutragen, sondern öfter durch Beispiele und in concreten Fällen zu lehren. Aus diesen Beispielen und besonderen Fällen müssen die allgemeinen Lehren durch Hülfe der Induction abgezogen werden; und dieses ist von den Commentatoren nicht allezeit mit gleichem Erfolge geschehen. Nach genauer Vergleichung und Gegeneinanderhaltung aller besonderen Fälle, die bei dieser Gelegenheit in den Rabbinern vorkommen, scheinen mir die Sätze, auf welche sie reducirt werden müssen, in folgenden zu bestehen. Ew. Wohlgeb. erlauben gütigst, daß ich die Sache aus ihren ersten Gründen herleite.

1) Eine Aussage, die der innern Überzeugung widerspricht, aber keines Andern Recht kränkt, heißt eine Unwahrheit.

2) Wird aber eines Andern Recht dadurch gekränkt, so ist es eine L ü g e.

3) Es ist erlaubt, sich einer Unwahrheit zu seinem Vortheile zu bedienen, aber nicht der Lüge. Auch ist nicht erlaubt, eine Unwahrheit zu beschwören; denn dieses ist ein Mißbrauch des göttlichen Namens.

4) Wenn Jemand sich gewaltsamerweise das Recht anmaßt, mir ein Geständniß abzufordern, das er zu meinem oder eines Andern Schaden mißbrauchen will; so bin ich verbunden, die Wahrheit zu verschweigen, oder auch eine Unwahrheit zu sagen und allenfalls durch ein Gelübde oder durch einen Eid zu bekräftigen, dem ich im Herzen einen andern Sinn gebe. Es heißt zwar sonst die allgemeine Regel bei den Rabbinern: d a ß W o r t e, d i e m a n b l o ß i m S i n n e h a t, n i c h t a l s W o r t e a n z u s e h e n s i n d ; allein ein solcher Nothfall macht eine Ausnahme. (Eisenmenger hat diese Stelle unrichtig gegeben.)

5) Zwingt man mich aber zu solchen Ausdrückungen, denen ich keine andere Bedeutung geben kann; so bin ich verbunden, den Namen Gottes zu verehren, die Wahrheit zu gestehen, und den Schaden, welcher daraus entsteht, zu ertragen oder zu ersetzen.

6) Ist aber der Schaden unersetzlich, so kann ich den Rechtsräuber allenfalls durch einen falschen Eid hintergehen.

7) Hat aber Jemand ein vollkommenes Recht, ein gewisses Geständniß von mir zu verlangen, so wird jede Unwahrheit, deren ich mich bediene, zur Lüge, und jeder falsche Eid zum M e i n - e i d e.

Die Rabbiner führen bei dieser Gelegenheit den Fall an, wenn ein gesetzmäßiger Zollaufseher Untersuchung anstellt. Hier, sprechen sie, tritt die gemeine Regel der Rabbiner ein: was den Landesgesetzen gemäß ist, ist Rechtens. Es ist daher nicht erlaubt, einen gesetzmäßigen Zoll zu übergehen, um so viel weniger, durch falsche Gelübde und rückhaltige Eidschwüre der Untersuchung auszuweichen.

Von Rechtshändeln, wo der Richter ein offenbares Recht hat, in einer ihm zweifelhaften Thatsache das Geständniß der Wahrheit von jedem, der darum weiß, zu erzwingen, ist gar die Rede nicht; und unter allen besondern Fällen, die von den Rabbinern angeführt und erörtert werden, finde ich keinen einzigen, der dahin gezogen werden könnte. In Schuld- und Forderungssachen findet ganz unstreitig und, so viel mir bekannt ist, nach aller Rabbiner Geständniß, die Regel statt: was in Sachen, welche das Mein und Dein angehen, nach den Landesgesetzen geschieht, ist Rechtens.

Sollten in der Sache noch Zweifel übrig seyn, zu deren Hebung ich etwas beitragen kann, so erbiete mich willig dazu, auf den mindesten Wink, den Ew. Wohlgeb. mir davon zu geben belieben; der ich mit der vollkommensten Hochachtung allezeit verharre

Ew. Wohlgeboren etc.
Moses Mendelssohn

566

AN JOHANN CASPAR JUNG

Mein bester, verehrungswerther Freund!

Daß Ihr Freund, der rechtschaffene Geistliche, mit meiner Übersetzung des Worts Schilo nicht zufrieden ist, befremdet mich keinesweges, und steht ihm auch nicht zu verdenken. Er glaubt dasjenige redlich, was seine Dogmatik lehrt: daß nämlich Schilo das nomen proprium einer Person sei und den Messias bedeute. Es sind zwar schon so manche christliche Ausleger und Übersetzer, aus kritischen Gründen, von dieser Erklärungsart abgewichen, und haben das Wort Schilo der eine so, der andere wieder anders erklärt. Bei solchen Worten, die nur einmal, oder wenigstens sehr selten in der Schrift vorkommen, hat die Einbildungskraft und der Witz des Erklärers freies Spiel. Die vermeinte Anspielung auf den Messias wird indessen von den mehresten neuern Schrifterklärern verworfen. Allein ich vermuthe, daß Ihr Mann alle diese Gelehrten für Heterodoxen erklären wird, weil sie von der Dogmatik abweichen. Hierin muß man ihm nun freilich Recht geben.

Es ist aber von der andern Seite auch einem Juden nicht zu verdenken, daß er mit eben der Gewissenhaftigkeit seiner Dogmatik anhange, und die Stellen der Schrift, deren Auslegung ungewiß ist, so erkläre, wie diese es mit sich bringt. Hier an dieser Stelle, dünkt mich, haben die kritischen Gründe derjenigen, welche das Wort Schilo für das nomen proprium einer Stadt und nicht eines Menschen halten, ohnehin noch ein merkliches Übergewicht; und hatte ich daher doppelten Grund, so zu übersetzen, wie ich gethan.

Ein Jeder lebe seines Glaubens und seiner Überzeugung, und liebe seinen Nächsten wie sich selber. Gott anbeten und dem Menschen wohlthun, dieses ist Zweck und Ziel unseres Hierseyns, unsere Bestimmung in diesem und unsere Hoffnung in jenem Leben. Alles Übrige mag dahin gestellt bleiben. Wie es dir gefällt, Bruder! nur liebe Gott und den Frieden!

Leben Sie herzlich wohl, und lieben

Ihren
aufrichtigen Freund,

Berlin den 23sten May 1782. Moses Mendelssohn.

567

AN FRIEDRICH NICOLAI

Theuerster Freund!

Die Anweisungen auf den Haag sind eingegangen, und betragen

in holl. C[nt]	f	340- st
Frid. Feld hat nur 31# bezahlt, und		162,15-
	cf	502,15
ab fürs Einkassieren		—,17
	=cf	501,18 st
	à	134 3/4 cf

in Ld'ors — ß 270,13 g.

die Sie abholen zu lassen belieben.

Arnstein aus Wien schreibt, daß daselbst Exemplare von R. Manasseh verlangt werden, und nicht zu haben sind. Man wollte einen Nachdruck veranstalten. Ich schreibe ihm aber so eben, daß Sie entweder von Leipzig aus eine hinlängliche Anzahl nach

Wien würden versendet haben, die etwa noch nicht angelangt seyn mögen; oder daß Sie solche von hier aus würden besorgen lassen, und daß also eine zwote Auflage wahrscheinlicher Weise kein Glück machen würde.
Littera non erubescit, sagt Cicero. Ich kan Ihnen also schriftlich ein Geständnis machen, zu welchem ich mündlich nicht Kekheit genug habe. Ich finde daß es Zeit sey, meine Uebers. der Psalmen herauszugeben. Ich erdreiste mich aber dem Verleger derselben Bedingungen vorzuschreiben, die weder Sie, mein Freund! noch ein anderer von den mir bekanten Buchhändlern so leicht eingehen werden. Sie insbesonder haben der Verlagswerke so viele, und so kostbare, daß Sie mir meine Bedingungen sicherlich nicht einräumen können. Ich bestehe nehmlich auf ein Format, wie Rammlers Blumenlese, mit denselben Lettern und auf demselben Papiere. Das Werk soll aus 2 Bändchen, jedes etwa von 20 Bogen bestehen. Das erste wird die blosse Uebers. enthalten, und also in Versen bestehen. Das 2te soll Abhandl. und Anmerkungen enthalten, welches aber erst künftiges Jahr wird nachfolgen können; weil das Mst. dazu noch nicht fertig ist. Nur ist dieses noch nicht alles. Der eigene Verlag der 5 B. Mosis in hebr. Sprache macht eine Lücke in meiner Verlagskasse, die ich gern zum Theil durch die Psalmen ausfüllen möchte. Ich verspreche mir also für jeden Bogen Verse 5 Louis d'or und für die Prosa die Hälfte; also für das ganze Werk etwa 150 St. Louis d'or. Unverschämt, werden Sie sagen, oder wenigstens denken, und ich kan Ihnen nicht Unrecht geben. Allein ich möchte doch gern versuchen, ob die deutsche Sprache das ersetzen kann, was die hebräische geschadet hat.
Wie gesagt, ich sehe gar wohl ein, daß dieses für Sie gar keine Proposition seyn kan, und schreibe es Ihnen blos, um Ihren freundschaftl. Rath darüber mir auszubitten. Sie sind aufrichtig genug, mir solchen auch in diesem Falle nicht zu verweigern. Ich bin

Ihr
aufrichtiger Freund
M. Mendelssohn

Berlin den 27. May 1782.

568

VON AUGUST HENNINGS

[Ende Mai/Anfang Juni 1782]

Auch nur ein Gedanke von Ihnen, liebster Mendelssohn, giebt mir eine Stärkung, deren wohltätige Würkung mir zeigt, wie nothwendig sie mir ist. Es ist Heilung eines langgewohnten Uebels, das man zwar nicht mehr fühlt, aber doch herzlich froh ist zu verliehren, wenn man dann befreiet wird. Ihr Nachtrag zu Abbts Correspondenz war mir um so viel willkommener, da ich schon in der umbra cogitationis Ihres verstorbenen Freundes fortgewandelt und seinen Gedanken über die Bestimmung des Menschen mit den Meinigen nachgehängt habe. Ich weiß nicht ob Ihr Leben anders ist als das Meinige, und ob es überhaupt eine ... Ruhe und Bestimmung giebt, die ich habe. Mein Leben ist wie das Knäuel des Hume, von dem Sie sagen, daß es nicht abgewunden sondern mit tausend abgebrochenen Fäden durcheinander verzerrt wird.

Sie wie meine Gedanken in ewiger Abwechselung fortgehen, bald spekulativisch, bald thätig sind, bald ganz gegenwärtige, bald ganz zukünftige Gegenstände haben, dann nach einzelnen Fällen, urtheilen, nun in den Sitten der alten und der fernen Nationen, nun im Betragen meiner Zeitgenossen studiren, bisweilen die Tiefen des Nachsinnens ergründen, bisweilen die Phantasie hervorrufen, um dem Schattenbilde Leben und Bewegung zu ertheilen; oder auch wiederum den kalten Tagelöhner aus mir machen, der sich auf seinen Grabscheid lehnet, die Lichter des Himmels über sich leuchten lässet, ohne daß sie seinen Verstand erhellen, und säet und pflanzet, ohne zu wissen, wer Wachsthum und Gedeihen giebt. So liebster Mendelssohn, wechselt auch meine Beurtheilung der Dinge ab, macht mich kalt, fühllos, hartherzig, gleichgültig, oder warm, thätig, theilnehmend, mithelfend, wirft Zweifel auf, oder ebnet sie, erhebt den Geist über die ewigwandelbaren Scenen der Veränderung oder stürzt ihn in die chaotische Unordnung des beständigen Wechsels.

Sagen Sie mir, bester Mann, kann alles Nachdenken der Philosophie, das Sinnen über unsere Bestimmung, über unsere Unsterblichkeit, und über alles das Hochgebohrne der Philosophie uns die ruhige, stille, friedlich fortwandelnde Ruhe und Ueberzeugung geben, die ein gutes, thätiges bürgerliches Leben voll Rechtschaffenheit giebt, in dem wir weiter nicht an die Bestimmung der Menschen denken, aber unsere eigene fühlen, nicht über das Leben der Zukunft oder Unsterblichkeit gaukeln, aber fortleben, und das Leben genießen, unbekümmert, wie lange es hier dauern, wie unendlich es einst seyn wird? Kann ferner die Kenntniß der Menschen, ihrer Kleinheiten, Unbestimmtheiten, Niedrigkeiten, Grausamkeiten und aller Thorheiten uns die ruhige Zufriedenheit verschaffen. welche wir in der Unwissenheit aller der irre machenden Erfahrungen haben, die uns täglich in der Welt aufstoßen? Vielleicht giebt es ruhigere Köpfe und gedämpftere Herzen, als ich habe, welche beydes im Nachsinnen und in der Erfahrung ihr eigenes Gleise betreten, sichern Glaubens und sichern Bliks in die unendlichen Gefilde der Wahrheit. Besitzet einer diese Heiterkeit, diese Ruhe, so müssen Sie es seyn, denn Ihr Geist ist zu helle, um sich von andern, und zu wahr, sich durch sich selbst betrügen zu lassen.

Für mich ist, ich gestehe es Ihnen, der Mantel der Unendlichkeit, der mich mit unendlichen Begriffen, die ich nicht endigen kann, mit unendlichen Sonnen, Welten, Saamenstäubgen, Schaffungskräften, Würkungen und Ursachen umhüllet, der Mantel der Dunkelheit. Für mich ist ebenfalls das Verfahren der Menschen ein Rätzel. Was ist ihr Streben, Wirken, leidenschaftliches und kaltes Wollen, diese Thätigkeit eines Gedanken der entwischt, dieser Ehrgeitz um ein schändliches Leben, dieses Zehren des Geistes und Leibes in Wollust und im Ganzen. Dieses namenlose Anstrengen zu einem Etwas, das nichts ist, das der Mächtigste, der Glüklichste, der Reichste, die Schönste, denn Frauenzimmer sollen doch auch wohl unsterblich seyn, so sterblich sie auch vor dem Nachttisch sind, nie erreichen? Wenn es blos auf Glük und Unglük des Lebens ankäme, so würde Ihnen hier vielleicht Voltairens Geschichte von Theleme und Makare einfallen, aber da kommt es hier auf Weisheit und Kenntniß unserer Bestimmung an, und woher nehmen wir diese? So viel ich einzusehen vermag, ist in dieser Lage etwas Philosophie sehr nothwendig die itzige

Thorheit der Menschen aufzudekken, und ihnen zu zeigen welches Uebel sie sich durch angenommene Sisteme, wo keiner als Gott sein Sistem kennen kann, durch Vorurtheile und Lehren, theils ohne, theils mit halbem Nachdenken zugezogen haben.
Aber selbst Weisheit zu fordern, selbst Licht über das Schiksahl der Menschheit zu verbreiten, welche Philosophie ist hiezu im Stande!
Und auch eine Nothwendigkeit der Philosophie würde fast zur Thorheit, wenn man den wenigen Erfolg siehet, den sie auf den Menschen hat. Je mehr der Weise an Aufklärung der Ideen arbeitet, in so weit nemlich diese aufgeklärt werden können, desto mehr Thoren stehen gegen ihn auf. Je mehr iener Duldung, Verträglichkeit, Ertragung unserer unvermeidlichen Unwissenheit und fruchtlosen Versuche aus ihr heraus zu kommen, lehret und übet, desto mehr verfolgen und toben diese. Die Menschen wollen sich nicht belehren lassen, daß sie Menschen sind. Sie wollen weder die Würde dieses Namens noch seine Grenzen kennen lernen. Man darf dem Sklaven nicht sagen, daß er nicht geschaffen ist, Sklave zu seyn, noch dem Freien, daß er als freier Mensch denken, aber auch nicht weiter gehen darf. Zwar liebe ich nicht den kaltblütigen und treulosen Erasmus mehr, als den vollblütigen und ehrlichen Luther, aber doch ist es eine Frage, ob bei allen Versuchen, die Menschheit in den Genuß ihrer Rechte zu setzen, die Störung der Ruhe, die Verstokkung der Blindheit, der Eigensinn der Sisteme, die Partheilichkeit der Unwissenden, nicht mehr Böses gestiftet haben, als aus den Neuerungen der Aufklärung Gutes geflossen ist.
Dem Metaphysiker der vom intensiven Guten spricht, muß dieses seichte scheinen, aber wo ist das Gute, das wir zu dem Plane der Vollkommenheit rechnen, weiter durch Menschen hervorgebracht, als wenn sie in bürgerlicher Ruhe friedlich neben einander leben? Ich sehe wohl, daß unsere englische Wagen bequemer und leichter eingerichtet sind, als die ehemaligen Kutschen, daß wir überhaupt in Künsten und Manufakturen weiter gekommen sind, als vormals, (die edelsten Künste ausgenommen welche zu unsern Zeiten der Vorzeit weit nachstehen,) aber ich sehe nicht, daß Menschen gebessert oder auch nur wirklich verfeinert sind. Die Theologen sind Muster von unverträglichen, zanksüchtigen und beißigen

Menschen, die Critiker wetteifern in Schmähungen und Grobheiten; in der sogenannten feinen Lebensart isset man sich zu Tode statt daß unsere Vorfahren sich zu Tode tranken, und das vormalige Faustrecht ist in allerhand Giftmischereien, es sey der Verläumdungen oder wirklicher Vergiftungen verwandelt worden. Zwar verbrannte die Inquisition vor drey bis vierhundert Jahren iährlich eine gewisse Anzahl Menschen sich zum Opfer und dem Volke zum Schauspiel; aber das geschah nur weil es Leute gab, welche die herschende Thorheit aufdekken wollten, und die solches hätten unterlassen müssen, wenn es wahr ist und wahr bleibt, daß Menschen nicht erlauben, daß man ihnen ihre Thorheit vorhalte. Uebrigens giebt es wohl heutiges Tages wenige Leute von dem Schrote und Korne eines Franz von Sikingen, der so ein natürliches Gefühl von Wahrheit hatte, daß man ihn auf sein ehrliches Ansicht trauen konnte, und ist dieses, was ist denn durch die Philosophie gewonnen worden?

Hieraus flösse denn am Ende, daß unsere Bestimmung wäre, unbestimmt zu seyn, so lange wir etwas bestimmt wollen, und völlig bestimmt, wenn wir uns eines ruhigen, stillen Wandels befleißigen, und alle Erzehlung von einem höhern Wesen, als das wir kennen, von einem zukünftigen Leben, und von der Vorzeit wie Vermuthungen aus dem Monde und den Planeten annehmen, derenthalben wir weder Büffon, noch Rudbek, noch de Lüc zu Aposteln machen.

Aus dem Labyrinthe in den das Nachsinnen und die spekulativische Philosophie mich stürzet, wenn ich aus der Betrachtung des Ganzen und der einzelnen Objekte eine harmonische Bestimmung der Menschheit heraus bringen will, kehre ich ganz zu Ihnen zurük, wenn Sie von den Berufen und Widmungen der Menschen sagen, (S. 24.) daß sie eine angewiesene Reihe von Pfaden sind, die sich durchschlängeln, ohne sich zu verwirren, durch, zwischen und nebeneinander laufen, ohne in einander zu fallen. Ohne in einander zu fallen? — Ja bis dahin kann ich den Gang der Sterblichen absehen, denn diesen betrete ich ja selbst. Da ist es wahr, die Uebung, Entwikkelung und Ausbildung aller menschlichen Kräfte und Fähigkeiten, in einem unserm Standorte angemessenen Verhältnisse ist die Widmung, welche uns von der Vorsehung angewiesen worden ist. (S. 30.) Dieser Satz ist das Grundgesetz der

Menschheit, aus dem einzelne und allgemeine Glükseligkeit fließet. Seine Wahrheit zu läugnen ist Empörung gegen die Menschheit, Vernichtung des Zweks Gottes in endlichen Fällen (denn in unendlichen können wir ihn nicht vernichten) eigentliche Sünde wider den heiligen Geist, den Geist Gottes, der alle Welten und Wesen von Ewigkeit an und im Unendlichen mit Leben und Schaffung durchdrang. Alle Verhältnisse der Menschen, alle Anwendung der bürgerlichen Macht, unser ganzes sterbliches Schiksahl fließet aus dieser unumstößlichen Wahrheit, die eigentlich nur Gottesläugner läugnen können, und die doch die mehresten Menschen, so wohl Herscher, als Lehrer, mit Füßen treten. Heilig sollten uns die Pfade seyn, welche die Gottheit iedem einzelnen Menschen anwies, die sich durchschlängeln, neben, zwischen und durch einander laufen, ohne in einander zu fallen!

Ohne in einander zu fallen? Hier komme ich wieder auf meine Frage. Ja ganz in einander fallen, ganz eins werden, ganz in der Einheit der Harmonie des Unendlichen sich auflösen, aber nicht hier, nicht in den Widmungen der Sterblichen, aber in der Bestimmung des Unsterblichen Wesens. So lange sie nicht in einander fallen, können wir ihnen folgen, so wie Sie es bestimmt haben, daß wir nemlich iedem Menschen seine Widmung ungekränkt lassen, seine Kräfte und Fähigkeiten auszubilden. Aber da, wo sie in eins fallen, da geziemet Bescheidenheit dem Forscher der Wahrheit, und da ist ohne kindliche Ergebenheit in die väterlichen Fügungen, alles Erkundigen und Spähen nur Marter, und Abhärmung des Geistes und des Herzens. Da ist auf dem dunkeln Pfade, den der Mensch hier zu wandeln hat, ihm gerade so viel Licht beschieden, als zu den nächsten Schritten, die er thun soll, nöthig ist. (S. 28.) Daher müssen wir auch nichts allgemeines bestimmen, annehmen oder vorschreiben wollen, um uns nicht im Nachdenken über die Handlungen der Menchen in ein Labyrinth zu stürzen, oder in willkührlich festgesetzten Bestimmtheiten, wo uns alles unbestimmt scheinen muß, die Pfade zu verwirren, die iedem einzelnen Menschen von der Vorsehung angewiesen sind.

Sollen wir denn ieden in seiner Blindheit, Unwissenheit, im Eigensinn seiner eigenen Meinungen lassen? Die wahren Blinden sind die zu sehen vermeinen, die Stokblinden, die andere leiten zu können glauben. Wo ist der Mensch der sich mit einer Sonne vergleichen könne, welche andern Welttheilen, welche in iedem Welttheile alles, was lebt und wächset und modifizirt wird, Leben, Bewegung, Gestalt ertheile? Sind wir nicht alle dunkle Körper, durch ein himmlisches Licht von oben erleuchtet, ohne die Quelle zu kennen, aus der wir mit Inbrunst der Dankbarkeit, aber auch mit Erkenntniß unsers Unvermögens schöpfen sollten?

Mögten doch in dieser Anerkennung der Philosoph, der Gesetzgeber, der Theolog neben einander knien, nicht mehr auf Wissen, nicht mehr auf Lehren stolz seyn, sondern friedlich ieden den Pfad wandeln lassen, der gewiß nie in den Pfad seines Nebenmenschen läuft, so lange allen Menschen vergönnt ist, ihre Fähigkeiten und Kräfte nach Maasgabe des Lichtes, das sie empfangen haben, zu entwikkeln.

So lange nicht dieser Satz angenommen wird, kann keine Aufklärung nutzen und keine Reformation Frucht bringen. Daher ist es, wie ich vorhin gesagt habe, zu unsern Zeiten fast Thorheit, daß die Philosophie auftritt den Menschen das Uebel zu zeigen, welches sie sich durch angenommene Grundsätze zugezogen, wodurch sie die Bestimmung des Menschen in Sistem zu bringen, allgemeiner Lenkung zu unterwerfen, und gleichsam ein metaphysisch-moralisches Gebäude aufzuführen versucht haben. So lange noch nicht die Regierung der Menschen darin bestehet, daß eine iede einzelne höchste Stufe der Entwikkelung der Fähigkeiten und der Kräfte einzelner Menschen, dem ihnen angewiesenen Standpunkte gemäß, die höchste Stufe des Gesamtwohles ausmacht, und blos also auf bürgerliche Ordnung und Polizei, diesem Grundvorrechte der Menschen unbeschadet, gewacht wird, ist es nicht der Mühe wehrt, Mensch oder Bürger eines Staates zu seyn, sondern eigene Tugend und innerer Friede das einzige, was dem denkenden Mann zu erringen übrig bleibt, wenn er nicht sich und viele andere mitüberzeugte redliche zum Opfer der Unwissenheit bringen will.

So hätten Sie denn, vortreflicher Mendelssohn, durch Ihr Denken, durch das Aufheitern des Jahrhunderts, zu dem Sie in so reichlichem Maaße beygetragen, mehr Böses als Gutes gestiftet? Der Zweifel steigt auf, aber er fällt, so bald man Ihre Philosophie kennet. Ihre Philosophie des Lebens ist ganz die der eigenen Tugend und des Weges des innern Friedens, den der Vernünftige suchet, und mit dem die gewisse Ueberzeugung der Zukunft, die sichere Erwartung unendlicher Gaben vom Allgütigen unzertrennlich ist, so wie Sie sie darstellen. Dank sey dem Weisen, der sich den Finger auf den Mund legen konnte, und schweigen, der nur das gewiß fühlt, lehrte, übte, daß Wohlthun und Anbeten unser erster Beruf ist! Und meinen Dank besonders Ihnen, Mendelssohn! ewigen Dank für Ihre mitgetheilten Gedanken, nie habe ich eine Schrift gelesen, die so ganz Mein geworden ist, als Ihren Beytrag zu Abbts freundschaftlicher Correspondenz.

Ueber das Schiksahl der Tugend und der ungleichen Vertheilung der Belohnung und Strafen bin ich nicht ganz Ihrer Meinung. Sollte diese Ungleichheit wirklich da seyn, ob es uns gleich so scheinet? Der Tugendhafte ist oft unglüklich, aber ist er es durch seine Tugend? Ist er es nicht durch seine Thorheit? Ist das Laster glüklich, wenn es siegt? Wir müßten Herzen und Nieren prüfen können, um das auszumachen. Mich deucht die Tugend müßte iedermann glüklich machen, wenn er sich mit ihr begnügen könnte, und wer das nicht kann, begehet eine Thorheit, durch die er sich ein Uebel zuzieht. Ich glaube, dieses ist sogar zwischen Sklaven und Tyrannen wahr. Der Sklave leidet nur von seinen Tyrannen in sofern er sich selbst in disparatem Verhältniß mit seinem Herren setzet, er ist der übende Tugendhafte, in sofern er in dem Verhältnisse seines Schiksahls bleibt, daß freilich ihn zur Duldung auffordert, aber vielleicht nicht mehr als iedes Schiksahl in der Welt; denn welcher Sterbliche hat nicht Leiden und Bande zu dulden! Sie werden mir das Beispiel eines Epiktets anführen, dem sein Herr das Bein entzwei schlug. Aber hatte Epiktet dieses ungerechte Verfahren nicht selbst veranlaßt? War nicht sein Stoicism unzeitige Aufforderung eines unedlen Tirannen? Ist es also die Schuld der Tugend, oder der unvorsichtigen Thorheit Epiktets, daß der Tugendhafte vom Lasterhaften litt?

Ich mögte daher nicht aus dem Schiksahl der Tugend auf Erden die Ueberzeugung der Zukunft herleiten, sondern vielmehr aus dem allgemeinen, viel gewissern Grundsatz, daß hier auf Erden kein denkendes Wesen befriediget, das heißt, glüklich ist, daß also gar keine Belohnung, sondern blos Streben, unser Loos ist. So viel wir Nationen, so viel wir einzelne Menschen kennen, so viele Beweise haben wir, daß unerfüllte Bestimmung die Absicht der

Vorsehung mit denkenden Wesen in dieser Sterblichkeit ist.
Und nun soll ich meinen langen Brief entschuldigen, der in der That nicht für Sie geschrieben ist, so wenig Funken, welche aus einer Flamme aufsteigen und wieder in dieselbe zurückfallen, der Glut Nahrung geben können. Aber für mich ist ihr Briefwechsel, den Sie auf Ihrer Seite gedrukt und den ich in Briefen gefühlet habe, mir eine sehr angenehme Beschäftigung geworden in einer Zeit, in der ich viele Muße und Ruhe habe, und um meine Muße mit dem Beatus ille! zu bezeichnen, den Sommer in einer schönen Landgegend zubringen werde, in der ich sehr auf Ihren Beitrag aus der Geisterwelt, es sey schriftlich oder gedrukt, rechne, um ganz die Vollkommenheit der Schöpfung zu fühlen.
Vielleicht werden Sie es ohne mein Erinnern diesem Briefe von selbst ansehen, daß ich in dem Maaße schrieb, als ich las, oder vielmehr mit der Feder in der Hand las. Als ich zu schreiben anfing, lag mir Ihr Orakel noch im Kopfe, hätte ich gesehen, wie in der Folge meine Lektion alle Orakel bey Erscheinung des wahren Weisen schwiegen, so wäre vielleicht mein ganzer Brief ein bloßes Ja und Amen Ihrer heilsamen Schrift geworden seyn! Aber nun mag er gehn und Mendelssohn sagen wie sehr ich ihn verehre und liebe!

569

VON CHRISTIAN WILHELM DOHM

Wenn Sie, theuerster Herr Moses, diesen Nachmittag in Ihrem Garten sind, so werde ich mit meinem Schwager Sie daselbst besuchen. Es muss Sie aber auf keine Weise genieren, da wir der schönen Sommertage hoffentlich noch viele haben. Wenn Ihnen unser Besuch lieb ist, so bitte es hierunten zu bemerken, und Ueberbringern damit an H. Leuchsenring zu schicken, welchen ich alsdann ersuche, um 5 Uhr uns bey mir abzuholen.

Dohm
d 19ten Juni: 82

Recht herzlich lieb! also mein
theuerster Herr Hofrath! um 5
Uhr holen Sie den H Kriegsrath ab.
[Moses Mendelssohn]

570

AN HERZ HOMBERG

Berlin den 20 Juni 1782.

Ihren Brief aus Wien haben wir mit vielem Vergnügen gelesen. Besonders hat uns Ihr Wortwechsel zu Breslau gefallen. Alle christliche Theologen sind mit meiner Vorrede und deren Inhalt überaus wohl zufrieden; Teller, Spalding, Zollikofer, Büsching und Andere empfehlen sie bei allen Gelegenheiten. Nur die Hamburger Christen sind sehr übel darauf zu sprechen, von der darin geäußerten Behauptung in Ansehung des sogenannten Kirchenrechts. Was unsre Leute im Grunde dawider haben, weiß ich in Wahrheit nicht: es müßte denn Beamtenstolz — parnassim — seyn, wie Sie mit Recht bemerkt haben. Der Wahn, als wenn der Satz gegen die heilige Schrift wäre, hat Anfangs zwar einige vernünftige Leute dawider eingenommen; bei genauer Erwägung ist er aber vollkommen verschwunden. In unserm Hause, lieber Freund! ist übrigens Gottlob! noch alles, wie Sie es gelassen haben. Wie es mit Joseph geht, kann ich im Grunde noch nicht sagen: es müssen erst noch einige Monate verstreichen, bevor ich urtheilen kann; ich hoffe indeß alles Gute.

Wir erwarten mit vieler Ungeduld Ihre ferneren Briefe; nicht sowohl der Neuigkeiten halber, die uns zwar auch interessiren: so sehr aber nicht, als die Nachrichten von Ihnen selbst — wie es Ihnen geht — was Sie beschlossen haben, und was für Aussichten sich Ihnen dort öffnen? Sind Sie bei Hofrath von Sonnenfels gewesen? wie hat er Sie aufgenommen? — Tausend Fragen dieser Art hoffe ich in Ihren Briefen beantwortet zu finden; und es soll mir herzlich leid seyn, wenn Sie zu faul wären, mir öfters zu schreiben. Ich wünsche besonders, daß Sie mir bald melden könnten, ob Sie sich entschließen können und wollen, den Commentar zum Pentateuch fortzusetzen. דברים und ואתחנן sind fertig, auch האזינו und וזאת הברכה so gut als geendigt. נצבים וילך wollte ich mir auch noch vorbehalten; bliebe also עקב, ראה, שופטים, כי תצא, תבא, die noch unentschieden sind. Sie müssen aber gar bald sehen

können, ob Ihre Verfassung es zuläßt, sich mit solchen Arbeiten abzugeben.
Leben Sie wohl! Ich muß meiner Familie Platz lassen, ein paar Zeilen zu schreiben.

Moses Mendelssohn.

571

AN AUGUST HENNINGS

Berlin den 25ten Juny 1782.

Ihre Zuschrift, mein theuerster Freund! hat mich dieses Mal auf eine sehr angenehme Weise getäuscht. Es fängt sich mit einer ängstlichen Trübheit an, die das fürchterlichste Ungewitter drohet, und klärt sich nach und nach in den heitersten Sonnenschein auf, der eine ruhige Landschaft beleuchtet. Es that mir in der Seele weh, daß Sie bey der Philosophie so wenig Trost fanden, daß die Vernunftgründe, anstatt Ihr Gemüth zu besänftigen, nur den Grund desselben mehr aufzuwühlen und in Gährung zu bringen schienen. Ihre Zweifel kreutzten sich übrigens so sehr durch einander, daß ich fast verzweifelte, sie gehörig auseinander zu setzen und beantworten zu können. Um mich abermals desselben Gleichnisses zu bedienen, Sie verwirrten den Knäuel so sehr, daß ich alle Hoffnung aufgab, ihn abwinden zu können. Desto erfreulicher hingegen war es mir, am Ende zu finden, daß sich der Faden gleichsam von selbst dargebothen, und daß die Vernunft ihn bis auf sein letztes Ende hat können ablaufen lassen. Und welche Erquikung, das Gemüth eines Freundes in einer solchen Harmonie mit dem Seinigen zu sehen, nebst dem schmeichelhaften Selbstgefühl, durch die Freundschaft selbst nicht wenig zu dieser Uebereinstimmung beygetragen zu haben.
Nur eine einzige Reflexion habe ich hinzuzuthun, die ich wohl wünschte, in meinem Anhange zu Abbts Correspondenz nicht übergangen zu haben. Eine Stelle in Ihrem Schreiben hat mir Gelegenheit dazu gegeben. Sie beklagen sich in derselben, daß das

menschliche Geschlecht so wenig vorwärts gienge; daß es je zuweilen sich einige Stufen erhebe; aber nur um den Augenblik darauf desto tiefer wiederum zu fallen; daß alles dem beständigen Kreislauf unterworfen, und am Ende wieder dahin komme, wovon es ausgegangen: woraus denn zu erhellen scheinet, daß die Vervollkommnung nicht die wahre Bestimmung des Menschen sey.

Was ich diesem Einwurfe entgegen zu setzen habe, ist dieses. Nicht die Vervollkommnung des Menschengeschlechts ist die Absicht der Natur. Nein! die Vervollkommnung des Menschen, des Individui. Jeder einzelne Mensch soll seine Anlagen und Fähigkeiten entwickeln, und dadurch immer vollkommener werden, und eben deswegen weil jedes Individuum dieses soll, muß das ganze Geschlecht immer diesen Kreislauf wiederholen, darüber wir uns so sehr beschwehren. Das menschliche Geschlecht ist, als ein solches, kein für sich bestehendes Wesen. Es bestehet vielmehr aus einzelnen Menschen, die sich wie das Wasser in einem Strohme auf einander folgen, keinen Augenblik dieselben bleiben, und dem Strohme gleichwohl einen selbstständigen Namen geben. Diese Succession von Wesen ist auch an und für sich einer Verbesserung fähig, die aber nicht so, wie die Verbesserung des einzelnen Menschen, ins Unendliche fortgehen kan. Gienge das menschliche Geschlecht in der Vervollkommnung immer weiter; so würden die neuen Ankömmlinge keine Gelegenheit finden, i h r e Kräfte zu üben, i h r e Anlagen zu entwickeln, und dieses ist doch gleichwohl wahrer Zwek der Natur. Unser Daseyn hienieden gleichet einer Poststation. Wenn die nach uns kommen, auch sollen überbracht werden; so müssen die Postpferde wieder an den Ort zurück, wo sie ausgegangen. Nun macht freulich der Postknecht immer dieselbe Reise wieder. Aber dieses ist eben das Mittel, wodurch die Reisenden, so wie sie nach und nach ankommen, in den Stand gesetzt werden, ihren Weg weiter zu nehmen.

Gesetzt, wir fahren fort, unsere Künste so zu verbessern, daß der Arbeiter weder Kopf noch Routine braucht, sein Werk hervorzubringen; wir reinigten unsre Religionsbegriffe von allen Vorurtheilen; wir trieben es in der Handlung so weit, daß die Produkte aller Länder in allen Ländern zu allen Zeiten vorräthig seyen; wir befreueten die Regierungen von Tyranneyen, die Gerichtshöfe von Chicanen; die Zollbude von Plackereyen, und die

Recensionen von allen Neckereyen. Was sollen nun unsre Kinder? Immer vorwärts eilen? — Der Weg gehet freylich ins Unendliche. Allein sie kommen so zur Welt, wie wir gekommen sind. Haben dieselben Anlagen, dieselben Fähigkeiten, müssen also dieselbe Veranlassung finden, die wir gefunden, oder ihre Kräfte bleiben ungeübt. Sie können nicht da fortfahren, wo wir aufhören, weil sie nicht da anfangen, wo wir angefangen haben; sie bringen eine Federkraft mit, die keinen Widerstand findet, und also nicht wirken kan. Wie sollen sie ihre Verstandeskräfte üben, wenn alle ihre Bedürfnisse ohne Anstrengung befriediget werden können? ihre Liebe zur Freyheit, wenn sie keine Tyranney drücket? zur Wahrheit, wenn sie ihnen vorgekauet wird? — Es ist offenbar, daß das menschliche Geschlecht hier und da zurük muß, wenn die Individua fortkommen sollen. Eben deswegen, weil die Entwickelung des Einzelnen Bestimmung der Natur ist, kan das ganze Geschlecht hienieden nicht immer in dem Zustand bleiben, den es sich durch Anstrengung errungen. Weil der einzelne Mensch weiter kommen soll, muß das Geschlecht, wie Jacobi sagt, den Krahnengang gehen, in welchem wir alles über unserm Kopfe wieder heraufkommen sehen, was wir mit den Füßen zurükgestoßen haben. Unser Daseyn auf Erden gleichet dem Aufenthalt des Knaben auf der Schule. Wenn die Ankömmlinge sich bilden sollen, so muß der Lehrer von Zeit zu Zeit dieselben Triviallehren wiederholen; dasselbe Collegium wieder von vorne anfangen. Sobald die Schüler seine Weisheit weg haben; ziehen sie weiter. Er trägt seine Anfangsgründe wieder und nochmals vor, und wenn er so deplacirt ist, wie Abbt zu Rinteln es war, so beklagt er sich über sein Schiksal, daß er immer dasselbe, immer dasselbe wiederkäuen müsse.

Möglichkeit des Genusses ohne Arbeit; Befriedigung ohne Anstrengung ist der Tod aller menschlichen Glükseeligkeit. Ein sehr sprechender Beweis, daß die menschliche Glükseeligkeit mehr im Ringen und Streben nach Genuß, als im Genusse selbst bestehe; ein sehr sprechender Beweis wider den Epikurismus. — Dieses im Vorbeigehen, denn es gehört eigentlich nicht zu Ihrem Einwurfe, und erfordert auch eine weitere Ausführung, als mir der Raum allhier erlaubt.

Und also wäre ich auf einmal aus dem Gleise gehoben, und hätte gute Gelegenheit, hier zu schließen. Ich komme wohl ein andermal wieder auf die Materie zurük, wenn mich ein heiterer Morgen, wie dieser, wieder zu dergleichen Untersuchungen erwekt. Bis dahin leben Sie wohl, und lieben Sie

Ihren Moses Mendelssohn

572

AN HERZ HOMBERG

Berlin den 1 Juli 1782.

Lieber Freund!
Die erste Lection haben Sie zu Wien wirklich zu theuer bezahlt. Wußten Sie denn gar nicht, daß der Mann hier einen sehr zweideutigen Ruf hatte? Ich muß gestehen: wenn ich die Leute betrügen wollte, würde ich mich an Sie, mein Freund! am spätesten gewagt haben; denn Ihre Physiognomie verspricht Vorsichtigkeit. Jedoch Posamentier Joel mag vielleicht wissen, daß die Vorsichtigsten zuweilen am leichtesten zu betrügen sind, wenn man sie nur bei ihrer Schwäche zu fassen weiß. Melden Sie mir nur, welche die schwache Seite ist, die er an Ihnen zu erspähen gewußt hat. Was Sie mir von dem Abt Blarer gemeldet haben, hat uns alle sehr interessirt. Der ehrliche Mann bleibt sich selbst doch immer noch gleich. Sein Charakter hat eine Festigkeit, wie sie ein Reformator haben muß. Etwas mehr Sporn in seiner Seele, und er würde vieles umschaffen. Aber hieran scheint es ihm zu fehlen. Wenn Sie ihn wieder sehen, so haben Sie die Gewogenheit, in unser aller Namen ihm alles Gute zu wünschen, das er zu genießen im Stande ist. Das Vornehmste darunter ist wohl, daß er eine bessere Jugend nach seinen Grundsätzen erwachsen und glücklich sehen möge. Den Vorschlag aber, welchen er gethan, daß ich an den Baron schreiben soll, bin ich nicht im Stande zu erfüllen. Es würde offenbar einer Zudringlichkeit ähnlich sehen, nachdem der Baron so geflissentlich aller Gelegenheit auszuweichen gesucht, mit mir in Verbindung zu kommen; und Sie wissen, wie sehr ich allen Anschein der Zudringlichkeit zu vermeiden mir vorgenommen. Herr Blarer wird Ihnen besser als ich erklären können, mit welcher Sorgfalt der Baron gestrebt hat, keinen von unsrer Nation kennen zu lernen.

Hofrath Leuchsenring ist noch bei uns; er macht Ihnen seinen besten Empfehl. Sie dürfen ihn nicht suchen, meint er; denn sobald er nach Wien kommt, ermangelt er nicht Sie aufzusuchen. Kriegsrath Dohm werde ich Ihre Empfehlungen nebst Auftrag communiciren. Die deutsche Übersetzung der fünf פרשיות des Pentateuch lasse ich Ihnen abschreiben. Haben Sie denn auch dort die nöthigen Bücher dazu? Wegen des Honorars wollen wir mit göttlicher Hülfe schon fertig werden. „Du bist mein Bruder und sollst mir umsonst dienen?“

Und hiermit leben Sie wohl! und fahren Sie fort an mich zu denken und mir zu schreiben. Mein Sohn Joseph wird Ihnen nächstens ausführlich schreiben. Sie wissen, wie sauer ihm dieß wird; und er möchte es gern gut machen. Ihr Freund

Moses Mendelssohn

Wie steht es mit Ihren Umständen? Finden Sie dort einige Unterstützung? wo genießen Sie Tisch, Wohnung und sonstige Nothwendigkeit? Melden Sie uns alles umständlich.

573

AN WOLF DESSAU

Ich schreibe Ihnen, mein theuerster Landsmann und Glaubensbruder! in deutscher Sprache und mit deutschen Lettern, damit mein alter Freund, Herr Prof. Basedow, und Herr Prof. Salzmann, dessen Bekanntschaft ich Ihnen zu verdanken habe, meine Antwort lesen mögen. Als ich zuerst Ihre Vorrede erblickte, mißfiel mir, wie ich Ihnen aufrichtig gestehen muß, der Ton sehr, in welchem Sie die Nation anklagen. Böse Absicht konnte Ihnen freilich nicht zugeschrieben werden; und Gott weiß! daß ich für meinen Theil Ihnen nie andere als gute zugetrauet habe. Allein gute Absicht allein entschuldigt nicht völlig. Man muß auch Mißdeutung zu verhindern suchen; und zu dieser gaben Sie nur allzu viel Gelegenheit. Sie hätten bedenken sollen, daß der schlechtere Theil der Nation, derjenige etwa, den man eines solchen bittern Hasses vielleicht beschuldigen könnte, gar nicht liest und durch Schriften nicht

zu bessern ist. Nur öffentliche Anstalten, Gesetze und Exempel wirken auf diese rohe Classe; und zu diesen Gegenmitteln muß der bessere Theil der Nation bloß aufgemuntert, bloß erweckt werden. Bei dieser Gelegenheit muß aller Verdacht vermieden werden, als könnte sich dieser gesittetere Theil wohl selbst dergleichen Verbitterung gegen ihre Mitmenschen zu Schulden kommen lassen.
Aber freilich ist es thöricht, Sie Ihre Übereilung oder Unvorsichtigkeit durch Verfolgung büßen zu lassen. Mein Gott! wissen diese Leute denn ihre Liebe gegen Christen nicht anders zu beweisen, als durch Haß gegen ihren Mitbruder, der sie des Hasses beschuldigt haben soll? Welche Inconsequenz! Kann man diese von Menschen erwarten, die noch gesunden Menschenverstand haben? — Sie haben indessen wohl gethan, bester Hr. Wolf! daß Sie Ihre verunglückte Vorrede haben umdrucken lassen, und dabei förmliche Abbitte gethan. Sie haben dadurch alle Genugthuung widerfahren lassen, die man mit Recht von Ihren guten Gesinnungen erwarten konnte. Nunmehr haben Sie alles Recht auf Ihrer Seite, und die Gemüther werden sich sicherlich nach und nach beruhigen. Nur ist Ihnen, bester Mann! noch die Gelassenheit zu empfehlen. Vermeiden Sie alle Gelegenheit zu Streit und Wortwechsel. Lassen Sie Eines und das Andere über sich ergehen, so empfindlich es Ihnen auch seyn möchte. Sie sind auch hierzu verbunden, nicht nur aus Liebe zu Ihrer Frau und Ihren Kindern, sondern sogar aus Liebe zu der Nation. Wie unser Freund Basedow sehr wohl, durch Vernunft und Erfahrung gewitzigt, in seinem freundschaftlichen Schreiben erinnert, kann dieser Vorfall für die Gemeinde sehr übele Folgen haben. Wollten Sie auch wohl nur die unschuldige Ursache dieser Folgen seyn? Nein, Freund! lassen Sie manches harte Wort, manche Bedrohung vor Ohren gehen, auch hier und da in Handlung übergehen, ohne sehr über Verfolgung zu schreien. In einigen Monaten ändert sich vieles, und Sie sind mit den Ihrigen wieder in Ruhe.
Über unserm guten Bruder, dem berühmten Hartog Wessely, hatten sich vor einigen Monaten die fürchterlichsten Ungewitter zusammengezogen; und zwar, wie Ihnen bekannt seyn wird, haben seine unschuldigen „Worte der Wahrheit und des Friedens“ Gelegenheit dazu gegeben. Aus allen Gegenden Polens fuhren die Bannstrahlen über ihn zusammen; und es fehlte

wenig, so waren auch seine deutschen Mitbrüder wider ihn in Harnisch. Durch Gelassenheit und ruhige Begegnung hat er in kurzer Zeit die Mehrsten zum Schweigen gebracht; und der vernünftigere Theil der Nation ist völlig von seiner Unschuld überführt.

Wenn Sie aber glauben, daß ich unmittelbar zur Beruhigung der Gemüther, durch Vorschreiben, Schutzschrift, Fürbitte u. dgl., etwas beitragen könne, so scheinen Sie sich sehr zu irren. Ich bin mir nur gar zu sehr bewußt, wie wenig Einfluß alle meine Worte und Vorstellungen auf den großen Haufen haben. Mein Wirkungskreis ist von je her auf wenige Freunde eingeschränkt gewesen, und hat sich, seitdem ich Kinder zu bilden und zu erziehen habe, noch enger zusammengezogen. Außerhalb dieser Sphäre habe ich, und suche keinen Einfluß. Ich fühle die Schranken meiner Kräfte, und halte mich innerhalb derselben ruhig und stille, weil ich meinem Maaße doch nichts zulegen kann.

So viel ist gewiß, Ihr Büchelchen wird nunmehr, nach gemachter Abänderung in der Vorrede, von jedem billigen Leser für ganz unschädlich, und als ein Lesebüchlein für die Jugend auch für nützlich gehalten werden. Die Sachen, die Sie zusammengetragen, sind ziemlich gut gewählt, und recht gut und verständlich übersetzt. Der Titel scheint zwar nicht recht passend zu seyn, dieses thut aber nichts zur Sache. Sehr wohl aber haben Sie darin gethan, daß Sie die verschiedenen Lehrmeinungen der Rabbiner bloß vorgetragen, ohne zu entscheiden. Ich habe mich über den Recensenten gewundert, der Ihnen dieserhalb einen Vorwurf macht. Das jetzige Judenthum hat, eben so wie das vormalige, keine eigentliche Symbole des Glaubens. Es sind uns sehr wenig Grundsätze und Lehrmeinungen vorgeschrieben. Maimon zählt derselben 13, Albo nur 3; und Niemand wird den Albo deswegen verketzern. Uns sind Gesetze, Gebräuche, Lebensregeln, Handlungen vorgeschrieben. In Ansehung der Lehrmeinungen sind wir frei. Wo die Meinungen der Rabbiner getheilt sind, kann jeder Jude, der ungelehrte sowohl als der gelehrte, diesem oder jenem beistimmen. אלו ואלו דברי אלהים חיים, sagen die Rabbiner in solchen Fällen sehr weislich: obgleich dieser Satz von so Manchem, der den Sinn desselben nicht einsieht, verspottet, und so vorgestellt wird, als läugnete man das principium contradictionis. Die Christen sehen nunmehr gar wohl ein, wie viel Menschenblut verschont geblieben wäre, wenn sie sich

jederzeit an diesen Satz gehalten hätten. Der Geist des Judenthums ist Conformität in Handlungen, und Freiheit in Absicht auf Lehrmeinungen: wenige Fundamentallehren ausgenommen, über welche alle unsere Lehrer sich vereinigt haben, und ohne welche die jüdische Religion schlechterdings nicht statt haben kann.
Empfehlen Sie mich übrigens dem freundlichen Andenken des verehrungswürdigen Basedow, so wie den guten Gesinnungen des Hrn. Prof. Salzmann. Ich bin äußerst gerührt von dem warmen Eifer, mit welchem sich diese Menschenfreunde Ihrer Sache annehmen, und äußerst beschämt, daß ich nicht mehr zu Ihrem Besten thun kann.
Meyer Elkan ist, so viel ich ersehen kann, Ihr Feind nicht. Er hat sich niemals das Mindeste entfahren lassen, das Ihnen zum Nachtheil gereichen kann. Seyn Sie nicht zu voreilig, denjenigen für Ihren Feind zu erklären, der es vielleicht dadurch erst werden könnte. Klagen Sie insbesondere Niemanden der Übertretung des Gesetzes an. Dieses ist einmal nicht Ihr Beruf; und Sie dürften am Ende doch Mühe haben, Ihre Angabe gerichtlich zu beweisen. Auch machen Sie Ihre eigene Sache dadurch nicht besser, wenn Sie diesen und jenen zugleich mit der Verfolgung aussetzen. Überhaupt, bester Herr Wolf! muß Ihr löblicher Eifer für die gute Sache nicht in Zanksucht ausarten. Halten Sie mir meine Strafpredigt zu gute! Ich weiß, diese hatten Sie am wenigsten von mir erwartet; allein sie kommt wahrlich aus guten, freundschaftlichen Gesinnungen

Ihres
dienstwilligst ergebensten
Moses Mendelssohn

Berlin den 11 Juli 1782.

574

AN HERZ HOMBERG

Berlin den 16 Juli 1782.

Lieber Freund!
Ich lasse Ihnen, wie schon erwähnt, die פרשיות עקב ראה שופטים תצא תבא abschreiben, und erwarte nur Ihre Nachricht, ob

und wie ich sie schicken soll. Daß Sie Erlaubniß bekommen werden, in der kaiserlichen Bibliothek zu arbeiten, ist bei mir außer Zweifel. Ich bitte also baldigst um gütige Erklärung, ob Sie die Arbeit übernehmen können; denn ich möchte nicht gern Zeit versäumen.

Daß ich es für zudringlich halte, wenn ich jetzt ohne Veranlassung an den Baron Ihrethalben schreiben wollte, werden Sie ersehen haben. Sie wissen, daß Ich Ihnen dergleichen Gefälligkeiten nicht gern verweigere. Sie schreiben mir, daß Sie noch bei dem Posamentier wohnen; wie steht es denn um Ihr Geld? Ist dieß unwiederbringlich verloren? Der Rath, den Ihnen v. Sonnenfels gegeben, scheint sehr freundschaftlich. Haben Sie aber auch Hoffnung, daß er sein Versprechen wird erfüllen können, Ihnen zu einer oder der andern Bedienung zu verhelfen? Man hört hiesigen Ortes noch gar nichts von der Wirkung der kaiserlichen Gesinnung gegen unsre Glaubensgenossen, und Sie melden uns auch nichts davon. Gleichwohl sind wir voller Erwartung, und spitzen beständig die Ohren, etwas neues zu hören, das dahin einschlägt. — Sie wollen den Manasseh ben Israel nachdrucken lassen? Vielleicht werden jetzt die Exemplare von der Leipziger Messe angekommen seyn, und dann wäre der Nachdruck überflüssig. Ist dieses aber nicht, so mag es immer geschehen! Warum sorgt der Buchhändler nicht dafür, daß die Bücher dorthin kommen, wo sie verlangt werden? Beim Nachdruck bitte ich Sie um die Gefälligkeit, einige häßliche Druckfehler zu verbessern, die eingeschlichen sind.

Die Meinigen befinden sich alle Gottlob! wohl, und freuen sich, so oft ein Brief von Ihnen überbracht wird. Herr Aaron Jaroslaw hat einen halben Beruf nach Breslau, allwo eine Primärschule angelegt wird. — Mir fällt so eben bei, daß auch Ihnen von einem Beruf nach London geschrieben worden, als Hofmeister. Ich bin sehr begierig zu erfahren, ob Ihnen dieses anstehen wird? Ihr Freund

Moses Mendelssohn.

Ich erinnere mich so eben, daß Sie mich gebeten haben, Ihnen mit deutschen Lettern zu schreiben. Künftig also!

575

VON AUGUST HENNINGS

[Juli 1782]

Der heitere Morgen an dem Sie mir schrieben, hat mir einen heitern Abend zuwege gebracht; ich könnte nie eine Lage haben, in der ich fähiger wäre, als itzt, an Ihren Grundsätzen Geschmack zu finden, ob gleich, wenn es Zeiten giebt, da ich es nicht thue, die Schuld nicht an mir liegen mag. Das fühlte ich, als ich in einem solchen Augenblikke Ihren Beitrag zu Abbts Correspondenz las, und die darin enthaltenen Wahrheiten gleichsam ganz das Mein in mir angriffen, welches in dem verkehrten Wesen der Menschen mir selbst unbewußt geblieben war.

Hier auf dem Lande habe ich Ruhe und in dieser Ruhe Fülle des Herzens, in der Fülle des Herzens freudige Philosophie, anschauende Schönheit, Leben, das kein finsteres Bild, weder am Abend, noch am Morgen, umwölkt. Hier lege ich mir den Finger auf den Mund und schweige. Hier redet mein Herz, mein Gefühl, die Natur schwört mir feierliche, heilige Eide: So wahr der Herr lebet, ertönet von der Erde zu den Sonnen der Höhe, und in meiner ganzen Seele ist Einstimmung in dem großen Gelübde, mich, mit dem Erschaffenen um mich, dessen Willen zu weihen, der alles in Einem schuf, und ewig in der Zertrümmerung der Vergänglichkeit ist.

Reden Sie von dieser Philosophie, so bin ich gerne Ihrer Meinung, daß sie uns beruhigen könne. Aber ich mag keinen Schritt weiter gehen. Keine Demonstrationen, Sistemen und Lehrsätze haben, so wenig ich auf der andern Seite etwas der Phantasie und der Einbildungskraft einräume, welche uns freilich stark und unwiderstehlich berauschen, aber nie dauernd überzeugen kann. Jene redende Philosophie ist daher nicht blos von einem Sinnen Eindruk des Gefühls her genommen; sie ist nicht die Frucht eines Müßigganges, eines köstlichen farniente, wie Rousseau es nannte, in der wir uns aller Pflichten entledigen, und in den Träumen der Phantasie gleichsam Gott ähnlich, selbständig zu werden glauben. Sie hängt ganz mit allen menschlichen Pflichten zusammen, versagt sich keiner, es sey in Ausübung dessen was uns obliegt, oder in innerer Anstrengung der Seele zu ertragen und zu ebnen, was ihr widriges aufstößet, und ihre Leidenschaften rege machen kann. Sie ist aber der Ruhepunkt an der Grenze, die Gott, wie ich glaube, der Menschheit gesetzt hat, und ienseits welcher wir, wenn wir versuchen, sie zu übertreten, entweder Sophismus des Verstandes oder Schwärmen der Phantasie finden.

Als ich Ihren Beitrag zu Abbt zuerst sahe, glaubte ich, Sie wollten seine Zweifel widerlegen; da ich ihn bis ans Ende las, fand ich, daß Sie, statt sich im Labyrinthe aufzuhalten um dort einen Faden zu finden, dem Lichte der Natur, so wie es uns dämmert, folgten, ganz die aus der Einheit im Ganzen fließende Mitstimmung unserer Seele, und daher rührende Ueberzeugung lehrten; aber nicht selbst einen Ton anzugeben suchten, welcher vernehmlicher und deutlicher darstellen sollte, was wir nur glauben und durch stille Ueberzeugung hoffen und erwarten können, worin uns aber Philosophen und Theologen irre machen, wenn sie den Glauben, der aus der Miterschaffung eines intelligenten Geistes im ganzen Sisteme Gottes fließet, misbrauchen, und die Hofnung und Erwartung, zu der wir die Anlage in uns haben, durch täuschende Aufklärung und durch eine Erstellung, welche den großen Hoffnungen, die in uns liegen, nicht entsprechen können, irre führen und betrügen.

Daher am Anfange meines Briefes mein Unwillen gegen die Philosophie, daher am Schlusse ganz meine Uebereinstimmung mit der Ihrigen. So unbestimmt und ungewiß auch manchen, die Vergnügen an Sistemen finden, meine Philosophie scheinen mag, so ist sie doch immer, im Gegensatz, mit allen Beweisen, wie Werk Gottes, gegen Menschen Thun. Ich weiß zwar wohl, daß wer lange einem Sisteme nachhänget, und in dem Cirkel desselben denket, über allen Pyrrhonism hinaus kommt, und sein Sistem so überzeugend, so unumstößlich findet, daß er die Behauptung, wo nicht bis zur Intoleranz, doch wenigstens zum mitleidigen Lächeln gegen alle treibt, welche nicht seine vermeinte und mithin errungene Einsichten theilen, die im Grunde blos Früchte der Eigenliebe sind. Wie wenig solche Ueberzeugung verdienet, geachtet zu werden, darf ich Ihnen nicht erst sagen, und überhaupt genommen, mag sie für einzelne Gelehrte gelten, im Ganzen aber sind alle Theorien, Sisteme und Beweise weit mehr dem Chok der Zweifel und der Verwirrung ausgesetzet, als es die Beruhigung eines bescheidenen Nachforschers ist, der alle Sinne öfnet, höret, siehet, empfindet, sich in sich hüllt, Gott in der Welt und in der Erfüllung seiner Pflichten kennen lernet, und das Uebrige von selbst kommen lässet. Dies Uebrige wird, oder ich betriege mich sehr, Ruhe und angenehme Beschäftigung des Geistes, Friede mit der ganzen Natur und mit sich selbst, sichere Hofnung, große Erwartung und ein ruhiges Ende seyn!

Freilich ist dieser Gang auch seinen Abwegen ausgesetzt, und das am meisten, wenn wir in der großen Welt, oder in großen Städten leben, nicht mehr den Umgang der Natur, sondern gedrengte Menschen um uns sehen, deren Handlungen, Begierden, Leidenschaften uns mehr auffallen müssen, als auf dem Lande, wo die Menschen zerstreuet sind, und wo sie weniger Gelegenheit haben ihre Leidenschaften und Begierden zu erregen, oder zu zeigen, als in den Städten.

Freilich müssen die Handlungen der Menschen eben das würken, was ihre Sisteme und Lehrsätze thun. So wie die Spekulativischen Geistes Beschäftigungen uns von der Simplicität unsers Genusses der Wahrheit abführen, so entziehen auch die Handlungen uns dem Anschauen, aus dem dieser Genuß floß, und stellen dagegen ein Bild auf, das ganz andere Begriffe in uns erwekt, als wir aus der Betrachtung unserer selbst im Gleise der Natur zogen. Dieses ist mein Fall gewesen, liebster Mendelssohn, bis ich recht wußte, was Menschen sind, was ich selbst war, und erröthete da etwas seyn zu wollen, wo ich in der That nie etwas anders, als verdorben werden konnte. Meine Leidenschaften waren entzündet, und ich urtheilte nach ihnen. Hieraus entstand eine Verwirrung in meiner Beurtheilung dessen, was itzt ist, oder was Menschenerfindung ist, und dessen, was eine gesunde Philosophie uns lehrt, und was eigentlich hätte seyn sollen, oder dem Wesen nach ist. Meine Leidenschaften ruhen, und ich sehe den Irrthum. Mögte ich ihn verlassen können, in dem ich ihn einsehe, mögte, indem ich ihn verlasse, es keine üblen Folgen nach sich lassen!

Mein Einwurf, wie Sie es nennen, daß wir uns nicht vervollkommen, betraf daher nicht die Gattung der Menschheit, sondern iedes Individuum. Ich weiß wohl, daß wie der Wurm immer Wurm, der Mensch immer Mensch bleiben muß. Cultur können Pflanzen und Thiere, Aufklärung kann Menschen veredlen, aber ohne Cultur iedes Individui verfällt alles wieder. Das ist zu klar um Zweifel zu geben, und ich habe immer selbst das, was man von künftigen großen Entdekkungen sagt, für Träume gehalten, die eben so wenig das Menschengeschlecht vervollkommen würden, als die Entdekkung der Elektricität und des Magnets es gethan haben. Für den Stolz der Gelehrten ist dies etwas, aber nichts für die Aufklärung des Weisen, dem die Nahrung des Verstandes nur dann etwas würkliches ist, wenn sie das Schiksahl oder die Bestimmung des Menschen, als ein unsterbliches Wesen, berichtigt oder befestigt, und ihn daher in allem was edel, groß und tugendhaft ist, vollkommner macht.

In dieser Meinung war es, daß ich sagte, ich sähe wohl daß wir in bequemern Wagen führen und unsere Häuser und Gärten verschönerten, ich sähe aber nicht, daß die Cultur des Menschen und dessen Aufklärung ihn in seiner eigentlichen Bestimmung vervollkommeten, in so fern er ein unsterbliches Wesen und nicht blos geschaffen ist, in englischen Wagen zu fahren, oder in englischen Gärten zu spazieren; vielmehr erzeugt Aufklärung Lux, der Lux vermehrt unsere Begierden, die Vermehrung der Begierden erschwert die Mittel der Sättigung, und diese Erschwerung veranlaßt alle die kleinern und niedrigen Handlungen, die Ränke und den Betrug, den die Menschen sich erlauben, zu ihrem Zweck zu gelangen. So wird die Bestimmung des Menschen, sich als ein unsterbliches Wesen zu vervollkommen ganz aus den Augen verlohren, und wir kommen, indem wir wahre Epikuristen werden, das heißt, blos die Vervóllkommung des sterblichen Lebens vor Augen haben, durch unsere Cultur zu immer mehr verderbten Sitten und zur gänzlichen Erschlaffung der Geisteskräfte.

Wollen wir aber bey den wenigen Philosophen die Vervollkommung suchen, welche ihr Hauptgeschäft daraus machen, die höhern Seelenkräfte zu gebrauchen, so könnte dies vielleicht den betriegen, der blos ihre Schriften lieset. Lernen wir sie näher kennen, so entscheiden sie bald die Frage, ob die klügern Leute denn auch die bessern sind? Ihnen, liebster Mendelssohn, darf ich dies sagen, ob Sie gleich Schriftsteller sind. Als solchen habe ich Sie immer hochgeschätzt, aber ich habe Sie erst geliebt, da ich durch täglichen

Umgang Ihre ausübende Philosophie kennen lernte. Mehrere Philosophen sind unstreitig mit Ihnen in gleichem Falle; denn thörigt wäre es, zu behaupten, daß sich nicht auch unter den Gelehrten und Denkern Leute finden sollten, welche ihre Bestimmung, sich zu vervollkommen, erfüllen. Im Ganzen aber gleichen die mehresten Philosophen, Rousseau, durch dessen Schriften man berechtigt wird den Mann vom stärksten Geiste zu erwarten, und in dem man, wenn man ihn durch seine eigenen Geständnisse kennen lernt, die schwächste und niedrigste Seele findet.

Mit der Vervollkommung wäre es also Chimäre? Ich bin weit entfernt, dies zu behaupten, nur kann ich nicht die Vervollkommung in der Entwikkelung der Geisteskräfte setzen. Da mag, wie Pope sagt, Newton blos ein Affe seyn.

Wer die niedere Rolle des Leibes würdig gespielt, hat höhere dorten, das ist alles was ich von der Vervollkommung denke, und wir mögen die Rolle nennen, wie wir wollen, groß, edel, erhaben, von Helden, Fürsten, und Weisen träumen; es ist die niedere Rolle; wer würdig sie spielt hat höhere dorten.

Könnten wir wissen, wie ieder diese Rolle spielt, so könnten wir vielleicht sicherer von der Bestimmung des Menschen reden. Aber wer kann hier etwas entscheidendes sagen, wer darf das Innere eines Menschen beurtheilen, und daraus schließen, wie er seinen Beruf erfüllt und tugendhaft war. So wie in dem, was wir sehen, gewiß weniger Größe und Tugend ist, als wir glauben, und vielmehr das meiste vom Ungefähr gewürkt wird, oder in der That nur Schein ist, so ist vermuthlich in dem Verborgenen mehr Tugend, Gutherzigkeit, Wohlwollen, Erfüllung der menschlichen Pflichten, als wir glauben, und wäre dies nicht, so müßte das Hauptgeschäft des Philosophen und des Staatsmannes, oder überhaupt iedes wohldenkenden Mannes seyn, in ihren Lehren und Aufmunterungen diese Tugenden zu empfehlen.

Wo ich nicht irre, so ist die Philosophie von der ich rede, oder die Bestimmung der Menschen zur Vervollkommung, wie sie mir einleuchtet, die Philosophie, die Sokrates vom Himmel in Hütten einführte. Sie ist beruhigender, sicherer, mindern Zweifeln ausgesetzt, als alles Platonische Schwärmen in Phädon, und selbst mit Mendelssohn fühle ich mich mehr unsterblich, wenn ich mich in der Laube einsetze, in der ehmals Abbt und Lessing nach vollbrach-

tem Tagewerk bey ihm saßen, als wenn ich seinen gereinigten Phädon lese, der nur denen Ueberzeugung giebt, die schon gewonnen, oder vielmehr die der Wahrheit nicht entführt sind.
Uebrigens kann die Wahrheit, welche in dem Schlusse Ihres Briefes enthalten, daß Befriedigung ohne Anstrengen der Tod der Glükseeligkeit ist, besonders in unsern Zeiten nicht genug wiederholt werden, da alles Anstrengen durch die Empfänglichkeit des Geistes so sehr verdrengt wird.

576

VON ERNST FERDINAND KLEIN

Verehrungswürdiger Mann

Der Herr Groskanzler konnte meine Arbeiten nicht beßer belohnen, als in dem er mir Ihren näheren Umgang verschaffte, ohne daß ich mir eine unbescheidene Zudringlichkeit, die großen Männern so oft lästig wird, vorzuwerfen hatte.
Mit Vergnügen ergreife ich daher die Gelegenheit, welche sich mir izt anbietet, um mich mit Ihnen in Briefwechsel einzulaßen. Als ich mich mit dem hiesigen Rabiner Fränkel zufälliger Weise über die Juden-Eide besprach, äuserte dieser die Bedenklichkeit, daß der gemeine Jude einen Eid, den er blos mit einem Amen bekräftigt, für nicht sehr verbindlich halten würde, weil diese Art, Eide abzunehmen, nur in Fällen, wo kein förmlicher Eid erfordert werde, gebräuchlich sey. Ferner meinte er, daß den gemeinen Juden in Schlesien und Preußen das reine Deutsch nicht verständlich genug sey, u. also die Eides Formel u. besonders die Warnung vor dem Meineide durch Einmischung hebräischer Worte deutlicher und kräftiger zu machen seyn würde. Haben Sie doch die Güte, bester Mann, u. theilen Sie mir darüber Ihre Bedenken mit. Ich bin mit wahrer Hochachtung

Ihr
ergebener Diener
Klein

Breslau d. 21 Aug 1782

577

AN ELISE REIMARUS

Verehrungswürdige Freundin!

Herr Hennings gaben mir auf ein Paar von des durch Joseph Gugenheim für die Gräfin von Schimmelmann bestellten Schuhes, Ihnen so bald als möglich zu zu senden. Es ist aber die ganze Bestellung schon vor einigen Tagen mit der Post abgegangen, und dürften voritzt nicht weit von ihrer Bestimmung seyn. Können Ew. Wohlgebohren aber nicht einen Probeschuh von der Frau Gräfin zukommen lassen; so will ich es über mich nehmen, für Rechnung besagten Gugenheims ein oder mehrere Paar verfertigen zu lassen, und Ihnen binnen 8 Tagen etwa mit der Post zu übersenden. Vergeben Sie mir übrigens diesen trockenen kaufmannischen Brief. Ich schreibe ihn nicht als Philosoph an Philosophin; sondern als seidener Waaren Fabrikant, an eine Dame von Geschmak, und als ein solcher habe ich die Ehre meine seidene Waare gehorsamst zu empfehlen, und in Erwartung dero allzeit angenehmer Befehle zu seyn,

Ew. Wohlgebohren
gehorsamstergebener
Moses Mendelssohn

Berlin den 27. August 1782

578

AN ERNST FERDINAND KLEIN

[Berlin] den 29 August 1782.

Ihre bis zur Demuth sich herablassende Bescheidenheit, verehrungswürdiger Herr Assistenzrath! legt Ihnen Ausdrücke in den Mund, die mich beschämen. Ein Mann von Ihren Talenten darf das Zutrauen zu sich haben, daß jeder vernünftige Mensch sich ein wahres Vergnügen daraus machen muß, mit Ihnen auf einem freundschaftlichen Fuß umgehen, sich mit Ihnen von Sachen, die die Menschheit angehen, unterhalten zu können.

Die erste Bedenklichkeit des gelehrten Rabbi Fränkel's, daß nämlich der gemeine Jude einen Eid, den er bloß mit einem Amen bekräftigt, für nicht sehr verbindlich halten werde, scheint mir nicht wichtig genug, deshalb von der Vorschrift des Gesetzes abzuweichen; heißt es doch sogar in dem mosaischen Gesetze selbst von der Frau, die des Ehebruchs beschuldigt wird, daß der Hohepriester ihr die Eidesformel vorlese, und von ihr bloß mit einem Amen! Amen! bekräftigen lasse. Indessen schadet es nicht, wenn nach Rabbi Fränkel's Meinung diese Beeidigungsart nur auf gewisse Fälle eingeschränkt würde.

Hingegen würde ich es sehr ungern sehen, wenn nach Herrn Fränkel's zweiter Bedenklichkeit die jüdisch-deutsche Mundart und die Vermischung des Hebräischen mit dem Deutschen durch die Gesetze autorisiert würden. Ich fürchte, dieser Jargon hat nicht wenig zur Unsittlichkeit des gemeinen Mannes beigetragen; und verspreche mir sehr gute Wirkung von dem unter meinen Brüdern seit einiger Zeit aufkommenden Gebrauch der reinen deutschen Mundart. Wie würde es mich kränken, wenn die Landesgesetze selbst jenem Mißbrauche beider Sprachen gleichsam das Wort redeten!

Lieber mag Herr Fränkel sich die Mühe geben, die ganze Warnung in reines Hebräisch zu setzen, damit sie, nach Beschaffenheit der Umstände, rein deutsch, oder rein hebräisch, oder auch in beiden Sprachen abgelesen werden könne. Nur keine Vermischung der Sprachen!

579

AN JOHANN JACOB ENGEL

Theuerster Freund!

Mein Sohn Veit hat Ihnen schon gesagt, was mich bisher abgehalten, Ihr Manuscript durchzulesen. Im Grunde habe ich geglaubt, mehr Gelegenheit zu Anmerkungen zu finden, als ich wirklich gefunden; und ich wollte keine Veranlassung, mich mit Ihnen zu zanken, übergehen. Ich sehe aber, daß ich Ihnen nichts anhaben kann. Sie haben mir völlig Genüge gethan; bis auf einige Kleinigkeiten, die ich Ihnen auch nicht verschweigen will.

D a r s t e l l e n d und b e r i c h t e n d sagen Sie. Warum nicht lieber v o r s t e l l e n d ? Die Darstellung ist ein höherer Grad, eine V e r g e g e n w ä r t i g u n g , die Verbindung der Vorstellung mit der T ä u s c h u n g. Der Dichter will, kann nicht immer täuschen. Nur der Schauspieler muß immer täuschen, immer darstellen.

Was das lyrische Gedicht für Eigenschaften haben muß, um ein E i n z i g e s , G a n z e s zu seyn, werden Sie vermuthlich im Vorhergehenden gesagt haben.

Ihre Erklärung des L i e d e s will mir nicht völlig behagen. Sie wissen schon, was ich hierüber denke. Ich glaube, das Lied unterscheide sich durch einen eigenthümlichen Charakter von der Ode. Ich glaube, das Lied sei ein Ausbruch der Freude, wenn das Gemüth zur Fröhlichkeit, ohne Bewußtseyn einer bestimmten Veranlassung, zum Singen gestimmt ist; dahingegen bei der O d e diese Veranlassung bestimmt seyn, und sogar aus dem Gange der Ideen sich ergeben muß.

Über die E l e g i e hat Abbt in den Litteratur-Briefen verschiedenes gesagt, das Ihnen vermuthlich nicht unbekannt seyn wird. Vermuthlich haben Sie Ihre Gründe gehabt, nichts davon zu erwähnen.

Aber die H y m n e macht mir noch einiges Bedenken. Sie scheint mir nicht völlig lyrisch zu seyn. Sie ist keine einzige ganze Reihe von Ideen, die durch die Phantasie verbunden sind; sondern geht alle Eigenschaften einer Gottheit durch, welche das Gemüth zum Lobpreisen erwecken. Eine Hymne auf den Amor z. B. ist keine Reihe von Ideen, in welcher die Phantasie ihren Weg verfolgt; sondern eine Beschreibung des Guten und Schönen, das durch diese Gottheit gewirkt wird. Sie scheint mir also von dieser Seite mit zur berichtenden Gattung zu gehören. Der Ideengang in derselben ist mehr objectiv als subjectiv; daher sie weniger Sprünge, und dagegen öftere Rückkehr auf den Gegenstand erlaubt, und sogar diese zu erfordern scheint. — Jedoch werfe ich dieses nur so hin, ohne es gehörig durchgedacht zu haben, und überlasse den Wink Ihrer Beurtheilung. Vielleicht habe ich das Vergnügen, Sie den Sonnabend aufzusuchen und Ihnen guten Morgen zu sagen. Leben Sie wohl!

Den 2ten Oct. 1782. Moses Mendelssohn

580

AN HERZ HOMBERG

Berlin den 4. Oct. 1782.

Lieber Freund!

Sie wollen wissen, wie es mit meinem Sohne, Ihrem Schüler, steht? Ich muß Ihnen sagen, daß ich mit seinem Fleiße zufrieden bin; er macht auch ziemliche Progressen. Hauptsächlich werden seine Verstandeskräfte täglich stärker. Wie viel er in diesem oder jenem Buche zugelernt hat, darauf sehe ich so genau nicht; genug, er denkt, und denkt richtig und tief. Auch sein Geschmack fängt an sich zu bilden. Worüber ich zu klagen habe, ist das Unbiegsame in seinem Charakter, das Unsanfte in seinem ganzen Wesen; was ihn zwar nicht unsittlich, aber doch ungefällig macht, und auf sein künftiges Glück wenigstens eine schlimme Wirkung haben kann. Sie kennen ihn: er war immer von einer Gemüthsart, die zehnmal eher bricht als biegt; und so ist er noch. Alle meine Bemühungen sind bisher ohne Wirkung. Er ist sogar sophistisch genug, gegen alle seine Freunde, die ihn (wiewohl sehr wider meinen Willen) zu weilen aufziehen, seine Schwachheit durch Gründe zu behaupten. Ich gebe fast die Hoffnung auf, ihn von dieser Seite gebessert zu sehen, wenn er nicht das Glück hat, einem Frauenzimmer zu Gefallen sich etwas mehr Gewalt anzuthun.
Sie melden mir von Ihren Umständen noch immer nichts bestimmtes, und damit bin ich nicht zufrieden. Warum verlieren sich mit einem Male alle Ihre Aussichten? Sind die kaiserlichen Verordnungen denn noch immer so weit von der Ausführung entfernt?

Bisher ist nur ein sehr guter Theil davon versucht worden, und so viel es scheint, sehr zum Mißbrauch der kaiserlichen Absicht. Was sollen uns Normalschulen, wenn wir nicht Gewerbe treiben und Bedienungen haben können? Großen Dank für alle Toleranz, wenn man dabey noch immer an G l a u b e n s v e r e i n i g u n g arbeitet! Weil der Kaiser tolerant ist, soll eine Frau gezwungen werden, wider ihren Contract mit einem Manne im Ehestand zu leben, der die Kinder nach seinen veränderten Grundsätzen erziehen will! Alles dieses sind Mißbräuche, Verdrehungen der kaiserlichen Gesinnung.

Wenn Ihnen dort alles mißlingt und Sie Pläne machen für die Zukunft, so rechnen Sie auch dieses mit, daß Ihnen meine Thüre allezeit offen steht, daß Sie meiner Frau, mir und uns allen sehr willkommen seyn und daß Sie mit Gottes Hülfe Brodt finden werden. Meine fünf פרשיות machen Sie mir doch noch, bevor Sie sich wozu entschließen? ich rechne sehr darauf. Stets Ihr Freund,

Moses Mendelssohn

581

VON PETER ADOLPH WINKOPP

Treuenbriezen d. 13. Weinmond [Oktober] [1]782

Haben Sie den verbindlichsten Dank für das ungemeine Vergnügen, welches Sie mir durch dero werthe Zuschrift gemacht haben. Es war mir, als wenn ich von neuem auflebte, da ich sah, daß unter allen denen, welche ich während meines Aufenthalts in Berlin kannte, S i e der Erste waren, der Beleidigungen vergab, da um Vergebung Er gebeten ward. Herr Hirsch Samuel, dem ich unterdessen meine Schuld völlig abgetragen habe, wird mich bei Ihnen wol wegen Unterlaßung der Antwort entschuldigt haben, und wirklich hat mich auch eine langwierige Krankheit, und die daraus erfolgte Nothwendigkeit, nur für den Buchhändler zu schreiben, gänzlich daran verhindert. Der Herr Oberst hat dero Brief, den ich druken zu lassen bei Ihnen um Erlaubniß bat, durchlesen, und gebilligt, daß er meiner periodischen Schrift eingerükt würde. Das erste Stük dieser Schrift wird nun wol zu dieser Messe noch fertig werden, wiewolen es erst vor 14 Tagen in die Drukerei gegangen ist. Ich danke Ihnen also bestens dafür.

Nun besize ich noch einen Brief von Ihnen, den Sie mir ins lateinische zu übersezen gaben und den ich mir abschrieb. Er ist so viel ich mich entsinne an einen holländischen Gelehrten. Er enthält, was hier in der Beilage folgt. Wenn Sie diesen Brief zu keiner bessern Absicht bestimmt haben; so ersuche ich Sie gehorsamst, mir die Erlaubniß zu ertheilen, den Beweiß zu übersezen, und ihn abdruken zu laßen. Um alle Unrichtigkeit zu vermeiden, wollte ich Ihnen nicht nur die Übersezung zusenden, sondern auch das lateinische unter dem Text einrüken. Wenn mir Sie selber folgends die Antwort dieses Gelehrten wollten zukommen lassen, so würde mich dieses nicht nur ungemein freuen, und ich Ihnen dadurch aufs neue verbunden werden, sondern dieses würde auch der periodischen Schrift einen Schwung geben, den sie ohne die Namen großer Gelehrten nie haben kann. Sie würden dadurch mein iziges kleines Glük gar sehr befördern, ich kenne Sie als Menschenfreund, und hoffe günstige Antwort. Ich muß mich izt um Brod zu haben bloß mit Romanschreiben und übersezen abgeben, da ich mich gern von der Seite des Weltweisen nicht so frühzeitig zeigen, nicht eher auftreten möchte, biß ich meines Ruhmes gewiß wäre; deshalben laße ich einige Schriften ungedrukt und feile täglich daran. Bekömmt aber diese periodische Schrift den Schwung, den ich ihr wünsche, so brauche ich weder zu übersezen noch Romane zu schreiben, und kann desto mehr an philosophischen Schriften feilen, und dadurch mir den Weg zu einem kleinen Glüke bahnen. Ich hoffe diese Gründe werden Sie bewegen, mir beigelegten Brief abdruken zu lassen und die Antwort des hol. Gel. zuzusenden, da es überdieß Schade ist, daß ein so schöner Brief, ein so fester Beweiß für eine so wichtige Wahrheit, ungedrukt bleibe. Ich hoffe dieses wird vielleicht etwas beitragen, Sie zu bewegen, bei dem Herrn Kriegsrath Dohm, Ihrem Freunde zu vermitteln, daß Er mir auch etwas zum Einrüken in diese periodische Schrift gebe, welches Ihm etwas leichtes ist, worum ich Ihn aber schon zweimal vergeblich gebeten habe.

Ich habe geglaubt, daß Sie die Schrift des Herrn Advocat Müller von Mannheim lang schon wieder bekommen hätten, da ich die Mlle Haase von Leipzig aus ersucht hatte, meine hinterlassenen Sachen, die ich alle bezeichnet, an die Behörden zu befördern. Wenn Sie dieselbe nicht haben, so muß Sie noch bei der Mlle seyn; bisher konte ich ihr nicht schreiben, da ich nicht im Stand war, meine Schuld abzutragen, izt werde ich es können, und will also das Mspt absenden und die nothwendig darin zu verändernden Säze verändern, und dann (weil es zu klein ist) die Schrift in der periodischen Schrift im 2. oder 3. Stük einrüken, für den Herrn Verfaßer aber 24 Exemplare besonders abdrucken laßen, und Ihnen selber zusenden.

Wenn Sie etwa bei erlangder Muße unter Ihren Papieren Etwas für meine periodische Schrift finden, so bitte ich Sie gar sehr darum, so wie auch Empfehlung bei andern Gelehrten, die mehrere Muße haben. Wenn sich irgend einer finden sollte, so weisen Sie Ihn nur an, daß er erst an mich schreibe; ich werde dann antworten was ich dafür bezalen kann. Ich erwarte, sobald es Ihre Geschäfte erlauben

Petrus Winkopp.

N.S. Meinen Klosternamen M a u r u s habe in P e t e r verändert
Anbei Kopie dero Briefs
welchen ich noch einmal besize.

582

AN HERZ HOMBERG

Berlin, den 15. October 1782.

Lieber Herr H e r z !

Ich habe die Fortsetzung des ביאור wohl erhalten, und sage Ihnen vor der Hand den verbindlichsten Dank. Vor der Hand aber nur, denn ich habe noch nichts davon lesen können, um mich in meiner Arbeit, die ich eben vorhabe, nicht zu stören. Mündlich hievon ein Mehreres.

Warum wollen Sie sich übereilen, und die Reise in der Winterszeit unternehmen? Es scheint, Sie haben sich einen Ueberdruß an

Wien gegessen. Schreiben Sie doch einen Brief an Herrn Samuel Levy, und melden ihm, daß ich Sie in seinem Nahmen gefragt, ob Sie zurückkommen wollten, da Sie ihm denn Ihre Entschließung mittheilen können. Ich rathe aber in allen Fällen, wenn Sie nur dort nicht gar zu viel verzehren müssen, mit Ihrer Rückreise nicht zu eilen. Sehen Sie sich erst mit gelassenem Gemüthe um, und hernach beschließen Sie. Jedoch dieß Alles nur als ein Rath. Kommen Sie aber, so finden Sie offene Thüren, da stets nur Ihr Bestes will, Ihr Freund

Moses Mendelssohn.

Meine Frau, Kinder und Freunde grüßen sämmtlich.

583
AN FRANZ MICHAEL LEUCHSENRING

Bester Freund!

Ich konnte gestern Ihr Billet nicht beantworten, weil der Sabbath schon angegangen war. Die 20 Louisd'ors stehn auf den ersten Wink zu Dienst, wenn es Ihnen gefälligst ist zu mir ins Comtoir zu schicken. Ich bin

der Ihrige

d. 2. Nov. 1782. Moses Mendelssohn

584

AN ERNST GOTTFRIED FISCHER

P.P.

Dem Herrn Mag. Fischer Wohlgebohren diene hiermit zur freundlichen Beantwortung Seines an mich ergangenen, für mich und meinen Sohn sehr schmeichelhaften Billets, wie es im Grunde wider meinen Willen und ohne meine Veranlassung geschehen, daß Ihm so schlechterdings das Monatsgeld gereicht worden. Meine Absicht war, nach geendigtem ersten Monate Ihn selbst

den Preis bestimmen zu lassen, den Er dem Unterrichte setzen will und alsdann mich darüber zu erklären.
Verzeihen Sie also, theuerster Herr Magister! wenn Ihnen etwas zu nah geschehen, und haben Sie die Gewogenheit, mich wissen zu lassen, was ich Ihnen für 16 Stunden zu bezahlen habe. Ich weiß wohl, daß die Zeiten sich geändert haben. Vormals habe ich dem seel. Rector Damm, meinem Lehrmeister, für den Monat nicht mehr bezahlt, als Ihnen gegeben worden ist. Allein damals waren alle Lebensmittel auch um geringere Preise zu haben, als jetzt. Ich bitte also um die Freundschaft, mich hierüber nicht in Zweifel zu lassen.
Mit Ihrem Unterricht, mein Herr Magister! hatte ich im Geringsten nicht Ursache, unzufrieden zu seyn. Wenn ich etwas wünschte, so wäre es vielleicht, daß in der Stunde mehr exponirt würde. Ich glaube, es kömmt anfangs hauptsächlich darauf an, daß Joseph mit lateinischen Worten und Redensarten bekannt werde. Die Erläuterungen aus der Geschichte u.s.w. sowie das Grammatische müssen und werden sich allsdann schon finden, wenn er erst seinen Autor geläufig lesen kann. Jedoch hiervon mündlich ein Mehreres. Bis dahin bitte ich von der wahren Achtung überzeugt zu seyn, mit welcher ich bin

Ew. Wohlgebohren
dienstwilligster ergebenster
Moses Mendelsohn

den 15. November 1782.

585

AN KARL AUGUST GRAFEN VON OEYNHAUSEN-GRAVENBURG

Verehrungswerther Herr!

Angenehm ist es mir, dass mein Büchlein das Glück gehabt einer solchen Dame nicht zu missfallen. So oft Euer Wohlgebohren glauben durch mich über meine Schriften Auskunft erhalten zu können, so bin ich mit Vergnügen dazu erbötig. Sollte wegen

überhäufter Geschäfte meine Antwort nicht immer sogleich erfolgen, so können Sie versichert seyn, dass sie nicht länger als höchstens einige Posttage ausbleiben soll.
Es ist übrigens in derselben Materie noch etwas von mir erschienen; von dem ich wünschen möchte, dass es der Gräfin nicht unbekant bleiben möchte. Ich meine die Anmerkungen zu Abbts freundschaftlicher Korrespondenz, welche in der Ostermesse bei Fried. Nikolai allhier herausgekommen sind; sie gehen hauptsächlich die Bestimmung des Menschen an und werden der würdigen Gräfin Verschiedenes erläutern.

Ihr
gehorsamster Diener
Moses Mendelssohn

Berlin den 3. Dec. 1782.

586

VON FERDINAND KINDERMANN RITTER VON SCHULSTEIN

Prag den 5 Jänner [1]783

Mein Herr, Sie sehen, wie frey ich gegen Sie mich betrage; es geschiht dies aber blos aus der Absicht, um von Ihnen eben ohne alle dergl. Cortesie behandelt zu werden. Wenn Sie, grosser Kenner und Verehrer der Wissenschaften, weniger gütig wären, so würde ich mir auch weniger Freyheit vorausnehmen, noch weniger Ihnen die Durchsehung der hier für die jüdische deutsch verfasten Schulbücher zumuthen. Unsre Normalschulbücher haben bereits aller orten die Kritik ausgehalten, jene zwey aber ausgenommen, die man seit einem Jahre hier aus unsren sogenannten Leseübungen für die Kinder der Landschulen, in das deutsche Stammbüchlein der jüdischen Kinder, und aus dem 2ten Teil des Lesebuchs der Christen in das deutsche Lesebuch für die 2te und dritte Klasse der deutschen Judenschulen gleich im Anfange der jüdischen Schulverbesserung umschuf. Der Umstand, der uns dazumalen in einige Verlegenheit setzte, war dieser, weil man das Werk gleich bey der Ausführung angreifen wollte, zu dem kam: das man die Gleichförmigkeit des bereits bestehenden Normalschulinstituts beybehalten sollte, und den jüdischen Kindern in den Christenschulen, das Zusammenlesen mit den Christenkindern zu treiben, auch Gelegenheit verschaffen muste. Der Hauptendzweck, warum man den 2ten Theil unsres Lesebuchs zum Grunde legte, war dieser, das die jüdische Jugend in den gesellschaftlichen Tugenden unterrichtet, und dazu gemeinschaftlich angeführt würde. Dahin wollen wir ja arbeiten, das ist ja der grosse Endzweck, das diese Nation, die von uns bisher so weit entfernt war, sittsamer und mit uns geselliger werde. Aus diesem zur Umschaffung vorgeschlagenen 2ten Theile des Lesebuchs war man nun bemüht, alles jenes, welches der Christlichen Religion eigenthümlich war, wegzustreichen. Man rückte aus bewährten Schriftstellern, so viel möglich, auf jedes moralische Hauptstück . . . und einzelne Tugendlehren eine moralische Erzählung ein, nicht allein von darum, um den Judenkindern den Schulunterricht sinnlich, unterhaltlich und fasslicher zu machen, sondern auch aus dem Grunde, weil 1stens die jüdische Nation von solchen Völkern, die dem bildlichen und parabolischen Unterrichte sehr zugethan sind, abstammte, und 2tens die ganz rohe Jugend erst jene moralischen Wahrheiten mittelst der bekannten Bildern empfinden müsste, ehe als die geoffenbarte Religion selbe in ihr bestättigen könnte. Die jüdische Jugend findt in dem Stammbüchlein, auch in ihrem Lesebuche Erzählungen von Dingen, die in ihrem Gesichtskreise liegen, und mit denen sie folglich schon bekannt sind. Daraus werden Sie nun abnehmen, das man in dem moralischen Unterrichte sich mehr bestrebt, dadurch edle Gesinnungen einzuflössen, als blos ihre Kenntnisse zu erweitern. Durch Handlungen, durch Thaten führt man sie auf ihre Grundsätze, oft müssen sie die Sittenlehre selbst aufsuchen und ausgraben. Bey der Auswahl der moralischen Erzählungen war man immer auf die herrschenden Fehler unsrer Judenschaft bedacht, und die frühzeitige Anlegung der gesellschaftlichen Tugenden lies man nie ausser den Augen. Man glaubte, das der Satz: Was du nicht willst, das es dir geschehe, das thu auch einem andern nicht, viel gutes wirken möchte. Denn wenn es den Juden gefällt, das die Christen sich gegen sie so betragen, warum sollten die Juden

sich nicht ebenso gegen die Christen verhalten? Das Stück von dem Patriotismus, so sich in dem Lesebuche der jüdischen Schulen befindt, blieb von darum darinn stehen, weil selbes dem ungeachtet, das es mehr einer philosophischen Dissertation als einer Kinderlehre gleichsiht; einen Stoff zur Uibung des gemeinschaftlichen Zusammenlesens darbiet. Das Beyspiel eines Epaminondas, Camillus, Codrus, Leonidas, Aristides und item der Spruch des Römers, Cogitate Majores et Posteros vestros würde unstreitig auf die Herzen der Schüler mehr als die ganze Abhandlung von dem Patriotismus gewirkt haben; allein, sie stand einmal im Lesebuche, und enthielt nichts wider die jüdische Religion.
Übrigens hat man sich in dem Lesebuche und bey der ganzen Verfassung dieses Schulverbesserungswerks bestrebt, die Sache nach dem Geiste, nach den Fassungskräften und nach den dermaligen Bedürfnissen dieser Nation so wohl als nach der künftigen Bestimmung der selben einzuleiten. So wenig als das Lesebuch Manchem auch nur immer systematisch vorkommen dürfte; so dürfte es doch den dermaligen Fähigkeiten der jüdischen Jugend angemessen seyn; ich vermuthe dies um so mehr, weil es Alte und Junge gern lesen. Die Jugend findt darinn eine grosse Menge von Lehren, die ihr Herz bessern, sie zu gesellschaftlichen Tugenden führen und ihre Handlungen veredeln können.
Die übrigen Schulbücher brauchen die jüdischen Kinder gemeinschaftlich mit uns in deutschen Schulen, die beynahe alle in dem beyliegenden Kataloge verzeichnet sind. Um sich aber von unsrer ganzen Verfassung der Schulverbesserung überhaupt einigen Begriff machen zu können, so lege ich zwo unsrer öffentlichen Anzeigen bey. Ich bitte selbe, oder viel mehr unsre angezeigte Schulverbesserung nur als einen Versuch, nur als ein Kind, welches noch in der Wiege liegt, anzusehen und zu beurtheilen. Sollten Sie die Gütigkeit haben, diese Bücher für das Lesebuch durchzugehen, und sie einer Aufmerksamkeit würdigen; so bitte ich mir nachmalen darüber Ihre Anmerkungen aus; sie werden gewis bey der 2ten Auflage genützt werden.
Bey Gelegenheit bitte ich mich dem Hrn. v. Rochow und dem Hrn. Königl. Rathe v. Dohm unbekannter Weise gehorsamst zu empfehlen. Ich hoffe beyde werden mit uns zufrieden seyn, der Erste, weil er bey den Juden und Christen vielen Gebrauch von

seinen Erzählungen ersehen, der andere, weil er bey uns schon viel von seinen zur Ausbildung der Juden gemachten Vorschlägen aufgeführt lesen wird. Die Judenschule hat hier an dem Moses Wiener unlängst einen sehr guten Lehrer der deutschen Sprachlehre und der schriftlichen Aufsätze erhalten. Viele Fremde besuchen die hiesige deutsche Judenschule, und nehmen sich von selber ein Muster. Diese Art von Beyfall muntert die Nation immer auf, und strengt sie an, darauf noch mehr Fleiss zu verwenden.
Der Hr. Baron v. Gebler, vormaliger Vice-Kanzler in Wien emphihlt sich Ihnen, und freut sich, dass Sie so vielen Antheil an der Erziehung und Ausbildung Ihrer Brüder nehmen. Sr. Excellenz dieser Hr. Vice-Kanzler haben bis hieher immer dieses menschenfreundliche Werk mit Nachdruck unterstützt. Ich hoffe deswegen; die ausländischen besten Lehrer dürften hier das Incolat erhalten; ungeachtet die hierortigen jüdischen Gemeindevorsteher sich dazu nicht sonderlich geneigt finden. Im Grunde kann man sie deswegen auch nicht verdenken; denn die Zahl der hiesigen Juden ist bereits weit grösser als ihr Nahrungskreis; mittlerweile können sie sich selber aber mit Betreibung der Handwerke und Künste, und Anlegung verschiedener Fabriken erweitern. Ich hoffe, so bald es unter dieser Nation Licht wird, sie auch verschiedene Professionen erlernen und treiben werden. Wer hat wohl je im Finstern Handwerke und Künste erlernt! Einige betreibt man itzt schon in der Judenstadt. Gestern gab man mir die Nachricht, das Sr. Maj: den hiesigen Juden 3000 fl. zur Begründung der Judenschulen geschickt hätten. Ich nahm mir den 1sten Jänner aus der monatlichen Prüfung ihrer Schule, eine Schrift zum Beweise, welchen Fortgang sie mit der Schön- und Rechtschreibung machen, mit nach Hause; die ich auch aus der nämlichen Ursache hier beylege. Der Entwurf, den man zur Besserung der Juden in die Wiener Provinzial Nachrichten eingerückt, will den hierortigen Gemeindevorstehern und den Rabinern durchaus nicht gefallen; sie sind sehr, ja um so mehr wider den Verfasser aufgebracht, weil er von Prag gebürtig ist. Der bekömmt nun von den deutschen Juden keine Lehrstelle mehr — Ich bin mit der vollkommensten Hochachtung

Dero wahrer Verehrer
F. Schulstein

587

VON JOHANN AUGUST EBERHARD

Halle, den 13. Januar 1783.

Der Überbringer dieses ist ein junger Mann, den Sie gewiß, wenn Sie ihm den Zutritt zu sich erlauben, bald als einen sehr liebenswürdigen werden kennen lernen. Er ist zwar ein Jurist, liebt aber Philosophie und Mathematik mit aller möglichen Wärme und hat beides bei uns mit Eifer, und wie es mir scheint, mit Nutzen getrieben. Ich getraue mir kaum, um nicht eitel zu scheinen, Ihnen zu sagen, wie sehr ich ihn liebe. Doch Sie werden ihn kennen lernen.

Ich habe bisher dem Spiel, welches Ihre Vorrede zum Manasse veranlaßt hat, und das für Sie ein etwas grausames ist, mit Interesse, aber auch nicht ohne Verdruß und Kummer zugesehen. Ich habe hundert mal im Sinne gehabt, mich hereinzumischen, wenn ich Ihre Gesinnungen gewußt hätte, um den Proselytenmachern Wahrheiten und zwar starke zu sagen, die sich besser von dem Zuschauer als dem Leidenden selbst sagen lassen. Wenn Sie mir doch darüber Ihre Gesinnungen schreiben wollten. Sie wissen ja, mein teuerster Freund, daß Ihr Interesse das meinige, und daß Ihre Ruhe die meine ist. Vielleicht fühlen Ihre andern Freunde nicht alles so wie ich es fühle.

Herr Nicolai wird Ihnen doch in meinem Namen ein Exemplar von meinem „Amyntor" gegeben haben. Wenn es Ihre Zeit zuläßt, schreiben Sie mir doch einige Anmerkungen darüber. Daß das Ding zu wenig Interesse hat, fühle ich wohl, zu wenig für das Herz des Lesers, der sich bloß vergnügen will, zu wenig für den Leser, der denken will. Aber wenn ich die abenteuerliche Idee faßte, beides miteinander verbinden zu wollen, so entstand ein solches Ungeheuer, wenn ich es aber auch nicht gewollt hätte, so würde ich wohl gemußt haben; denn Sie wissen gewiß, wie leicht ein Grübler der Untersuchung folgt, wenn er dem Interesse des Herzens folgen sollte.

Ich nage jetzt an einem trockenen Lehrbuch der Ästhetik, aber leider muß ich es auf der Post schreiben. Denn verschiedene Studenten haben Unterricht darüber von mir verlangt, und ich habe mich entschließen müssen, die Bogen so drucken zu lassen, wie ich sie zu meinen Vorlesungen brauche. Sie werden es bald sehen, und wenn Sie es erlauben, mit einem Schreiben an Sie, teuerster Freund, welches ich aber keine Zuschrift oder Dedikation nennen will. Leben Sie wohl. Grüßen Sie Nicolai und Engel. Empfehlen Sie mich Ihrer würdigen Gattin und fahren Sie fort zu lieben

Ihren ewig treuen und ergebenen Diener
Eberhard.

588

AN HERZ HOMBERG

Berlin, den 27. Januar 1783.

Bester Freund, Herr Herz!

Ich schicke Ihnen meinen אור לנתיבה mit der Post zu, und bringe Sie um Postgeld, weil mir daran gelegen ist, daß Sie ihn lesen, und ich keinen andern Weg weiß, Gedrucktes dorthin zu bringen. Mit dem Lesen allein aber ist mir, wie Sie wissen, nicht gedient; ich erwarte Ihre Anmerkungen, vornehmlich über die Definition der Redetheile. Hier habe ich keinen Freund, der diese Materie recht beherzigen will. Sie ist den Mehresten der Nation zu dornig, obgleich unsere Gelehrten sonst das Stachlige nicht zu scheuen pflegen. Wir drucken nunmehr das ספר דברים frisch nach einander weg, und ich hoffe mit der Hülfe Gottes bis kommenden פסח am Ziele zu seyn.

Mit Ihrem Commentar bin ich, wie Sie sehen werden, ziemlich frey umgegangen; ich hoffe aber, Sie sollen zufrieden seyn. Und nun „bestimmen Sie Ihren Lohn, ich will ihn geben". Der Aufenthalt in Wien muß Ihnen kostbar gewesen seyn, und ich werde bey weitem das nicht ersetzen können, was Sie verzehrt haben, während der Zeit, da Sie den Commentar geschrieben haben; indessen, wo nicht ganz, doch zum Theil.

Sollten die Chumoschim, von Isaak Premslau aufgelegt, davon ich einen Vorrath besitze, dort nicht Abgang finden? Wenn Sie meinen, so wollte ich Ihnen etwa 25 Stück davon in Commission zuschicken. Ich würde Ihnen das Exemplar pr. 2 1/2 Rthlr. in Louisd'ors lassen können. Sie kosten mich selbst zwar über 3 Rthlr; allein ich möchte sie doch gern, allenfalls mit noch größerem Verluste weggeben. So viel von meinen eigenen Angelegenheiten, der ich meiner theuern Person, wie leicht zu erachten, der Nächste bin. Ich setze nur noch hinzu, daß meine Psalmen auch noch zur Ostermesse gedruckt zu haben seyn sollen.

Und nunmehr komme ich auf Sie. Mich dünkt, Sie haben wohl gethan, daß Sie diese Reise nicht ausgeschlagen. Ich hoffe, Sie werden da, wo Sie jetzt sind, glücklich seyn, das heißt, Ihr ehrenhaftes Auskommen finden, und Ihren Nebenmenschen gute Dienste leisten können. Hiemit kann sich ein vernünftiger Mensch schon begnügen. Will das Glück mehr für ihn thun, so wird er es nichts desto weniger annehmen; nur wird er so emsig nicht darnach streben, um das nicht zu genießen, was vor der Hand ist. Daß mir hier ein Mann wie Sie fehlt, um meinem hoffnungsvollen Joseph die gehörige Ausbildung zu geben, und noch mehr fehlen wird, wenn mein Sohn Abraham, der ungemeine Anlagen zu erkennen giebt, zu reifern Jahren gelangt, dürfen Sie immer voraussetzen. Hiezu kömmt, daß ich keinen Freund aus unserer Nation um mich habe, der sich in speculative Sachen mit mir recht einlassen will, und von Ihnen setze ich voraus, daß die Lust zur Philosophie bey Ihnen zugenommen, und einen Mann nach meinem Herzen aus Ihnen gebildet haben wird. Indessen sehe ich wohl ein, daß hier der Ort nicht sey, wo Sie mit Zufriedenheit bleiben können, und gebe allen Anspruch und alle Hoffnung auf, Sie wieder hier zu sehen.

Ihre Beschreibung der חתונה zu Görz hat uns sehr vergnügt. Wir hätten sie umständlicher gewünscht. Ist denn dieser Gebrauch in ganz Italien, oder nur in dieser Gegend? Das Räthselspiel zur Ehre des Helden Simson hat einige Aehnlichkeit mit dem Wettrennen zu Ehren des Herkules. Die Einrichtung mißfällt mir nicht, ob sie gleich ein wenig zu spielend zu seyn scheint. Schicken Sie uns doch einige von diesen Räthseln, unsere Neugier zu befriedigen.

Des Umganges mit Herrn Moses Luzzato, den wir kurze Zeit genossen, erinnere ich mich noch immer mit Vergnügen. Wo mir recht ist, muß ich Ihnen mehr als einmal davon erzählt haben. Der Mann ist im Umgange sehr angenehm, und scheint ein „gerechter und redlicher Mann“ zu seyn. Machen Sie ihm meine und meiner Frau Empfehlung, die sich noch sehr oft des Streites erinnert, den er bey Tische mit Herrn Gerson Homberg aus Havre de Grace zu haben pflegte. Der Franzose berief sich immer auf seine französische Lecture, und Luzzato auf seinen gesunden Menschenverstand. „Was geht mich der Buk an,“ hieß es immer, wenn der kleine Mann seinen Autor aufgeschlagen hatte, seine Meinungen zu behaupten. Unser Freund, Herr Wessely, hat durch Herrn Joseph Galico aus Triest ein sehr merkwürdiges Gutachten von den Rabbinern in Venedig auf seine zwey herausgegebenen Sendschreiben erhalten. Wenn die übrigen Gutachten aus Italien, die ihm versprochen worden, ankommen, so wird er ein drittes Sendschreiben herausgeben, wenigstens so groß, als die ersten beyden zusammen; aber was wird er bey den Sclaven des Vorurtheils ausrichten? „Durch Worte wird kein Sclave gebessert.“ Leben Sie wohl und geben uns fleißig Nachricht davon. Ihr Freund

Moses Mendelssohn.

Alle die Meinigen, worunter ich auch Simon rechne, machen ihre Empfehlung.

589

AN JOHANN AUGUST EBERHARD

[Berlin, Februar/März 1783.]

590

VON JOHANN ERICH BIESTER

[Berlin, Frühjahr 1783]

... Und nun habe ich Ihnen noch einen Antrag zu thun. Wie ich vor einiger Zeit im Namen der hier neulich gestifteten gelehrten Gesellschaft Sie ersuchte, die Zahl derselben zu vermehren, schlugen Sie es ab und zwar aus einem Grunde, der diese abschlägliche Antwort für jeden Ihrer Freunde doppelt schmerzhaft macht. Jetzt hat die Gesellschaft einen andren Wunsch geäußert und mir aufgetragen, Sie um die Gewährung desselben zu bitten. Ein in der Gesellschaft gehaltener Vortrag wird nicht blos dort besprochen, sondern er circulirt hernach bey allen Mitgliedern, um noch reiflicher überlegt zu werden, und kommt mit den beygeschriebenen Votis der Mitglieder zurück. Nun wünscht man, daß man auch Ihnen, verehrungswerther Mann, zuweilen die Kapsel schicken darf, um auch Ihre Meynung über einen Vortrag zu hören, den man dazu wichtig genug hält. Wollen Sie dies erlauben und gütig genug seyn, zuweilen Ihr Votum zu geben? Sie werden auf diese Weise ein Ehrenmitglied der Gesellschaft und haben Fug und Recht, wenn Sie wollen oder wenn es Ihre Bequemlichkeit erlaubt, die Gesellschaft zu besuchen, oder nicht zu besuchen, wie es Ihnen beliebt. ...

[Beilage 1]

[Verordnungen der Gesellschaft von Freunden der Aufklärung]

...

3. Es haben Mitglieder geglaubt, daß, aller Sicherheit wegen, Nummern statt Namen unterschrieben würden. Zu diesem Ende sind auf der Umlaufliste die Zahlen bey den Namen gesetzt.

4. Da man glaubt, so sehr für die Sicherheit sorgen zu müssen, so ist wol die Beobachtung des Gesetzes um so nothwendiger, daß keinem Externo ein Aufsatz (oder dessen Inhalt, am wenigsten mit Nennung des Namens des Verfassers) mitgetheilt werde, ohne Rücksicht auf die anderweitigen guten Eigenschaften des Externi oder sonstige Verbindung mit demselben.

[Beilage 2]
[Verzeichnis der Mitglieder]

E. F. Klein — C. G. Suarez — J. F. Zöllner — Schmid — M. Mendelssohn — J. S. Diterich — J. J. Spalding — J. J. Engel — F. Nicolai — W. A. Teller — J. K. W. Moehsen — F. Gedike — K. A. Struensee — C. W. Dohm — J. G. Gebhard — J. H. Vlömer — C. L. Siebmann — K. F. v. Irwing — v. Beneke — C. G. Selle — J. E. Biester

591

AN FERDINAND KINDERMANN RITTER VON SCHULSTEIN

[Berlin, Anfang April 1783.]

Ew. Hochwürden sehr verehrungswürdige Zuschrift nebst hinzugefügten gedruckten Sachen, die Schulanstalten daselbst und ihren Fortgang betreffend, haben mir kein geringes Vergnügen verursacht. Ein weiser Imperator verdient so weise Vollzieher seiner Verordnungen, die seine Pläne so nach Zeit und Umständen und nach Beschaffenheit des zu bearbeitenden Gegenstandes einzurichten, seine großen Gedanken so ins Werk zu richten und darzustellen verstehen. Insbesondere hat es mich von meinen Glaubensbrüdern gefreut, daß sie es auch von ihrer Seite nicht an Empfänglichkeit des Guten fehlen lassen, und der Hand gleichsam entgegeneilen, die sie aus der Armseligkeit, in welcher sie bisher geseufzt, zu befreien verspricht. Kaum sollte man ihnen dieses Gefühl ihres Bedürfnisses zutrauen, da sie so lange von der Befriedigung desselben zurückgehalten worden sind.

Ich gebe mir die Ehre, Ew. Hochwürden beigehend ein Exemplar von meiner Übersetzung der 5 B ü c h e r M o s e s zu übersenden, mit welcher ich mich zeither beschäftigt habe, um der Jugend meiner Nation eine deutsche Übersetzung in die Hände zu liefern, die in allem mit ihren Religionsgrundsätzen übereinkommt. Das 5te Buch wird in wenigen Tagen die Presse verlassen; und ich habe alsdann das Vergnügen, solches nebst einigen andern von meinen Schriften, die zur Ostermesse herauskommen, zugleich abgehen zu lassen. Solche bestehen aus einer deutschen Übersetzung der Psalmen, und einer Abhandlung „über religiöse Macht und Judentum". In letzterer Schrift vertheidige ich mich wider einen Angriff, der auf meine Grundsätze geschehen, in einer Schrift, „das Forschen nach Licht und Wahrheit" betitelt, die dem Vorgeben nach zu Wien abgefaßt seyn soll. Eine so öffentliche Aufforderung durfte nicht unbeantwortet bleiben, so ungern ich mich auch in dergleichen Erörterungen einlasse.

Meine Bücher Mosis haben auch zu Prag Liebhaber gefunden. Es fehlt mir aber daselbst an einem Commissionair, welchem ich den Verkauf derselben anvertrauen könnte. Vielleicht hat die dasige Normalschule, so wie verschiedene öffentliche Schulen in den preußischen Staaten, auch einen Buchhandel zu ihren Diensten. In diesem Falle dürfte sie wohl gegen eine billige Provision die Bücher in Commission zu nehmen nicht abgeneigt seyn. Erlauben Ew. Hochwürden, daß ich mich dieserhalb zu erkundigen erkühne; und da Sie so manchem meiner Glaubensbrüder Unhöflichkeit zu gute halten, so werden Sie auch mir vergeben, wenn ich zu zudringlich seyn sollte. Ich denke, daß daselbst ein ansehnlicher Debit zu machen sei, und erbiete mich zu einer Provision von 10 Procent außer den Kosten.

Moses Mendelssohn.

592

AN CARL JULIUS REDLICH

[Berlin] den 4 April 1783.

Ihr angenehmes Schreiben, das mir auch von Seiten Ihrer würdigen Gräfin so viel verbindliches sagt, ist mir zu seiner Zeit richtig zu Händen gekommen. Um aber meiner Eigenliebe ein zweites

Fest von dieser Art aufzusparen, wollte ich meine Antwort so lange verschieben, bis ich das Vergnügen haben konnte, sie mit 2 von meinen Schriften zu begleiten, die jetzt unter der Presse sind: einer Übersetzung der Psalmen, und Jerusalem oder über religiöse Macht und Judenthum. Indessen fange ich beinahe zu zweifeln an, ob diese Schriften freien Eingang erhalten werden? Die Nachrichten aus Ihrem Orte sind so verschieden, zum Theil einander so entgegengesetzt: von der einen Seite so menschlich, so duldend, so allbillig; von der andern Seite so vielfältig das Gegentheil: daß man nicht weiß, wessen man sich zu versehen hat. — Warum müssen nun auch Ihren wohlthätigen Absichten solche Schwierigkeiten gemacht werden? — Recht und billig ist es freilich, daß Unterricht und Erziehung der Jugend unter Aufsicht und Regierung stehe. Diese aber sollte sich mit einer allgemeinen Aufsicht begnügen, ohne ins Umständliche zu gehen und mit solcher Strenge auf Formalitäten zu halten.
Einliegendes Blättchen, das eine sehr auffallende Nachricht von daher enthält, hat mich vollends verwirrt und nicht wenig unruhig gemacht. Zu meinem Troste ist der Vortrag so wenig kanzleimäßig, und der Inhalt so wenig Kaiser Josephs Denkart, daß ich alles für Erdichtung halte. Vergeben Sie meine Dreistigkeit; darf ich mir eine wahre Auskunft von Ihnen versprechen? Keinen andern Gebrauch werde ich von Ihrer Gefälligkeit zu machen unterstehen, als den Sie mir ausdrücklich erlauben. Ich bin etc.

Moses Mendelssohn.

593

AN IMMANUEL KANT

Verehrungswürdiger Herr!

Der das Vergnügen hat, Ihnen dieses zu überreichen, ist der Sohn eines der besten Männer, die dem großen Friederich dienen, und der würdige Vater, der Sie kennet, glaubt zu dieser wichtigen

Empfehlung durch die meinige noch etwas hinzutun zu können. Da diese Meinung von meinem Werte in Ihren Augen so schmeichelhaft für mich ist, so wünsche ich sie allerdings unter guten Menschen erhalten zu können und Sie, teuerster Herr Professor! Sie lieben mich wirklich allzusehr, um meiner Eigenliebe dieses zu gönnen. Ihnen ist ohnehin jeder Jüngling, der nach Weisheit strebt, empfohlen, wie Ihr Sohn, und dieser hat bewährte Zeugnisse für sich, daß er würdig sei, von Ihnen geleitet zu werden.

Ich weiß nicht, welche Königsberger mich vor einigen Monaten versichert haben, Sie würden diesen Sommer zu uns kommen, und hier durch nach Pyrmont oder Spa reisen. Können Ihre Freunde dieses hoffen? — Im Grunde müßte eine solche Reise, auch ohne Bad und Brunnen, Ihnen zuträglich sein, und ich sollte denken, Sie wären verbunden, Ihre Gemächlichkeit und das ganze Heer von Bedenklichkeiten, die eine scharfsinnige Hypochondrie der Reise entgegensetzen kann, dem Äskulap zu opfern. Offene Arme würden Sie in Berlin viele finden; aber auch so manches offene Herz, und unter andern auch eines Menschen, der Ihnen Bewunderung nachruft, ohne Ihnen folgen zu können. Seit vielen Jahren bin ich der Metaphysik wie abgestorben. Meine Nervenschwäche verbietet mir alle Anstrengung, und ich amüsiere mich unterdessen mit minderangreifenden Arbeiten, davon ich nächstens das Vergnügen haben werde, einige Proben zu übersenden. Ihre Kritik der reinen Vernunft ist für mich auch ein Kriterium der Gesundheit. So oft ich mich schmeichele, an Kräften zugenommen zu haben, wage ich mich an dieses nervensaftverzehrende Werk, und ich bin nicht ganz ohne Hoffnung, es in diesem Leben noch ganz durchdenken zu können. Ich bin

der Ihrige

Berlin, d. 10. April 1783. Moses Mendelssohn.

594

VON JOHANN AUGUST EBERHARD

Halle, den 19. April 1783.

Teuerster Freund!

Sie erhalten diesen Brief durch Herrn Niemeyer, der bei uns Professor der Theologie ist, und den Sie ohne Zweifel durch seine theologischen Schriften kennen werden, die bei den Theologen von freier Denkungsart beliebt sind. Von dem Buche, welches er Ihnen zugleich einhändigen wird, wollen Sie bis Sie mehrere Muße haben, nur die Ergießungen meines Herzens in dem vorangesetzten Schreiben lesen. Denn ich wünsche, daß Sie wissen, daß Sie Ihre Freundschaft keinem Undankbaren geschenkt haben, der sich schämt es zu bekennen, wieviel er Ihnen zu danken hat. Wenn mein Herz das Unangenehme der mannigfaltigen Zudringlichkeiten, womit man so oft Ihre Ruhe gestört hat, zu stark empfindet, stärker als Sie selbst sie empfinden zu müssen glauben, kurz wenn ich indiskret scheine, so verzeihen Sie es meiner Freundschaft, die in der Entfernung, worin ich von Ihnen lebe, nicht von Ihnen kann belehrt, und deren Empfindungen im Umgang mit Ihren Empfindungen nicht kann zum Einklang gestimmt werden.
Für Ihr Urteil, mein teuerster Freund, über meinen „Amyntor" danke ich Ihnen herzlich. Daß meine Personen in ihren Kenntnissen nicht bestimmt genug sind, ist leider nur allzuwahr. Alle Entschuldigungen, die ich Ihnen darüber [machen] könnte, sind vergeblich; sie könnten alle damit beantwortet werden, warum schreibst Du? Über das, was Sie an dem Stil aussetzen, könnte ich etwas mehr für mich anführen. Ich glaube immer die Gedanken an solchen Stellen und zwar mit Fleiß geschwächt zu haben, wo ich glaubte, daß es der Ton der Welt erfordere, die Empfindungen sozusagen nur in einem reflektierten Lichte zu zeigen. Meine Personen sind leider solche Dinger, bei denen ich diese Art des Ausdrucks brauchen mußte, wenn sie ihren Urbildern ähnlich sehen sollten. Doch davon mündlich ein Mehreres. Denn ich hoffe, im Pfingstfest in Berlin zu sein und freue mich, Sie alsdann umarmen zu können.

Ich habe Herrn Nicolai geschrieben, daß er Sie um die Bogen von Ihrer Psalmenübersetzung und von dem, was Sie gegen Cranz schreiben, ersuchen möchte. Er hat mir aber nichts geschickt. Nun wende ich mich an Sie selbst und beschwöre Sie, was davon fertig ist, mir zu schicken. Ich kann unmöglich bis auf die Messe warten. Wenn Sie mir auch nicht schreiben können, so lassen Sie es wenigstens einpacken und mir zuschicken. Herr Nicolai sprach mir von neuen Aussichten, die Sie uns in den letzteren mitteilen würden. Ich fürchte aber, wenn ich ihn nicht recht verstanden habe, Sie werden Mühe haben, sich faßlich zu machen, wenn Sie zu weit ausholen. Sie haben schon gesehen, wie es Ihnen mit den Göttingern gegangen ist, und die sind vom Handwerk.

Beiliegendes haben Sie die Güte, Herrn Abraham einzuhändigen. Wenn ich nicht irre, habe ich einmal von ihm gehört, daß er Fermats Werke besitze. Sie würden Herrn Karsten und mich ausnehmend verbinden, wenn Sie das, was Herr Abraham gefunden hat, mir wollten zukommen lassen.

Ich umarme Sie und beharre mit zärtlicher Hochachtung

Ihr treuester
Joh. Aug. Eberhard.

595

AN CHRISTIAN GARVE

Teuerster Freund!

Desto besser! Da ich das Vergnügen nicht haben kann, Sie in Schlesien zu finden, so verdrießt es mich um so viel weniger, daß meine geglaubte Reisegesellschaft so unschlüssig ist und dem Anscheine nach das Vorhaben aufgeben wird. Ich hatte mir von dieser Reise vieles versprochen. Mancherlei Vergnügen, gute Wirkung auf meine Gesundheit und auch einigen Nutzen in Absicht auf meine Handlung. Indessen ist aufgeschoben nicht aufgehoben und ich speise mich vor der Hand so lange mit der Idee, bis sich Gelegenheit findet, sie realisiren zu können. Denn für mich allein ist die Reise zu kostbar. Ich reise gern gemächlich und Sie wissen, was dieses in einem ungemächlichen Lande kostet. Ich lauere also und stehe auf den Zähen. Sobald jemand nach Schlesien gehet und einen Platz in seinem Wagen leer hat, bin ich bei der Hand.

Und Sie, mein teurer G., gehen nach L., um Ihren Cicero herauszugeben. Die Wahrheit zu gestehen, wenn Sie mich gefragt hätten, würde ich Ihnen geraten haben, lieber nach Berlin zu kommen. Nicht aus Eigennutz, wie mancher denken könnte, um Ihres Umganges genießen zu können, sondern mehr um Ihretwillen. In L. leben gar zu viel eigentliche Gelehrte, Kunstrichter, Altertumsforscher. Sehr verehrungswürdige Männer, wenn die Rede ist, einen klassischen Schriftsteller herauszugeben, aber zu ihrem Vorhaben, dünkt mich, können sie schädlich sein. Die Herren setzen einem so viel Bedenklichkeiten in den Kopf, daß man am Ende schüchtern und ängstlich wird. Sie verwickeln unsere Gliedmaßen gleichsam mit einem eisernen Drat.

Und dann sollen wir einen englischen Tanz tanzen. Machen Sie es mit dem Cicero, wie ich es mit den Psalmen gemacht habe. Übersetzen Sie, wie es Ihnen recht und gut dünkt, und lassen Sie die Kritiker hinterher schreien. Wir andern, die wir auf Ihre Arbeit warten, wollen ohnehin nicht sowohl durch Sie den Römer verstehen lernen, als von Ihnen erfahren, wie er philosophiert hat; und hierzu gehört eine ganz andere Kritik, als die Gelehrten gemeinhin dafür halten.

Sie haben mir nicht geschrieben, wie bald Sie von Breslau abgehen. In der Voraussetzung, daß es sobald nicht geschehen wird, habe ich die Ehre, Ihnen durch unsern gemeinschaftlichen Freund Hn. Ass. Klein ein Exemplar von meiner Schrift: Jerusalem oder über religiöse Macht und Judentum zuzusenden. Der Inhalt ist zwar hauptsächlich theologisch; indessen werden doch verschiedene andere Materien mit berührt, und unter anderem wird auch, welches Sie nicht glauben sollten, mit Ihnen ein kleiner Zank angefangen über die Giltigkeit der Kontrakte eigentlich, weil mir das, was Ferguson und Sie darüber sagen, nicht Genüge leisten will. Ich bin aber des Zankes ungeachtet mit aufrichtigster Hochachtung

der Ihrige

Berlin, den 22. April 1783. Moses Mendelssohn.

596
VON KARL GOTTHELF LESSING

Liebster Freund

Endlich einmal! — Freylich sollte ich mir es selbst nicht vergeben; aber warum sollte ich Sie mit langen Entschuldigungen um Zeit bringen die Sie besser brauchen können? Also nur gleich zur Sache.
Hier haben Sie, liebster Freund, die theologischen Manuscripte unsres Bruders, in der Ordnung, wie ich sie herauszugeben gedenke, wenn es so Ihre Genehmigung hat. Ich bitte Sie aber inständigst, mir Ihre Gedanken offenherzig und ohne Schonung zu sagen. Könnten sie auch meiner Eigenliebe nicht schmeichelhaft seyn, so werden sie desto heilsamer meinem Verstande werden. Außer Ihrem Urtheile mag ich gar nicht wissen, was man zu diesen unvollendeten Aufsätzen sagen wird. Die Vorrede dazu habe ich nicht beygefügt weil ich erst von Ihnen hören will; ob man diese nachgelassenen Werke hinter einander herausgiebt, oder diese theologischen in einem Bande allein druckt. Ich kann es nicht bergen, daß ich auf Ihre Antwort darüber sehr begierig bin, und herzlich wünsche daß Sie nicht nothwendigere Geschäfte lange von deren Durchlesung abhalten mögen. Was noch von theologischen Sachen außer diesen beygehenden Abschriften existirt, ist von keinem Belange. Sie sollen es selbst sehen, wenn die, für mich ganz außerordentlich erfreuliche Sage wahr ist, daß Sie diesen Sommer nach Breslau selbst kommen wollen. Bey Gott! mir ist es ärgerlich genug, daß unsere Religionen es zu einem unschicklichen Komplimente machen wenn ich Sie bitte, bey mir zu logiren. Zwar meine Religion soll mich nicht eine Viertelstunde um einen Freund, am wenigsten um Sie bringen. Und doch werden Sie herzlich über mich lachen. Ich dächte, Sie stellten mich auf die Probe; vielleicht ist es nicht mein Ernst; vielleicht bitte ich mich nur am eifrigsten dazu an was ich gewiß bin, nicht thun zu dürfen.
Mit unsres Bruders theatralischen Schriften ist es eben so: nichts ausgearbeitet, und dazu das Meiste aus der Zeit, da er noch keine Minna und keinen Nathan geschrieben. Ganz gewiß hätte er noch

hundert Jahre leben können, und er würde das Meiste davon nicht mehr angesehen haben. Er hielt es seiner Veränderung und seiner Verbesserung nicht werth. Das Gegentheil denke ich, es wird ihn nicht beschimpfen, wenn ich es drucken lasse. Doch in Kurzem sollen Sie auch theatralische Sachen haben; dann die philosophischen, dann das was in die Philologie, Antiquität und schöne Wissenschaften einschlägt, dann was deutsche Sprache und Litteratur betrifft, welches nicht wenig ist, und dann was so verschiedenen Gehalts ist, aber worunter sich ganz sonderbare Ideen befinden. Mein Urtheil will ich Ihnen darüber nicht sagen, weil ich nicht schwören will, daß es nicht partheiisch sey.

Was mit seinen Briefen zu thun ist, weiß ich noch selbst nicht. Bis zu 1778 fand ich sie alle nach dem Alphabet geordnet, und die Ihrigen in einem Packete besonders. Ich hätte sie Ihnen schon zurückgeschickt wenn man mir nicht gesagt hätte, daß Sie selbst herkommen würden. Mit seinen Briefen ist er gar zu a u f h e b e r i s c h gewesen. Viele Dinge sind darunter, die sich sicher lesen lassen aber doch unschicklich zum Druck sind. Und ich möchte auf diese Art niemandem misfällig werden.

Hier spricht man sehr viel von Ihren Psalmen, die Sie herausgeben aber noch mehr von Ihrer Antwortung auf eine Herausforderung, die Gründe anzugeben, warum Sie nicht die christliche Religion annehmen. Es ist gut, daß man mich nicht das fragt: ich würde gerade zu sagen weil sie die absurdeste ist. Glauben Sie aber nicht, daß ich deshalb ein Jude oder ein Türke werde. Sie können versichert seyn, wenn Christenverfolgungen kämen, ich würde ein christlicher Märtyrer. Nicht weil ich den Bettel für etwas hielte: sondern weil ich für die Freyheit zu denken mich aufzuopfern glauben würde. Aber sollte ich mich nicht schämen, so gegen Sie zu sprechen? Was kann ich dafür, daß alles, was ich von unserer Religion lese, und höre, mir Eckel und Aerger erweckt? Und am allerwidrigsten wird mir das neumodische Bestreben die ungereimtesten plumpsten Dinge auf vernünftige Grundsätze herab oder herauf zu würdigen. Am lächerlichsten ist es mir aber, wenn ich die Theologen sich darauf etwas einbilden sehe. Als wenn die alten Heiden nicht auch Rücksicht genommen hätten, ihre Volksreligion auf Philosophie zu gründen, um sie dem Vernünftigen annehmlich zu machen, der aber herzlich darüber lachte. Und jetzt soll es ein Zeichen eines unmoralischen Herzens seyn? Wenn das nicht cum sana ratione insanire ist, so möchte ich wohl wissen, was es wäre. Doch wieder auf Ihre Schrift zu kommen: ich beklage Sie, wenn Sie in einen theologischen Streit verwickelt würden. Nicht als wenn er durch Sie nicht tausend Nutzen bringen würde, sondern weil er Ihnen zu viel Zeit und wohl gar etwas Ruhe rauben könnte. So heilsam dergleichen Streite im Ganzen sind, so nachtheilig sind sie denen, die sie führen. Ich freue mich also, daß es so weit gekommen ist, und freue mich auch nicht.

Leben Sie recht wohl, bester Freund; ich bin ganz der Ihrige

Breslau den 22st April 1783 Lessing

Was ich von des Bruders Mskten S. 39 bis 42 anführe, könnte das wohl nicht gar wegbleiben? Ich habe es zu dem Ende mit Bleystift gezeichnet.

597

VON KARL GOTTHELF LESSING

Liebster Freund

Hier haben Sie ihre Briefe, und auch Herrn Nikolai seine, mit vielen Komplimenten an ihn. Ich kann Ihnen nicht bergen, daß ich die letztern noch zurückbehalten hätte, wenn nicht einige darunter von meinem Bruder selbst wären, die Sie beyde betreffen. Ich habe mir noch immer vorgesetzt, von den Briefen seiner Freunde eine Sammlung herauszugeben, und darunter auch diese mitzunehmen, versteht sich, was Herr Nikolai billigt. Ich glaube, daß in diesem Falle sie mir, ungeachtet dieser Auslieferung, wenigstens abschriftlich zu Dienste stehen werden. Von den Ihrigen ist es doch keine Frage? Doch ehe ich daran gehe, möchte ich gern mit den andern Pappieren zu Rande kommen.

Und nun zu Ihrer mir so angenehmen Antwort! Sie sind mit den theologischen Sachen meines Bruders als Schriften, die gedruckt werden sollen, nicht so recht zufrieden. Ohne Komplimente. Daran scheine ich Schuld zu seyn. Ich habe Ihnen vielleicht zu sagen vergessen, daß ich des Bruders Nachlaß herausgeben will, so wie ich ihn finde, damit das Publikum selbst urtheile, was zu einer vollständigen Ausgabe seiner Werke das Beste ist. Wenn dieser Vorwand einem kleinen Schacher ähnlicher scheint, so lassen Sie mich auch hinzusetzen, daß ich dem Publiko dadurch anzeigen wollen, daß er gar kein Genie, das wie ein Blitz auf einmal in seiner Vollkommenheit da steht, war, sondern nach und nach das wurde, was er war. Ich glaube in unsern Zeiten ist das sehr nöthig, und am wirksamsten durch ein Beyspiel eines Mannes, den Teutschland nicht unter die Schlechtesten zählt. Die Vorrede dazu soll dieses mehr aus einandersetzen, welche ich Ihnen auch ehestens schicken werde; doch da Sie Ihre Gründe haben, daß ich mit den theologischen Sachen zuletzt komme, sehe ich gar nicht ein, warum ich Ihnen nicht folgen, und erst Ihre Schrift abwarten sollte. Sie sagen, ich sollte mit den litterarischen anfangen: aber bester Freund, die können so wichtig seyn, als sie wollen, die werden wenig gelesen, viel gelobt, und gar nicht gekauft. Was dächten Sie dazu, wenn ich mit den theatralischen anfänge? Mit denen ich mich eben beschäftigte, und die ich ehestens Ihnen abschriftlich mittheilen werde. Ohne Ihre Genehmigung werde ich aber nichts drucken lassen; so gerne ich daraus etwas heraus geben möchte.

Daß Ihnen das Fragment für die Herrenhuter so sehr gefallen, ohne Rücksicht der Zeit, in der es geschrieben, sehe ich noch nicht ein. Es verhält sich, deucht mich, zu seinen übrigen theologischen Sachen, wie der junge Gelehrte zur Minna von Barnhelm. Der Aufsatz über die geoffenbarte Religion; die Spötterey über Abraham und Ismael sey demnach gestrichen. Wie gesagt, ich wollte mittelmäßiges, schlechtes, gutes, und Vollkommenes geben, weil man oft um das Erstere die Gunst erhält. Nicht als wenn ich durch diesen niedrigen Kunstgriff meinen Bruder retten oder verherrlichen wollte, sondern damit man sehe, was der Mensch ist: daß er in den Tagen, wo er meisterhaft schreibt, auch sehr stümpermäßig schreiben kann. Freylich jedes mittelmäßigen Kopfes Stümpereyen zu wissen, verdient wohl schwerlich Dank; aber des vorzüglichen Mannes Schwächen können so lehrreich werden, als seine Talente; wenigstens den Zeitgenossen.

Wie sehr freue ich mich, daß Sie dem Andenken meines Bruders Ihre Morgenstunden widmen wollen. Denn was man bisher über ihn geschrieben hat, hat mir durchgehends nicht recht gefallen. Doch darüber werde ich Ihnen noch etwas und das andere zu schreiben Gelegenheit haben. Der Himmel erhalte Sie nur bey Ihrem Vorsatze und lasse nur keine Hinderung dazwischen kommen, als höchstens eine Reise nach Breslau.

Wessely ist daran Schuld, daß Sie nicht zu uns kommen? So wollte ich, daß seine Frau ihm in 3 Wochen kein freundlich Gesicht machte, daß er 6 Vierteljahr die unangenehmsten Gegenden ohne seine Frau durchwandern müßte, und davon grade so viel Nutzen hätte, daß er ihr ein verlegenes Band kaufen könnte — doch ich will mich an dem guten Freund nicht zu sehr vergehn; denn einen Reisegefährten werden Sie bald finden, wenn Sie nur wollen. Und da Sie das Gebürge, das ich zu Fuße 3 Wochen durchwandert bin, und diese Unbequemlichkeit gewiß werth ist, besehen wollen, so ist der Junius und Julius dazu besser, als der May. Wenn Kopf und Herz einig sind, habe ich immer gehört, geht alles, wenigstens weiß ich aus Erfahrung, daß zwischen streitenden Köpfen und Herzen die Küche Friede und Einigkeit gemacht. Kommen Sie nur, und logiren Sie, wo es ist; mich sollen Sie doch nicht sehr los werden.

Mit erster Gelegenheit erwarte ich Ihre Psalmen und Ihren Jerusalem. Sie wollen Ihre Gegner zustoßen lassen; ich befürchte, die feinen werden nicht zustoßen, und die andern werden Sie nicht wieder stoßen wollen. Es mag die beste Art seyn, so zu handeln; aber das Beste ist nicht allzeit das Nützlichste für die gegenwärtige Zeit. Das sage ich Ihnen, kömmt mein Christenthum in Gefahr, so haben Sie einen Gegner an mir; ob gleich leicht niemand seyn kann, der Sie mehr schätzt und liebt, als ich. Denn ich gestehe es, ich möchte gerne einen Beweis geben, daß man eine Sache vertheidigen kann, die man im Ganzen gar nicht schätzt. Und so haben viele unserer christlichen Märtyrer gedacht. Leben Sie recht wohl, mein liebster Freund.

Breslau
den 8ten May 1783

Ganz der Ihrige
Lessing

598

VON FERDINAND KINDERMANN RITTER VON SCHULSTEIN

[Prag, Mai 1783(?)]

599

AN ELISE REIMARUS

Theuerste Freundinn!

Ich wage es, Sie so zu nennen; denn unser Freund Lessing hat mich hierin zum Erben seiner Rechte eingesetzt. Wollen Sie mir dieses nicht auf mein Wort glauben, so habe ich noch einen Grund für mich anzuführen: die Gleichheit der Gesinnung, welche ich in den wenigen Stunden, die ich Sie zu sehen das Vergnügen gehabt, aus Ihren Reden, und noch mehr aus Ihrem bedeutenden Stillschweigen schließen zu können glaube.

Vielfachen Dank für die Mittheilung der Lessing'schen Briefe! Sobald ich sie genug gelesen habe, erhalten Sie sie unversehrt zurück.

Herr Wessely wird Ihnen in meinem Namen ein Exemplar von einer Abhandlung J e r u s a l e m betitelt zustellen, davon wir bei Ihrem Hierseyn einige Worte gesprochen. Ich würde Ihnen auch die P s a l m e n zugeschickt haben; allein ich vermuthe, daß Sie diese wenig interessiren. Es ist Ihnen längst bekannt, daß in den Psalmen dasjenige nicht zu finden sei, was Christen und Juden in denselben bisher mit so vieler Kritik und Gelehrsamkeit gesucht haben. Und dieses war im Grunde bei Übersetzung und Bekanntmachung derselben meine Hauptabsicht.

Da die letzten Theile der 5 Bücher M o s i s bereits mit der Fracht abgegangen sind, so wird der Hr. Pastor Krohn ein Exemplar erhalten haben, oder bald erhalten. Die ganze Vorrede ist dabei; und das Blatt, welches beim 2ten Buche abgebrochen scheint, ist

eigentlich Carton und ausgeschnitten. Mithin ist das Exemplar vom 2ten Buche, das hierbei zurück erfolgt, nicht defect.
Empfehlen Sie mich gütigst Ihrem verehrungswürdigen Herrn Bruder, so wie Ihrer Reisegesellschaft, Herrn und Madam Campe, die ich bei Ihrem Hierseyn nicht so genossen, als ich es gewünscht. Ich sehe wohl, man muß einen Philosophen nicht sehen, um ihn zu genießen, sondern lesen; und nehme mir vor, die erste philosophische Piece, die Herr Reimarus herausgeben wird, desto fleißiger zu lesen.

Berlin den 20sten Mai 1783. Moses Mendelssohn.

600

VON KARL GOTTHELF LESSING

Liebster Freund
Tausend herzlichen Dank für die guten Feyertage die mir Ihr Jerusalem gemacht. Schwerlich giebt es einen Schriftsteller, der mit solcher Vorsicht und Gründlichkeit das ganze politische System nicht blos der christlichen sondern aller Theologien, wie sie nun Namen haben mögen, nicht blos untergraben, sondern mit der Wurzel ausgerissen hätte. Bibel, und andere göttlich seyn sollende Bücher für gewöhnliche oder blos menschlich gute Bücher erklären, ist Kleinigkeit dagegen. Deshalb bleibt doch ein kirchlicher Staat; deshalb kann sich doch noch was finden, das einem geschriebenen göttlichen Wort Gottes oder Offenbarung gleicht: aber die wahre einzige Religion zu einer Gelehrtenrepublik gleichsam machen: mit so vieler Kaltblütigkeit gegen Thorheit und mit so vieler Wärme gegen Menschen und Menschen Wohl, in aller Bündigkeit beweisen, daß sie keine wahre Religion mehr ist, wenn sie etwas Aehnliches von einer bürgerlichen Verfassung hat, grade zu Religionslehrer zu nichts als Lehrer, Ermahner und Tröster machen, ist, liebster Freund, nach meiner geringen Einsicht herrlich und vortrefflich. und ich hoffe auch nicht zu zeitig: in Europa wenigstens nicht; aber wäre ich Pabst oder nur ein

kleines Päbstlein, Sie wären mir der leibhafte gekommene Antichrist. Der Göttinger Recensent hat nicht so ganz Unrecht auszurufen: *neu und hart!* Neu; denn so hat keiner diese Grundsätze in ein so kräftig Ganzes geformt, und solche Schlüsse daraus gezogen. Hart; denn die Kenntniß der geistlichen Rechte ist nichts; kann bey Vernünftigen nichts gelten. Vom Pabst bis zum geringsten Abbechen mit einer Pfründe müßten sie Racha! über Sie schreyen. Vielleicht war der Recensent ein Professor juris canonici. Mit unter sind Sie auch boshaft. Erlauben Sich keiner Spötterey; aber einer stillen ernsten Höhnerey. Zeitlich und Ewig wollen Sie nicht einmal getrennt wissen. Was für Pathos haben diese Wörtchen nicht oft in Predigten verursacht. Nun sind Sie auch ein D. Theol. Und sind auf keiner Universität gewesen, haben für keinen einzigen Gradum Philosophiae *programmatirt* oder disputirt, treiben bürgerliche Nahrung und sind ein Jude! Welche Unordnung im Staate! Das sah wohl ein weiser König ein, und machte Sie nicht zum Mitgliede —.

Wenn Sie die theolog. Fakultäten nicht einstimmig verdammen, so geht es bey Ihnen nicht mit rechten Dingen zu. Sie haben wider unsre allerheiligste Religion nichts einzuwenden, als diese Kleinigkeit: Gesinnung und Grundsätze können kein Recht auf Personen und Sachen geben. Beweiset mir, daß der Satz falsch ist, oder daß meine Folgen daraus nicht recht gezogen sind. Sie haben vornehmlich, wider die christliche Religion nichts einzuwenden. — Sie haben einen und den andern angesehnen Theologen gar auf Ihrer Seite. Was mehr? Mein armer Bruder hatte Ernestim; und so bald er seine theologischen Kenntnisse in Schriften äußerte: wurden ihm alle Menschen feind, wie mir noch letzthin mein Schwager schrieb, mit der Lehre, bey der Herausgabe seiner Schriften nicht gleiche Verdammnis zu laufen. Und was behauptete denn mein armer Bruder? Eure Rechte, ihr christlichen Theologen, sind höhern Ursprungs als der Vernunft. Laßt euch nicht mit den Vernünftlern ein: geht nicht aus euren guten Schanzen; der Feind will euch nur ins freye Feld haben, wo er euch anzukommen weiß! Und was lehren Sie: Die geringste bürgerliche Gewalt die eine positive Religion hat, ist Hochverrath der Menschheit. Alle profanen Autoren haben bisher nur die Religionen geneckt; Sie bringen sie unter die Erde. Und was geben Sie dafür? Die vernünftige Religion;

o! die ist viel schwerer auszuüben, als Christenthum Judenthum etc. Der gewöhnliche Mensch fühlt wohl was es für ein Schaden ist: nichts mehr zu bekommen, als was seine Thaten und Gesinnungen werth sind, kann ihm nicht anders als kläglich vorkommen.
Mache ich nicht gute Betrachtungen, bester Freund? Und von Ihren Psalmen sage ich gar nichts; denn ich lese nun alle Morgen einen oder zwey. Was man bewundert, kann man nicht beurtheilen.
Leben Sie recht wohl!

Breslau Stets ganz der Ihrige
den 14ten Junius 1783 Lessing

601

AN HERZ HOMBERG

Berlin, den 14. Junius 1783.

Bester Freund!
Wie geht es zu, daß uns unser Briefwechsel so erschwert wird? Nach drey Monathen endlich melden Sie mir, daß das Kistlein mit den Büchern zu Triest angekommen, kein Wort aber von einem langen Briefe, den ich zu gleicher Zeit mit der reitenden Post abgehen ließ, und der eine Menge Kleinigkeiten enthielt, deren ich mich zwar nicht deutlich mehr erinnere, die aber doch wohl einem von uns haben interessant seyn können. Wo mag dieser Brief herumwandern?
Herr Arnstein hat für Sie mitgenommen: 1) Die Psalmen von meiner Uebersetzung; 2) Jerusalem u.s.w., in welchem ich die Geißel der Wohldenkenden gewesen seyn soll; und 3) die fünf Bücher Moses oder נתיבות השלום, die er Ihnen zuzuschicken übernommen. Die Psalmen kennen Sie von lange her; Jerusalem ist ein Büchlein von einer besondern Art, über das ich gar wohl Ihr Urtheil erfahren möchte. So viel ist sicher, es ist von einer Beschaffenheit, wie es weder Orthodoxe noch Heterodoxe beyder

Nationen erwartet haben. Denn alle erwarteten Religionszank, und ich sehe mich, meiner bösen Gewohnheit nach, bey jedem Schritte nach speculativer Materie um, die ich anknüpfen kann, und lasse den Streitkolben darüber aus den Händen fallen. Dieses ist den mehrsten Lesern nicht recht. Wer aber schreibt auch für die mehrsten Leser?

Man sagt, Sie sollen sich verheirathen wollen, oder, wie eine andere Leseart will, bereits verheirathet haben. Letzteres kann ich nicht glauben, denn vollzogen können Sie diese Standesveränderung unmöglich haben, ohne Ihre hiesigen Freunde davon zu benachrichtigen. Aber jenes läßt sich denken, und wie ich höre mit der Schwester des rechtschaffenen Luzzato. Dieses sollte mir sehr angenehm seyn, und bitte ich nun, sobald Sie sich fixirt haben, auf ein Mittel zu denken, wie unser Briefwechsel sicher und leicht gemacht werden könne. Mein langer Brief, mit kleinen Lettern, der so schändlich lange unterwegs bleibt, schmerzt mich.

Ich höre, daß eine Probst'sche Druckerey in Amsterdam mit allem, was dazu gehört, zum Verkaufe angebothen wird, und zwar, wie mir ein Holländer erst gestern gesagt, würde sich der Eigenthümer billig behandeln lassen. Wie, wenn Sie dieserhalb an Joseph Probst selbst schrieben? Sie kennen ihn ja persönlich. Ihr aufrichtiger Freund

Moses Mendelssohn.

602

VON CHRISTIAN WILHELM DOHM

Der Druck meines zweiten Theils ist nun wieder angefangen. H. Prof. Poppe besorgt die 2te Correctur und da er in Ihrer Nachbarschaft wohnt, habe ich ihm aufgetragen, Ihnen die Bogen immer zuzuschicken. Da der Drucker treibt, so bitte ich sie, sobald es Ihre Geschäfte erlauben, an H. Poppe zu remittieren; alle Erinnerungen aber, die Sie haben möchten, besonders zu schreiben und mir discrete zu schicken, damit ich bey der 3ten Correctur davon Gebrauch machen könne.

Dürfte ich auch um das genaue Verzeichnis aller Ihrer Festtage und wiefern sie die Arbeit unterbrechen, baldigst bitten? Verzeihen Sie, dass ich Ihnen so oft beschwerlich werde, aber ich weiss, dass Sie, wie bisher, noch immer gerne dazu beytragen, mein kleines Werk vollkommener zu machen. Wollten Sie sowohl Fehler im Styl als auch etwa noch übrig gebliebene Druckfehler, davon in der ersten Correctur eine ausserordentliche Menge waren, sogleich verbessern, so würden Sie mir einen neuen Gefallen erweisen.

d 16ten Juni: 83 Dohm

603

VON ELISE REIMARUS

Hamburg den 20ten Jun 1783.

Ich kann unsern Freund Wessely nicht zu Ihnen reisen lassen, liebster Mendelssohn, ohne ihm meinen herzlichen Dank für den Brief und die Schrift mitzugeben, die Sie mir durch ihn überreichen lassen. Beide sind mir ein höchst wichtiges Geschenk gewesen, und hätten meinem Herzen zu keiner gelegeneren Zeit kommen können. Ich hatte dazumal gerade meine Mutter verloren die mir sehr theuer war, und deren Verlust mich noch lange schmerzen wird; und in solchem Fall ist gewiß nichts fähiger unsern Empfindungen eine andre Richtung zu geben, als der Zuspruch eines Freundes, dessen Geist und Herz uns auf gleiche Weise interessiert. Wie sehr Sie dieser Freund sind, liebster M. das brauch ich Ihnen nicht zu beweisen. Sie haben mich aus meinem Reden und Schweigen verstanden, und das freut mich. Gern hätt ich sie bei meinem Aufenthalt in Berlin, öfterer gesehen, mehr mit Ihnen gesprochen, aber dazu schätzt ich sie zu hoch. Genug daß ich hoffen darf Ihnen durch diese persönliche Bekanntschaft, deren Erinnerung mir noch immer so wehrt bleibt, nicht fremder geworden zu seyn. Gott lasse Sie noch lange der Welt und Ihrem Hause ein Segen seyn, und ich will gern von

ferne stehen und mich jedes Guten freuen und Ihnen für jedes Gute danken was Er durch Sie verbreitet.
Ihre Abhandl. Jerusalem hat meinem Bruder und mir manche vergnügte Stunde gewehrt, und ich soll Ihnen auch in seinem Nahmen recht herzlichen Dank dafür sagen. Eben weil ich dergl. Schriften gern mit ihm lese, so sind wir später damit zu Ende gekommen, und mein Dank kömmt also auch später als ich gewollt. Möcht ich Ihnen alle die Stellen auszeichnen können die vorzügl. unsre ganze Einstimmung hatten, aber ihrer sind zu viel. Mich soll verlangen in wie weit diese erste Schrift dieser Art Epoche machen wird, und in wie weit Kirche u. Staat die darin erwiesenen Wahrheiten als Wahrheiten gelten lassen werden.
Aber auch für Ihre Psalmen Übersetzung muß ich Ihnen aus zweyen Ursachen danken. Erst weil Sie darinn ebenfalls der Wahrheit ein neues und schönes Licht aufgesteckt haben, trotz allen die es nicht sehen wollten. Und dann weil Sie in der Vorrede dazu, unserm Lessing, ein seiner würdiges Denkmal aufgerichtet haben! Wie sehr verlangt mich den Tag zu erleben wo Sie der Welt etwas über seinen Charakter sagen das nur Sie allein ihr sagen können.
Was die Mittheilung meiner Briefe betrifft, so glaub ich gern daß Sie Ihnen zu jenem Zweck wenig nöthig waren: aber immer dacht ich würd es Ihnen angenehm seyn Briefe von ihm zu lesen, worin er seinem Geist und Herzen freien Lauf lässt, und so gab ich sie Ihnen. Wenn Sie von den meinen, an Lessing geschriebenen, unter den in Voßens Händen sich befindenden Papieren etwas finden können, so thun Sie mir einen Gefallen, solche zu sich zu nehmen. Sie sind, denk ich, alle ohne Nahmen und Ort: aber Sie kennen nachgerade meine Hand.
Leben Sie wohl theuerster Freund, und empfehlen Sie mich nicht nur Ihrer lieben Frau und Mutter sondern all Ihren lieben Kindern, deren jedes ich mich noch mit Vergnügen erinnere, und wie gut es war mitten unter Ihnen Allen zu seyn!

Elis. Reimarus.

604

AN HERZ HOMBERG

Berlin den 27 Juni 1783.

Bester Freund!

Also ist mein Brief, der lange, weitläuftige Brief, den ich Ihnen unmittelbar nach Absendung der Bücher mit der reitenden Post zugeschickt habe, nicht zu Händen gekommen? In demselben hatte ich Ihnen tausenderley Sie oder mich betreffende Kleinigkeiten gemeldet, so manche Ihrer Anfragen beantwortet, so manche wiederum ergehen lassen, und alles dieses ist unwiederbringlich verloren. Denn mich derselben zu entsinnen, ist eine reine Unmöglichkeit, und die Hoffnung, daß sich das Schreiben endlich dennoch wiederfinden werde, ist wohl vergeblich. Ich schreite also zur Beantwortung Ihres Schreibens vom 13ten d., und thue, als hätte ich jenen langen Brief gar nicht geschrieben. Sie gewinnen nur dabei; denn dieses Schreiben wird bey weitem so ausführlich, so ermüdend nicht werden, weil ich jetzt gar zu sehr beschäftigt bin.

Die Preise der Bücher erhalten Sie einliegend. Zehn Stück Louisd'or nehmen Sie davon als ein Honorarium für Ihre Arbeit zum fünften Buche.

Ihre erste Production ist freylich Ihrer nicht würdig. Die Sünde zu büßen, weiß ich keinen bessern Rath, als solche durch bessere Arbeiten in Vergessenheit zu bringen. Da Sie nicht auf den Umschlag gesetzt haben: mit der fahrenden Post, so erhielt ich den Brief mit der reitenden, und man ließ mich 1 Thlr. 15 Gr. Porto bezahlen. Künftig belieben Sie diese Vorsicht nicht zu vernachlässigen.

Mein Jerusalem, meine Uebersetzung der Psalmen, so wie ein vollständiges Exemplar von meinem חומש, hat Herr Arnstein von hier aus mitgenommen, und versprochen, Ihnen zuzusenden.

Meine Tochter hat bereits am 1ten Nissan ihre Heirath vollzogen. Bey dieser Gelegenheit ist Ihrer, wie Sie mir leicht glauben werden, sehr oft gedacht worden. Sie lebt mit ihrem unvergleichlichen Veit in einer glücklichen Ehe, glücklicher als wenn der Sohn des

reichsten Mannes sich großmüthig entschlossen, sich zu ihr herabzulassen. Joseph macht gute Fortschritte im Denken. Im Schreiben bleibt er etwas zurück, wiewohl nur im mechanischen Niederschreiben, denn Vortrag hat er, und zwar einen guten, gründlichen und auch lebhaften Vortrag.
נתיבות השלום können Sie allerdings in Commission bekommen, und zwar von 2 Gattungen: nämlich auf holländischem Papier das Exemplar zu 5 1/3 Thlr. und auf Druckpapier zu 3 1/2 Thlr. Dabei genießen Sie 10 Procent Erlaß.
Ich schließe für dieses Mal. Mein Jerusalem giebt Ihnen so viel Gedrucktes von mir zu lesen, daß Sie meines Geschriebenen vermuthlich nicht bedürfen. Leben Sie wohl!

Moses Mendelssohn.

N. S. Man sagt Sie hier Bräutigam oder gar Ehemann. Ohne uns davon zu benachrichtigen? Unmöglich.

605

AN DAVID FRIEDLÄNDER

Sie und Freund G. entscheiden den vorgelegten Gewissensfall mit so vielem Edelmuthe und so vieler Gerechtigkeitsliebe, daß ich beinahe Bedenken trage, meinen Zweifel darüber zu erkennen zu geben. Indessen scheint mir die Entscheidung noch lange so ausgemacht nicht.
Vorausgesetzt, man sei moralisch versichert, daß der Schuldner einen betrügerischen Bankerutt gemacht, so hatte er kein Recht, Sie zu einem Erlasse von seiner Schuld weder zu zwingen noch zu branden. Der mit ihm geschlossene Contract ist wie der Contract, den ich mit einem Straßenräuber eingehe; er soll mir mein Leben und meine Beinkleider lassen, so will ich ihn nicht nur nicht angeben, sondern ihm noch meiner Frau Halsschmuck mit der ersten Gelegenheit zum Geschenk einsenden. Bin ich verbunden, dem Räuber Wort zu halten?
Aus Contract sicherlich nicht, denn er hatte nicht das mindeste

Recht, weder auf mein Leben noch auf meine Beinkleider, und wo kein vollkommenes Recht ist, da findet auch kein Vertrag statt. Man müsse ihm gleichwohl das Versprechen halten, sprechen die Rigoristen, damit er künftig nicht noch unbarmherziger mit den Reisenden verfahre? Gut! antworte ich, alsdann ist es bloß rathsam, der Vorsicht oder Klugheit gemäß, daß man auch in solchen Fällen Wort halte; aber die Gerechtigkeit entscheidet nicht für den Ungerechten. Ohne mein Gewissen zu verletzen, dünkt mich, kann ich mein gezwungenes Versprechen zurücknehmen. In unserm Falle, wo ich nicht irre, ist es vollends erlaubt, da auch die Klugheit nichts dawider einzuwenden hat, daß man dem schelmischen Bankrutteur 10 Procent abjage. Ein Anderes ist es, wenn Concursus Creditorum entstanden, und Sie durch die der Masse oder den Gemeinschuldner abgenommenen mehreren Procente den anderen Gläubigern schaden. Dieses scheint aber der Fall nicht zu sein.

Der Debitor kann sich durch keinen solchen Accord von seiner Schuld befreien. Er ist und bleibt nicht nur innerlich verbunden, den Rest sobald er kann, völlig abzutragen, sondern der Accord selbst scheint stillschweigend diese Bedingung vorauszusetzen, und mich dünkt, man könnte ihn auch äußerlich dazu verhalten.

Ich nehme den Fall aus, in welchem die Gläubiger wissen, ihr Schuldner habe nicht völlig sein Vermögen hingegeben, sind es aber zufrieden, daß er etwas davon behalte, um sich damit zu helfen und damit er ihnen zu einer andern Zeit Mehreres bezahlen könne. Wenn auch Sie bei Schließung dieses Accords dieses gedacht haben, so müssen Sie dem Schuldner das Seinige nicht wieder abnehmen, bevor er sagt, daß es Zeit sei, denn die Entscheidung hängt nicht mehr von Ihnen ab.

Sie sehen, wie zweifelhaft ich noch bin, und wie wenig ich mir den Knoten durchzuschneiden getraue. Ein Glück ist es in der That, daß es nicht so viele Tausende sind, über die Sie mein Urtheil erwarten. Die Freundschaft würde sich mit der Chikane vereinigen und alsdann pflegt die strenge Tugend sich sehr bescheiden zu entfernen — um nicht herausgestoßen zu werden.

Im Grunde ist es leidige Chikane, was ich Ihrer bessern Entscheidung entgegengesetzt habe. Man darf sich diese nur erlauben, so weiß man am Ende nicht, wo man stehen bleiben soll, so läßt sich am Ende Alles beschönigen. Alles bis auf das bekannte Haereticis

non est servanda fides, denn auch die Ketzer haben nach der Meinung der Allein-Rechtgläubigen kein Recht u. s. w.
In der That haben Sie bei Schließung des Vergleichs zugegeben und sich stillschweigend gefallen lassen, daß der Schuldner Etwas von seinem Vermögen behalte, wo nicht zum Besten anderer Gläubiger, doch wenigstens zum Besten der Seinigen, die er unterhalten muß. So lange Sie also keinen Grund haben, zu vermuthen, daß er zu mehrerem Vermögen gekommen, als Sie damals geglaubt, sind Sie allerdings verbunden, ihm zum Besten der Seinigen auch ein abgenöthigtes Versprechen zu halten.
Mit einem Worte: der gerade schlichte Menschenverstand ist in solchen verwickelten Fällen alle Zeit der bessere Richter. Nach diesem haben Sie, werthester Freund, ohne Wortpfuscherei entschieden. Und diesem fällt nach meinem drei Seiten langen Geschwätze endlich bei

Ihr Freund

Berlin, den 15. Juli 1783. Moses Mendelssohn.

606

AN FRIEDRICH NICOLAI

Liebster Freund!
Von dem Zustande der wenigen jüdischen Familien, die zu Wien wohnen, bin ich weit weniger unterrichtet, als Sie selbst. Ich stehe auch mit keinem Wiener in Verbindung, der mir darüber Auskunft geben könte. Mein vormaliger Hausinformator Herz Homberg, der eine Zeitlang in Wien gelebt, und dem die Verfassung der dasigen Judenschaft gar wohl bekant seyn dürfte, wohnet itzt zu Görz, unweit Trieste. Wenn Sie an diesen schreiben ließen; so könten Sie vielleicht, Wien und Österreich betreffend, manche interessante Nachricht von ihm erhalten. Er ist ohnehin, in mancher Betrachtung, Ihr Kunst und Handwerksgenoß. Er treibet daselbst den Buchhandel und die Schriftstellerey.
Aber, wenn ich auch alles wüßte, warum Sie mich fragen; so würde ich dennoch Bedenken tragen, es Ihnen nach Freyenwald

hinzuschreiben. Wie, Sie wollen gesund werden, und Kräfte sammeln, und fahren fort, in währender Cur selbst, sich anzustrengen? Was werden die Söhne Aeskulaps dazu sagen? — Die Rabbiner würden Sie mit einem Menschen vergleichen, der sich reinigen will, und das Aas mit ins Bad nimt. So ist der Bußfertige, sprechen Sie, der sich auf die Brust schlägt, und die Sünde immer noch im Herzen hat; und so Fr. Nicolai, würden sie hinzusetzen, der, wenn er sich auch des Tages siebenmal, in dem Wasser Freyenwaldes, untertaucht, seine Reise und seinen Schwindel immer noch im Kopfe hat, und mit aus dem Wasser wieder herausziehet.
Dohm und Plessing, die bey Ihnen zu Fr. gewesen, haben mich gestern besucht, und mich versichert, daß Sie Sich wohl befinden, welches mich erinnert hat, daß ich Ihnen eine Antwort schuldig bin. Leben Sie wohl!

Berlin den 15ten July 1783 Ihr Freund M. Mendelssohn

607

VON ELISE REIMARUS

Hamburg den 4ten August. 1783.

Die beiden mitfolgenden Blätter sind Theile eines Briefes vom Düsseldorfer Jacobi an mich. Ich habe es für nothwendig gehalten sie Ihnen mein theuerster Mendelssohn mitzutheilen, weil nur Sie im Stande sind zu beurtheilen ob das Publicum die darin enthaltenen Nachrichten wissen darf, oder nicht. Ich bin sehr begierig zu erfahren in wiefern sie Ihnen neu sind, und was Sie überhaubt von diesen letzten Gesinnungen unsers Freundes denken. Ich gesteh es, und wenns Lästrung ist, so vergeb es mir sein heiliger Schatten! daß ich hinter den Worten: in seinen letzten Tagen, ganz etwas anders befürchtete, weil selbst L. besten Freunde kurz nach seinem Tode, viel von einem Ahndungs und Zeichendeutungsgeist bey ihm, gesprochen, der zum Aberglauben

hinzuneigen schien. In dieser Hinsicht war mir das Wort Spinozist weniger fatal. Wie aber sonst? — Darüber suspendir ich mein Urtheil, bis ich das Ihre höre, und hab auch im strengsten Verstande die ganze Nachricht für mich behalten. Sollten Sie noch etwas Umständlichers über die Sache wissen wollen, so sehen Sie daß J. gern darin willfahren wird, in sofern es zu dem was Sie über L. Character / nicht Ehrengedächtniß!/ schreiben wollen, brauchbar seyn kann. Dagegen würden Sie ihm einen großen Gefallen erzeigen, wenn Sie ihm aus dem in Berlin vorhandenen Nachlaß Lessingscher Papiere und Schriften zu einigen der benannten Handschriften und Bücher verhelfen wollten oder könnten. Was mich betrifft so hab ich längst dieselbe Bitte in Ansehung meiner Briefe an L. thun wollen, und ich weiß nicht warum ich sie nicht gethan. Sollten Sie liebster Freund deren einige, unter den bey Voßen befindlichen Sachen, oder sonst, ansichtig werden können, so erbarmen Sie sich der armseeligen namenlosen Waisen, die nur in Rücksicht auf ein armseeliges weibliches Geschöpf Schonung verlangen, das sich nicht zur Mutter derselben bekennen darf. — Und doch! was macht ich mir draus wenns mein Ich allein beträfe!
Für Ihren lezten Aufsaz im Bisterschen Journal meinen Dank! Wenn doch alle die sich über änl. Materien zu schreiben unterstehen; alle die zur Aufklärung der Wahrheit die Feder anzusezen wagen, ihre Gedanken so deutlich darstellen könnten, wie Sie mein Freund! Gott erhalte Ihnen dazu noch lange Lust und Kräfte, das ist einer meiner lebendigsten Wünsche und Bitten zur Vorsehung.
Ihrem ganzen geschätzten Hause, in dem es mir so wohl war, bitt ich mich zu empfehlen, und einen herzlichen Gruß von meinem Bruder auf Abschlag zu empfangen.

Elis. R.

[Beilage]

Pempelfort, den 21ten July 1783.

... Daß ich Ihnen auf Ihren Brief aus Berlin nicht antworten konnte, war mir leid genug. Ich erhielt ihn weil er über Schwelm, anstatt über Wesel gelaufen war, später als ich sollte, und mußte fürchten, daß Sie meine Antwort, wenn sie nicht mit der umlaufenden Post abgieng, nicht mehr erhielten. Mit der umlaufenden Post konnte ich Ihnen nicht schreiben, weil ich Sie von etwas sehr wichtigem — von unseres Leßings letzten Gesinnungen unterhalten wollte, um es Mendelssohn, wenn Sie es für gut fänden, mitzutheilen. — Sie wissen vielleicht, und wenn Sie es nicht wissen, so vertraue ich Ihnen hier unter der Rose der Freundschaft, daß Leßing in seinen letzten Tagen ein entschiedener Spinozist war. Es wäre möglich, daß Lessing diese Gesinnungen gegen mehrere geäussert hätte; und dann wäre es nöthig, daß Mendelssohn in dem Ehrengedächtnisse, das er ihm setzen will, gewissen Materien entweder ganz auswiche, oder sie wenigstens äusserst vorsichtig behandelte. Vielleicht hat sich Leßing gegen seinen lieben Mendelssohn eben so klar als gegen mich geäussert; vielleicht auch nicht, weil er ihn lange nicht gesprochen, und sehr ungern Briefe schrieb. Ihnen, meine Traute, sey es hiemit anheim gestellt, ob Sie Mendelssohn hievon etwas eröfnen wollen oder nicht. Umständlicher kann ich aber für diesmal nicht von der Sache schreiben.

Unter Lessings Papieren muß sich eine Comödie in Handschrift von Lange finden, die Poeten, die mir zugehört, und wovon ich keine Abschrift behalten habe. Ich hätte sie gerne wieder, u es wäre mir äusserst unangenehm wenn sie gedruckt würde, weil man mir gegründete Vorwürfe darüber machen könnte, daß ich sie aus der Hand gegeben. Leßing, gegen den ich einige Worte davon hatte fallen lassen, bekam eine solche unaussprechliche Neugierde sie zu sehn, daß ich ihm die Mittheilung nicht abschlagen konnte — .

Auch hätte ich sehr gern ein paar Briefe die ich ihm mitgetheilt, nebst meinen eigenen zurück. Herr und Frau v. Döring hatten versprochen dafür zu sorgen, daß ich über diese verschiedene Punkte befriedigt würde; vermuthlich stand die Erfüllung nicht in ihrer Macht. — Unter seinen Büchern muß sich der Lettre sur les Desirs von Hemsterhuis, in grün Maroquin gebunden, mit dem Nahmen der Prinzessin von Gallitzin finden, welches billiger Weise auch zurück gegeben werden müßte. Die übrigen Schriften von Hemsterhuis habe ich ihm geschenkt, ich hatte sie bey mir. Das einzige Exemplar des Lettre sur les Desirs, das ich von sechsen die mir H. geschenkt hatte noch besaß hatte ich nicht bey mir. Um Leßings Ungeduld nach dieser Schrift zu befriedigen schrieb ich nach Münster; so kam die gute Prinzessin um das einzige Exemplar das auch sie nur noch hatte. ...

608

AN ELISE REIMARUS

Verehrungswürdige Reimarus!
Was heißt dieses: Lessing war in seinen letzten Tagen ein entschiedener Spinozist? Mit dem ewigen Classificiren! daß wir immer die Sachen nur in Rubriken eintragen wollen! Wie hat sich Lessing dieses gegen Jacobi geäußert? Hat er mit trockenen Worten gesagt: ich halte das System des Spinoza für wahr und gegründet, und welches? das er in seinem Tractatu theologico-politico oder in seinen Princip. philosoph. Cartesianae vorgetragen, oder das Ludovicus Meyer in seinem Namen, nach seinem Tode, bekannt machte? Und wenn zu dem allgemein dafür bekannten atheistischen System des Spinoza; so frage ich einen denkenden Kopf, wie Jacobi: hat Lessing das System so genommen, wie es Bayle misverstanden, oder wie andere es besser erklärt haben? — Wenn Lessing im Stande war, sich so schlechtweg, ohne alle nähere Bestimmung, zu dem System irgend eines Mannes zu verstehen; so war Lessing zu der Zeit nicht mehr bey sich selber, oder in seiner sonderbaren Laune, etwas Paradoxes zu behaupten, das er in einer ernsthaften Stunde selbst wieder verwarf. In dieser Laune war Lessing im Stande alles zu behaupten, was seine Gegner reitzen konnte, blos um den Streit lebhafter zu machen.
Hat aber Lessing etwa gesagt: Lieber Bruder! der so sehr verschriene Spinoza mag wohl in manchen Stücken weiter gesehen haben, als alle die Schreier, die an ihm zu Helden geworden sind. In seiner Ethik insbesondere sind vortrefliche Sachen enthalten, vielleicht bessere Sachen, als in mancher orthodoxen Moral oder in manchem Compendio der Weltweisheit. Sein System ist so ungereimt nicht, als man glaubt. Hat er etwas dergleichen sich merken lassen, wie ich von meinem Freunde vermuthe; — Beste Seele! ich

weis nicht, wie nahe oder wie fern der Tod hinter mir stehet und mit der Hippe drohet; aber ich bin zu aller Zeit bereit, dieses von ganzem Herzen zu unterschreiben; man bringe mich, unter welche Rubrik man wolle!

Herr Jacobi ist sicherlich der Mann nicht, der sich die Sachen nur halb sagen läßt, oder der das Gesagte nur halb verstehet, und eine Unterhaltung von dieser Art mit Lessing ist allzu wichtig, als daß ihm das Umständliche davon sollte in Vergessenheit gekommen seyn. Ich wünsche also sehr, daß sich Ihr Freund gefallen ließe, uns ausführlich zu berichten, was? wie? bey welcher Gelegenheit und auf welche Veranlassung sich Lessing dieses geäußert hat? Denn hierauf kommt im Grunde alles an. Bis dahin bleibe ich blos bey meinem verwunderungsvollen Ausrufe: *Lessing ein entschiedener Spinozist!* so wie Lessing und ich einst ausriefen: *Pope ein Metaphysiker!*

Sobald uns aber Hr. Jacobi hierüber befriediget hat, sehe ich nicht ab, warum wir die letzten Gesinnungen unseres Freundes geheim halten und der Nachwelt verschweigen sollten. Wir sind im Grunde ihm nicht mehr und nicht weniger Gerechtigkeit schuldig, als er selbst dem Fragmentisten hat widerfahren lassen. Die Wahrheit kann auch hier nicht anders als gewinnen. Sind seine Gründe seicht; so dienen sie nur zu ihrem Triumphe; sind sie gefährlich; so mag die gute Dame für ihre Vertheidigung sorgen. Auch unseres besten Freundes Name soll für die Nachwelt nicht heller glänzen, als er es verdienet. — Die G. S. und wie die Leute übrigens heißen, werden sich freuen und über uns triumphiren? — Immerhin! Wenn ich die Feder ansetze, wenn ich über den Charakter meines Freundes Lessing schreibe, so setze ich mich ein halbes Jahrhundert weiter hinaus, wo alle Partheilichkeit aufgehört habe, alle unsre jetzige Tracasserie wenigstens vergessen seyn wird.

Ihre Furcht, theuerste Reimarus, hinter den Worten: „*in seinen letzten Tagen*“ etwas weit *fataleres* zu finden, als das Wort *Spinozist*, hat mich ungemein vergnügt. So war Ihnen doch wirklich bange, Lessing könnte noch etwas fataleres geworden seyn, als Spinozist? Und wie? wenn er nun beides geworden wäre? Spinozist und Kabbalist zugleich? So sehr disparat sind diese Systeme nicht, daß sie sich einander völlig ausschließen.

Wachter hat sogar behauptet, der Spinozismus sei kabbalistischem Boden und aus kabbalistischem Stamme entsprungen. Was hat nicht in einem paradoxen Kopf schon neben einander Raum gefunden? — Ich möchte Ihr Gesicht sehen, beste Reimarus! wenn Sie mich in meiner letzten Stunde besuchten, und fänden mich mit einer Amulette um den Hals, und in David Hume's seinen Dialogues lesen.

Von Lessing's Nachlaß habe ich nichts weiter erhalten, als meines Freundes Nicolai und meine Briefe, auch einige wenige Fragmente von seinen Schriften. Der Ueberrest befindet sich in den Händen seines Bruders des Münzdirectors zu Breslau. Dieser bringt die von seinem Bruder hinterlassenen Manuscripte in Ordnung, um das Interessante davon nach und nach herauszugeben. An diesen beliebe sich Hr. Jacobi zu wenden, oder an den Schwiegervater desselben, Hrn. Buchhändler V o ß allhier, und dasjenige sich auszubitten, was ihm gehört. Auch Ihre Briefe werden wahrscheinlicher Weise sich in denselben Händen befinden. Für allen Misbrauch können Sie gesichert seyn, denn auch der Breslauer Lessing ist ein sehr rechtschaffener Mann. Wenn Sie aber meinen, so kann ich auch dieserhalb an ihn schreiben.

Die Briefe Lessing's, welche Sie mir anzuvertrauen die Gütigkeit gehabt, sende ich Ihnen mit der fahrenden Post zurück. Da ich nicht über sein Genie, sondern über seinen Charakter zu schreiben Willens bin; so sind mir die Briefe die willkommensten, in welchen er mit der lautern Wahrheit umgieng, seinem Naturell überlassen, und nicht auf Paradoxie und Widersprechen gestimmt war. Sobald ihn diese Laune anwandelte, war keine Meinung so ungereimt, deren er sich nicht, aus Liebe zum Scharfsinn, anzunehmen fähig war; und in der Hitze des Streits, schien es ihm selbst zuweilen ein Ernst zu seyn. In dieser Stunde war ihm die Gymnastic des Geistes wichtiger, als die reine Wahrheit.

Ihrem Herrn Bruder bitte ich mich bestens zu empfehlen, und von mir zu glauben, daß ich mit der aufrichtigsten Hochachtung seyn werde

Meine Familie empfiehlt sich
Ihrem gütigen Andenken.

der Ihrige,
Moses Mendelssohn.

Berlin den 16 Aug. 1783.

609

VON IMMANUEL KANT

Verehrungswürdiger Herr!

Allerdings konnte keine wirksamere Empfehlung vor den hoffnungsvollen Jüngling den Sohn des HEn Gentz gefunden werden, als die, von einem Manne, dessen Talente und Charakter ich vorzüglich hochschätze und liebe, von welcher Gesinnung gegen Sie, es mir reitzend ist zu sehen, daß Sie solche in mir voraussetzen und darauf rechnen, ohne daß ich nöthig hätte Sie davon zu versichern. Auch kan ich jetzt dem würdigen Vater dieses jungen Menschen, den ich in meine nähere Bekanntschaft aufgenommen habe, mit Zuversicht die seinen Wünschen vollkommen entsprechende Hofnung geben, ihn dereinst von unserer Vniversitaet an Geist und Herz sehr wohl ausgebildet zurück zu erhalten; bis ich dieses thun konte, ist meine sonst vorlängst schuldige Antwort auf Ihr gütiges Schreiben aufgeschoben worden.

Die Reise nach dem Bade, von deren Gerüchte Sie so gütig sind auf solche Art zu erwähnen, daß mir die Idee davon das Gemüth mit angenehmen Bildern eines viel reitzendern Umganges, als ich ihn jemals hier haben kan, erfüllet, ist auch allhier ausgebreitet gewesen, ohne daß ich jemals den mindesten Anlaß dazu gegeben hätte. Eine gewisse Gesundheitsregel, die ich, ich weiß nicht bey welchem engl: Autor vor langer Zeit antraf, hat schon vorlängst den obersten Grundsatz meiner Diaetetic ausgemacht: E i n j e d e r M e n s c h h a t s e i n e b e s o n d e r e A r t g e s u n d z u s e y n, a n d e r e r, o h n e G e f a h r, n i c h t s ä n d e r n d a r f. In Befolgung dieser Lehre habe ich zwar immer mit Unpäßlichkeit zu kämpfen, ohne doch jemals krank zu seyn; übrigens finde ich, daß man am längsten lebe, wenn man am wenigsten Sorge trägt das Leben zu verlängern, doch mit der Behutsamkeit es nicht, durch die Stöhrung der wohlthätigen Natur in uns, abzukürtzen.

Daß Sie sich der Metaphysik gleichsam vor abgestorben ansehen, da ihr beynahe die ganze klügere Welt abgestorben zu seyn scheint, befremdet mich nicht, ohne einmal jene Nervenschwäche (davon man doch im J e r u s a l e m nicht die mindeste Spuhr antrifft) hiebey in Betracht zu ziehen. Daß aber an deren Stelle Critik, die nur damit umgeht, den Boden zu jenem Gebäude zu untersuchen, Ihre scharfsinnige Aufmerksamkeit nicht auf sich ziehen kan, oder sie alsbald wieder von sich stößt, dauert mich sehr, befremdet mich aber auch nicht; denn das Product des Nachdenkens von einem Zeitraume von wenigstens zwölf Jahren hatte ich innerhalb etwa 4 bis 5 Monathen, gleichsam im Fluge, zwar mit der größten Aufmerksamkeit auf den Inhalt, aber mit weniger Fleiß auf den Vortrag und Beförderung der leichten Einsicht vor den Leser, zu Stande gebracht, eine Entschließung die mir auch jetzt noch nicht leid thut, weil ohne dies und bey längerem Aufschube, um Popularität hineinzubringen, das Werk vermuthlich ganz unterblieben wäre, da doch dem letzteren Fehler nach und nach abgeholfen werden kan, wenn nur das Product seiner rohen Bearbeitung nach erst da ist. Denn ich bin schon zu alt, um ein weitläuftiges Werk mit ununterbrochner Anstrengung Vollständigkeit und zugleich, mit der Feile in der Hand, jedem Theile seine Rundung, Glätte und leichte Beweglichkeit zu geben. Es fehlte mir zwar nicht an Mitteln der Erläuterung jedes schwierigen Puncts, aber ich fühlete in der Ausarbeitung unaufhörlich die, der Deutlichkeit eben so wohl wiederstreitende Last, der gedehnten und den Zusammenhang unterbrechenden Weitläuftigkeit, daher ich von dieser vor der Hand abstand, um sie bey einer künftigen Behandlung, wenn meine Sätze, wie ich hoffete, in ihrer Ordnung nach und nach würden angegriffen werden, nachzuholen; denn man kan auch nicht immer, wenn man sich in ein System hineingedacht und mit den Begriffen desselben vertraut gemacht hat, vor sich selbst errathen, was dem Leser dunkel, was ihm nicht bestimmt, oder hinreichend bewiesen vorkommen möchte. Es sind wenige so glücklich, vor sich und zugleich in der Stelle anderer dencken und die ihnen allen angemessene Manier im Vortrage treffen zu können. Es ist nur ein Mendelssohn.

Wie wäre es aber, mein werthester Herr, wenn Sie, gesetzt sie wollten sich nicht weiter mit schon zur Seite gelegten Sachen selbst beschäftigen, Ihr Ansehen und Ihren Einfluß dazu zu verwenden beliebeten, eine nach einem gewissen Plane verabzuredende Prüfung jener Sätze zu vermitteln und dazu auf eine Art wie sie Ihnen gut dünckt aufzumuntern. Man würde also 1. untersuchen, ob es mit der Unterscheidung der analytischen und synthetischen Urtheile seine Richtigkeit und mit der Schwierigkeit, die Möglichkeit der letzteren, wenn sie a priori geschehen sollen einzusehen, die Bewandnis habe, die ich ihr beylege und ob es auch von so großer Nothwendigkeit sey, die Deduction der letzteren Art von Erkenntnisse zu Stande zu bringen, ohne welche keine Metaphysik statt findet. 2. Ob es wahr sey, was ich behauptet habe, daß wir a priori über nichts als über die formale Bedingung einer möglichen (äußeren oder inneren) Erfahrung überhaupt synthetisch urtheilen können, sowohl was die sinnliche Anschauung derselben, als was die Verstandesbegriffe betrift, die beyderseits noch vor der Erfahrung vorher gehen und sie allererst möglich machen. 3. ob also auch meine letzte Folgerung richtig sey: daß alle uns mögliche speculative Erkentnis a priori nicht weiter reiche, als auf Gegenstände einer uns möglichen Erfahrung, nur mit dem Vorbehalte, daß dieses Feld möglicher Erfahrung nicht alle Dinge an sich selbst befasse, folglich allerdings noch andere Gegenstände übrig lasse, ja so gar als nothwendig voraussetze, ohne daß es uns doch möglich wäre von ihnen das mindeste bestimmt zu erkennen. Wären wir erst soweit, so würde sich die Auflösung, darinn sich die Vernunft selbst verwickelt, wenn sie über alle Grenze möglicher Erfahrung hinauszugehen versucht, von selbst geben, imgleichen die noch nothwendigere Beandtwortung der Frage, wodurch denn die Vernunft getrieben wird über ihren eigentlichen Wirkungskreis hinauszugehen, mit einem Worte die Dialectick der reinen Vernunft würde wenig Schwierigkeit mehr machen und von da an würde die eigentliche Annehmlichkeit einer Critik anheben, mit einem sicheren Leitfaden in einem Labyrinthe herum zu spatziren, darinn man sich alle Augenblicke verwirrt und eben so oft den Ausgang findet. Zu diesen Untersuchungen würde ich gerne an meinem Theile alles mir mögliche beytragen weil ich gewiß weiß, daß wenn die Prüfung nur in gute Hände fällt, etwas ausgemachtes daraus entspringen werde. Allein meine Hofnung zu derselben ist nur klein. Mendelssohn, Garve u. Tetens scheinen dieser Art von Geschäfte entsagt zu haben und wo ist noch sonst jemand, der Talent u. guten Willen hat, sich damit zu befassen? Ich muß mich also damit begnügen, daß dergleichen Arbeit, wie Swift sagt, eine Pflanze sey die nur aufblüht wenn der Stock in die Erde

kommt. Vor dieser Zeit dencke ich indessen doch ein Lehrbuch der Metaphysik nach obigen critischen Grundsätzen und zwar mit aller Kürze eines Handbuchs, zum Behuf academischer Vorlesungen, nach und nach auszuarbeiten und in einer nicht zu bestimmenden, vielleicht ziemlich entferneten Zeit, fertig zu schaffen. Diesen Winter werde ich den ersten Theil meiner Moral, wo nicht völlig doch meist zu Stande bringen. Diese Arbeit ist mehrer Popularität fähig, hat aber bey weitem den das Gemüth erweiternden Reitz nicht bey sich, den jene Aussicht, die Grenze und den gesammten Inhalt der ganzen menschlichen Vernunft zu bestimmen in meinen Augen bey sich führt, vornemlich auch darum, weil selbst Moral, wenn sie in ihrer Vollendung zur Religion überschreiten will, ohne eine Vorarbeitung und sichere Bestimmung der ersteren Art, unvermeidlicher Weise in Einwürfe u. Zweifel, oder Wahn und Schwärmerey verwickelt wird.
Herr F r i e d l ä n d e r wird Ihnen sagen, mit welcher Bewunderung der Scharfsinnigkeit, Feinheit und Klugheit ich Ihren J e r u s a l e m gelesen habe. Ich halte dieses Buch vor die Verkündigung einer großen, obzwar langsam bevorstehenden und fortrückenden Reform, die nicht allein Ihre Nation, sondern auch andere treffen wird. Sie haben Ihre Religion mit einem solchen Grade von Gewissensfreyheit zu vereinigen gewußt, die man ihr gar nicht zu getrauet hätte und dergleichen sich keine andere rühmen kan. Sie haben zugleich die Nothwendigkeit einer unbeschränkten Gewissensfreyheit zu jeder Religion so gründlich und so hell vorgetragen, daß auch endlich die Kirche unserer Seits darauf wird denken müssen, wie sie alles, was das Gewissen belästigen und drücken kan, von der ihrigen absondere, welches endlich die Menschen in Ansehung der wesentlichen Religionspuncte vereinigen muß; denn alle das Gewissen belästigende Religionssätze kommen uns von der Geschichte, wenn man den Glauben an deren Warheit zur Bedingung der Seeligkeit macht. Ich misbrauche aber Ihrer Geduld und Ihrer Augen, und füge nichts weiter hinzu, als daß niemanden eine Nachricht von Ihrem Wohlbefinden und Zufriedenheit angenehmer seyn kan, als Ihrem

ergebensten Diener

Koenigsberg den 16 August 1783. I Kant

610

VON AUGUST HENNINGS

Kopenhagen den 23. Aug. 1783.

Liebster Herr Mendelssohn

Mein Verleger wird Ihnen ein Exemplar meiner Geschichte der Freiheit in England haben einhändigen lassen. Ich wünschte sehr, daß mein Bestreben Ihnen gefallen mögte, denn Ihren Beifall über das Werk selbst zu erwarten, ist ein Non plus ultra, daß ich nicht stolz genug bin, zu glauben, verdienet zu haben. Nur Meistern in der Kunst ist es erlaubt, sich bey der Arbeit einen Dorüforos, wie Lessing und Ramler und wie mir Mendelssohn seyn würde, zu denken.

Während einer Reise durch Schweden habe ich verschiedene Nachrichten von dem innern oekonomischen Zustande dieses Reichs gesammelt, die itzt in Ordnung gebracht sind und gedrukt werden können. Sie machen drey geschriebene Quartbände aus, wovon aber zween Beylagen von Listen, Verordnungen u. d. gl. enthalten. Die Listen der Schulden, der Revenüen, der Eisenwerke, der Aus und Einfuhr, die Verordnungen u.s.w. sind Schwedisch, und haben von mir, der unterlaufenden Kunstwörter halber nicht übersetzt werden können. Sie müssen also Schwedisch abgedrukt werden; und da die Zahlen das Meiste ausmachen, sind sie auch im Schwedischen fast iedem Statistiker verständlich.

Ich wünschte, daß dieses Werk, o h n e m e i n e n N a m e n, in Berlin gedrukt werden könnte, wenn Sie die Güte haben wollten, liebster H. Mendelssohn, mir einen Verleger dazu zu finden, der mir seine Bedingungen sagen könnte.

Meine sind nur.

1. Daß mein Name verschwiegen bleibe.

2. Daß die drey Bände, welche zum Theil gedrukte Originalpiecen enthalten, mir, nach dem Drukke, wieder zugestellt werden.

3. Daß das Format und die Lettern meiner Geschichte von Engeland gefolgt werden.

Uebrigens lasse ich mir den Preis gefallen, den Sie mir von dem Verleger stipulirn werden.

Ich wende mich zu Ihnen mit dem Zutrauen eines Zöglinges zu dem pflegenden Schutzgotte seines Geistes.
Für die Werke, mit denen Sie das Publicum beschenkt haben, haben Sie den wärmsten Antheil meines Dankes. Ihr Jerusalem ist aus dem Feuerstrom geschöpft, in den sich ehemals meine Seele hineinstürzte; ich schöpfte aber blos Wärme, was Sie herausgenommen haben, ist ganz Licht. Itzt ist meine Wärme dahin, ich bin kalt wie Eis, wie einer der seine Frühlings Nächte in einem Beinhause zubringen wollte.
Nur für Empfindungen der Freundschaft aus den größten Achtungen gegen Erscheinungen besserer Genien und edlerer Geister, so wie Sie, werde ich in keinem Beinhause erkalten. Lassen Sie mich Ihnen empfohlen seyn.

Hennings

611

AN AUGUST HENNINGS

Berlin, den 9ten September 1783.

Theuerster Freund!
Ihr Verleger hat mir von Ihrer Geschichte der Freyheit in England kein Exemplar zukommen lassen. Der Meinige aber, Hr. Frider. Maurer, hat mir versprochen, eins zu verschaffen; denn nach Berlin sind wenig oder vielleicht gar keine Exemplare davon gekommen.
Ebenderselbe hat mir auf den Vorschlag, den ich ihm von dem zu verlegenden Werke machte, einliegende Antwort ertheilt. Mit Nicolaien habe dieserhalb noch nicht sprechen mögen. Ich weis, daß er mit Verlag überhäuft ist, und bey jeder neuen Unternehmung viel Bedenklichkeit hat, und Schwierigkeiten findet, die ein junger Buchhändler, der erst in Gang kommen will, nicht achtet. Maurer ist ein Mann, mit dem sich sonst ziemlich gut fertig werden läßt. Er verstehet das Handwerk, und wird, wie es scheinet, sich emporschwingen; denn vor der Hand ist seine Buchhandlung noch neu und erst im Aufkommen. Er hat meine Psalmen und auch meinen

Traktat Jerusalem verlegt, und ich bin sowohl mit dem Äußerlichen des Druckes, als mit seiner Art der Behandlung, ziemlich wohl zufrieden.
Die Schwierigkeit, welche er wegen der Stärke des Werks macht, scheinet von keinem Belange zu seyn. Erstlich haben Sie noch nicht bestimmt, wie stark jeder Band im Drucke ausfallen dürfte. Drey geschriebene Quartbände machen vielleicht nur Einen in 4 oder etwa zwey mäßige Bände in 8. Und wenn ihrer auch drey werden müssen; so mag dieses im Grunde dem Verleger nicht zuwider seyn. Die zwote Bedenklichkeit aber scheinet mir mehrern Grund zu haben. Ins Deutsche, däucht mich auch, müßten schlechterdings selbst die Kunstwörter übersetzt werden, wenn wir deutsche Käufer und deutsche Leser haben wollen. Das wird Ihnen nun freulich Mühe machen; allein dem ist nicht abzuhelfen, und ich fürchte, daß es kein Verleger wagen wird, das Werk anders zu unternehmen.
Ihre Bedingungen läßt sich H. M. übrigens gefallen, und das Äußerliche können Sie ihm ohne Bedenken überlassen. Er giebt sich alle Mühe gefällig zu seyn.
Meinen Sie indessen, daß ich auch H. Nikolai zuförderst aushole, ob der nicht etwa bessere Bedingungen und weniger Schwierigkeit machen dürfte; so erwarte Ihre Disposition. Meiner Vermuthung nach aber verspreche ich Ihnen nicht sonderlich viel von seiner Willfährigkeit. Er hat der Verlagsbücher zu viel.
Ich bin mit der aufrichtigsten Hochachtung und Freundschaft

der Ihrige
Moses Mendelssohn

612

AN HERZ HOMBERG

Berlin, den 22. September 1783.

Bester Freund!
Daß Sie in meinem Jerusalem eben nicht alles haben neu und befremdend gefunden, war mir weder neu noch befremdend. Erstlich kann über diese Materie, über welche die Menschen von jeher

nachgedacht haben, und in aller Zukunft nachdenken werden, wenig Neues mehr aufkommen, nur hier und da etwas berichtigt und in helleres Licht gesetzt werden. Sodann haben wir unsere Begriffe über diese wichtigen Angelegenheiten des Menschen sehr oft einander mitzutheilen Gelegenheit gehabt, und bey der ächten Wahrheitsliebe, die unsere Unterhaltungen beseelte, mußten wir uns nothwendig über manche Puncte einverstehen, und gleiche Gesinnung annehmen. Wie konnte ich also in einer Schrift, in welcher ich mich mit dem Leser zum ersten Male über diese Materie unterhalte, Ihnen noch sonderlich viel Neues sagen.

Ueber den Ursprung der Sprache hätte freylich noch manches Nützliche gesagt werden können, wenn hier der Ort dazu gewesen wäre. Ich konnte diese Materie nur beyläufig berühren, in so weit sie zu meiner Absicht gehörte. Was ich übrigens darüber noch im Manuscript habe, ist allzu unvollständig, allzu flüchtig hingeworfen, als daß es ohne Weiteres vor die Augen des Publicums gebracht werden könnte. Es sind auch seit der Zeit ich diesen Aufsatz, davon Sie Meldung thun, geschrieben, verschiedene wichtige Werke, die dahin einschlagen, zum Vorscheine gekommen, die bey einer Umarbeitung, im Falle der alte Aufsatz diese Mühe verdienen sollte, noch zu Rathe zu ziehen sind, und dieses dürfte, von mir wenigstens, so bald noch nicht geschehen können.

Was Sie wider meine Theorie von der Verbindlichkeit des Contracts erinnern, hat mir nicht einleuchten wollen. Es kommt mir vor, als wenn Sie meinen Beweis nur flüchtig durchgelesen, und nicht reiflich genug erwogen hätten. Die Instanzen, welche Sie anführen, betreffen alle die übertriebene Aufopferung, die man in manchen Staaten von den Bürgern unter Vorspiegelung des allgemeinen Besten fordert, und die falsche Auslegung, die man von dem Stillschweigen macht, wodurch man es in einen stillschweigenden Vertrag verwandeln will. Alles dieses aber berührt meinen Gegenstand der Untersuchung in keinem Puncte. Ich sehe bloß auf die Gültigkeit der Contracte überhaupt, und suche diese aus der Natur der Freyheit des Menschen herzuleiten. In wie weit aber ein stillschweigender Vertrag einem ausdrücklichen gleich zu achten sey, und mit demselben gleiche Kraft habe, ist eine Frage, in welche ich mich nicht einlasse, an dem Orte auch nicht nöthig fand, mich einzulassen. Ich fand nur in allen

Lehrbüchern des Naturrechts, so viel mir davon zu Gesichte gekommen, in Absicht auf die Verbindlichkeit der Verträge, noch viel Dunkles und Schwankendes, welches ich zu berichtigen und auf solide Grundsätze zu befestigen versuchte.

Ueber die Nothwendigkeit der Ritualgesetze sind wir nicht einerley Meinung. Wenn auch ihre Bedeutung als Schriftart oder Zeichensprache ihren Nutzen verloren hätte, so hört doch ihre Nothwendigkeit als Band der Vereinigung nicht auf, und diese Vereinigung selbst wird in dem Plane der Vorsehung, nach meiner Meinung, so lange erhalten werden müssen, so lange noch Polytheismus, Anthropomorphismus und religiöse Usurpation den Erdball beherrschen. So lange diese Plagegeister der Vernunft vereinigt sind, müssen auch die ächten Theisten eine Art von Verbindung unter sich Statt finden lassen, wenn jene nicht Alles unter den Fuß bringen sollen. Und worin soll diese Verbindung bestehen? In Grundsätzen und Meinungen? die haben wie Glaubensartikel, Symbole, Formeln, die Vernunft in Fesseln. Also Handlungen, d. i. Ceremonien. Unsere Bemühung sollte eigentlich nur dahin gehen, den eingerissenen Mißbrauch abzuschaffen, und den Ceremonien ächte, gediegene Bedeutung unterzulegen, die Schrift wieder leserlich und verständlich zu machen, die durch Heucheley und Pfaffenlist unverständlich geworden. Alle unsere Halsstarrigkeit aber sollten wir dem jesuitischen Kunstgriffe entgegensetzen, mit welchem man uns mit allem Anscheine der Freundlichkeit zur Vereinigung auffordert, und im Grunde uns nur hinüberlocken will. Man nähert sich uns mit falschen Schritten, hebt den Fuß hoch auf, und kommt gleichwohl nicht von der Stelle. Es ist das Vereinigungssystem der Wölfe, die sich mit den Schafen so sehr zu vereinigen wünschen, daß sie aus Schaf- und Lammfleisch gern Wolfsfleisch machen möchten. Der Raum ist zu enge, mich hierüber weitläufiger zu erklären. Ich denke aber, Sie werden mich verstehen. — Geben wir dieser Anlockung Gehör (wofür die Vorsehung behüthe!), so ist in Zeit von 50 Jahren alles wieder Barbarey. — Leben Sie wohl! und schreiben Sie mir bald auch etwas von Ihrem Befinden. Das Vorhaben, sich zu verheirathen, und in hiesiger Gegend Unterhalt zu suchen, werden Sie hoffentlich aufgegeben haben, denn es war gar sehr übereilt.

Moses Mendelssohn.

613

VON JOHANN AUGUST EBERHARD

[Halle, 23. September 1783.]

614

VON ANTON VON KLEIN

[Mannheim, Oktober/November 1783.]

615

VON FRIEDRICH HEINRICH JACOBI

Wohlgeborner Hochzuverehrender Herr
Sie wünschen in Absicht gewißer Meynungen, die ich in einem Briefe an Elise Reimarus dem verewigten Leßing zugeschrieben habe, das Genauere von mir zu erfahren; und da scheint es mir am besten, mich mit dem, was ich davon mitzutheilen habe, an Sie unmittelbar zu wenden.
Es gehört zur Sache, wenigstens zu ihrem Vortrage, daß ich einiges mich selbst betreffendes voraus schicke. Und indem ich Sie dadurch in eine etwas nähere Bekanntschaft mit mir setze, werde ich mehr Muth gewinnen, alles frey heraus zu sagen; und vielleicht vergeßen, was mich sorgsam oder schüchtern machen will.
Ich gieng noch im polnischen Rocke, da ich schon anfieng, mich über Dinge einer andern Welt zu ängstigen. Mein kindischer Tiefsinn brachte mich im 8ten oder 9ten Jahre zu gewißen sonderbaren — Ansichten, (ich weiß es anders nicht zu nennen) die mir bis auf diese Stunde angeblieben sind. Die Sehnsucht, über die beßeren Erwartungen des Menschen zur Gewißheit zu gelangen, nahm mit den Jahren zu, und sie ist der Hauptfaden geworden, an den sich meine übrigen Schicksale knüpfen mußten. Ursprüngliche Ge-

müthsart, und die Erziehung die mir wurde, vereinigten sich, mich in einem billigen Mißtrauen gegen mich selbst, aber zu lange in einer desto größeren Erwartung von dem was andre leisten könnten zu erhalten. Ich kam nach Genf, wo ich vortreffliche Männer fand, die sich mit großmüthiger Liebe, mit würklicher Vatertreue meiner annahmen. Später gerieth ich an andre Menschen, theils von gleichem, theils von noch viel größerm Rufe, die mir aber lange das nicht wurden, und denen ich mich oft zu meinem größten Nachtheil in die Arme warf. Dieses stimmte mich allmählich zu einigem Vertrauen in mich selbst herab; ich lernte, meine eigene Kräfte sammeln und zu Rathe halten. — Geister, die aus innerem Bedürfniß nach der Wahrheit forschen, derer sind, Sie wissen es, nur wenige: Aber jedem unter ihnen offenbarte auch die Wahrheit einiges von ihrem innern Leben; so daß keiner davon so gering ist, den man nicht mit Vortheil hörte. Ich entdeckte diese Spur; verfolgte sie unter Lebendigen und Todten; und wurde je länger je inniger gewahr: daß würklicher Tiefsinn eine gemeinschaftliche Richtung hat, wie die Schwerkraft in den Körpern; welche Richtung aber, da sie von verschiedenen Punkten der Peripherie ausgeht, eben so wenig paralele Linien geben kann, als solche die sich kreutzen. Mit dem Scharfsinne, welchen ich den Sennen des Circuls vergleichen möchte, und der oft für Tiefsinn gehalten wird, weil er tiefsinnig über Form und Äußerliches ist, verhält es sich nicht eben so. Hier durchschneiden sich die Linien so viel man will, und sind zuweilen auch einander paralel. Eine Senne kann so nah am Durchmeßer herlaufen, daß man sie für den Durchmesser selbst ansieht; sie durchschneidet aber dann nur eine größere Menge Radii, ohne selbst die Enden d e r e r zu berühren, wofür sie gehalten wurde. — Wo beydes mangelt: bloßes, s o g e n a n n t e s, Wißen, ohne Schärfe sowie ohne Tiefe, ohne Bedürfniß und Genuß der Wahrheit selbst: was kann eckelhafteres gefunden werden? . . Verzeihen Sie mir, Verehrungswürdigster, meinen Bilderkram. — Ich komme zu Leßing.

Immer hatte ich den großen Mann verehrt; aber das Verlangen nach einer näheren Bekanntschaft mit ihm, war erst seit seinen theologischen Streitigkeiten, und nachdem ich die P a r a b e l gelesen hatte, in mir rege geworden. Mein günstiges Schicksal gab, daß ihn Allwills Papiere interessirten; daß er mir, erst durch

Reisende, manche freundliche Botschaft sandte, und endlich im Jahre 79 an mich schrieb. Ich antwortete ihm, daß ich im folgenden Frühjahr eine Reise vorhätte, die mich über Wolfenbüttel führen sollte, wo ich mich sehnte in ihm die Geister mehrerer Weisen zu beschwören, die ich über gewiße Dinge nicht zur Sprache bringen könnte.

Meine Reise kam zu Stande, und den 5ten Juli Nachmittags, hielt ich Lessingen zum erstenmahl in meinen Armen.

Wir sprachen noch an demselbigen Tage über viele wichtige Dinge; auch von Personen, moralischen und unmoralischen, Atheisten, Theisten und Christen.

Den folgenden Morgen kam Lessing in mein Zimmer, da ich mit einigen Briefen die ich zu schreiben hatte noch nicht fertig war. Ich reichte ihm verschiedenes aus meiner Brieftasche, daß er unterdessen sich die Zeit damit vertriebe. Bey'm Zurückgeben fragte er, ob ich nicht noch mehr hätte das er lesen dürfte. „Doch" sagte ich (ich war im Begriff zu siegeln) „hier ist noch ein Gedicht" (das einliegende) „Sie haben so manches Aergerniß gegeben, so mögen Sie auch wohl einmahl eins nehmen." L e ß i n g. (Nachdem er das Gedicht gelesen, und indem er mir's zurück gab) Ich habe kein Aergerniß genommen; ich habe das schon lange aus der ersten Hand. I c h. Sie kennen das Gedicht? L e ß i n g. Das Gedicht hab' ich nie gelesen; aber ich find' es gut. I c h. In seiner Art, ich auch; sonst hätte ich es Ihnen nicht gezeigt. L e ß i n g. Ich meyn' es anders ... Der Gesichtspunkt aus welchem das Gedicht genommen ist, das ist mein eigener Gesichtspunkt ... Die orthodoxen Begriffe von der Gottheit sind nicht mehr für mich; ich kann sie nicht genießen. ʽεν και παν! Ich weiß nichts anders. Dahin geht auch dies Gedicht; und ich muß bekennen, es gefällt mir sehr. I c h. Da wären Sie ja mit Spinoza ziemlich gut einverstanden. L e ß i n g. Wenn ich mich nach jemand nennen soll, so weiß ich keinen andern. I c h. Spinoza ist mir gut genug: aber doch ein schlechtes Heil, das wir in seinem Nahmen finden! L e ß i n g. Ja! Wenn Sie wollen! .. Und doch ... Wissen Sie etwas Besseres? ...

Der Deßauische Director Wolke war unterdessen hereingetreten, und wir giengen zusammen auf die Bibliothek.

Den folgenden Morgen, als ich, nach dem Frühstück, in mein Zimmer zurück gekehrt war, um mich anzukleiden, kam mir Leßing über eine Weile nach. Ich saß unter dem Frisieren, und Leßing lagerte sich unterdeßen am Ende des Zimmers stille an einen Tisch hin. So bald wir allein waren, und ich mich an die andre Seite des Tisches worauf Leßing gestützt war niedergelaßen hatte, hub er an: Ich bin gekommen, über mein ʻεν και παν mit Ihnen zu reden. Sie erschracken gestern. Ich. Sie überraschten mich, und ich mag wohl roth und bleich geworden seyn, denn ich fühlte meine Verwirrung. Schrecken war es nicht. Freylich hatte ich nichts weniger vermuthet, als an Ihnen einen Spinozisten oder Pantheisten zu finden. Und Sie sagtens mir so glatt heraus. Ich war großentheils gekommen, von Ihnen Hülfe gegen den Spinoza zu erhalten. Leßing. Also kennen Sie ihn doch? Ich. Ich glaube so gut als ihn äußerst wenige gekannt haben. Leßing. Dann ist Ihnen nicht zu helfen. Werden Sie lieber ganz sein Freund. Es giebt keine andre Philosophie, als die Philosophie des Spinoza. Ich. Das mag wahr seyn. Denn der Determinist, wenn er bündig seyn will, muß zum Fatalisten werden: hernach giebt sich das übrige von selbst. Leßing. Ich merke, wir verstehen uns. Desto begieriger bin ich, von Ihnen zu hören, was Sie für den Geist des Spinozismus halten; ich meyne den, der in Spinoza selbst gefahren war. Ich. Das ist wohl kein anderer gewesen, als das Uralte: ex nihilo nihil fit; welches Spinoza nach abgezogenern Begriffen, als die philosophierenden Cabbalisten und andre vor ihm, in Betrachtung zog. Nach diesen abgezogenern Begriffen fand er, daß ein jedes Entstehen im Unendlichen, unter was für Bilder man es auch verkleide; durch einen jeden Wechsel in demselben, ein Etwas aus dem Nichts gesetzt werde. Er verwarf also jeden Uebergang des Unendlichen zum Endlichen; überhaupt alle causas transitorias, secundarias oder remotas; und setzte an die Stelle des emanenten, ein nur immanentes Ensoph; eine inwohnende, ewig in sich unveränderliche Ursache der Welt, welche mit allen ihren Folgen zusammen genommen — Eins und dasselbe wäre.

. . . . . . (*)

*) Ich fahre in dieser Darstellung fort, und ziehe was ich kann zusammen, ohne die Zwischen-Reden aufzuschreiben, weil ich zu weitläuftig werden müßte. Was unmittelbar hier folgt wurde so herbeige-

Diese inwohnende unendliche Ursache hat, als solche, explicite, weder Verstand noch Willen, weil sie ihrer transcendentalen Einheit und durchgängigen absoluten Unendlichkeit zufolge, keinen Gegenstand des Denkens und des Wollens haben kann, und ein Vermögen einen Begriff vor dem Begriffe hervorzubringen, oder einen Begriff der vor seinem Gegenstande und die vollständige Ursache seiner selbst wäre, so wie auch ein Wille, der das Wollen würkte und durchaus sich selbst bestimmte, lauter ungereimte Dinge sind...

.. Der Einwurf, daß eine unendliche Reihe von Würkungen unmöglich sey (bloße Würkungen sind es nicht, weil die inwohnende Ursache immer und überall vorhanden ist) widerlegt sich selbst, weil jede Reihe, die nicht aus nichts entspringen soll, schlechterdings eine unendliche seyn muß. Und daraus folgt denn wieder, daß da jeder einzelne Begriff aus einem andern einzelnen Begriffe entspringen und sich auf einen würklich vorhandenen Gegenstand unmittelbar beziehen muß, daß in der ersten Ursache, die unendliche Natur ist, weder einzelne Gedanken, noch einzelne Bestimmungen des Willens — sondern nur der innere, erste, allgemeine Urstoff davon angetroffen werden kann..... Die erste Ursache kann eben so wenig nach Absichten oder Endursachen handeln, als sie selbst um einer gewissen Absicht oder Endursache willen da ist; eben so wenig einen Anfangs-Grund oder End-Zweck haben etwas zu verrichten, als in ihr selbst Anfang oder Ende ist... Im Grunde aber ist das was wir Folge oder Dauer nennen, bloßer Wahn; denn da die reelle Wirkung mit ihrer vollständigen reellen Ursache zugleich, und allein der Vorstellung nach von ihr verschieden ist: so muß Folge und Dauer, nach der Wahrheit, nur eine gewiße Art und Weise seyn, das Mannichfaltige in dem Unendlichen anzuschauen.

Leßing...... Ueber unser credo also werden wir uns nicht entzweyen. Ich. Das wollen wir in keinem Falle. Aber im

führt, daß Leßing als des Dunkelsten im Spinoza erwähnte, was auch Leibnitz so gefunden und nicht ganz verstanden hätte. (Theod. § 173.) Ich mache diese Erinnerung hier Ein für allemahl, und werde sie in der Folge, wo ich mir ähnliche Freyheiten nehme, nicht wiederholen.

Spinoza steht mein credo nicht. L e ß i n g. Ich will hoffen, es steht in keinem Buche. I c h. Das nicht allein. Ich glaube eine verständige persönliche Ursache der Welt. L e ß i n g. O, desto besser! Da muß ich etwas ganz neues zu hören bekommen. I c h. Freuen Sie sich nicht zu sehr darauf. Ich helfe mir durch einen Salto mortale aus der Sache, und Sie pflegen am K o p f - u n t e r eben keine sonderliche Lust zu finden. L e s s i n g . Sagen Sie das nicht; wenn ich's nur nicht nachzuahmen brauche. Und Sie werden schon wieder auf Ihre Füße zu stehen kommen. Also — wenn es kein Geheimniß ist — so will ich mir es ausgebeten haben. I c h. Sie mögen mir es immer absehen. Die ganze Sache bestehet darinn, daß ich aus dem Fatalismus unmittelbar gegen den Fatalismus, und gegen alles was mit ihm verknüpft ist schließe. — Wenn es lauter würkende und keine Endursachen giebt, so hat das denkende Vermögen in der ganzen Natur blos das zusehen; sein einziges Geschäfte ist, den Mechanismus der würkenden Kräfte zu begleiten. Die Unterredung die wir gegenwärtig miteinander haben, ist nur ein Anliegen unserer Leiber; und der ganze Inhalt dieser Unterredung, in seine Elemente aufgelöst: Ausdehnung, Bewegung, Grade der Geschwindigkeit, nebst den Begriffen davon, und den Begriffen von diesen Begriffen. Der Erfinder der Uhr erfand sie im Grunde nicht; er sah nur ihrer Entstehung aus blindlings sich entwickelnden Kräften zu. Eben so Raphael, da er die Schule von Athen entwarf; und Lessing, da er seinen Nathan dichtete. Dasselbe gilt von allen Philosophien, Künsten, Regierungsformen, Kriegen zu Wasser und zu Lande, kurz von allem Möglichen. Denn auch die Affecten und Leidenschaften würken nicht, in so fern sie Empfindungen und Gedanken sind; oder richtiger, in so ferne sie Empfindungen und Gedanken m i t s i c h f ü h r e n. Wir glauben nur, daß wir aus Zorn, Liebe, Großmuth, oder aus vernünftigem Entschluße handeln. Bloßer Wahn! In allen diesen Fällen ist im Grunde das was uns bewegt e i n E t w a s , das von allem dem n i c h t s w e i ß , und das, i n s o f e r n e , von Empfindung und Gedanke schlechterdings entblößt ist. Diese aber, Empfindung und Gedanke, sind nur Begriffe von Ausdehnung, Bewegung, Graden der Geschwindigkeit, u. s. w. — Wer nun dieses annehmen kann, dessen Meynung weiß ich nicht zu widerlegen. Wer es aber nicht annehmen kann, der muß der

Antipode von Spinoza werden. Leßing. Ich merke, Sie hätten gern Ihren Willen frey. Ich begehre keinen freyen Willen. Ueberhaupt erschreckt mich was Sie eben sagten nicht im mindesten. Es gehört zu den menschlichen Vorurtheilen, daß wir den Gedanken als das erste und vornehmste betrachten, und aus ihm alles herleiten wollen; da doch alles, mit samt den Vorstellungen, von höheren Prinzipien abhängt. Ausdehnung, Bewegung, Gedanke, sind offenbar in einer höheren Kraft gegründet, die noch lange nicht damit erschöpft ist. Sie muß unendlich vortreflicher seyn als diese oder jene Würkung; und so kann es auch eine Art des Genußes für sie geben, der, nicht allein alle Begriffe übersteigt, sondern völlig außer dem Begriffe liegt. Daß wir uns nichts davon gedenken können, hebt die Möglichkeit nicht auf. Ich. Sie gehen weiter als Spinoza; diesem galt Einsicht über alles. Leßing. Für den Menschen! Er war aber ferne unsere elende Art nach Absichten zu handeln für die höchste Methode auszugeben, und den Gedanken oben an zu setzen. Ich. Einsicht ist bey'm Spinoza in allen endlichen Naturen der beste Theil, weil sie derjenige Theil ist, womit jede endliche Natur über ihr Endliches hinausreicht. Man könnte gewisser massen sagen: auch er habe einem jeden Wesen zwey Seelen zugeschrieben: Eine, die sich nur auf das gegenwärtige einzelne Ding, und eine andre, die sich auf das Ganze bezieht.*) Dieser zweyten Seele giebt er auch Unsterblichkeit. Was aber die unendliche Einzige Substanz des Spinoza anbelangt, so hat diese, für sich allein, und ausser den einzelnen Dingen, kein bestimmtes oder vollständiges Daseyn. Hätte sie für ihre Einheit (daß ich mich so ausdrücke) eine eigene, besondere, individuelle Würklichkeit; hätte sie Persönlichkeit und Leben: so wäre Einsicht auch an ihr der beste

*) Wiewohl auch nur mittels eben dieses Körpers, der kein absolutes Individuum seyn kann, (indem ein absolutes Individuum eben so unmöglich, als ein individuelles Absolutum ist. Determinatio est negatio. Op. posth. p. 558.) sondern allgemeine unveränderliche Eigenschaften und Beschaffenheiten, die Natur und den Begriff des Unendlichen enthalten muß. Mit dieser Unterscheidung hat man einen von denen Hauptschlüßeln zu dem System des Spinoza, ohne welche man in demselben überall Verworrenheit und Widersprüche findet.

Theil. L e ß i n g. Gut. Aber nach was für Vorstellungen nehmen Sie denn Ihre persönliche extramundane Gottheit an? Etwa nach den Vorstellungen des Leibnitz? Ich fürchte, der war im Herzen selbst ein Spinozist. I c h . Reden Sie im Ernste? L e ß i n g . Zweifeln Sie daran im Ernste? — Leibnitzens Begriffe von der Wahrheit waren so beschaffen, daß er nicht vertragen konnte, wenn man ihr zu enge Schranken setzte. Aus dieser Denkungsart sind viele seiner Behauptungen geflossen, und es ist, bey dem größten Scharfsinne oft sehr schwer, seine eigentliche Meynung zu entdecken. Eben darum halt' ich ihn so werth; ich meyne, wegen dieser großen Art zu denken; und nicht, wegen dieser oder jener Meynung, die er nur zu haben schien, oder denn auch wirklich hatte. I c h. Ganz recht. Leibnitz mochte gern „aus jedem Kiesel Feuer schlagen." Sie aber sagten von einer gewißen Meynung, dem Spinozismus, daß Leibnitz derselben i m H e r z e n w ü r k l i c h z u g e t h a n g e w e s e n. L e ß i n g. Erinnern Sie sich einer Stelle des Leibnitz, wo von Gott gesagt ist: derselbe befände sich in einer immerwährenden Expansion und Contraction: dieses wäre die Schöpfung und das Bestehen der Welt? I c h. Von seinen Fulgurationen weiß ich; aber diese Stelle ist mir unbekannt. L e ß i n g . Ich will sie aufsuchen, und Sie sollen mir dann sagen, was ein Mann, wie Leibnitz, dabey denken — konnte, oder m u ß t e. I c h. Zeigen Sie mir die Stelle. Aber ich muß Ihnen zum voraus sagen, daß mir bey der Erinnerung so vieler andern Stellen eben dieses Leibnitz, so vieler seiner Briefe, Abhandlungen, seiner Theodicee und nouveaux Essais, seiner philosophischen Laufbahn überhaupt — vor der Hypothese schwindelt, daß dieser Mann keine Supramundane, sondern nur eine Intramundane Ursache der Welt geglaubt haben sollte. L e ß i n g . Von dieser Seite muß ich Ihnen nachgeben. Sie wird auch das Uebergewicht behalten; und ich gestehe, daß ich etwas zu viel gesagt habe. Indeßen bleibt die Stelle die ich meyne — und noch manches andre — immer sonderbar. — Aber nicht zu vergeßen! Nach welchen Vorstellungen glauben Sie denn nun das Gegentheil des Spinozismus? Finden Sie daß die Prinzipia von Leibnitz ihm ein Ende machen? I c h. Wie könnte ich: bey der festen Ueberzeugung, daß der bündige Determinist vom Fatalisten sich nicht unterscheidet? . . . Die Monaden, mit samt ihren vinculis, laßen mir Ausdehung und Denken, überhaupt R e a l i t ä t, so unbegreiflich, als ich sie schon hatte, und ich weiß da weder rechts noch links. Mir ist sogar, als käme mir noch oben drein was aus der Tasche . . . Uebrigens weiß ich kein Lehrgebäude, das so sehr, wie das von Leibnitz mit dem Spinozismus überein käme; und es ist schwer zu sagen, welcher von ihren Urhebern uns und sich selbst am mehrsten zum besten hatte: wiewohl in allen Ehren! . . . . . Mendelsohn hat öffentlich gezeigt, daß die harmonia praestabilita im Spinoza steht. Daraus allein ergiebt sich schon, daß Spinoza von Leibnitzens Grundlehren noch viel mehr enthalten muß, oder Leibnitz und Spinoza (an dem schwerlich Wolfens Unterricht gediehen hätte) wären die bündigen Köpfe nicht gewesen, die sie doch unstreitig waren. Ich getraue mir aus dem Spinoza Leibnitzens ganze Seelenlehre darzulegen . . . Im Grunde haben beyde von der Freyheit auch dieselbe Lehre, und nur ein Blendwerk unterscheidet ihre Theorie. Wenn Spinoza (Op. posth. Epist. LXII. p. 584. & 585.) unser Gefühl von Freyheit durch das Beyspiel eines Steins erläutert, welcher dächte und wüßte daß er sich bestrebt so viel er kann seine Bewegung fortzusetzen: so erläutert Leibnitz daßelbe (Theod. §. 50.) mit dem Beyspiele einer Magnet-Nadel, welche Lust hätte sich gegen Norden zu bewegen, und in der Meynung stünde, sie drehte sich unabhängig von einer andern Ursache, indem sie der unmerklichen Bewegung der magnetischen Materie nicht inne würde. —*) . . Die Endursachen erklärt Leibnitz durch einen appetitum, einen conatum immanentem (conscientia sui praeditum). Eben so Spinoza, der, in diesem Sinne, sie vollkommen gelten lassen konnte; und bey welchem Vorstellung des Aeusserlichen und Begierde, wie bey

---

*) Atque haec humana illa libertas est, quam omnes habere jactant, & quae in hoc solo consistit, q u o d h o m i n e s s u i a p p e t i t u s s u n t c o n s c i i, & c a u s a r u m, a q u i b u s d e t e r m i n a n t u r, i g n a r i — sagt S p i n o z a, in demselben 63ten Briefe.
Von jener Wendung, womit die Deterministen dem Fatalismus auszuweichen meynen, mangelte Spinoza keineswegs der Begriff. Sie schien ihm aber von so schlechtem philosophischem Charakter, daß ihm das arbitrium indifferentiae, oder die voluntas aequilibrii sogar noch lieber war. Man sehe, unter andern Eth. L. I, pr. 33. sch. 2. am Schluße; ferner P. III, pr. 9. Sch. und vornehmlich die Vorrede zum IV. Theil.

Leibnitz, das Wesen der Seele ausmachen. — Kurz, wenn man in das Innerste der Sache dringt, so findet sich, daß bey Leibnitz, eben so wie bey Spinoza, eine jede Endursache eine würkende voraussetzt . . Das Denken ist nicht die Quelle der Substanz; sondern die Substanz (mit ihrem Aeußerlichen: es mag von oder zu Gott kommen,) ist die Quelle des Denkens. Also muß vor dem Denken etwas nicht denkendes als das erste angenommen werden; etwas, das, wenn schon nicht durchaus in der Würklichkeit, doch der Vorstellung, dem Wesen, der inneren Natur nach, als das vorderste gedacht werden muß. Ehrlich genug hat deswegen Leibnitz die Seelen, des automates spirituels genannt.*) Wie aber (ich rede hier nach Leibnitzens tiefstem und vollständigstem Sinne, so weit ich ihn verstehe) das Prinzipium aller Seelen für sich bestehen kann und würken . .; der Geist vor der Materie; der Gedanke vor dem Gegenstande: diesen großen Knoten, den er hätte lösen müßen um uns wirklich aus der Noth zu helfen, diesen hat er so verstrickt gelassen als er war . . . Leßing. . . . . . Ich laße Ihnen keine Ruhe, Sie müssen mit diesem Parallelismus an den Tag . . . reden sie doch immer von Spinoza wie von einem todten Hunde . . . Ich. Sie würden vor wie nach so von ihm reden. Den Spinoza zu faßen, dazu gehört eine zu lange und zu hartnäckige Anstrengung des Geistes. Und keiner hat ihn ganz gefaßt, dem in der Ethik Eine Zeile dunkel blieb; keiner, der es nicht begreift, wie dieser große Mann von seiner Philosophie die feste innige Ueberzeugung haben konnte, die er so oft und so nachdrücklich an den Tag legt. Noch am

---

*) Dieselbige Benennung findet sich auch bey'm Spinoza, wiewohl nicht in seiner Ethik, sondern in dem Bruchstücke, de intellectus emendatione. Die Stelle verdient, daß ich sie abschreibe. At ideam veram simplicem esse ostendimus, aut ex simplicibus compositam, & quae ostendit, quomodo, & cur aliquid sit, aut factum sit, & quod ipsius effectus objectivi in anima procedunt ad rationem formalitatis ipsius objecti; id quod idem est, quod veteres dixerunt, nempe veram scientiam procedere a causa ad effectus; nisi quod nunquam, quod sciam, conceperunt, uti nos hic, animam secundum certas leges agentem, et quasi aliquod automa spirituale (Op. posth. p. 384.). Die Ableitung des Wortes αυτοματον, und was Bilfinger dabey erinnert, ist mir nicht unbekannt.

Ende seiner Tage schrieb er: . . . non praesumo, me optimam invenisse philosophiam, sed veram me intelligere scio.*) — Eine solche Ruhe des Geistes, einen solchen Himmel im Verstande, wie sich dieser helle reine Kopf geschaffen hatte, mögen wenige gekostet haben. Leßing. Und Sie sind kein Spinozist, Jacobi! Ich. Nein, auf Ehre! Leßing. Auf Ehre, so müssen Sie ja, bey Ihrer Philosophie, aller Philosophie den Rücken kehren. Ich. Warum aller Philosophie den Rücken kehren? Leßing. Nun, so sind Sie ein vollkommener Skeptiker. Ich. Im Gegentheil, ich ziehe mich aus einer Philosophie zurück, die den vollkommenen Skepticismus nothwendig macht. Leßing. Und ziehen dann — wohin? Ich. Dem Lichte nach, wovon Spinoza sagt, daß es sich selbst und auch die Finsterniß erleuchtet. — Ich liebe den Spinoza, weil er, mehr als irgend ein andrer Philosoph, zu der vollkommenen Ueberzeugung mich geleitet hat, daß sich gewiße Dinge nicht entwickeln lassen: vor denen man darum die Augen nicht zudrücken muß, sondern sie nehmen, so wie man sie findet. Ich habe keinen Begriff, der inniger, als der von den Endursachen wäre; keine lebendigere Ueberzeugung, als, daß ich thue was ich denke, anstatt, daß ich nur denken sollte was ich thue. Freylich muß ich dabey ein Prinzipium zu seyn und zu handeln annehmen, das mir durchaus unerklärlich bleibt. Will ich aber schlechterdings erklären, so muß ich auf den zweyten Satz gerathen, deßen Anwendung auf einzelne Fälle, und in seinem ganzen Umfange betrachtet, kaum ein menschlicher Verstand ertragen kann. Leßing. Sie drücken sich beynah so herzhaft aus, wie der Reichstags Schluß zu Augsburg; aber ich bleibe ein ehrlicher Lutheraner, und behalte „den mehr viehischen als menschlichen Irrthum und Gotteslästerung, daß kein freyer Wille sey", worin der helle reine Kopf Ihres Spinoza sich doch auch zu finden wußte. Ich. Auch hat Spinoza

*) In seinem Briefe an Albert Burgh. Er fügt hinzu: Quomodo autem id sciam, si roges respondebo, eodem modo, ac tu scis tres angulos Trianguli aequales esse duobos rectis, & hoc sufficere negabit nemo, cui sanum est cerebrum nec spiritus immundos somniat, qui nobis ideas falsas inspirant veris similes: est enim verum index sui et falsi. Spinoza machte einen großen Unterschied, zwischen gewiß seyn und nicht zweifeln.

sich nicht wenig krümmen müssen, um seinen Fatalismus bey der Anwendung auf Menschliches Betragen zu verstecken, besonders in seinem 4ten und 5ten Theil, wo ich sagen möchte, daß er sich bis zum Sophisten erniedrigt. — Und das war es ja was ich behauptete: daß auch der größte Kopf, wenn er alles schlechterdings erklären, nach deutlichen Begriffen mit einander reimen, und sonst nichts gelten lassen will, auf ungereimte Dinge kommen muß. L e ß i n g. Und wer nicht erklären will? I c h. Wer nicht erklären will was unbegreiflich ist, sondern nur die Grenze wissen wo es anfängt, und nur erkennen, daß es da ist: von dem glaube ich, daß er den mehresten Raum für echte Menschliche Wahrheit in sich ausgewinnt. L e ß i n g. Worte, lieber Jacobi, Worte! Die Grenze, die Sie setzen wollen, läßt sich nicht bestimmen. Und an der andern Seite geben Sie der Träumerey, dem Unsinne, der Blindheit freyes offenes Feld. I c h. Ich glaube, jene Grenze wäre zu bestimmen. S e t z e n will ich keine, sondern nur die schon gesetzte finden, und sie lassen. Und was Unsinn, Träumerey und Blindheit anbelangt . . . L e ß i n g. Die sind überall zu Hause wo verworrene Begriffe herrschen. I c h. Mehr noch, wo e r l o g e n e Begriffe herrschen. Auch der blindeste, unsinnigste Glaube, wenn schon nicht der dümmste, hat da seinen hohen Thron. Denn wer in gewiße Erklärungen sich einmal verliebt hat, der nimmt jede Folge blindlings an, die nach einem Schluße, den er nicht entkräften kann daraus gezogen wird, und wär' es, daß er auf dem Kopfe gienge.

. . . . Nach meinem Urtheil ist das größeste Verdienst des Forschers, D a s e y n — zu enthüllen, und zu offenbaren . . Erklärung ist ihm Mittel, Weg zum Ziele, nächster — niemals letzter Zweck. Sein letzter Zweck ist, was sich nicht erklären läßt: das Unauflösliche, Unmittelbare, Einfache.

. . . Ungemessene Erklärungssucht läßt uns so hitzig das Gemeinschaftliche suchen, daß wir darüber des Verschiedenen nicht achten; wir wollen immer nur verknüpfen, da wir doch oft mit ungleich größerem Vortheile trennten . . . Es entstehet auch, indem wir nur, was erklärlich an den Dingen ist, zusammen s t e l l e n und zusammen h ä n g e n , ein gewisser Schein in der Seele, der sie mehr verblendet als erleuchtet. Wir opfern dann, was Spinoza — tiefsinnig und erhaben — die Erkenntniß der ersten Gattung nennt, der Erkenntniß der zweyten Gattung auf; wir verschließen das Auge der Seele, womit sie Gott und sich selbst ersiehet, um desto unzerstreuter mit den Augen nur des Leibes zu betrachten . . .

L e ß i n g. Gut, sehr gut! Ich kann das alles auch gebrauchen; aber ich kann nicht daßelbe damit machen. Ueberhaupt gefällt Ihr Salto mortale mir nicht übel; und ich begreife, wie ein Mann von Kopf auf diese Art Kopf-unter machen kann, um von der Stelle zu kommen. Nehmen Sie mich mit, wenn es angeht. I c h. Wenn Sie nur auf die elastische Stelle treten wollen, die mich fortschwingt, so gehts von selbst. L e ß i n g. Auch dazu gehörte schon ein Sprung, den ich meinen alten Beinen und meinem schweren Kopfe nicht mehr zumuthen darf.

Diesem Gespräche, wovon ich nur das Wesentliche hier geliefert habe, folgten andre, die uns, auf mehr als einem Wege, zu denselbigen Gegenständen zurückbrachten.

Einmal sagte Leßing, mit halbem Lächeln: Er selbst wäre vielleicht das höchste Wesen, und gegenwärtig in dem Zustande der äussersten Contraction. — Ich bat um meine Existenz. — Er antwortete, es wäre nicht allerdings so gemeynt, und erklärte sich auf eine Weise, die mich an Heinrich Morus und von Helmont erinnerte. Leßing erklärte sich noch deutlicher; doch so, daß ich ihn abermals, zur Noth, der Cabbalisterey verdächtig machen konnte. Dieß ergötzte ihn nicht wenig, und ich nahm daher Gelegenheit für das K i b b e l, oder die Cabbalam, im e i g e n t l i c h s t e n Sinne, a u s d e m G e s i c h t s p u n c t e zu reden: daß es an und für sich selbst unmöglich sey, das Unendliche aus dem Endlichen zu entwickeln, und den Uebergang des einen zu dem andern, oder ihre Proportion durch irgend eine Formel heraus zu bringen: folglich wenn man etwas darüber sagen wollte, so müßte man aus Offenbarung reden. Leßing blieb dabey: daß er sich alles „n a t ü r l i c h a u s g e b e t e n h a b e n w o l l t e"; und ich: daß es keine natürliche Philosophie des Uebernatürlichen geben könnte, und doch beydes offenbar vorhanden wäre.

Wenn sich Leßing eine p e r s ö n l i c h e Gottheit vorstellen wollte, so dachte er sie als die Seele des Alls; und das Ganze, nach der Analogie eines organischen Körpers. Diese Seele des Ganzen wäre also, wie es alle andre Seelen, nach allen möglichen Systemen sind, als Seele, nur Effect*). Der organische Umfang derselben könnte aber nach der Analogie der organischen Theile dieses Umfanges in so ferne nicht gedacht werden, als er sich auf nichts das außer ihm vorhanden wäre, beziehen, von ihm nehmen und ihm wiedergeben könnte. Also, um sich im Leben zu erhalten, müßte er, von Zeit zu Zeit, sich in sich selbst gewisser massen zurückziehen; Tod und Auferstehung, mit dem Leben, in sich vereinigen. Man könnte sich aber von der innern Oekonomie eines solchen Wesens mancherley Vorstellungen machen.

Leßing hieng sehr an dieser Idee, und wendete sie, bald im Scherze, bald im Ernst, auf allerley Fälle an. — Bey Gleim, da, während wir zu Tische saßen, unversehens ein Regen kam, und Gleim darüber jammerte, weil wir nach Tische in seinen Garten sollten, sagte Leßing, der neben mir saß: „Jacobi, Sie wissen, das thue ich vielleicht".**) Ich antwortete: „Oder ich." Gleim sah uns an, als ob wir unklug wären; wie er denn überhaupt die dreymal 24. Stunden die wir bey ihm zubrachten, große Noth mit uns gehabt, das er aber alles mit unsäglicher Geduld ertrug.

Mit der Idee eines persönlichen schlechterdings unendlichen Wesens, in dem unveränderlichen Genuße seiner allerhöchsten Vollkommenheit, konnte sich Leßing nicht vertragen. Er verknüpfte mit derselben eine solche Vorstellung von unendlicher Langerweile, daß ihm angst und weh dabey wurde.

Eine mit Persönlichkeit verknüpfte Fortdauer des Menschen nach dem Tode, hielt er nicht für unwahrscheinlich. Er sagte mir, er hätte im Bonnet, den er eben jetzo nachläse, Ideen angetroffen, die mit den seinen über diesen Gegenstand, und überhaupt mit seinem System ungemein zusammenträfen. Der Lauf des Gesprächs, und meine genaue Bekanntschaft mit Bonnet (deßen sämtliche Schriften ich ehedem beynah auswendig gelernt hatte) verursachte, daß ich das nähere hierüber zu erfragen unterließ. Auch seitdem, da mir Leßings System weder dunkel noch zweifelhaft geblieben war, habe ich den Bonnet nie in dieser Absicht nachgeschlagen, bis

*) Auch nach dem System des Leibnitz. Die Entelechie wird durch den Körper (oder den Begriff des Körpers) erst zum Geiste.

**) In dem Verstande, worinn man sagt, ich verdaue, ich mache gute oder schlimme Säfte, u. dgl. m.

die gegenwärtige Veranlaßung mich endlich heute dazu brachte.
Die Schrift des Bonnet, welche Leßing damals nachgelesen, ist wohl keine andre, als die Ihnen wohlbekannte Palingenesie gewesen; und der VII. Abschnitt des I. Theils, in Verbindung mit dem XIII. Hauptstücke des IV. Abschn. der Contemplation de la nature, worauf Bonnet sich daselbst bezieht, wird vermuthlich die Ideen, welche Lessing meynte, in sich haben. Eine Stelle (p. 246. de l'Edit. originale) ist mir aufgefallen, wo Bonnet sagt: Seroit-ce donc qu'on imagineroit que l'univers seroit moins harmonique, j'ai presque dit, moins organique, qu'un animal?
An dem Tage da ich mich von Leßing trennte um meine Reise nach Hamburg fortzusetzen, wurde über alle diese Gegenstände noch viel und sehr ernsthaft geredet. Wir waren in unserer Philosophie sehr wenig auseinander, und nur im Glauben unterschieden. Ich gab Lessing drey Schriften des jüngeren Hemsterhuys, von dem er ausser dem Briefe über die Bildhauerey, nichts kannte: Lettre sur l'homme et ses rapports, Sophile, und Aristée. Den Aristée, den ich zu Münster bey meiner Durchreise erst erhalten und noch nicht gelesen hatte, ließ ich ihm ungern; aber Leßings Verlangen war zu groß.
Von eben diesem Aristée fand ich Leßing bey meiner Zurückkunft ganz bezaubert, so daß er entschloßen war, ihn selbst zu übersetzen. — Es wäre der offenbare Spinozismus, sagte Leßing, und in einer so schönen exotischen Hülle, daß selbst diese Hülle zur Entwickelung und Erläuterung der innerlichen Lehre wieder beytrüge. — Ich versicherte, Hemsterhuys, so viel ich von ihm wüßte (ich kannte damahls H. noch nicht persönlich) wäre kein Spinozist; dieß hätte mir Diderot sogar von ihm bezeugt. — „Lesen Sie das Buch, erwiderte Leßing, und sie werden nicht mehr zweifeln. In dem Briefe sur l'homme et ses rapports hinkt es noch ein wenig, und es ist möglich, daß Hemsterhuys seinen Spinozismus damahls noch nicht völlig selbst erkannte; jetzt aber ist er damit ganz gewiß im Klaren."
Um dieses Urtheil nicht paradox zu finden, muß man mit dem Spinozismus so vertraut seyn, als es Leßing war. Was er die exoterische Hülle des Aristée nannte, kann mit allem Grunde als eine bloße Entwickelung der Lehre von der unzertrennlichen,

innigen und ewigen Verknüpfung des Unendlichen mit dem Endlichen; der allgemeinen (so weit) unbestimmten Kraft, mit der bestimmten einzelnen; und des nothwendigen Widerspruchs in ihren Richtungen, betrachtet werden. Das übrige im Aristée wird schwerlich jemand wider einen Spinozisten brauchen wollen. Hiebey muß ich dennoch feyerlich bezeugen, daß Hemsterhuys gewiß kein Spinozist, sondern dieser Lehre, in ihren wesentlichen Punkten, ganz zuwider ist.

Den Aufsatz sur les désirs hatte Leßing damals noch nicht gelesen. Er kam in einem Paket an mich, da ich eben weg war. Leßing schrieb mir, seine ungeduldige Neugierde hätte ihm keinen Frieden gelaßen, bis er das Couvert erbrochen hätte, und schickte mir den übrigen Inhalt nach Cassel. „Von der Schrift selbst, (fügte er hinzu) die mir ungemeines Vergnügen macht, nächstens ein mehreres."

Nicht lange vor seinem Ende, den 4ten Dec., schrieb er mir: „Bey *** fällt mir ein, daß ich mich anheischig gemacht, Ihnen meine Gedanken über des Hemsterhuys System von der Liebe mitzutheilen. Und Sie glauben nicht wie genau diese Gedanken mit diesem System zusammen hängen, das, meiner Meynung nach, eigentlich nichts erklärt, und mir nur, mit den Analysten zu sprechen, die Substitution einer Formel für die andre zu seyn scheinet, wodurch ich eher auf neue Irrwege gerathe, als dem Aufschluße näher komme. — Aber bin ich jetzt im Stande, zu schreiben was ich w i l l? — Nicht einmahl, was ich muß, u. s. w."

Ehe mir Lessings Meynungen auf die bisher erzählte Weise bekannt geworden, und in der festen Ueberzeugung, die sich auf Z e u g n i s s e stützte: Leßing sey ein rechtgläubiger Theist, war mir in seiner Erziehung des Menschengeschlechts einiges ganz unverständlich, besonders der § 73. Ich möchte wißen, ob sich jemand diese Stelle anders, als nach Spinozistischen Ideen deutlich machen kann. Nach diesen aber wird der Commentar sehr leicht. Der Gott des Spinoza ist das l a u t e r e Prinzipium der Würklichkeit in allem Würklichen, des S e y n s in allem Daseyn, durchaus ohne Individualität, und schlechterdings unendlich. Die Einheit dieses Gottes beruhet auf der Identität des nicht zu unterscheidenden, und schließet folglich eine Art der Mehrheit nicht aus. B l o s in dieser transcendentalen Einheit angesehen, muß die Gottheit aber schlechterdings der Würklichkeit entbehren, die nur im bestimmten Einzelnen sich ausgedrückt befinden kann. Diese, die Würklichkeit, mit ihrem Begriffe, beruhet also auf der natura naturata (dem Sohne von Ewigkeit); so wie jene, die Möglichkeit, das Wesen, das Substantielle des Unendlichen, mit seinem Begriffe, auf der Natura naturanti (dem Vater).

Was ich vom Geiste des Spinozismus vorhin darzustellen mich bemühet habe, läßt mich eine weitere Entwickelung hier für überflüssig halten.

Unter wie mancherley Bildern diese nehmlichen Vorstellungen, minder oder mehr verworren, seit dem grauesten Alterthume bey den Menschen gewohnt haben, wißen Sie so gut als ich. — Die Sprache unterliegt hier den Begriffen allerdings, so wie ein Begriff dem andern.

Daß Leßing das ‛εν και παν, als den Inbegriff seiner Theologie und Philosophie, öfter und mit Nachdruck anführte, können mehrere bezeugen. Er sagte und er schrieb es, bey Gelegenheiten, als seinen ausgemachten Wahlspruch. So steht es auch in Gleims Gartenhause, unter einem Wahlspruche von mir, mit Leßings eigener Hand geschrieben.

Ueber Leßings jüngere Meynung, möchte von dem Marchese Lucchesini noch manches zu erfahren seyn. Er war nicht lange vor mir zu Wolfenbüttel, und Leßing rühmte mir denselben ungemein, als einen sehr hellen Kopf.

Was ich erzählt habe ist nicht der zehnte Theil von dem, was ich hätte erzählen können, wenn mir mein Gedächtniß, in Absicht der Einkleidung und des Ausdrucks genug hätte beystehen wollen. Ich habe darum auch in dem was ich erzählte, so sparsam als ich konnte, Leßing redend eingeführt. Wenn man ganze Tage, und von vielen sehr verschiedenen Dingen mit einander spricht, muß sich das Detail verlieren. Hiezu kommt noch dieses. Da ich einmahl ganz entschieden wußte: „Leßing glaubt keine von der Welt unterschiedene Ursache der Dinge, oder, Leßing ist ein Spinozist" — so drückte sich, was er nachher darüber nur auf diese oder jene neue Weise sagte, mir nicht tiefer ein als andre Dinge. Seine Worte behalten zu wollen, konnte mir nicht einfallen; und daß Leßing ein Spinozist war, schien mir sehr begreiflich. Hätte er das Gegentheil behauptet, worauf meine Wißbegierde gespannt war, so würde ich, sehr wahrscheinlich, von jedem bedeutenden Worte noch Rechenschaft zu geben wissen.

Hiemit wäre nun ein großer Theil von dem, was Ew. Wohlgebohrnen von mir verlangten abgethan, und ich hätte einiger besondern Fragen nur mit wenigem noch zu erwähnen.

Diese besondre Fragen, ich muß es Ew. Wohlgeb. gestehen, haben mich etwas befremdet, weil sie eine solche Unwissenheit (des Schlimmeren nicht zu gedenken) bey mir voraussetzen — in der ich mich vielleicht befinden k o n n t e — wovon Sie aber den Verdacht zu hegen, und so unbesorgt zu offenbaren, durch nichts Aeusserliches veranlaßt waren.

Sie fragen: „Ob Leßing mit trockenen Worten gesagt: ich halte das System des Spinoza für wahr und gegründet? und welches? das er in seinem Tract. Theol. Politico, oder in seinen Princ. ph. Cartesianae vorgetragen; oder das Ludovicus Mayer in seinem Namen nach seinem Tode bekannt machte?“

Wer nur etwas vom Spinoza weiß, dem ist auch die Geschichte seiner demonstrierten Lehre des Cartesius bekannt, und daß sie mit dem Spinozismus nichts zu thun hat.

Von einem System des Spinoza, welches Ludovicus Mayer nach Spinoza's Tode bekannt gemacht haben soll, weiß ich nichts; es müßten denn die Op. Posth. selbst damit gemeint seyn. — Oder vielleicht nur die V o r r e d e ; und Leßing hätte meiner dergestalt gespottet, daß er die darin enthaltene Auslegung des Spinozismus, mir als seinen Glauben aufgebunden hätte? — Dies aber wäre doch zu arg! — Also die Op. Posth. selbst. Wenn es aber diese sind, so kann ich nicht begreifen, wie Sie ihnen den Tract. Th. Pol. auf irgend eine Art entgegensetzen wollen. Was der Tract. Th. Pol. von dem Lehrgebäude des Spinoza in sich faßt, damit stimmen seine nachgelaßenen Schriften völlig überein. Auch bezieht er sich auf jenen, bis ans Ende seiner Tage, ausdrücklich und an mehr als einem Orte.

Sie fragen weiter: „Ob Leßing das System so genommen, wie es Bayle mißverstanden, oder wie andre es beßer erklärt haben?“

Zwischen Verstehen, und n i c h t m i ß v e r s t e h e n ist ein Unterschied. Bayle hat das System des Spinoza, was die Resultate

anbelangt, nicht mißverstanden; man kann nur sagen, daß er es nicht weit genug zurück verstanden, nicht die Gründe davon, nach dem Sinne des Verfassers, eingesehen hat. Wenn Bayle, nach dem Sinne Ihres Vorwurfs, den Spinoza mißverstanden hat, so hat ihn, nach demselben Sinne, Leibnitz noch ein wenig ärger mißverstanden. Vergleichen Sie beliebigst die Exposition des Bayle in den ersten Zeilen der Anmerkung N, mit dem was Leibnitz in den §§ 31. praef. Theod. 173. 374. 393. Theod. von den Lehren des Spinoza aussagt. — Haben Leibnitz und Bayle aber das System des Spinoza nicht mißverstanden, so haben es die andern wirklich mißverstanden, die es beßer zu erklären meynten; oder, sie verdrehten es. Die letzten sind eben meine Leute nicht; und ich stehe dafür, daß sie auch von Leßing nicht die Leute waren.
Daß ich meine Beschwerden so dürr und trocken, ja wohl etwas herb vorgetragen habe, dürfen Sie mir nicht zum bösen deuten, lieber Edler Mendelssohn. Gegen einen Mann, den ich so wie Sie verehre, war dieser Ton der einzige, der mir geziemte.

Ew. Wohlgebohrnen
gehorsamster Diener
Düßeldorf den 4ten Nov. 1783. Friedrich Heinrich Jacobi

616

VON ELISE REIMARUS

Hamburg den 11ten Nov. 1783.

Hier, mein theurer Mendelssohn, ist Jacobis Antwort. In wie weit sie Sie befriedigen wird, weiß ich nicht; aber wenigstens beweist sie daß Jacobis Urtheil nicht so ganz oben hin gefällt war. Daß ich ihm Ihre Fragen wörtlich überschrieben, das denk ich mußt ich thun, um nicht meiner Seits in Unbestimmtheiten zu gerathen und Unbestimmtheiten als Antwort, zu veranlassen; und daß er sie übel genommen, das denk ich nehmen Sie ihm gar nicht übel. Im

Ganzen bringt Sie diese Äußerung von J. vielleicht zu einer Farbe mehr in der Schattierung von L. Character darum es Ihnen ja eigentlich zu thun war.
Daß er von J. etwas gehalten hat, weiß ich aus L. eignem Munde. Auch sagte mir einmal jemand der aus Braunschweig kam u. ungefähr so von J. zu ihm gesprochen hatte: nicht wahr er ist ein trefflicher Kopf und freilig ein bischen Schwärmer dabey; daß L. das erste warm bejahet und auf das andre geantwortet „nicht mehr wie jeder es seyn darf." Ich lasse das letzte dahin gestellt seyn obs gerade so gelautet. Man verfehlt so leicht ein Wort im Wiederholen und dadurch den halben Sinn.
So muß ich, da ich gerade dabey bin, Ihnen auch noch einige seiner geschriebenen Worte, als Character Zug wiederholen die Ihnen vielleicht nicht bekannt geworden sind. Als seine Frau gestorben war und das Kind zugleich hätt er an jemanden in Hannover / ich weiß nicht an wen / geschrieben „meine Frau ist tod, ich hab also wieder eine Erfahrung mehr gemacht. Gottlob daß ich keine mehr zu machen habe." Und von dem Kinde „mein Junge hatte sicher Verstand, denn er hat sich mit Zangen in die Welt hinein reißen lassen." Schaale Ausleger deuteten hieraus zwar viel Witz aber Mangel an Gefühl bey der Sache. O mit den Auslegern! —
Und nun noch ein Wort über meine Furcht die Sie belustigt hat, und wobey Sie mir doch unrecht thun. Denn nicht Cabbalist war das f a t a l e r e was ich mir dachte, sondern noch etwas ganz anders, was aber keine rechtgläubige .... einem jüdischen Manne gestehen darf — wenn dieser es nicht von selbst eräth. Kurz ich dachte mir daß ein Kopf für den in diesem Leben wohl kein Sistem mehr durchzuklauben geblieben vielleicht a m E n d e das erste aus den Kinderzeiten wieder neuen Reiz gehabt hätte. Ich wiederhole hiebey, was ich schon damals sagte: mag mirs sein Schatten vergeben! Sagen Sie doch selbst: was hat nicht in einem paradoxen Kopfe schon nebeneinander Raum gefunden! — Leben Sie wohl liebster Mendelssohn, ich will geschwind schließen weil auch mein Bruder ein paar Worte mit Ihnen reden will. Hätt ich es eher gewußt so hätt ich Sie vielleicht mit dieser Schreiberey verschont. Aber ich rede so gern mit Ihnen und Sie sind so sehr: mit den Leuten!

Elis. Reimarus

Daß ich meine Lessingschen Briefe noch nicht erhalten wissen Sie doch! Die meinen an Lessing geschrieben möcht ich immer wohl zurück haben aber nicht f o d e r n .

617

VON JOHANN ALBERT HEINRICH REIMARUS

Ehe ich Ihren und Jacobi's Brief und Bericht gelesen hatte, fiel ich gleichfalls auf die Vermuthung, oder suchte eben die Entschuldigung, daß es Laune oder Paradoxie seyn könte, die L. bewogen, den Spinozismus zu vertheidigen. Auch hat er gegen mich, so wenig als gegen Sie, eigentlich sich darüber ausgelassen: vermuthlich weil er wußte, daß wir anders dächten. Als ich einst das ἓν καὶ πᾶν von ihm in einem Stammbuche geschrieben sahe und ihn wegen der Erklärung fragte, brach er kurz mit der Antwort ab: es wäre nur so ein Einfall gewesen. Ich entsinne mich aber nun doch noch mehrerer Spuren in seinen Äußerungen, und Jacobis Erzählung setzt die Sache fast außer Zweifel. Was soll ich sagen? Die Neigung zur Paradoxie, alles zu behaupten oder zu bestreiten, macht endlich Zweifelsucht eingewurzelt, und dagegen das klare judicium veri et falsi verlieren, eben wie die Advokatur (daher ich keinen alten Advokaten zum Richter vorschlagen mögte). Recht vest, bestimmt und deutlich urtheilte unser L. wohl nicht immer, da ihm seine feurige Einbildungskraft bald rechts bald links Blendwerke vormachte und seine Leidenschaften nebst einem gewissen Unmuthe ihn heftige Vorstellungen ergreifen machten — Sie werden am besten sehen, wie Sie die Sache vorstellen — ich gedenke doch nicht zu ausführlich, damit sich nicht drob freuen die draußen sind und vom menschlichen Herzen nicht menschlich genug urtheilen — Ach, mögten Sie auch noch einst jene Blendwerke, die den großen Spinoza und nach ihm andere verwirrt haben, noch in ein helleres Licht setzen! Ich gedenke, nichts könte uns doch so als Grundursache Genüge thun, als ein V e r s t a n d , eine Intelligenz. Selbst die Würklichkeit sogenannter mathematischer und arithme-

tischer Nothwendigkeiten von Zirkel, Dreyeck, Zahlen, sezt einen Verstand und Willen voraus, der sie so oder so bestimmt.
Aber ich schreibe in Eile und muß schließen. Friede sey mit Ihnen theurer Mann! Es ist nur e i n Gott, und Muhammed kein Prophet.

1783. Nov. 11. R.
als ich 54 Jahre alt ward.

618

AN FRIEDRICH NICOLAI

Bester Freund!
Wo finde ich wohl die 39 Art. der engl. Kirche, sowie das Formular, welches sie von der Geistlichkeit unterschreiben läßt? Sie würden mich sehr verbinden, wenn Sie mir dieses nachweisen wollten. Der Ritter M. will mir einen Streich spielen, dem ich ausweichen muß. Ich möchte mich aber gern erst genauer von der Warheit unterrichten.

den 12. Nov. 1783 Moses Mendelssohn

619

AN ELISE UND JOHANN ALBERT HEINRICH REIMARUS

Verehrungswürdige
Schwester und Bruder in Geist und Wahrheit!
Ich sehe wohl, daß ich Hrn. Jacobi mißkannt habe. Ich hielt ihn für einen schönen Geist, der sich nebenher auch nach philosophischen Nachrichten umsieht; und werde einen Mann gewahr, welcher das Denken zu seinem Hauptgeschäft gemacht hat, Kraft genug fühlt, sich vom Gängelbande loszureißen und seinen eigenen

Gang zu gehen. Ich verstehe zwar in dem Aufsatze, welchen Sie mir zuzuschicken die Gewogenheit gehabt, nicht alles, vielleicht nur das Wenigste. Beim ersten Durchlesen ist mir der Gang seiner Ideen noch zu fremd, das Bilderreiche in seinen Vorstellungen zu blendend, und die Lücken dazwischen so auffallend, daß ich wie betäubt dastehe und mich nicht zu finden weiß. Nach 50 Jahren hat die Seele ihre Falten tief eingelegt, und nimmt so leicht keine neue mehr an. Indessen leuchtet aus dem Gebäude, das sich Herr Jacobi ganz auf eigene Kosten errichtet hat, so viel philosophischer Scharfsinn hervor, daß ich gar wohl begreife, wie ein Lessing dafür hat eingenommen seyn, und zu dem Erbauer desselben ein unumschränktes Zutrauen gewinnen können. Vielleicht gelingt es mir bei öfterem Durchlesen, mit mehrerer Muße und Anstrengung, daß ich den Sinn des Hrn. Jacobi besser erreiche. Vor der Hand hat er wenigstens meinen Fragen vollkommen Genüge gethan. Er war berechtigt, über mich ungehalten zu seyn; und wenn der Ton, in welchem er mich mein Unrecht hat empfinden lassen, nicht Genugthuung ist, so bin ich bereit, förmlich um Verzeihung zu bitten. Ich hatte den Ritter verkannt, den ich so schnöde zum Zweikampf aufforderte. Er rückt das Visir aus den Augen; ich erkenne meinen Mann, und nehme mit aller Demüthigung meinen Handschuh wieder auf.

Haben Sie die Gewogenheit, beste Freundinn! mich bei ihm zu entschuldigen, daß ich sein Schreiben noch nicht beantworte. Wie gesagt: ich muß mir Zeit lassen, mich mit seinen Ideen bekannter zu machen. Bevor ich aber über Lessing's Charakter schreibe, werde ich über Eines und das Andere, das in dem Aufsatze des Hrn. Jacobi enthalten ist, mir dessen Erläuterung ausbitten. Für jetzt ist es mir noch ganz unmöglich, weder an Lessing noch an Spinoza anhaltend zu denken. Lieber spät als schlecht. Es wird alsdann hauptsächlich von Hrn. Jacobi und von Ihrem beiderseitigen freundschaftlichen Rath abhangen, welcher Gebrauch von dieser Unterhaltung mit Hrn. Jacobi zu machen sei.

Ich bin noch immer dafür, daß es nöthig und nützlich sei, die Liebhaber der Speculation treulich zu warnen, und ihnen durch eclatante Beispiele zu zeigen, welcher Gefahr sie sich aussetzen, wenn sie sich derselben ohne allen Leitfaden überlassen. Mögen doch die, so draußen sind, sich freuen oder betrüben. Wir w o l l e n ja nicht anwerben, nicht herüberlocken. Wir s o l l e n ja nicht Parthei machen; und werden zu Verräthern an der Fahne selbst, zu welcher wir geschworen, sobald wir anwerben und Parthei machen wollen.

Ich bin ohnehin nicht Willens, wenn ich über Lessing schreibe, etwa einen Propheten oder einen Heiligen aus ihm zu machen. Was der Bruder über die Schwäche seiner Philosophie geschrieben, hat vollkommen meinen Beifall; und selbst was das Herzensgefühl betrifft, stimme ich mit der allzu gütig urtheilenden Schwester nicht völlig überein. Sein Gefühl war, wenn ich mich so ausdrükken kann, mehr ein Gefühl des Verstandes und des Scharfsinnes, als des sanften, sittlichen Herzens. Sein Charakter hatte mehr Wahrheit und Größe, als Theilnehmung und Zärtlichkeit.

Ich habe Sie gar wohl verstanden, unvergleichliche Schwester! und weiß den Werth Ihrer edlen Gesinnungen zu schätzen, wie sie es verdienen. Allein bei der Abneigung gegen alles Partheimachen in Sachen der ewigen Wahrheit mußte es mir allerdings vollkommen gleich seyn, mein bester Freund Lessing mochte in seinen letzten Tagen zur Rechten oder zur Linken ausgewichen seyn. Ich mache mir ohnehin nicht viel aus dem, was der größte M e n s c h in seinen letzten Stunden sagt oder thut; am wenigsten, wenn er die Seitensprünge so sehr liebt, wie unser Lessing wirklich gethan. Das Neue und Auffallende galt bei ihm mehr, als Wahrheit und Einfalt. Vielleicht würde er nach einem Prediger geschickt haben, wenn es mit einem scharfsinnigen Einfall hätte geschehen können.

Das Gedicht P r o m e t h e u s hat mir gefallen. Eine gute Persifflage! Glücklicher kann das sogenannte spinozistische System nicht in seiner ganzen Nacktheit gezeigt werden. Die Lücken desselben fallen nie so deutlich ins Auge, als wenn es, durch Hülfe der Poesie, ad sensum communem reducirt wird. Ich erinnere mich, daß Abbé Bernis es auch versucht hat, dieses System in Verse einzukleiden. Allein das hagere Skelett scheint sich mit keiner Bekleidung zu vertragen. Es bleibt immer ein Todtengerippe, dem man einen Mantel umgehängt: desto scheußlicher, je prächtiger das Gewand ist. Ich glaube nicht, daß Herr Jacobi Ursach habe, mit diesem Gedichte geheim zu seyn. Ärgerniß wird es, meines Erachtens, nicht geben können: so wenig die Sünde, wie sie Milton schildert, zur

Wollust reizen kann. Ich werde indessen die Bedingung treulich erfüllen, unter welcher Hr. Jacobi mir dieses Gedichtchen anvertrauet hat: nämlich „es Niemand zu zeigen, dem nicht auch sein Brief anvertrauet werden mag".

Und nun, Bruder! der, wie die Unterschrift mich lehrt, 6 oder 8 Wochen später als ich zur Welt gekommen, fordern Sie Ihren also ältern Bruder zu keiner Arbeit auf, die ihn in Lebensgefahr stürzen würde. Ach, mein Freund! Sie kennen gewiß die Nervenschwäche nicht, die mich seit mehr als 10 Jahren schon so sehr niederhält. Eine Anstrengung von dieser Art würde mein Gehirn sicherlich zersprengen. Das Schlimmste ist, daß ich diesen Leuten nichts neues, nichts frappantes zu sagen habe; und die alten, bekannten Gründe, so schlußrichtig und bündig sie mir auch vorkommen, sind den Sophisten unsres Jahrhunderts zu Spott und Mähre geworden. Was nicht quer durch den Sinn fährt, und wie ein Wetterschlag erschüttert, macht keinen Eindruck mehr; und die Arbeit der Penelope wieder ganz von neuem anzufangen, mit langsamen, aber festen Tritten alle Schleifwinkel und Irrgänge der Sophisterei durchzugehen, und das Ungeheuer aufzusuchen, dazu habe ich die Kräfte nicht mehr, wenn ich sie auch gehabt haben sollte; und ich habe die Hoffnung so gut als aufgegeben, sie in diesem Leben je wieder zu erlangen. Ich glaube, Sie, mein Bester! haben noch Munterkeit und Kräfte genug, einen Gang mit diesen Männern zu wagen. Als treuer Gehülfe oder Schildknappe will ich Ihnen zur Seite stehen, und indem Sie den Bogen spannen, die Pfeile schärfen und Ihnen darreichen. Mehr kann ich für jetzt nicht thun, als solchen kleinen Dienst, so lange mir noch jede Meditation schlaflose Nächte macht und mit dem Schlagflusse drohet. Theuerste Elise! helfen Sie mir unsern guten Bruder bewegen, daß er sich dieser Last unterziehe. So wohlthätig seine Praxis für das leibliche Wohlseyn seiner Mitbürger auch seyn mag, so haben sich doch unsere Nachkommen ein weit größeres Seelenheil von seinen speculativen Bemühungen zu versprechen. Er hat von seinem und Ihrem großen Vater die seltene Gabe zum Erbtheil, die abstrusesten Speculationen, ohne Wortgepränge und Bilderschmuck, dem schlichten M e n s c h e n s i n n darstellen zu können; und dieses ist, wie mich dünkt, die einzige, beste Methode, den Zauber zu lösen, mit welchem man den Verstand einzunehmen jetzt vor hat.

„Die Philosophie", sagt Kant, „ist baulustig; wenn sie eine Zeit lang fortgebauet hat, so reißt sie wieder ein, um den Grund zu untersuchen." Gut! spreche ich, diese Lehrmeisterinn soll mir willkommen seyn, wenn ich die Baukunst studiren will. Verlange ich aber Dach und Fach für mich und meine Familie, so danke ich der weisen Matrone für ihren baulustigen Vorwitz. Sie mag ihn an Kartenhäusern oder Lustschlössern versuchen!

Leben Sie wohl, und lieben Sie in Geist und Wahrheit

Berlin den 18 Nov. 1783. Ihren Bruder,

Auch im ersten Viertel meines Moses Mendelssohn.

54sten Jahres.

Gott ist ein einziger Gott; und wer Wahrheit lehrt und Gutes thut, der ist sein Prophet.

Hierbei ergehen auch die Lessing'schen Briefe mit vielem Dank zurück.

620

AN MARCUS HERZ

Folgenden Einfall zur Schaumünze auf unsern würdigen Freund unterwerfe ich Ihrer Beurtheilung. Sie wissen sich wahrscheinlicherweise aus den gewöhnlichen Compendiis der theoretischen Naturlehre eines gewissen Thurms zu besinnen, der in Italien (mich dünkt zu Pisa) stehen soll. Er scheint nicht senkrecht zu stehen, und hat dennoch, nach richtigen mathematischen Gründen, alle ersinnliche Festigkeit. Hierauf bezieht sich meine Legende.

Die Vorderseite

Das Bildniß des Hrn. Kant, mit der Umschrift:

N. N. Kant, geboren .....

Die Rückseite

führt besagten Thurm, der einzustürzen scheint. Über demselben hängt eine Bleischnur, davon das Senkblei bis auf den Boden reicht und die Perpendicularität des Thurms anzeigt. Am Fuße des Thurms sieht man etwas Erde und Steine aufgeröffelt, um den Grund zu untersuchen. Die Umschrift:

Drohet, aber fällt nicht.

Im Abschnitte:
Critik der reinen Vernunft.
Die Frage ist: ob unser Freund die Allegorie nicht falsch verstehen, und uns Schuld geben könnte, wir wollten eine Satyre auf seine Critik machen? Sie kennen ihn, und wissen, ob er argwöhnisch ist.

Der Ihrige,
den 18ten Nov. 1783. Moses Mendelssohn.

621

AN ANTON VON KLEIN

Berlin d. 18n Nov. 1783

Ihr Vorhaben, den großen Deutschen ein ihrer würdiges Denkmal zu stiften, ist rühmlich, und jeder Rechtschaffene muß es sich zur Ehre schätzen, von Ihnen zum Beytrage aufgefordert zu werden. Wie ich aber selbst, aus verschiedenen Ursachen, nicht im Stande bin, die mir aufgetragene ehrenhafte Arbeit zu übernehmen; so will ich Ihnen wenigstens einen Mann vorschlagen, der solche willig übernehmen wird; und besser verrichten kan, als ich. Es ist mein Freund Eberhard, Prof. der Weltweisheit zu Halle; ein Mann, der seinen Leibnitz studiert hat, von seinen Grundsätzen durchdrungen ist, und zu schreiben verstehet. Da es ihm, wie ich vernehme, auch an Musse nicht fehlet; so dünkt mich, er werde die Arbeit mit Vergnügen übernehmen und Ihnen zu Dank verrichten. So fleißig ich auch die Schriften dieser Schule und vornehmlich des Stifters derselben in meiner frühen Jugend gelesen und studiert habe; so bin ich doch seit 20 und mehreren Jahren davon abgekommen, und ins besondere ist mir das Historische seines Lebens und seiner Schriften völlig aus den Gedanken; so daß ich den Wissenschaften mehr Zeit und Kräfte müßte wiedmen können, um eine solche Darstellung von Leibnitzens Geiste, und Charakter zu liefern, als Sie, mein Herr! mit Recht fordern.

Herr Kästner in Göttingen hat einst ein Paar Bogen über Leibnitzens Leben geschrieben, die, wie ich mich erinnere, sehr gut waren, und weit originellere Züge enthielten, als die von Einer k.P. Akademie gekrönte Eloge de Mr. Leibnitz. Ich bin mit der aufrichtigsten Hochachtung und Dienstwilligkeit

Ihr
gehorsamst ergebenster
Moses Mendelssohn

622

VON ERNST FERDINAND KLEIN

Theuerster Freund
Nebst meinem Danke sende ich Ihnen das gütigst überschickte Biestersche Schreiben wieder zurük.
Ich hatte meine Ursachen, warum ich dazumal eine baldige Einrückung meines Aufsatzes in der Berl. Monatsschrift wünschte. Meine Absicht war nicht, mich gedruckt zu sehn, sondern durch den Druck zu wirken. Die leztre Absicht glaube ich nun schon auf andre Weise erhalten zu haben. Es ist mir daher jezt ganz gleichgültig: ob u. wann meine Schrift gedruckt wird. Dagegen fürchte ich, mit der Ausarbeitung dieses Aufsatzes selbst zu sehr geeilt zu haben. Ich wünschte daher, ihn noch einmal durchsehen zu können. Aber auch damit hat es gute Weile, und die Zurükfordrung desselben darf also nur gelegentlich geschehen. Gesegnete Malzeit!

der Ihrige
d 2 Dez 1783 Klein

623

AN AUGUST HENNINGS

P. P.

Wenn Maurer auf das erhaltene Msc. noch nicht geantwortet hat; so ist es sicherlich nicht meine Schuld. Unserer Abrede nach, hätte dieses schon vor der Leipziger Messe geschehen sollen; denn kurz vor der Messe erhielten wir die Schriften. Nunmehr aber versichert er mich, mit der vorigen Post geschrieben zu haben. Er will Ihre überaus wichtige und lesenswerthe Briefe allsofort sauber, in dem Format wie Moritzens Reisen, wenn Ihnen diese zu Gesichte gekommen sind, abdrucken lassen, und erwartet von Ihnen noch einige Auskunft über das größere Werk, welches er aber nicht eher, als nach Ostern zu drucken versprechen kann. Ueber die Bedingungen werden Sie hoffentlich mit ihm fertig werden. Er ist noch nicht Buchhändler genug, um unbillig seyn zu können. Sobald er sich auf Unkosten der Schriftsteller wird reich verlegt haben; wird er wahrscheinlicher Weise in die Denkungsart seiner Zunft einschlagen. Wenn Sie Bedingungen machen; so lassen Sie ihn über das, was er an baarem Gelde bezahlen soll, Wechsel ausstellen. Denn mit dem baaren Gelde siehet es bey ihm, wie aus dem Vorigen erhellet, mehrerntheils mislich aus.

Ich setze vor dieses Mal weiter nichts hinzu, als daß ich den letzten Sommer das Vergnügen gehabt, Madem. Reimarus in Person kennen zu lernen, daß ich seitdem mit ihr in einen nähern Briefwechsel gerathen, und daß ich sie ungemein hochschätze. Ich bin mit der aufrichtigsten Hochachtung und Freundschaft ganz

der Ihrige

Berlin, den 5ten Dec. 1783 Moses Mendelssohn.

N. S. Einliegender Aufsatz ist mir von einem großen Handlungshause zugeschikt worden, und die Belehrung über die darin enthaltenen Anfragen kan von wichtigen Folgen seyn. Vielleicht entschließen Sie sich selbst auf ein oder die andere Weise Theil zu nehmen, oder einem rechtschaffenen Compatrioten hierin zu dienen.

624

VON AUGUST HENNINGS

Kopenhagen den 20. Dec. 1783

Liebster Herr Mendelssohn,

Seit Ihrem letzten Briefe habe ich acht Tage gewartet ob H. M. Brief eintreffen würde, aber bisher ist nichts gekommen also der Brief verlohren gegangen, welches mir nicht lieb ist, da es mir sehr darum zu thun ist, daß mein Name verborgen bleibe, und ich daher gewünscht hätte, daß auch der Verleger ihn nicht gewußt. Da die Oek. Nachr. von Schw. noch nicht in Druk sind, so erzeigen Sie mir die Gefälligkeit, von H. M. wegen der kleinern Schrift nur ein Endwort zu nehmen. Wie Sie es machen, wird mir es Recht seyn; Von wem könnte ich lieber meine Sachen geendigt sehen, als von einem Mann, der immer im Guten und Vollkommenen mein Ideal ist?

Ist Ihnen, liebster Freund, etwas von der Sicherheit der Buchhandlung der Gelehrten bekannt. Wenn so, bitte ich Sie, die Einlage, die Sie Güte haben werden zu lesen, auf der Post zu geben.

Aus der mir zugesandten Einlage eines ansehnl. Kaufmanns Hauses in Preußen, habe ich gesehen, daß dasselbe keine richtige Kenntniß des Handels auf Westindien habe, und daß also dessen erste Bemühung seyn müsse, sich mit einem soliden und Einsichtsvollen Handelshause zu verbinden, um sowohl den Gang als die Artikel des Handels richtig zu wählen.

In Ansehung des Dänischen Handels auf St. Thomas ist zu beobachten, daß solcher in Dänischen Schiffen (also unter Direktion eines Dänischen Rheders mit Dänischen Päßen und 1/3 Dänische Bemannung) von iedem Hafen in Europa, zurük nach iedem Hafen geschehen könne.

Weiter sind keine Formalitäten zu beobachten. Die Abgaben sind sehr gelinde.

Nach Curaçao ist meines Wissens kein Handel in Friedenszeiten zugelassen. Wenigstens existiert unter unsern Kaufleuten kein Handel dahin in Concurrenz mit den Holländern. Ist aber die Meinung des Pr. Handelshauses von St. Thomas nach Curaçao zu

handeln und von iener Insel nach Europa, so ist dies eine andere Sache.
Die Ladungen richten sich nach den Zeiten, die nur ein vorsichtiger und erfahrener Spekulante richtig beurtheilen kann. Sie bestehen in troknen und in Provisions Waaren. Bald sind die einen, bald die andern zum Absatz besser; ie nachdem Westindien überfahren ist. Zu den troknen Waaren gehöret vornemlich Leinwand.
Speciellere Nachrichten sind zu sehr an die Richtung einer Expedition und an den Zeitpunkt gebunden, um hier gegeben werden zu können. Will das Pr. Hauß sich hieselbst mit einem sichern und glüklichen Hause in nähere Unterhandlungen einlassen, so kann ich ihm dazu das Haus de Coningk und Reyechen aufgeben, die sowohl in dem Handel auf Westindien als in iedem andern Handelswege nützliche Anleitung, sichere Behandlung, und promte Abrechnung geben werden, wenn Ausländer Neigung haben sollten, an Dänischen Expeditionen Antheil zu nehmen. Ich selbst habe weder Mittel noch praktische Kenntnisse genug um mich in Expeditionen einzulassen, will aber gern mit weitern Nachrichten behülflich seyn, wenn solche zur Beförderung unsers Handels dienen können.
Leben Sie wohl, liebster Mendelssohn. Gott erhalte Sie gesund, Lieben Sie ferner

Ihren
Hennings.

625

VON ELISE REIMARUS

Hamburg den 24sten Dec. 83.

Wollten Sie wohl die Güte haben, liebster Mendelssohn, dem Überbringer dieses Briefes das bewußte Gespräch unsers Jacobi auf einige Zeit mit zugeben? Mein Bruder wünscht sehr es noch einmal durchzulesen und verspricht es Ihnen gegen die Zeit da Sie sich im Stande fühlen es zu gebrauchen wieder hinüber zu schicken.

Jacobi ist sehr zufrieden über das was ich ihm aus Ihrem sich darauf beziehenden Briefe ausgezogen und antwortet mir darauf das Beygehende. Mein Bruder und ich sind noch weit zufriedner über diesen ganzen Brief daran wir noch lange zehren werden. Gott erhalte Sie gesund lieber Bruder in der Wahrheit. Amen!

Elis. Reimarus

Daß der Überbringer dieses keines Empfehlungs Schreiben bey Ihnen bedarf, hoff ich, haben Sie schon gefunden.

[Beilage.]

[Auszug aus einem Briefe Jacobis an Elise.]

Mitten unter meinen gichtigen Kopfschmerzen gab Ihr Brief vom 5ten Dez. mir eine wahre Freude. Die Äußerung von Mendelssohn, daß es nöthig und nützlich sey die Liebhaber der Speculation treulig zu warnen und ihnen durch eclatante Beyspiele zu zeigen, welcher Gefahr sie sich aussetzten, wenn sie sich derselben ohne Faden überliessen — hat mich ungemein gefreut. — Sie wissen mit welchem Eifer ich immer dafür stritt, daß man alles an den Einen Nagel der Wahrheit hangen dürfe und müsse. Mendelssohn hat gewiß nicht nöthig sich gegen mich zu entschuldigen; seiner Antwort aber seh ich mit großer Freude entgegen, und ich werde was er von mir verlangen wird so weit ich dazu im Stande bin erfüllen.

626

VON JOHANN JACOB ENGEL

Ich habe mich, mein verehrtester Freund, der von Ihnen erhaltenen Freyheit bedient und Alles, was offenbar von dem Abschreiber versehen war, in Ihrem Mskte geändert. An ein paar Stellen bin ich weiter gegangen und habe, ohne dem Sinne wehe zu thun, die Constructionen geändert; nicht um der Deutlichkeit willen, die nirgends fehlte, sondern um der Eleganz und des Wohlklanges willen. Wenn ich gesund genug wäre, um Ihnen selbst das Mskpt zu überbringen, so würde ich hoffentlich die genommenen Freyheiten aus Gründen, die Ihren Beyfall hätten, rechtfertigen können.

Sie finden zwey oben eingekniffene Blätter. Das erste zeigt Ihnen gleich in der ersten Zeile eine Aenderung, die ich bloss gemacht habe, um das gar zu Schleppende des Satzes zu vermeiden u. nicht zweymal: zu können und zu können, zu setzen. Was folgt, hatte ich zu ändern Lust, aber nicht Herz. „daher seine ernstliche Bemühung pp. daher erlaubte er sich pp." Solche Sätze, die so genau zusammengehören, habe ich gar zu gerne ganz einförmig, und der ganz gleiche Anfang läßt auch, wie mich dünkt, eine solche Einförmigkeit erwarten! Also in beyden nach dem: daher ein Substantivum ohne Verbum oder in beyden ein Verbum. Das zweyte Blatt — es ist das erste des 4ten Heftes hat am Rande eine von Ihnen hinzugefügte Stelle. Mein hineingeschobenes zweytes n i c h t ist doch recht? — Auf der letzten Seite hatten d i e V e r w o r f e n e n nichts, worauf sie sich bezogen, wenn ich nicht statt der Leibnitz-Wolfischen Philosophie sagte: die Philosophie eines Leibnitz u. Wolf.

Sie verzeihen mir, daß ich Sie mit diesen Armseligkeiten unterhalte, auf die meine Aufmerksamkeit kaum würde gefallen seyn, wenn nicht Ihr freundschaftlicher Befehl sie darauf gerichtet hätte. — Leben Sie tausendmal wohl!

den 30. Dec. 83. Engel.

627

AN AUGUST HENNINGS

P. P.

Da ich heute mehr als gewöhnlich bescheftiget bin, und gleichwohl Ihr Schreiben, mein theuerster Freund! nicht länger unbeantwortet lassen kan; so begnüge mich einliegende Probebogen zu begleiten, die ich von H. Maurer erhalten, und erwarte Ihr Urtheil. Das

Uebrige belieben Sie aus dessen Schreiben zu ersehen, das er mir noch vor Abgang der Post zum Einschließen zu schicken versprochen. In aller Betrachtung finde ich ihn /. zwar Buchhändler bleibet Buchhändler. / noch ziemlich traitable, wenigstens ist besser mit ihm, als mit der Verlagscasse zu thun zu haben, zu der niemand mehr Zutrauen haben will. Ich behalte daher Ihren Brief bis auf weiteren Befehl zurük, und bin in dessen Erwartung, mit der aufrichtigsten Freundschaft

der Ihrige

Berlin den 2ten Januar 1784 Moses Mendelssohn

628

AN ELISE REIMARUS

Theuerste Freundinn!

Es ist sehr gut, daß der Bruder sich hat bewegen lassen, den Aufsatz des Hrn. Jacobi noch einmal anzusehen. Ich finde die Arbeit, ihn zu widerlegen, höchst unangenehm und verdrießlich. Der verständigste Seefahrer kann, auf einer neuen Fahrt, an eine Klippe stoßen, oder auf eine Sandbank laufen und scheitern; wenn aber die Warnungszeichen ausgestellt sind, so muß derjenige, der noch Schiffbruch leidet, seine Kunst nicht verstehen, oder es steckt Muthwillen dahinter. — So Spinoza in Vergleichung mit Lessing oder Jacobi. — Zum Verwirren und Durcheinanderwerfen der Begriffe gehört bloß Scharfsinn; und diesen haben solche rasche Köpfe im Überflusse. Aber der Widerleger hat sisyphische Arbeit. Nun gehe er wieder an die ersten Begriffe, und widerkäue sie ohne Ekel! was S u b s t a n z, W a h r h e i t, U r s a c h e, hauptsächlich, worauf es meistens anzukommen scheint, was o b j e c t i v e s D a s e y n sei, und wie wir zu diesen Begriffen gelangen; alle diese Subtiligkeiten wieder vorzunehmen und zu épluchiren, wäre für mich, besonders in dieser abscheulichen Kälte, eine tödtende Arbeit. Sie erhalten also das Manuscript des Hrn. Jacobi hiermit zum G. G. gesegneten Gebrauch. Ich habe hier Niemand, dem ich es zum Abschreiben hätte anvertrauen können; und muß

Sie bitten, Verehrungswürdige! wenn der Bruder es nicht mehr mag, mir solches wieder zukommen zu lassen. Es hat aber damit Zeit, wenigstens noch einige Monate.

Sehr angenehm war es für mich, von Hrn. Rudolphi zu vernehmen, daß der Herr Bruder nicht viel von der Critik der reinen Vernunft halte. Ich für meinen Theil muß bekennen, daß ich ihn nicht verstehe. Der Auszug, welchen Hr. Garve hat in die Bibliothek setzen lassen, ist mir zwar deutlich; allein Andere sagen, Garve habe ihn nicht recht gefaßt. Es ist mir also lieb, daß ich nicht sonderlich viel entbehre, wenn ich von dannen gehe, ohne dieses Werk zu verstehen.

Herr Ritter Michaelis hat mir einen Zank an den Hals geworfen, der mir in mancher Betrachtung gar hämisch angelegt zu seyn scheint. Ich habe für nöthig gefunden, mich zu vertheidigen. Ich ließ die Vertheidigung in die „Berlinische Monatsschrift" einrükken, und einige Exemplare besonders abziehen, davon ich eins hier beizulegen mir die Freiheit nehme. Leben Sie herzlich wohl, umarmen Sie unsern lieben Bruder, und glauben Sie, daß ich von ganzem Herzen sei

der Ihrige,

Berlin den 5 Jan. 1784. Moses Mendelssohn.

629

AN CHRISTIAN GARVE

P. P.

Von dem wichtigen Geschenke, das Sie den Deutschen mit Ihrem Werke über die Pflichten gemacht, habe ich als ein besonderes Geschenk und Merkmal Ihres freundschaftlichen Andenkens ein Exemplar richtig erhalten. Ich habe aber meine Antwort und meinen schuldigen Dank bisher verschoben, weil ich mich vorher von dem Werte des Geschenks überführen wollte. Indessen habe ich so gedankt, wie die Vorsehung will, daß man ihre Wohltaten verdanken soll, indem man empfängt, genießet und mitteilet. In den Morgenstunden, die ich meinem 13jährigen Sohne widme, gehen wir die Pflichten durch, den Cicero zur Hand, vergleichen, belehren uns und wenn Sie der Leser viele haben, die so lesen, so sind Sie für Ihre Bemühung sattsam belohnt.

Man hat gesagt, daß noch nie auf Befehl der Großen in der Literatur ein vortreffliches Werk zustandegekommen. Damit das Ihrige kein Ausnahme mache, glaube ich, der königliche Befehl habe Ihnen bloß die Veranlassung, sowie Cicero jetzt im Grunde bloß die Kettfaden hergegeben, in welche Sie Ihr Gewebe eingetragen. Daß Sie in Absicht auf die Verbindlichkeit der Verträge immer noch bei Ihrem Grundsatze bleiben, ist mir keineswegs zuwider. Die verschiedenen Erklärungsarten schließen sich ja einander nicht aus. Meine Gründe sind eigentlich diese: 1. die Gewißheit der Erwartung scheint die Zuverlässigkeit des Versprechens vorauszusetzen; 2. getäuschte Erwartung verbindet höchstens zur Schadloshaltung; 3. nach einigen Rechten kann ein Dritter zum Besten eines Abwesenden annehmen, in welchem Falle keine Erwartung stattfindet; es kann dieses zum Besten eines Mündel und auf die Zukunft geschehen. Der Versprecher kann auch allsofort und auf der Stelle sein Wort zurücknehmen wollen und die Ungerechtigkeit ist in diesem Falle nicht geringer, als wenn der Geschenknehmer jahrelang Zeit gehabt, auf die Erwartung zu rechnen.

Daß ein Annehmer überall erfordert wird, scheint mir auch nach meiner Erklärungsart begreiflich, weil g e b e n ohne n e h m e n, sowie w i r k e n ohne l e i d e n ein unvollständiger Begriff ist und als eine unvollendete Handlung keine Wirkung haben kann. Wie Sie die Abtretung eines Rechts, die Collisionsfälle zu entscheiden, zu den Fictionibus juris rechnen wollen, ist mir völlig unbegreiflich.

Leben Sie wohl und fahren Sie fort, mich Ihrer Achtung und Freundschaft zu würdigen.

Berlin, den 8. Januar 1784. Moses Mendelssohn.

630

VON KARL GOTTHELF LESSING

Liebster Freund

Wenn Sie mir gleich nicht antworten, so denken Sie nur nicht, daß Sie mich dadurch los werden. Es giebt eine Art Menschen, die sich nicht so fein abweisen lassen, und darunter gehöre ich.

Die Urtheile, so ich über Ihre Schrift Jerusalem gelesen, haben mich oft so vergnügt, daß ich mir vieles daraus auf Zeddel geschrieben, um Sie damit zu unterhalten. Denn der Herren Kritiker ihre Winkelzüge und krummen Bücklinge belustigen mich außerordentlich. Sie auch? Manchmal werden sie auch freylich hämisch. Z. E. wenn einer sagt, wenn Sie Christum leugnen, so leugnen Sie auch die jüdische Religion. Heißt das nicht den Krieg in des Feindes Land spielen? Ein anderer schließt ganz pathetisch, daß Sie noch Christ werden würden, kraft seines Gebets und Ihres Willens, die Wahrheit zu erkennen. Doch wenn Sie über so was lachen, wollen Sie keine Zeugen. Man hat mir gesagt, daß Sie alle Kritiken beantworten würden, versteht sich, in so weit jede etwas andres einwendet. Also müssen Sie es ja selbst lesen; folglich brauche ich Sie mit meinem Geschwätze nicht aufzuhalten. Mündlich würde ich es thun; und ich kann es Ihnen nicht leugnen, daß ich mich manchmal recht herzlich darnach sehne.

Was hat Rabbi Hanacdan für Fabeln geschrieben? Sind sie besonders gedruckt? oder wo findet man etwas davon? — Kennen Sie denn einen S. Abraham aus Offenbach? Er hat, nach seinem Briefe an meinen Bruder, ein Werk über Christus als ein Jude geschrieben, und darin gezeigt, daß die Juden anjetzt nur alte Heiden, und die Christen nur neue Juden sind; und meldet ihm, daß in dem Fragmente vom Zweck Jesu und seiner Jünger viele seiner Gedanken sich schon befänden.

In Gothaischen Gelehrten Zeitungen vom Oktober 1783 habe ich gelesen, daß Ihre Schrift über Lessings Leben und Schriften bald erscheinen würde. Ist das wahr?

Nach diesen Fragen, deren Beantwortung Sie doch nicht ganz verabsäumen werden, habe ich Ihnen, liebster Freund, ein großes Anliegen vorzubringen. Aus beygehendem Mscte werden Sie er-

sehen, daß ich den 2ten Theil von meines Bruders vermischten Schriften drucken lassen will. Ich bitte Sie, es durchzulesen, mir ohne alle Bedenklichkeit und ohne Rücksicht, ob es mir angenehm oder nicht ist, reinen Wein einzuschenken. Was Sie wegzulassen oder zuzusetzen für gut finden, genehmige ich, ohne es gesehn zu haben; nur wünschte ich, daß sie es bald thäten; denn zur Ostermesse soll es schon gedruckt seyn. Weil es Poesie hauptsächlich ist, so habe ich Herrn Ramler um einen gleichen freundschaftlichen Dienst gebeten. Wird er es wohl thun?
Mein zweytes Anliegen ist, mir zu sagen, ob Sie es genehmigen, daß ich die hinterlassenen Schriften unter dem gemeinschaftlichen Titel herausgebe:

G. E. Lessings
Nachlaß

Der erste Theil könnte seyn z. E. theatralischer, der zweyte theologischer u.s.w. Es ist Zeit, daß ich nun an deren Herausgabe mich mache. Ich möchte auch gerne einen Band von seinem Briefwechsel drucken lassen. Aber jeder, dessen Briefe ich dazu nehmen will, verbittet sich diese Ehre. Ich muß also warten, bis sie gestorben sind.
Sie riethen mir zwar vor einem halben Jahre, die theol. Sachen bis zu letzt zu lassen. Aber Freund, ich befürchte, je länger man sie zurück hält, je uninteressanter werden sie. Ja jetzt können sie noch lehrreich seyn; wenn Sie aber und der Kaiser noch so fort theologisiren, so haben wir dann weder Christenthum noch Judenthum. Wenn die Menschen auch nicht besser sind, so sind sie doch über gewisse Meynungen einiger. Lassen wir doch weg, was gar zu unwichtig scheint. Es scheint mir, als könnten Sie sich doch nicht recht, in eines frommen erleuchteten, christlichen Sachsens Denkart setzen, der viele Dinge für das Seelenheil nimmt, über die Sie herzlich lachen. Haben Sie die Güte, mich darüber zurecht zu weisen.
Leben Sie recht wohl! und erfreuen Sie mich bald mit einer Antwort!

Ganz der Ihrige

Breslau den 29 Januar 1784. Lessing

631

AN FRANZ MICHAEL LEUCHSENRING

Bester Freund!
ich kan mich gar leicht in die Lage versetzen, in welcher Sie Sich, in Absicht auf Ihre vertrautesten Freunde haben befinden müssen, und empfinde gar wohl das Häklichte und Unangenehme, das diese Lage für einen M a n n , wie Sie, mit sich führet. Ich begreife also recht sehr, warum Sie keinen förmlichen Abschied von mir genommen; warum Sie mir nicht geschrieben, und zuweilen glauben, mir geschrieben zu haben. Und wenn wir uns wiedersehen, wie wollen wir der Collision ausweichen, und uns ohne alle Verlegenheit einander genießen? — Ich weis einen einzigen Weg. Wir müssen die Sache in integrum restituiren, wie die Juristen sagen. Ich will nichts von der Angelegenheit Ihres Herzens wissen, nichts von derselben je gewußt, oder vermuthet haben. Ich habe Ihnen nichts davon geschrieben, Sie mir nichts geantwortet, und wir fangen unsern freundschaftlichen Umgang wiederum da an, wo wir ihn bey unserer letzten Umarmung gelassen haben.
Vielleicht habe ich das Vergnügen, Sie diese Woche zu Potsdam zu sehen. Herr Benj. Ephraim reiset vielleicht in eigener Angelegenheit dahin, und er hat versprochen, mich mit zunehmen. Sagen Sie wenigstens im Posthause, wo Sie anzutreffen sind, damit ich Sie aufsuchen kan. Ich lege Ihnen eine kleine Brochure bey, die Sie 1/4 Stunde unterhalten, und den Stoff zu unserer ersten Unterredung abgeben kan. Wir haben uns einander so viel zu sagen, daß wir einen bestimten Styl haben müssen, um den Anfang zu machen.
Leben Sie herzlich wohl, und lieben Sie

Ihren

Berlin d. 8. Febr. 1784 Moses Mendelssohn

632

VON KARL GOTTHELF LESSING

Breslau d. 21 Februar 1784

Mein liebster Freund

Ich danke Ihnen tausendmal für Ihre Bemühung. Ich sollte Sie zwar nicht so sehr bemühen, da Sie jetzt, so zu sagen, alle Hände voll zu thun haben: aber wenn man in Nöthen ist, so ist man nicht so delikat. Daß wir R. aus dem Spiele gelassen, ist mir sehr lieb. Nur verlieren Sie nicht die Geduld, wenn ich Ihnen in Kurzem den theatralischen Nachlaß meines Bruders überschicke.

Ich habe die Litteraturbriefe und die Leipziger Bibliothek und habe beyde Werke auch gelesen, und gleichwohl hätte ich in Ewigkeit darinn nichts von Hanakdan gesucht. So vergeßlich bin ich! Daß Sie in dem Mskte eine Note deshalb dazu gemacht, ist recht sehr gut!

Daß Ihnen Ihr Jerusalem Gegner zuziehen mußte, war wohl sehr natürlich; daß darunter Ritter Michaelis, der mir ein wahrer Ritter von trauriger Gestalt ist, (verzeihen Sie mir dieses Wortspiel) auch seyn würde, kömmt mir gar nicht unnatürlich vor. Ihre Grundsätze, die den feinen Gottesmann in Verlegenheit setzen, mußten dem übrigen Haufen um desto verhaßter seyn, je wahrer er sie findet. Mich wundert nur, so viel ich bis jetzt davon Recensionen und Widerlegungen gelesen, daß man so glimpflich gegen Sie bleibt. Mir scheint es, daß man Sie, wie natürlich, an dem schwächsten Orte angreifen will. Man bemerkt daher sehr bescheiden, daß Sie kein rechter Jude sind, wie wir uns Christen den gelehrten und ungelehrten Juden vorstellen: ich denke aber, Sie werden gegen alle diese Herren Repressalien gebrauchen können. Und bin ich gar nicht besorgt, wie Sie sich aus der Sache ziehen werden. Wenn Sie mit Ihren Feinden bald zu Rande seyn werden; sollen Sie mit mir noch ein kleines Nachscharmützel aushalten müssen. Mögen Sie doch immer über mich lachen.

Den Compilateur Delaporte werden Sie gewiß nicht lesen; aber lesen Sie den 22ten Theil seiner Reisen eines Franzosen, was er da von Ihrer Nation sagt, und Sie werden gestehn müssen, daß er nicht so grundgelehrt und mühsam ist, wie z. E. ein Göttingscher Gelehrter, aber auch seine gesunde Vernunft besser bewahrt hat. Hier ist man auch bemüht, das Licht der Wahrheit unter Ihre Glaubensbrüder zu verbreiten: man jagt sie aus der Stadt. Nun beruft man sich zwar deshalb nicht auf Dohmen; aber auf die ausdrückliche Ordre unsres Königs. Man will mich zwar versichern, daß einige orthodoxe Judenältesten die Sache betreiben. Schade, daß Sie kein Bischof sind; es wäre gut, daß Sie ihnen einen Hirtenbrief zuschickten! Aber freylich müßten Sie etwas mehr als lehren ermahnen und trösten; ein Bißchen physikalische Macht haben. Nicht um uns Christen wieder dafür herauszujagen, sondern um uns ein wenig mehr aufmerksamer in unsren tägl. Handlungen zu machen, als wir es leider durch Bücher werden. Bey dieser Sache ist noch das Merkwürdigste: daß es alle recht fromme orthodoxe Juden sind, die man verjagt. Aus was für Grunde denn? Daß sie nicht Porcelain nehmen oder ihre Toleranz nicht bezahlen können? Nein — doch nichts davon mehr! Ich habe Ihnen das nur so hingeworfen, damit Sie nicht glauben, daß ich mir in meinen 4 Pfählen so hohe Ideen von der Aufklärung des Publikums machen kann. Wenn wir lesen, sind wir aufgeklärter, als wenn wir handeln: es scheint mir, als wenn zum letzteren uns noch etwas andres als Einsicht der Wahrheit leitete.

An H. Richier habe ich heute wegen ein paar französischer Briefe, die sich gefunden, geschrieben. Sie betreffen Voltaires Siècle de Louis XIV, welches mein Bruder ihm entwendet und heimlich zuerst übersetzt haben soll, wie in der Vorrede zu den *Briefen eines reisenden Franzosen an seinen Bruder zu Paris* gesagt wird. Da ich nicht anders weiß, als daß er Sie noch manchmal besucht, so wird er Ihnen, liebster Freund, das Mehrere davon zu sagen nicht unterlassen.

Leben Sie recht wohl! Bald ein Mehreres. Ich bin ganz der Ihrige

Lessing

633

VON AUGUST HENNINGS

Kopenhagen den 28. Febr. 1784

Theuerster Freund,

Der Buchhändler H. Maurer hat an mich geschrieben und unter anderm von mir den Preis meiner Gedanken verlangt. Nun bin ich von allen Gedanken Krämern der ungeschikteste, und weiß in der That nicht ihren Wehrt zu bestimmen. Ich bin daher auch bis itzt so schlecht bezahlt worden, daß ich es kaum mehr des Geldes wehrt halte, zu denken. Um hier eine rechte Mittelstraße zu treffen, und weder zu viel noch zu wenig zu thun, habe ich H. M. selbst an Sie, Theuerster Freund; verwiesen, und bitte Sie recht sehr nach Ihrem und H. M. Gutdünken zu verfahren, da auf alle Weise Sie meine auri sacra fames befriedigen werden. Die Auszahlung kann durch wen Sie wollen in Hamb. oder durch einen Ihrer hiesigen Freunde geschehen, an den H. M. mir einen Wechsel geben kann.

Es ist mir überaus lieb, daß Sie wieder hergestellt sind. Genesungen sind oft angenehmer als Gesundheit, wenn sie, wie ich wünsche, daß die Ihre thun möge, zu einem dauerhaften Wohlbefinden führen.

Michaelis hat wie ich höre den Ertzengel spielen wollen; ich hätte vermuthet, daß der Verfasser des M o s a i s c h e n Rechts am wenigsten an solche moderne Ritterzüge glaubte. Es würde in der That dem Menschensinne zu viele Ehre machen, wenn Ihr Jerusalem überall gefaßt würde. Immer die Kirche der Menschen, und nirgends die Kirche Gottes! Sagen Sie mir doch, ob Ihnen nicht die Menschen entsetzlich klein und verächtlich vorkommen? Ich mögte Voltaires schöne Verse gern in schlechte parodieren und nach ihm sagen: Les hommes, croyés moi, que j'ai trop su connaître, meritent peu, mon fils, qu'on désire d'en être.

Erhalten Sie mir indessen, in dieser Welt, die im Argen liegt Ihre Freundschaft, theuerster Mendelssohn, so wird meiner Seele immer ein Ruhepunkt übrig bleiben, wo meine Phantasie verweilen kann, so wie ich mein Leben irgendwo in dem ländlichen Schatten

einer glüklichen Gegend ausweilen mögte.
Ich bin mit dem wärmsten Herzen

der Ihrige
A. Hennings

634

AN HERZ HOMBERG

Berlin, den 1. März 1784.

Sehen Sie mein lieber Freund Homberg! daß es zuweilen ein gar gutes Ding um die Faulheit sey. Daß ich zu träge gewesen, Ihnen auf Ihr voriges Schreiben zu antworten, hat sowohl auf Sie, als auf mich keine üble Wirkung gehabt. Von Ihrer Seite haben Sie unterdessen über das System weiter nachgedacht, und meine Grundsätze so gut vertheidigt, als ich immer in dem längsten Briefe hätte thun können. In der That treffen Sie mit wenigen Worten gerade auf den Punct der Schwierigkeit, und wissen ihn glücklich zu heben, da ich vielleicht genöthigt gewesen wäre, ihn erst aufzusuchen; und von meiner Seite hat meine Eigenliebe schöne Gelegenheit, sich zu schmeicheln, daß mein System sich selbst erhalte, und fest genug wäre, den heftigsten Angriffen zu widerstehen. — So ungefähr würde ich Ihnen auf Ihre gerechte Klage, wegen meines Stillschweigens, haben antworten können, wenn Sie nicht zu meiner eigenen Vertheidigung bewiesen hätten, daß die menschlichen Handlungen nach ihren Triebfedern, und nicht nach ihren Folgen zu schätzen seyen, indem die Absicht und nicht der Erfolg den Wehrt und Unwehrt einer freyen That bestimmt, und daß dem zufolge, einem Freunde nicht antworten unartig sey, und wenn es auch zufälligerweise eine gute Folge hätte.

Ich muß Ihnen indessen aufrichtig gestehen, daß ich mich über den Inhalt meines Jerusalem mit meinen vertrautesten Freunde nicht gerne einlasse. Mein erster Vorsatz war, alle schriftlichen sowohl, als mündlichen Privaterörterungen zu verbitten, und

Jeden, der mir einen Einwurf machen würde, auf den Druck zu verweisen. Hiezu hatte ich verschiedene Ursachen. Von der einen Seite hatte ich so mancherley, in unseren Zeiten herrschenden Vorurtheilen und falschen Grundsätzen so geradezu zu widersprechen, daß ich natürlicherweise von allen Seiten her Angriffe erwarten mußte, und zwar Angriffe von ganz verschiedener Art, indem ich mir wohl bewußt war, daß ich es keiner von den Partheyen, die sich das Wort anmaßen, werde zu Sinne gemacht haben. Der Clerisey z. B. von der einen Seite sicherlich nicht, aber auch die weltliche Obrigkeit, wenn diese nöthig finden sollte, sich in Vernunftgründe einzulassen, müßte sich wider mich erklären; denn mit der Aufhebung aller Kirchenmacht ist dieser nicht gedient. Ihr behagt bloß das System des Hobbes, der den Weihrauch vom Altare nimmt und ihr damit räuchert. Der Gedanke, daß das Christenthum zuerst angefangen, Lehrsätze und Meinungen zu befehlen und in Gesetze zu verwandeln, dieser Gedanke, so sehr er mir in die Augen zu leuchten scheint, muß nothwendig manches System ein wenig zerrütten, und meine Begriffe vom Judenthume können im Grunde weder Orthodoxe, noch Heterodoxe befriedigen. Ich machte also Rechnung darauf, daß ich die mehrsten Gemüther wider mich eingenommen finden würde, und wollte daher allen Privatstreit vermeiden, um nicht zu viel Zeit und Kräfte an diese Materie zu verschwenden. Ich wünschte auch die Streitpuncte mehr in öffentliche Untersuchung zu bringen, um das Publicum daran Theil nehmen zu lassen, weil mir die Materie, so wenig pragmatisch sie auch ist, doch auch ihre gemeinnützliche Seite, und besonders in jetzigen Zeiten zu haben schien. Daher ich meinen besten Freunden, so oft sie mir ihre Zweifel mündlich zu erkennen gegeben, zur Antwort gab: Lassen Sie drucken. Freund Leuchsenring (im Vorbeygehen gesagt, dieser vorteffliche Mann ist seit einigen Tagen wieder bey uns, und empfiehlt sich Ihnen) selbst, der das Manuscript durchgelesen, und in manchen Puncten nicht meiner Meinung war, mußte mir versprechen, drucken zu lassen.

Sie sehen also, bester Freund! daß mich kein durchlauchtiges, hochehrwürdiges oder hochgelehrtes Urtheil über meine Schrift sonderlich befremden kann. Der Fürst, der sich beym Frisiren so etwas vorlesen läßt, muß dem vorlesenden Abt die Schrift aus der Hand nehmen, und sprechen: Mendelssohn ist ein Schwätzer. Ein Leipziger Professor hat gesagt: Mendelssohn ist in dem ersten Abschnitte ein Sophist und in dem zweyten Stockjude. Zu Wittenberg soll Jemand geurtheilt haben, ich sey Sacrilege und Naturalist. Alles dieses mir nicht unerwartet. Indessen habe ich doch die Freude gehabt, daß sich einige der hellsten Köpfe und besten Menschen in den wichtigsten Behauptungen völlig für mich erklärt haben, und was braucht es mehr zur Schadloshaltung wegen aller schiefen Urtheile, die über mich ergangen sind und noch ergehen können?

Von der Toleranz, die in allen Zeitungsblättern so sehr herrscht, habe ich bey weitem noch die günstige Meinung nicht, die Sie davon zu erkennen geben. So lange noch das Vereinigungssystem im Hinterhalte lauert, scheint mir diese Toleranzgleißnerey noch gefährlicher als offene Verfolgung. Montesquieu hat schon in seinen lettres persannes, wo ich nicht irre, den verderblichen Gedanken gehabt, daß das beste Mittel zur Bekehrung nicht Härte und Verfolgung, sondern Sanftmuth und Duldung sey, und mir kommt es vor, als wenn dieses eigentlich, und nicht Weisheit und Menschenliebe, jetzt das herrschende Principium seyn wolle. Desto nöthiger wäre es doch in diesem Falle, daß das kleine Häuflein derer, die nicht bekehren, auch nicht bekehrt seyn wollen, sich zusammendränge, und fest aneinanderschließe, und wodurch? Ich werde wieder auf die Nothwendigkeit des Ceremonialgesetzes geführt, wenn nicht Lehrmeinungen in Gesetze verwandelt, und symbolische Bücher gemacht werden sollen.

Freund Luzzato beliebt zu bemerken, qu'il y a une grande différence entre l'amour propre et l'amour de soi-même. L'amour de soi-même est le premier mobile de toutes les actions humaines, mais notre prochain en peut être l'objet immediat. J'augmente ma propre félicité, si je peux augmenter celle de mon prochain; ainsi l'amour de soi-même peut conduire à la bienveillance; mais l'amour propre n'est que la cause de celles de nos actions, dont nous-mêmes sommes immédiatement et l'objet et la fin; notre prochain n'y entre pour rien, et son bonheur est bien indifférent à l'amour propre.

Empfehlen Sie ihm doch über diesen Punct meine Anmerkungen zu Abbt's freundschaftlicher Correspondenz, wenn Sie anders diese kleine Schrift mitgenommen haben. Ich glaube daselbst den Streit zwischen dem Systeme des Eigennutzes und dem Systeme des Wohlwollens ziemlich richtig entschieden zu haben. Der Unterschied scheint anfangs eine Kleinigkeit, auf die nichts ankommt. Der Sophist rückt sie aus dem Auge, verwechselt die Worte, und vermittelst derselben auch die Begriffe. Am Ende ist alles beym Menschen Liebe zu sich selber (amour de soi-même), oder Eigenliebe (amour propre), d. i.: Der Mensch liebt nur sein theures Selbst. Können es solche Wort- und Begriffsverdreher übel nehmen, wenn man sie Sophisten nennt? — Uebrigens hat es mich gefreut, zu sehen, daß Freund Luzzato so viel Deutsch versteht, und so viel Geschmack an der deutschen Philosophie findet.

Was Sie mit den Büchern anfangen, die Sie in Händen haben? — Was Sie können; verkaufen, verschleudern, vertauschen, verschenken, und mir schreiben, wie viel oder wenig Sie dafür eingenommen, damit ich mir merke, was ich Ihnen, oder Sie mir schuldig sind.

Melden Sie uns doch auch etwas Näheres von Ihren Umständen, Vorhaben, Aussichten, Hoffnungen u. s. w.

Herr Elias Marpurgo hat mir einige von seinen Schriften zugeschickt, und beklagt sich in seinen Briefen an Herrn Wessely, daß ich nicht geantwortet. Ich weiß aber in Wahrheit nicht, was ich darauf zu antworten hätte. Wenn Sie ihn sehen sollten, so bitte ich, mich so gut Sie können zu entschuldigen. Tell him: I am sick, I am dead.

Emanuel Sacerdote aus Mantua hat mir einige Proben zugeschickt von roher Seide, ich habe ihm aber auch nicht geantwortet. Ich finde weder die Qualität seiner Waare vorzüglich, noch die Bedingungen, die er anbiethet, vortheilhaft genug, um meine Freunde zu verlassen, und meine Aufträge einem Andern zuzuwenden. Es ist eine allgemeine Handelsmaxime, seine Kundschaften nicht ohne wichtigen Grund zu ändern. Ein anderes wäre es, wenn Herr Sacerdote den Versuch machen wollte, einige Ballen Seide, wie viele italienische Häuser thun, mir in Commission zu senden. Ich würde gegen billige Bedingungen sie zu seinem Besten versilbern, und den Verkehr so nützlich zu machen suchen, als sich immer thun läßt. Auf diese Weise habe ich einem Hause zu Mailand bereits große Geschäfte gemacht. Leben Sie wohl, bester Homberg! Ich bin völlig der Ihrige

Moses Mendelssohn.

635

AN AUGUST HENNINGS

Ich bin einige Tage unschlüssig gewesen, ob ich Ihr gar zu ehrliches Schreiben an M. abgeben soll. Der beste Buchhändler, mein Theurer! ist Buchhändler, d. i., in beständigem Kriege mit dem Schriftsteller, der also seinem Widersacher nie zu viel trauen darf. Einem Buchhändler sich unbedingt in die Arme werfen, heisst dem Wolf den Schnabel grade in den Rachen stecken. Dann fordert der Storch Honorarium!

Das Schlimmste ist, dass sie mir den Auftrag gegeben die Geldsache abzureden; mir, der ich zwar auch Kaufmann bin; aber diese Art von Handel am Wenigsten verstehe, und gar leicht überlistet werden kan. Ich fühle es recht sehr, was ein edel denkender Schriftsteller empfinden muss; wenn ihn die Umstände nöthigen, die Arbeiten seines Geistes feil zu bieten; das Verhältniß als Schriftsteller mit dem Verhältniß als Verkäufer zu verwechseln. Aber eben diese feine Empfindung pflegen sich die feinen Buchhändler zu merken, und zu ihrem Vortheil zu gebrauchen, und mit mir ist ihnen dieser Kunstgriff noch allezeit gelungen. Auch wenn ich den Handel nicht in meinem Namen schließe, fürchte ich, daß er ihm gelingen werde; denn ich empfinde für meine Freunde, was ich für mich empfinde, und liebe es, auch in ihrem Namen jeden Verdacht des Eigennutzes zu vermeiden. — Mein erster Entschluß war also, den Brief zurük zu halten, und Sie um gemessene Ordre zu bitten. Littera non erubescit, dachte ich. Man kan weit besser auf sein Recht bestehen, wenn man etwas aufzuweisen hat, darauf man sich stützet.

Indessen schien mir das Hin- und Herschreiben, zumal bei jetzigem

Eisgange, zu viel Zeit zu erfordern, und ich entschloß mich es zu wagen. Ich werde also heute oder morgen Ihr Schreiben abgeben, und sehen, wozu sich M. entschließet. Allenfalls schließe ich, b i s a u f I h r e G e n e h m i g u n g, wenn er sich unbillig zeigen sollte.

Aber dieses, mein Bester! belieben Sie in allen Fällen nicht zu unterlassen. Bedingen Sie sich die Hälfte des honorarium gleich nach dem Abdrucke des ersten Theils aus, und behalten den zweiten Theil so lange zurük. M. ist ein junger Anfänger, der nicht viel Vermögen hat und viel unternimmt. Es scheint ihm oft mehr an fond, als an gutem Willen zu fehlen. Vorsicht kan also nicht schaden; von mir aber würde es unschicklich seyn, irgend ein Mistrauen dieser Art zu erkennen zu geben.

Und hiermit genug von der Geldsache! Ich habe Ihnen noch ein paar Worte über die Laune zu sagen, mit welcher Sie immer noch auf das Thun und Lassen der Menschen zu sehen scheinen. Immer noch s c h m o l l e n d e Philantropie, die auf der Neige steht, in Misantropie herab zu sinken. Dieses ist mehrerntheils der Antheil der Besten unter den Menschenkindern. Sie machen sich ein Ideal vom Menschen, spannen ihre Forderungen sehr hoch, und wenn sie diese Forderungen in der Welt Gottes nicht erfüllt sehen; so kehren sie in sich zurück, schelten bald die Welt, bald ihre eigene Philosophie, und sind in Gefahr, mit beiden in beständiger Uneinigkeit zu leben. Aber in der That, mein verehrungswürdiger Menschenfreund! gehet es uns allen so, nur so lange wir auf der Schwelle der Weisheit stehen. Ein näherer Hintritt zum Altare dieser Gottheit giebt eine weit bessere Aussicht, bringet uns in Harmonie mit uns selbst, und macht uns zufrieden mit Gott, mit seiner Welt und mit uns selbst. — Wenn Ihnen gleich diese Maximen itzt trivial und abgedroschen scheinen; so bin ich doch versichert, sie werden Ihnen in einigen Jahren w a h r scheinen, sobald Ihr guter Genius Sie durch Ihre eigene Empfindung darauf führen wird. So natürlich ist dem bessern Theil der Menschen dieser Kreislauf der Gesinnungen! Sie kommen alle wieder auf den Punkt zurük, von welchem sie ausgegangen sind, Menschenliebe. — In welchem Punkte dieses Kreises Sie aber auch itzt stehen; so lieben Sie doch unstreitig Ihren

Berlin, den 15ten Merz 1784 Moses Mendelssohn.

636

AN HERZ HOMBERG

[Berlin, 15. März 1784]

Liebster Freund!
Sehr vergnügt hat mich die Nachricht, daß auch Ihre Philosophie endlich dem Rufe der Natur Gehör gegeben, und Sie sich entschlossen haben, den ehelosen Stand zu verlassen. Am Ende ist's doch nur das häusliche Leben, in welchem der Mensch Glück und Beruhigung findet. Selbst das Unangenehme und Beschwerliche des häuslichen Standes hat, wenn wir zu gewissen Jahren gelangen, weniger Fürchterliches für uns, als das Vacuum eines ehelosen Alters. Hievon hat der junge, lebhafte, jovialische Mensch keinen Begriff. Er muß ihn auf Glauben annehmen; denn wenn er es anstehen läßt, bis ihn die Erfahrung darauf bringt, so ist es zu spät, dem Uebel auszuweichen. Also wohlgethan, bester Homberg! Ohne alle Rücksicht auf das Glänzende oder Nichtglänzende der äußeren Umstände, wohlgethan! Sie wissen, wie wenig ich selbst bey meiner Wahl hierauf gesehen. Sobald sich ein Weg zeigt, wo wir mit Ehren durchzukommen Hoffnung haben, so tritt die Natur in die Rechte wieder ein, aus welchen sie Kleinmuth, Selbstsucht und Eitelkeit verdrängt, und besteht auf diejenige Verbindung, die mit unsern unschuldigen Gemüthsneigungen am besten übereinstimmt.

Dieses waren die ersten Betrachtungen, auf welche mich die Nachricht von Ihrem Verloben führte. Von der andern Seite mischte sich die unangenehme Ahnung zwar mit ein, daß ich Sie auf diese Weise wohl schwerlich je wieder sehen werde, daß wir uns in der Entlegenheit der Oerter und bey dem Mangel der Verbindung zwischen diesen Oertern gar wohl einander immer seltener und fremder werden könnten, als — — jedoch diese Seite bleibe für jetzt unberührt, und ich würde nicht darauf gekommen seyn, wenn Sie nicht mich selbst darauf gebracht hätten, indem Sie etwas Aehnliches befürchtet zu haben scheinen. Sie suchen daher Gelegenheit, das Band unserer Freundschaft anzuziehen, und wollen den Knoten so befestigen, daß weder Zeit noch Entfernung, sie leicht wieder aufzulösen, kommen soll.

Sie sehen, wofür ich den Vorschlag nahm, den Sie mir in Ihrem Schreiben zu machen die Freundschaft haben. Für den liebreichen Wunsch, mit mir in nähere Verbindung zu treten, nachdem der Gedanke auch bey Ihnen aufgestiegen seyn mag: Nun komme ich wohl nie wieder mit meinen Berlinern zusammen!

Indessen wäre es doch so übel nicht, meinen Sie, wenn dieser liebreiche Wunsch erfüllt werden sollte. Freylich, so übel nicht! Sicherlich würden wir uns, meine Tochter und ich, und (wenn Sie es meiner Eigenliebe vergeben wollen) vielleicht auch E. und Sie sich wohl dabey befinden. Nur liegt ein Bedenken, eine Schwierigkeit im Wege, die wohl nicht leicht wegzuräumen ist.

Eine Partie, die nicht Eigennutz zum Grunde haben soll, muß aus Neigung entstehen. So wie ich den rechtschaffenen E. selbst kenne, und durch Sie näher kennen lerne, halte ich ihn für edeldenkend genug, sich über alle Eingebungen des Eigennutzes zu erheben, und aus Neigung zu wählen. Aber diese Neigung muß d a s e y n , bevor sie w i r k e n kann, muß gefühlt werden, wenn Sie Entschließung zu Wege bringen soll. Sie läßt sich aber nicht v o r a u s s e t z e n , entsteht nicht aus H ö r e n s a g e n , weiß nichts von Tradition und K ö h l e r g l a u b e n , kennt nur Evidenz der Sinne, und übrigens keine Versicherung, wenn sie auch durch Wunder und Zeichen bekräftigt wird; wie ein neckisches, launiges Mädchen ist sie gerade da, wo ihr sie am wenigsten vermuthet, und läßt euch vergebens warten, wo ihr auf sie Rechnung gemacht habet. Ihre Genealogie klingt zuweilen sehr sonderbar; aber sicherlich ist sie noch selten aus Liebe zu des Vaters Weltweisheit entstanden.

Da diese Theorie der Neigungen auf Erfahrung sowohl, als auf Grundsätzen beruht, so möchte ich mir selbst nicht gern einen Gedanken in den Kopf setzen, der mich sehr schwindlich machen könnte. In der That, ein Schwiegersohn, wie E., wäre keine geringe Nahrung für meinen Stolz! — Also hievon für dieses Mal genug!

Mein Joseph hat sein hebräisches Studium so gut als an den Nagel gehängt. Unglücklicher Weise war er unmittelbar nach Ihnen einem Gelehrten in die Hände gekommen, der ein leerer בעל פלפול war, und so sehr auch Joseph den Scharfsinn liebt, und dem Disputiren ergeben ist, so hat er doch für den eigentlichen פלפול

keinen Sinn. Es gehört, wie Sie wissen, eine ganz besondere Art des Unterrichts dazu, an dieser Geistesübung Geschmack zu finden, und wiewohl wir beyde diesen Unterricht selbst genossen haben, so kamen wir doch darin überein, daß Joseph lieber etwas stumpfsinniger bleibe, als ihn in einer so unfruchtbaren Art des Witzes zu üben. Der Mißgeschmack, den er also an dem Unterrichte seines Lehrers fand, brachte ihm eine Abneigung gegen das ganze Studium bey. In den soliden Wissenschaften macht er übrigens gute Fortschritte, dringt tief ein, und schaut mit festem, forschendem Blick umher, thut aber niemals große Sprünge, wie von einem jungen, feurigen Kopfe erwartet werden könnte. In Absicht auf seine künftige Lebensart haben wir noch nichts bestimmt. Ich bin noch immer ungewiß, wozu ich ihm rathen soll. Seine Talente und guten Anlagen zu den gründlichen Wissenschaften lassen in diesem Fache etwas Vorzügliches von ihm erwarten. Als Jude aber kann er bloß Arzneykunst treiben, und zu dieser hat er weder Lust noch Genie. Ihn der Handlung zu widmen, ist, wie mich dünkt, noch zu früh. Er mag also vor der Hand alles lernen, wozu er Lust und Trieb empfindet. Zum Kaufmanne wird er dadurch wenigstens nicht verdorben. Er mache es allenfalls, wie sein Vater es hat machen müssen, stümpere sich durch, bald als Gelehrter, bald als Kaufmann; ob er gleich Gefahr läuft, keines von beyden ganz richtig zu werden.

So gern er übrigens denkt, und so richtig, so träge und langsam ist er zum Schreiben. Gut und gründlich ist alles, was er aufsetzt. Er ergreift aber nur selten die Feder, nur alsdann, wenn er etwas hört oder selbst denkt, das ihm von Wichtigkeit scheint. Auch freundschaftliche Briefe gelingen ihm; aber er schreibt sie nur alsdann, wenn sich ihm neue Gedanken anbiethen, die ihm fruchtbar erscheinen. Die Uebung, seine Gedanken niederzuschreiben, wird in unserer besten Erziehung mehrentheils vernachlässigt. Ich k e n n e nur e i n e n jüdischen Gelehrten, der die große Gabe besitzt, mit der Feder seine Gedanken hinströmen zu lassen, den Verfasser von דברי שלום ואמת. Mir selbst ist es noch allezeit Arbeit, so oft ich meine Gedanken in Schrift verwandeln soll.

Meine übrigen Kinder schlagen alle vor der Hand so ein, wie wir es vermuthet und größtentheils gewünscht hatten, לא אריך ולא גוץ לא חכם ולא טפש, bis auf meinen kleinsten N a t h a n, der sich

den Weisen nennt, und dessen Weisheit noch vor der Hand darin besteht, daß er von Swa Zuckerbrot, von R. Samuel Pfefferkuchen, und von der Köchin Hanna alle seine übrigen Bedürfnisse erwartet.
Nun wahrlich! ein größeres Detail erwarteten Sie wohl schwerlich von meinen häuslichen Umständen. Nehmen Sie dieses als eine Einladung an, mich mit gleichem Detail von Ihrer Verfassung zu unterhalten. Der Ihrige

Moses Mendelssohn.

Unserem würdigen Freunde, dem edeldenkenden Luzzato, macht meine Frau und ich unsern besten Empfehl.

637

VON AUGUST HENNINGS

Kopenhagen den 23. März 1784.

Theuerster Herr Mendelssohn,

Was Sie die Güte haben mir zu schreiben ist so übereinstimmend mit meiner Denkungs Art und Lage, daß ich Ihnen nichts weiter davon sagen darf; Sie müssen daraus sehen, daß Sie weit besser für mich handeln können, als ich selbst, und daß es mir sehr lieb seyn muß, wenn Sie das Geschäft völlig abschließen. In Ansehung des Verfahrens mit H. M. habe ich gerade so gedacht, wie Sie, und werde itzt erst abwarten, wie der Versuch mit ihm ausfällt, ehe ich weiter gehe. In Ansehung des bereits angefangenen erwarte ich bald Ihre schließende Antwort.
Sie müssen mir es nicht verdenken, wenn der ewige Betrug der besten Empfindungen der Menschen mich zu einem muthlosen Mistrauen führet, aber selten ist es vielleicht auch, so weniges um sich zu sehen, daß den Geist erheben und stärken kann. Man verliehrt, im beständigen Anblick der Kleinheiten und des augenblicklichen Bestrebens nach Zwecken, welche im Ganzen die Menschheit entehren und niederbeugen, ganz die Aussicht zu den

höhern Bestimmungen, ohne welche man doch in diesem Daseyn fast schon aufhöret, zu seyn.
Ueberall sind Gaukeleien und Possen das Spielwerk der Menschen, dem sie eine Wichtigkeit geben, als ob innere Würde eine ganz entbehrliche Sache wäre. Könnte man sich blos in seinen Cirkel einschließen, sein ganzes Glük häuslich machen, so würde man freilich die Menschen gehen lassen, aber wo ist es möglich, ohne Verwickelung mit ihnen zu seyn und wie nun, wenn diese auf lauter Betrug und Uebelwollen gegründet sind? Und doch ist es gut daß wir Verwickelungen haben, was sollte sonst aus uns werden, wenn Krankheiten, Sterben oder andere Zufälle unsere häusliche Glükseeligkeit störten!
Ihnen weiter etwas hievon zu sagen, würde zu sehr mein Selbst in unsern Briefwechsel mengen, und dieses das Vergnügen stören, in den allgemeinen Lenkungen der Weisheit aus Ihren freundschaftlichen Unterhaltungen den Vortheil zu zeigen den der Umgang mit Ihnen, Bester Mendelssohn, mir immer gewährt hat.
Mich deucht ich habe nie vieles von den Menschen verlangt. Ich bin überzeugt, daß in dem hinfälligen Geschöpfe, welches wir Menschen nennen, alle glänzende Helden Tugenden, Thorheiten der Phantasien, Täuschungen glüklicher Umstände sind, und reine Güte des Herzens, wohlwollende Verträglichkeit; mittheilendes Gefühl, ohne gerade vertraulich oder leidenschaftlich zu werden, einzig und allein das ist, was Menschen von Menschen fordern können, was ich immer willig war zu geben, mit Aufopferung meines eigenen Vortheils gegeben habe. Letzteres habe ich nie wieder verlangt, denn ich wünschte nie Aufopferungen von andern. Aber wo findet man Spuren von Wohlwollen, von Mithülfe; wo finden Sie nicht . . . und schlimmer wie dieses, Freunde, die uns verlassen?
Das Annähern zur Weisheit, wie Sie es mir vorstellen, bewundere ich; es ist nicht trivial, es ist beruhigend gewiß, in der Harmonie mit dem Schöpfer und dem Erschaffenen zu denken. Hat eigene Arbeit der Geister Sie unter allen Disharmonien dahinbringen können; wie wünschenswerth scheint es mir dann Ihr Nachahmer seyn zu können.
Leben Sie wohl, mein Bester, iedes freundschaftliche Wort von

Ihnen ist mir unendlich schätzbar und ewig ist Ihnen ergeben,

Ihr eigener

Hennings.

638

VON JOHANN AUGUST EBERHARD

Halle, den 1. April 1784

Teuerster Freund!

Der Überbringer dieses ist ein junger Siebenbürger, der hier studiert hat und vor seiner Rückreise in sein Vaterland noch Berlin sehen will. Wollen Sie ihm den Zutritt zu sich verstatten, so werden Sie ein gutes, diskretes und dankbares Herz verpflichten. Ich aber ergreife diese Gelegenheit, ein paar Augenblicke Ihre Geschäfte zu unterbrechen und mich bei Ihnen ins Andenken zu bringen.

Daß ich mich mit Professor Klein in Mannheim eingelassen und das Leben Leibnizens zu schreiben übernommen habe, wissen Sie vielleicht nicht, ob Sie ihn gleich an mich gewiesen haben. Ich habe mich am meisten über das Charakteristische seiner Philosophie ausgebreitet und ich wäre gern näher in das Detail derselben gegangen, wenn der Faden der Erzählung nicht immer durch andere Materien hätte müssen unterbrochen werden, und wenn der panegyrische Ton, den man verlangte, mehrere Subtilität erlaubt hätte. Am Ende habe ich Gelegenheit genommen, etwas zu Wolffs Lobe zu sagen, in Sonderheit von seinen Verdiensten um den deutschen gründlichen Verstand durch seine deutschen Schriften. Herr Hißmann in Göttingen hat gedroht, den armen Wolff um all' seine Achtung zu bringen; vielleicht, daß er sich besinnt. Ad vocem Göttingen kann ich meinen Verdruß über die neueren Zumutungen nicht bergen, wodurch man das Maß der Michaelis'schen Sünden gegen Sie gehäuft hat. Von M. erwarte ich so etwas wie seine Frage in England, auf die man etwa keine Antworten geben konnte oder nur eine solche, wie er sich selbst hätte geben geben können. Aber daß die Zeitung

nach Ihrer Beantwortung in der Berliner Monatsschrift nicht ist gerechter, wenigstens klüger gewesen, das überraschte mich.
Ich werde dieses Jahr meine Theorie der schönen Wissenschaften wieder drucken lassen . . . .

639

AN KARL AUGUST GRAFEN VON OEYNHAUSEN-GRAVENBURG

Theuerster Menschenfreund!

Haben Sie wiederholten Dank für alle Güte, die Sie für den jungen Künstler gehabt, der mir noch vor seiner Abreise nach Rom gemeldet, er habe sein Fortkommen in der Welt, so wie in der Kunst, vorzüglich Ihrer Empfehlung zu verdanken. Wenn er vorbereitet genug die Reise angetreten; so hoffe ich, der Erfolg soll unsere Bemühung zu seinem Besten, reichlich belohnen. Aber der Gräfin, wie soll ich dieser vortrefflichen Dame für die ausnehmende Gnade danken, die sie meinem Vetter erzeugt? — Gott gebe ihr öfter die Freude, durch Wohlthun glücklich zu machen! Dieses ist, wie ich mir die Gräfin vorstelle, aller Dank, den sie gern annimt.

Ueber J e r u s a l e m sind bereits zwey Brochuren, fast eben so stark als die Schrift selbst, zum Vorschein gekommen. Eine hat einen hiesigen Prediger, und die andere soll einen Hanöverischen zum Verfasser haben. Beide widerlegen mich, aber mit Glimpf und Bescheidenheit. Mit dem Ritter Michaelis aber habe ich weniger Ursache zufrieden zu seyn. Ich lege Ihnen ein kleines fliegendes Blättchen mit ein, das die Ursache meiner Unzufriedenheit enthält.

Hr. Grossinger bedarf keines Weges meiner Erlaubnis, eine gedruckte Schrift, in welcher Sprache er gutfindet, zu übersetzen. Ich erkenne es vielmehr als eine Ehre, die er mir erzeugt, und bin ihm dafür verbunden. Mit ungedruckten Sachen ist es ein anders; da dünkt mich, sollte der Autor befragt werden, ob er mit der Bekanntmachung zufrieden sey? Warum beklagen Sie sich doch,

über die Schwierigkeiten, die Ihren besten Absichten entgegengestellt werden? Ach! wer erlebt einen Tag, ohne diese Erfahrung zu machen? Und man schläft so gern mit der süssen Einbildung ein: a n d e r s w o i s t e s b e s s e r !
Leben Sie wohl, und lieben Sie

Ihren

Berlin d. 12. Apr. 1784 Moses Mendelssohn

640

VON JOHANN JACOB DUSCH

Altona d. 23ten April 1784

Mein theuerster Herr Mendelssohn,

Es freuet mich ausnehmend, dass meine Empfehlung so viel Gewicht bey Ihnen gehabt hat; so wohl, weil ich unserm bedrängten Littauer das gute Schicksal wünsche, was er so wohl verdienet, als auch, weil es meiner Eigenliebe nicht wenig schmeichelt, von Männern Ihrer Würde geschätzt zu werden. Nicht so angenehm konnte es mir seyn, dass Sie, theuerster Herr Mendelssohn, Anstoss in meinem Schreiben gefunden hatten in Ansehung dessen, was ich von dem Studien und Lebensplan geschrieben hatte, und dass dieser Anstoss meinem Empfohlnen nachtheilig seyn soll. Ich versichere Sie aufrichtig, es was nur mein eigner Gedanke, wenn ich den Plan äusserte, dass er nach Einem hier noch zugebrachten Jahre die Academie beziehen könnte. Ich dachte dabey, um die Artzneywissenschaft zu studieren. Da ich ihn selbst darüber nicht vernommen hatte, und erst nach Ihrem Schreiben deshalb befragte, gestand er mir gerade zu, Medicin zu studiren wäre weder seine Neigung noch Absicht gewesen. Sondern er wünsche noch Ein Jahr Zeit und Unterstützung, um sich in Sprachen und Sacherkentnissen genugsam um zu sehen, dass er in seinem Vaterlande durch Information sich und seine Familie, die er niemals zu verlassen gedacht hätte, anständig ernähren könnte; und den ihm in diesem seinem Vaterlande bekannten Umständen nach glaubte er, dass dieser Plan der beste, gewisseste, und einzige wäre. Er gab mir zugleich, zur Erläuterung dessen, eine an mich gerichtete Nachricht, die ich des wegen beyzulegen für nöthig erachte.

Sie, mein theuerster Herr Mendelssohn, die Sie mit vielen Umständen mehr bekannt sind, als ich, werden darüber am besten entscheiden können. Ich für meine Person kann unseres rechtschaffenen Littauers wegen nicht anders als wünschen, dass es ihm möglich gemacht werde, das durchzusetzen, was er sucht, und gewiss in dieser Zeit so weit durchsetzen wird, als nöthig ist, Unterricht geben und sich nähren zu können. Sehr verbunden bin ich für mich selbst dem würdigen Herrn Levi, der sich zu einem so reichlichen Beytrage erbothen hat. Allein es ist doch nicht möglich, dass Salomon von 60 RT hier leben kann, da er, ausser dem, was ich hier von unserer Seite zu versprechen habe, wöchentlich gewiss zwey Reichsthaler braucht. Vielleicht lässt sich dieser edelmüthige Herr Levi noch bewegen, auch seine edelgesinnte Verwandte zu erbitten, dass sie ihre Wohlthätigkeit fortsetzen. Dann wünscht er auch, dass er nicht wieder von Bothen aus Littauen von Seiten seiner Frau, zu der er sicher nach Einem Jahre zurück kehren will, wie in diesem Winter gekränkt und beunruhiget werde.

Ich habe nur eben noch Raum, Ihnen sagen zu können, und wünsche es, mit so warmen Worten sagen zu können, als ich es empfinde, mit wie uneingeschränkter Hochachtung ich mich freue zu seyn

Ihr
gantz ergebenster Diener
Joh. Jacob Dusch

641

VON JOHANN GEORG ZIMMERMANN

Hannover, 25. April 1784

Wenn ich nicht seit so vielen Jahren so liebe Beweise ihrer grossen Nachsicht für mich hätte, so dürfte ich es nicht wagen

Ihnen ein solches Buch zu schicken. Sie wissen, daß ich von spekulativer Philosophie nichts verstehe. Ich schreibe über den Menschen nach dem was mir aus eigenen und anderer Beobachtungen von den Menschen bekannt ist, und hänge sodann diese Beobachtungen so gut aneinander als ich kann. Ich schreibe also über Moral wie ich über Artzneywissenschaft schreiben würde. . .

642

AN JOHANN ALBERT HEINRICH UND ELISE REIMARUS

[April 1784]

643

VON JOHANN GOTTFRIED HERDER

Mit größestem Dank schicke ich Ihnen, werthester Mendelssohn, Ihre Jüdischen Schriften wieder. Das Lehrgedicht besitze ich selbst und habe es längst geschätzt und geliebt; von dem andern hab' ich wenig Gebrauch machen können, weil es mir an Muße gefehlt hat, es mit dem Wörterbuche in der Hand g a n z durchzugehen. Schöne Stellen sind in demselben, und ich danke Ihnen für die Mittheilung bestens.

Ich nehme mir die Freiheit, Ihnen ein Exemplar meiner „Philosophie der Geschichte" beizulegen, die aber jetzt in einer ganz andern Gestalt erscheint. Ich wünsche, daß Ihnen etwas davon gefiele.

An Ihrem „Jerusalem" habe ich mit Geist und Herz viel Antheil genommen und Sie über die mancherlei Chikanen beklagt, die man hie und da dagegen erhoben. Aber lieber Mendelssohn, rechnen Sie nicht mit zwei ungleichen Größen? Den Staat setzen Sie so vollkommen, als er sein sollte, und — wo ist? und zu einem solchen fügen Sie die Kirche. Ich gebe es zu, auch nach sehr reinen

Grundsätzen; so lange aber jener, wie Sie selbst nicht läugnen, mit den äußersten Unvollkommenheiten behaftet ist; so lange wird auch sein pflegebefohlenes Kind, als corpus betrachtet, an seinen ungesunden Säften Antheil nehmen. Und da mags immer noch gut sein, wenn dies einigen Halt für sich hat und nicht ganz von seiner Nahrung abhängt. Im Jerusalem droben oder im zukünftigen — freilich da wird niemand an Ihrer Theorie zweifeln. Leben Sie wohl, lieber Weiser, und lieben mich, wie ich Sie liebe.

Weimar den 4. Mai 1784. Herder.

P. S.
Ich kann diesen Brief nicht schließen, ohne Sie, liebster M. noch um eine Gefälligkeit mit so reinem Herzen zu bitten, als, wie ich gewiß weiß, Sie dieselbe übernehmen werden. Sie wissen mein Verhältniß mit Herrn Nicolai: sei nun Schuld daran, wer da wolle, so ist mir die Lage zuwider und ich biethe auf alle Weise die Hand, daß wir uns nicht weiter als Feinde begegnen. Habe ich ihm Unrecht gethan: so hat er ja seine Schale reich genug ausgegossen und ich habe auf seinen 2ten Theil mit keiner Sylbe geantwortet (ob ich wohl Blatt für Blatt hätte antworten können, und mich gar nicht würde gescheuet haben, auch wo ich Unrecht gehabt hätte, es frey zu gestehen) um nicht Oehl ins Feuer zu gießen und einer Reihe schlechter Menschen ein Gaudium zu machen, das sie nicht haben sollen. Seyn Sie also, wenn er dessen empfängig ist, Mittler zwischen uns, und machen daß alles vergessen werde. Mein Antrag hierüber ist rein und ohne Zwang oder Furcht: wenn er ihn von seiner Seite annehmen will, so soll es mir eine so wahre Freude seyn, als ob ich in die erste Zeit jugendlicher Bekantschaft mit ihm zurükkehrte und aller Groll sey aus meinem Herzen verbannet. Will er ihn aber auch nicht annehmen: so ist meine Parthey, der Friedfertigkeit ergriffen und was ich in dieser oder irgend einer Sache, die ihn angeht, zu sagen habe, will ich rein sagen, ohne das vergangene Persönliche im mindesten zu berühren. Ich bin mir bewußt, daß ich ihn persönlich mit keiner Sylbe beleidigt habe, denn was er auf seine Rede oder auf das Fragen anderer gedeutet hat, ist mir nie in die Gedanken gekommen, sondern die Stelle ging auf Lessings Ge-

spräche Ernst und Falk, selbst. Jedes Wort persönlichen Angriffs ist mir ein Stich durch die Seele, den ich mir also gegen meinen ärgsten Feind nicht erlauben würde. Nehmen Sie diese Bitte so menschenfreundlich auf als ich sie thue: ich habe keine Ursache mich ihm in irgend etwas aufzudringen; ich biete meine Hand aber frei und alles vergeßend dar.

644

VON CHRISTIAN GARVE

Schleibitz bei Breslau, d. 11. Juni 1784.

Theuerster Freund,

Indem ich hier auf dem Lande die Briefe meiner Freunde, welche ich seit einiger Zeit bekommen habe, wieder durchsehe, finde ich in dem Ihrigen die Stelle, wo Sie sagen, Sie begriffen durchaus nicht, was ich damit meinte, wenn ich das Principium, woraus Sie die Verbindlichkeit der Verträge herleiten, eine fictionem juris nenne. Da mir dieses Gelegenheit zu einer kleinen Unterhaltung mit Ihnen verschafft, so werden Sie mir erlauben, daß ich einige müßige Augenblicke anwende, mich darüber zu erklären.

Es kann sein, daß ich den Ausdruck falsch verstanden oder unrecht angewendet habe. Die Idee aber, die ich dadurch vorstellig machen wollte, ist folgende. Es gibt Deductionen der Rechte, wobei es nur darauf ankommt, sie auf eine geschickte und deutliche Art zu erklären; es gibt andere, wo es darauf ankommt, sie zu beweisen. Im ersten Falle ist es erlaubt, und es geschieht, so viel ich weiß, im jure zuweilen, daß man ein gewisses Factum als geschehen voraussetzt, welches vielleicht historisch nicht wahr ist, in welchem sich aber alle die Ursachen, woraus das Recht wirklich entsteht, am besten zusammenfassen, oder in welchem sie sich als in einem Bilde vorstellen lassen. Ein solches zur Erklärung angenommenes Factum ist, nach meinen Gedanken, wie ich auch schon in meinem Buche gesagt habe, der contrat social. Ein förmliches Pactum der noch freien Menschen unter sich, um eine bürgerliche Gesellschaft zu errichten, und der Gesellschaft mit ihrem Regenten, ist nirgends aufzuweisen, ist vielleicht nirgends im eigentlichen Verstande geschlossen worden. Aber die aus vielen Ursachen nach und nach entstandene Einwilligung eines Volks, sich beherrschen zu lassen, läßt sich am deutlichsten und am kürzesten ausdrücken, wenn man sie unter die Form eines wirklichen Vertrages bringt. Das Resultat von allen den dunkeln Ideen und Motiven, durch welche die Menschen bewogen worden sind, bald die zufällig entstandene Macht eines Andern sich länger gefallen zu lassen, als wol die Nothwendigkeit sie dazu gezwungen hatte, bald freiwillig von ihren Rechten jetzt das eine, zu einer andern Zeit das andere aufzugeben, ist ebendasselbe, als wenn sie in corpore auf einmal, nach einer wörtlichen Verabredung, Einem unter ihnen das Versprechen, zu gehorchen, gethan, und dafür das gegenseitige Versprechen, beschützt zu werden, erhalten hätten. Um deswillen ist es dem Lehrer des juris publici erlaubt, die Pflichten und Rechte der Bürger und Obrigkeiten aus einer solchen Verabredung herzuleiten. Sie bleibt aber in und für sich nur eine Dichtung.

Von einer ähnlichen Art nun, glaubte ich, sei Ihre Erklärung der Rechte, welche von Verträgen abhängen, wenn Sie dieselbe aus der Entscheidung einer Collision herleiten. Das Factum selbst scheint mir nicht historisch richtig zu sein. Das heißt: Niemand ist sich, wenn er z. B. einen Kauf schließt, bewußt, daß er, unter mehren miteinander streitenden, oder unmöglich zugleich auszuübenden Pflichten, eine zu wählen habe; Niemand fühlt dabei diejenige Verlegenheit, oder ist mit solchen Vorstellungen beschäftigt als bei Collisionen zu sein pflegen. Die Handlung, die er mit Bewußtsein dabei thut, ist nicht die Fixirung einer unbestimmten Gewissenspflicht. Unter diesem Gesichtspunkt stellt er sich sein Verfahren selbst nicht vor. Allein es ist möglich, die Handlung, die er thut, die Vorstellungen, welche er hat und wodurch er sich bei Schließung des Contracts bestimmt, auf diese Weise vorzutragen und sie dadurch philosophisch deutlich zu machen; und insofern nenne ich diese Erklärung eine fictionem juris. Ich gestehe demohnerachtet, daß, sowie ich bei einer aus so vielen Handlungen zusammengesetzten, unter so viele Menschen vertheilten und durch einen so langen Zeitraum ausgedehnten moralischen Veränderung, als die Errichtung eines Staats ist, eine solche

Fiction, wodurch alle diese Handlungen und die successive Entwickelung der Sache in Eines zusammengefaßt wird, für fast unentbehrlich halte, ich hingegen bei einer so einfachen Action, als die eines Vertrages ist, welcher unter einzelnen Menschen geschlossen wird, keine so nothwendige Ursache sehe, die historische Wahrheit zu verlassen und andere Gründe zur Erklärung der Verbindlichkeit anzunehmen, als diejenigen Ideen, welche sich Jeder in dem Augenblicke, da er diese Handlung thut, deutlich bewußt ist. Der Eine sagt, ich will d a s geben oder thun, der Andere sagt, ich will es annehmen. Was ist der Effect des Versprechens? Daß der Andere weiß, die Handlung werde geschehen. Was ist die natürliche Wirkung der Acceptation? Daß der Versprecher weiß, der Andere verlasse sich darauf. Welches ist nun der Mitelbegriff, wodurch diser physische Effect der ausgesprochenen oder niedergeschriebenen Worte mit der Idee von Verbindlichkeit zusammenhängt. Mich dünkt, der natürlichste ist dieser, daß die sichere Erwartung auch ein Eigenthum ist, daß sie, sowie dieses, genutzt und angewendet wird, um wieder andere Endzwecke dadurch zu erreichen; und daß, wer also jene Erwartung nicht erfüllt, so gut ist, als wer diese Endzwecke stört; und daß er also den Andern wirklich beleidigt. Noch mit einem Worte muß ich des Vergnügens gedenken, welches mir Ihr kleiner Aufsatz über Spalding's Zufall gemacht hat. Alles, was von Ihrer Feder kömmt, gehört zu den angenehmsten Unterhaltungen meines Geistes. Verschaffen Sie mir doch also dieses Vergnügen zuweilen auch durch einen Privatbrief. Ich bin von ganzem Herzen

der Ihrige

Garve.

645

VON JOHANN ALBERT HEINRICH REIMARUS

Sie wenden sich an einen schlecht ausgerüsteten Gehülfen, wehrtester Freund, wenn Sie verlangen, daß ich Ihnen in Bestreitung des Spinozismus beystehen soll. Ich bin mit philosophischen Kentnissen überaus wenig versehen. Der Unterricht, den ich genossen, war nur auf hiesigem Gymnasio, in meiner Jugend, und bestand nur in Vorlesungen meines Vaters über Thümmigs Compendium. Nachmahls habe ich, so viel ich auch Lust dazu hatte, nicht die Muße gehabt viel philosophische Schriften zu lesen. Also — Sie seufzen mit mir — Leibnitz und Spinoza habe ich gar nicht gelesen: nicht einmahl des ersten Theodicee! Von Wolfens Werken nur etwas von seinen deutschen Schriften, die mein Vater des deutlichen Vortrages wegen empfahl. In spätern Zeiten etwas von Ihren Werken, von Cochius und von Garve. Bonnets anonymischen Versuch einer Psychologie habe ich nur flüchtig durchgelesen als ich über die eingebildeten materiellen Ideen schreiben wolte, darüber ich lange für mich selbst gedacht hatte. Andere Schriften kenne ich nur stückweise aus Rezensionen. Nur zum Glück ist mir letztlich Hißmanns Abhandlung über Leibnitz und Diezens über Spinoza in die Hände gefallen, von denen ich übrigens nur das wußte was ich etwa bey andern angeführt gefunden. Dies ist mein aufrichtiges Bekenntniß. Sie sehen also, daß Sie einen Menschen vor sich haben, der nur meistens aus eigenem Trieb Gedanken verfogt hat, dazu ihm der schlichte Menschenverstand die Anleitung gab — Was haben wir aber jetzt für abentheuerliche Systeme vor uns! Materialisten und Antimaterialisten, dazu ich die Spinozisten oder Pantheisten und Idealisten rechne. Von letztern ist mir der berühmte Kant ein sonderbares Beyspiel gewesen. So viel ich nämlich aus der Recension in der allgem. deutsch. Bibl. ersehen, macht der Mann die Gedanken zu würklichen Dingen und das denkende Wesen zum Undinge. Mich wundert, daß Herr Engel sich die Mühe geben können diese Schrift so genau durchzugehen, und den Kopf eines Garve hätte man gar damit verschonen sollen. Sie werden ein Gleiches denken, und ich würde kurz mit dem Spruche rezensirt haben — Du rasest: Deine große Kunst macht dich rasen! Doch zu unserm Zwecke.

Ich bin Ihrer Meinung, daß es wohl am Zuträglichsten wäre, ohne einen bestimmten Gegner zu nehmen, allgemeine Bemerkungen oder Erläuterungen zu geben, die mehrere Zweifel treffen können, oder die einen gemeinschaftlichen Aufschluß geben, der für mehreres zureicht. Sie kennen besser was alles hieher gehöret. Ich muß mich, wegen besagten Mangels der Kenntniß, was den Spinosa betrifft, nur an Jacobis Vortrage halten, und Ihnen meine Gedanken zur Berichtigung überlassen.

Was ist also sein Bedenken gegen eine Grund-Ursache der Welt, die von dieser Ursache als Würkung abhängt und unterschieden ist? — „Aus Nichts wird nichts" sagt er — Nun: damit wären wir ja eins, wenn wir mit heutigen Wahrheitsforschern alle Wesen von Ewigkeit existierend annehmen. Aber dem widerspricht doch nicht, das Eins vollkommen selbständig, und die andern abhängig, oder daß Eins Ursache, die andere Würkung, nämlich Gegenstände des Würkens oder Objecte seyn. Ewig aber muß auch die Würkung seyn wenn die würkende Kraft ewig ist — So fällt dann auch der Einwurf weg, „daß kein Begriff vor dem Begriffe und dem Gegenstande des Begriffes, kein Wille der das Wollen würkte in Gott entstehen konte". Denn Vorstellung und Wollen ist nicht in Gott etwa in einem gewissen Zeitpuncte neu-entstanden; sondern durch seine selbständige Kraft ist alles, Vorstellung, Wille oder Würken auf einmahl zugleich und ewig da — Daß aber, wie er sagt, der Gegenstand vor dem Gedanken causaliter da seyn müsse, ist wenigstens in Ansehung der Urkraft oder ersten würkenden Ursache, unerwiesen. Ohne Object kann ich mir keine Würkung vorstellen, und so dünkt mich, daß eine Kraft um zu würken einen Gegenstand außer sich haben muß. Der Gegenstand der unbegränzten All-Kraft, die Welt, wäre ihr dann auch, so weit das Verhältniß zulässt, vollkommen angemessen, da sie zwar im Einzelnen eingeschränkte Wesen begreift, im Ganzen aber, welches Gott übersiehet, an Menge, Zeit, Raum, Stufen, d. i. in allem Möglichen, unendlich, oder vollständig ist.

„Bey jedem Entstehen im Unendlichen würde ein Wechsel in demselben — ein Etwas aus dem Nichts — gesetzt: Das ewige Wesen aber müßte in sich unveränderlich seyn" — Allerdings. Die Veränderungen in der Welt sind auch nur Erscheinungen; welche sich auf die eingeschränkten Wesen beziehen; nicht auf die uneingeschränkte selbständige Ursache, deren Würken gleichsam eine Vorstellung eine ewige unwandelbare Handlung ist, oder die sich alle Folgen der Folgen auf ein Mahl vorstellt. Wir können dies freilich keineswegs auf unsere Art von Vorstellungen reduciren: aber, würde denn dieser Schwierigkeit besser abgeholfen, wenn man mit Spinoza jene Ursache mit allen ihren Würkungen nur als eins und dasselbe Wesen annähme? Er hüllt sich in den Ausdruck von transcendentaler Einheit. Ob er etwas dabey denken konte, weiß ich nicht! mir bleibt es immer dunkel, und eine solche Viel-Einigkeit übersteigt meinen Verstand. Genug, der Spinozist fühlt doch um sich, oder in sich, Veränderungen, und diese wären dann ja nach seinem Begriff in dem ewigen Wesen selbst vorhanden, welches doch unveränderlich seyn soll: oder, wenn es gar keine Veränderungen gäbe, so träfe ja vielmehr Lessings tödtender Gedanke einer unendlichen Langeweile der nichtswürkenden Gottheit ein. Wenn wir aber die Vielheit und den Wechsel nur in dem Gegenstande jener in sich einfachen Kraft setzen; so dünkt mich sehe ich Licht dämmern. Von unserer Seite betrachtet ist dann kein Punkt von Raum oder Zeit ohne Würkung: von Gottes Seite aber ist keine Ausdehnung, keine Zeit, folglich keine lange Weile — Auch leuchtet mir die Vollkommenheit des höchsten Wesens, moralisch betrachtet, besser ein wenn ich mir vorstelle, daß er außer sich allen möglichen Wesen Würklichkeit verleihet, als wenn ich mit Spinoza gedächte, daß er nur in sich beschäftigt oder nicht beschäftigt sey — Nach Diezens Aussage erklärt Spinoza alle unsere Wesen nur für Modificazionen der Gottheit.(*) Ich gestehe, daß ich mir daraus keinen Begrif machen kann: — auch, die Wahrheit zu sagen, nicht aus dem Ausdrucke unsers Freundes Campe, „daß wir eigentlich nur Gedanken Gottes wären." Wenn ich etwas klar einsehe oder fühle, so ist es doch wohl daß ich ein Wesen, ein Ding bin, und, wenn man sich vorstellen könne, daß in der Einheit Gottes, oder in seinem einfachen unveränderlichen Wesen, unzählige Modificazionen verschiedentlich handeln, mit einander spielen, sich einander zuwider seyn, sich streiten und quälen können, oder, daß Gedanken Gottes wieder für sich gedächten, und thöricht gedächten, in die Zukunft zu schauen sich vergeblich bemüheten, zweifelten, u.s.w. begreife ich nicht.

(*) Soll das Wort Modificazion eine Eigenschaft oder Abänderung bedeuten?

„Die erste Ursache kann eben so wenig nach Absichten oder Endursachen handeln, als sie selbst um einer gewissen Absicht oder Endursache willen da ist." — Der Einwurf scheint sinnreich zu seyn: es wird aber darin die Bestimmung äußere Absicht — äußere Ursache, übersehen. Äußere Bewegungsgründe verursachen Gottes Würken eigentlich nicht, obgleich dies Würken sich auf äußere Gegenstände bezieht und also nach solchen bestimmt werden muß. Auch solte man sich ja Endzweck und Willen oder Entschluß Gottes nicht nach menschlicher Weise vorstellen, dazu leider die Dichter den gemeinen Mann nur gar zu sehr verführen — als ob er erst verschiedene Gründe abwöge und dann sich entschlösse, oder eins nach dem andern sich vorstellte. Nein: Würken — weise würken (welches wir mit Absicht oder nach Endzwecke würken heissen) dies alles entspringt unmittelbar aus der Vollkommenheit seines Wesens. Weisheit oder Absichten, oder Endursachen, sind so wenig besondere Eigenschaften oder Triebfedern, die von seiner eigenthümlichen Kraft getrennt wären als bey körperlichen Kräften die Richtung derselben von der Kraft selbst verschieden ist. Weisheit oder Endzweck ist also selbst die Richtung der Urkraft, oder die Grundursache des Ganzen ist ihrer Natur nach eine vollkommen weise Kraft, und dies nennen wir eine Kraft die mit Absicht zur Vollkommenheit würket — So ist auch kein äußerer Grund des Daseyns dieser Urkraft: sie muß ein von Ewigkeit selbständiges Wesen seyn, weil sonst aus Nichts Etwas entstanden wäre. Mit andern Worten sagen wir — der Grund ihres Daseyns muß in Ihr selbst liegen, und bey diesem Ausdrucke muß man den Grund oder die Ursache des Daseyns nicht als von dem Wesen selbst unterschieden denken: er ist in der Vollkommenheit desselben enthalten, deren Mangel ein Widerspruch, eine Unmöglichkeit seyn würde. So kann man dies selbständige Daseyn, oder den innern Grund desselben auch Nothwendigkeit nennen: Diese Nothwendigkeit Gottes aber ist nichts anders als Optimismus oder Vollkommenheit, wie in seinem Wesen, so in seinen Würkungen. — Hier muß ich dann die Vorstellung einer blinden Nothwendigkeit wohl zu erörtern empfehlen, die jetzt noch von einigen Schriftstellern zum Grunde von allem was in der Welt ist und vorgeht angegeben wird, und dadurch man jener einfachen Grundursache des

Ganzen überhoben zu seyn meinet. Man täuscht sich nämlich mit der sogenanten *mathematischen Nothwendigkeit*, deren eigentliche Beschaffenheit nicht deutlich erwogen wird. Es ist ja keine *Kraft*, die etwas würken könte, wie das von Gott und Welt unterschiedene Fatum der Alten gedacht ward. Es ist vielmehr nur ein blosser *Begrif*, der in einem denkenden Wesen gefasset wird, und der nichts als eine Betrachtung oder Entwickelung vorausgesetzter Dinge enthält. Ich habe schon in der Vorerinnerung zu den Wahrheiten der natürlichen Religion § 11. erwähnt, daß diese speculative Wahrheiten nur deswegen nothwendig sind weil sie nichts anders enthalten als was in dem Bedingungssatze steckte, daß aber dadurch in der Meß- oder Rechenkunst nie eine Figur oder Zahl zur *Würklichkeit* gebracht werde, und dieses dünkt mich ließe sich in dem Falle solcher Wahrheiten einleuchtend machen. Das allgemeine ist immer — *Wenn* ein Ding so beschaffen ist; so ist darin dies und jenes begriffen, dessen Nicht-Daseyn die Voraussetzung aufheben würde. So habe ich noch den Fall angeführt gefunden, daß die Summe der Zifern von jedem multiplo der 9, als 18, 27 u.s.w., nothwendig wieder 9 oder ein multiplum von 9 ausmachen. Aber, man vergißt zu bedenken, daß dieses nur unter der Voraussetzung zutreffe, wenn wir, wie gewöhnlich bis 10 zählen: denn, wenn wir z. B. nur bis 5 zählten so würde eben diese Eigenschaft die Zahl 4 treffen: als 1, 2, 3, 4, $\genfrac{}{}{0pt}{}{5}{10}$ $\genfrac{}{}{0pt}{}{6}{11}$ $\genfrac{}{}{0pt}{}{7}{12}$ $\genfrac{}{}{0pt}{}{8}{13}$ $\genfrac{}{}{0pt}{}{9}{14}$ $\genfrac{}{}{0pt}{}{10}{20}$ $\genfrac{}{}{0pt}{}{11}{21}$ $\genfrac{}{}{0pt}{}{12}{22}$ u.s.w Es wird also doch immer zur Würklichkeit eine *Kraft die mit Willen würkt* erfodert, da sonst aus dem speculativen Satze an sich nichts erfolget — Übrigens müßten nach dieser Lehrmeinung dann alle unzählige Wesen in der Welt, die doch nicht unabhängig oder uneingeschränkt, noch weniger in sich vollkommen sind, für selbständig erklärt werden. Warum uns dieses glaublicher vorkommen solte, als *ein* vollkommenes selbständiges Wesen zur Urkraft des Ganzen anzunehmen, und wir überdem durch alle die verschiedenen Selbständigkeiten, die doch von sich selbst und vom Ganzen nichts wissen, die Ordnung, der Bestand und der Zusammenhang von allem erhalten werde, ist gar nicht einzusehen.

Ob Leibnitz den Satz, daß ein Wesen nicht auf ein anderes würken könne, von Spinoza angenommen, und wie er es mit der

Lehre eines von der Welt unterschiedenen Gottes zusammenreime, laße ich Ihnen zu entscheiden über. Mit Spinozas System hängt er freilich zusammen, da dieser nur e i n e Substanz und alles i n derselben annimt. Wenn wir aber doch würklich mehrern Substanzen das Daseyn gönnen, so sehe ich nicht wie wir den wechselseitigen Einfluß, oder die Würkung der einen auf die andere leugnen wollen. Wir begreifen nicht w i e das Würken zugehe: dies widerlegt doch die Sache nicht. Würkt dann auch ein Körper, oder ein Theil des Körpers, oder die Substanzen welche die Erscheinung des Körpers ausmachen, nicht auf die andern? Ist alles isolirt, wie es ja nach diesem Uhrwerks-System seyn müßte? Ehedem hielt man es zwar für einen Grundsaatz — kein Körper könne in Entfernung, d. i. ohne Berührung, auf den andern würken: jetzt denk ich läugnet man doch die Sache nicht mehr, ob man gleich das w i e nicht einsieht: man weiß aber, daß Entfernung nur eine Erscheinung ist. Herr H i ß m a n n mag mich also immer für einen Dummkopf schelten, so sehe ich doch in dem System der Isolirung aller Wesen, deren jedes sich nur für sich eine äußere Welt t r ä u m e t , nicht die schöne Harmonie, die ich in der allgemeinen wechselseitigen Würkung und Gegenwürkung aller Wesen zum vollkommenen w a h r e n Zusammenhange des Ganzen finde, und die mir Hißmanns Vorstellung, daß jedes sonst für sich laufende Rad nur in das Haupt-Triebrad eingreife, nicht darzubieten scheint. In Ansehung eines Zweiges dieser Harmonie, nämlich des wechselseitigen Einflusses von Seele und Körper, habe ich schon in der Anmerk. zu den Wahrh. der nat. Rel. p. 466 geäußert, daß ich, was nicht würklich durch die äußern Gegenstände erregt wird, nicht eigentlich für Vorstellung, sondern nur für Einbildung gelten lassen könne. Ich kann auch desto dreister hievon schreiben, da ich sehe, daß Sie hinwiederum (in Moritz Magaz. zur Seelenkunde) behaupten, daß durch die Ideen der Seele neue Bewegungen im Körper erreget werden, darin ich Ihnen vollkommen beystimme. Die Erfahrung, dünkt mich, kann uns genugsam hierin belehren. Denn, soviel man sich auch auf die dunkeln Ideen berufet, aus deren verborgenem Vorrathe man alle sonst vergeblich gesuchte Erklärungen hervorziehen kann, so wissen wir doch so viel von der Folge unserer Ideen, wie eine aus der andern erregt wird, daß aus diesem innern Triebwerke nicht so plözliche Absprünge erfolgen können, als wenn ein Mann der ruhig seine Gedanken fortsezt, nunmehr auf einmahl durch einen äußern Gegenstand, den er sieht, fühlt oder höret, in eine ganz andere Gedankenreihe, und mit ganz anderer Bewegung geräth. Auch zeigt uns der Schlaf, da weniger äußere Gegenstände uns unterbrechen, eine ganz andere Fortsetzung unserer Gedanken als wenn die Sinne würksam sind. Eben so wissen wir doch so viel von der körperlichen Bewegung, daß, wenn ein ordentlicher sanfter Umlauf des Blutes und aller Säfte im Körper vorhanden ist, nicht durch den geringen Schall eines Wortes, oder durch die Erblickung der Buchstaben eines Briefes, plötzlich eine ganz andere und heftige Bewegung entstehen könne, wenn nicht das denkende Wesen, aus anderer Kraft, die Würkung verursachte — Ich bleibe also auch hier bey dem obigen Ausspruche, daß eine Kraft um zu würken, einen Gegenstand außer sich haben müsse, oder, wie man in der Naturlehre sagt, daß Würkung nicht ohne Gegenwürkung seyn könne. Die Seele wird also auch künftig einen eigenen Gegenstand zur Würkung und Gegenwürkung haben. Nur dehne ich diesen Satz nicht so aus, daß es eben ein solches Gehäuse seyn muß als unser jetzige Körper ist, und der Beweis, den einige Schriftsteller dafür geben wollen, ist mir nicht recht deutlich gewesen, oder wenn ich ihn zu fassen meinte doch nicht überzeugend geblieben. Nach meiner Meinung kann eine ganz andere Verbindung oder Beziehung mit ganz anderer Materie Statt finden, davon wir uns jezt noch weniger einen Begrif machen können als ein Tauber oder Blinder von dem Sinne des Hörens oder Sehens. Bey dieser Gelegenheit sey es mir erlaubt, noch der Lehre zu erwähnen, daß das Wesen oder die Kraft unserer Seele im Denken oder in Vorstellungen bestehe, welche von einigen so verstanden oder ausgedehnt wird, als ob sie beständig würkliche Vorstellungen oder Gedanken haben müßte. Ich las also in einem unserer neuern mystischen Schriftsteller die Erfahrung angemerkt, daß Menschen nach einer Ohnmacht oder desgleichen Hinderniß, in ihren Gedanken gerade da wieder angefangen oder fortgefahren wo sie stille gestanden hätten, da sie doch, wenn indessen die Gedankenreihe fortgegangen wäre, schon in ganz anderm Zusammenhange begriffen seyn müßten. Ich hatte über diese Erfahrung schon mehrmahls nachgedacht und war also begierig zu sehen was er daraus folgern würde. „Die Seele, sagt er, hat also indessen in ihrem Körper nicht fortgedacht: folglich — ja, was meinen Sie? — folglich hat sie derweile außer dem Körper gedacht, denn, ohne Denken wäre ihr Wesen zernichtet worden". — Nun! auf die vorhergehende Bestimmung „im Körper" hatte ich nicht geachtet. Mich aber macht diese Erfahrung gar nicht irre: denn, die Kraft besteht ja nur in dem Bemühen, Streben (nisu) nicht in der Ausübung, welche allerdings gehemmt seyn kann, obgleich die Kraft in ihrem vollen Bestande fortdauert. So bleibt die Kraft der Uhrfeder in ihrem Wesen, wenn gleich die Unruhe angehalten, und dadurch alle Ausübung der Bewegung verhindert wird, und so kann die Seele durch Hindernisse ihrer Werkzeuge allerdings auch in ihrer Würkung gehemmt seyn, oder gleichsam gänzlich stille stehen, und nachmahls, wie die Uhrfeder, in ihrem Gange wieder fortfahren. Daß sie aber mittlerweile nicht einmahl in dunkeln Ideen fortgefahren sey, scheint daraus zu folgen, weil sie sonst nicht mehr bey dem vorigen Gedanken geblieben wäre. Zwar könte die Wiederempfindung der vorigen Gegenstände ihn wiederherrufen, wie oft beym Erwachen aus dem Schlafe geschiehet: aber dann erscheint er doch nicht so ungestört und unvermischt als in obigem Falle von Ohnmachten u. d. gl. wo die abgebrochene Rede mit dem Worte fortgesezt wird bey welchem sie stille gestanden. Daher eräugt sich jener Umstand auch nur dann, wenn die Stockung plözlich gewesen, als beym Erhenken, bey der Starrsucht u.d.gl. und nicht wenn die Seele sich bey einer Ohnmacht gemählig in dunkeln Vorstellungen verloren hat, und gemählig daraus wieder erwachet ist, denn da ist sie noch in dem Zusammenhange der dunkeln Ideen begriffen und vermischt ihn mit den neuen Empfindungen der äußern Sinne: auch pflegen die vorigen klaren Ideen schon so verwischt zu seyn daß der Mensch sich seiner lezten Worte u.s.w. nicht mehr entsinnet. Es hat also das Wesen der Seele von Ewigkeit her existirt und stets seine Federkraft gehabt: nur ist es vormahls noch nicht in solcher Verbindung gewesen, daß aus dieser Kraft eigentliche Vorstellungen oder Gedanken erfolgen konten. Wenn hingegen die jetzige Verbindung mit dem Körper aufgelöset und eine andere geknüpft wird, so kann auch eben diese Seele ihre Kraft auf ganz andere

Weise äußern, als in solchen Bildern und Wörter-Symbolen, welches wir jezt Denken heißen.

Da haben Sie nun, guter Bruder, begehrtermaaßen meine flüchtigen und unstudirten Gedanken, die ich nur in abgebrochenen Abend-Stündchen entwerffen konte. Sie werden es demnach brüderlich beurtheilen. Vielleicht kann Ihnen hie und da doch ein Ausdruck, eine Wendung, gefallen, oder Sie können aus ein und anderm Stücke Anlaß nehmen die Sache besser ins Licht zu stellen — Ich übergehe andere Stellen von Spinoza, oder Jacobi, die ich nicht verstehe und Ihnen zur nähern Beleuchtung überlasse, wie mir denn überhaupt sein Ausdruck, und ich glaube seine Denkungsart, dunkel scheint. Was ist E i n h e i t d i e e i n e M e h r h e i t z u l a s s e t, welche durch Identität des Nichtzuunterscheidenden das Eins ausmachet? Die Phänomena der Welt, sie mögen nun seyn was sie wollen, sind doch von einander unterschieden — Seine Gottheit sagt er existire o h n e I n d i v i d u a l i t ä t, da sie doch nach seinem System alle Individua in sich begreiffen muß, und da nachmahls gesagt wird, daß die Würklichkeit nur in bestimmten Einzelnen sich ausgedrückt befinde — Was heist es — „der Körper, oder der Mensch könne kein absolutes Individuum seyn — die Seele, als Seele sey nur ein Effect“? u.s.w. — Ferner: Die Widersprüche in Lessings System, der, bey Annehmung des Spinozismus, doch P e r s o n a l i t ä t der Seele nach dem Tode glaublich fand. Ich gedächte nach seinem System könte er uns so wenig vor als nach dem Tode eine eigene Persönlichkeit zugestehen, da ja alles nur eine Substanz, ein Wesen seyn soll, und dann wären doch ziemlich viel verschiedene Personen in dieser Einheit. u.s.w. Ich habe auch nicht die Zeit, die angeführten Stellen nachzuschlagen.

Von S p i n o z a ' s E t h i k muß ich aber doch noch ein Wort reden. Zu erst ist es mir ein spaßhafter Gedanke, daß eine göttliche Modificazion den andern die Moral lieset und mit ihnen disputirt. Und dann: worauf beruhet diese Moral. Nach D i e z e n s Vorstellung, so viel ich mich erinnere (denn ich habe die Schrift jezt nicht zur Hand) leugnet Spinoza allen innern Grund der Moral. Jeglicher könne thun was ihm gut dünke: die einzige Verbindlichkeit entsprünge aus dem Versprechen des gesellschaftlichen Bundes — Wie aber? Wenn kein innerer Grund der Verbindlichkeit vorausgesezt wäre, sein Versprechen zu halten, so fiele ja wieder dieser Grund der Moral von selbst übern Haufen.

Oben habe ich Ihrer Abhandlung in Moriz Magazin gedacht. Mögten Sie uns doch oft etwas dergleichen liefern! Mit Vergnügen las ich darin Ihren Beweis daß die Seele auch auf die unwissenden Bewegungen in unserm Körper einen beständigen Einfluß haben müsse, weil sie denselben sonst nicht plözlich erhalten könte, wie doch bey Leidenschaften sichtbar ist. — Ihre Erklärung des Stotterns, daß es nicht in den Werkzeugen der Sprache, sondern in den sich übereilenden Gedanken liege, ist auch vollkommen gegründet. Einer meiner Freunde in England, der selbst stotterte, machte eben die Bemerkung nach seinen eigenen Beobachtungen. Er ist ein scharfsinniger und lebhafter Mann, Nahmens Darwin, jezt Arzt in Lichfield.

Mit Verwunderung laß ich neulich eine Anzeige, daß Heinicke, Director des Sächsischen Instituts für Stumme, uns in einer Schrift, der Kritiker genant, das vortrefliche System des Prof. Kant erklären und begreiflich machen wolle. Ob es Ernst sey, weiß ich nicht. Er ist sonst ein aufgeweckter Kopf und selbstgebildetes Genie. In seinen Beobachtungen über die Taubstumme und deren Denkungsart, wie auch in seinen Entdeckungen und Beiträgen zur Seelenlehre sind würklich merkwürdige Stellen, nur in leztern hie und da unter Zänkerey versteckt. Darin hat er auch ein Paar Gespräche mit Blindgebohrenen, um deren Denkungsart zu erforschen. Schade, daß der Mann nicht solche Erziehung und solchen Umgang genossen hat, die ihm eine gute Lebensart hätten beybringen und seine gar zu brausenden Leidenschaften mildern können, welches die Musik, deren er kundig ist, und die ohndem seine Geschäfte ausmacht, in der Organisazion seines Gehirns nicht bewürkt zu haben scheint.

Noch muß ich erwähnen, daß ich doch auch des Joseph Pap de Fagaras subtile Abhandlung de vi substantiali mit Vergnügen durchgelesen habe — Bonnets Essay analytique sur les facultés de l'ame habe ich nur wenig angesehen. Tiedemanns und Tetens Werke, die mir, der Anzeige nach, für meine Zeit zu weitläufig schienen, wiewohl sie gut seyn sollen, habe ich nicht gesehen. Robinet de la Nature hatte ich nur vor Jahren etwas gelesen und mir ausgezeichnet. Von Unzers subtilen Physiologie habe ich bisher nur wenig durchgelesen. Ich sah aber darin den Satz, welchen ich p. 40 meiner Vorerinner. bestritten, daß die Würkungen der Seele immer eine körperliche Bewegung oder Veränderung im Gehirne voraussetzen — Sonst habe ich von Heterodoxen Hume's Dialogues concerning natural religion durchgelesen: nicht aber seine andern Schriften: auch nicht Priestleys Schriften: und von dem Gewäsche des Système de la Nature nur die ersten Bogen. Jener hat jetzt in England, so wie dieses in Frankreich, viele Anhänger — Diez ruft auch, am Ende seiner Abhandl. über den Spinosa, mit Entzücken die Zeiten zurück, da es noch edle große Menschen gab, die von Gott nichts wußten! Plattners Physiologie kenne ich nicht, der laut einer Recension es möglich hält, daß die lieben materiellen Ideen den äußerlichen Gegenständen körperlich ähnlich wären. Meines Herrn Collegen Selle materialistische Schrift habe ich auch nicht gesehen. Einen Aufsatz im Museo über das Ich gedenke ich ein Mahl durchzulesen, und so habe ich unter meinen Büchern Anmerkungen u. Zweifel über die Lehrsätze von der menschlichen Seele (Riga 1774.8) und Lossius physische Uhrsachen des Wahren (*) — um sie einmahl bey Muße durchzusehen — Ob gegen meine Abhandlung wegen der materiellen Ideen etwas geschrieben sey, weiß ich nicht: ich sehe aber; daß sie noch in manchen Schriften so sicher angenommen werden als wenn man sie mit Händen greifen könte, und mögte daher die Materie noch gern einmahl etwas weitläuftiger und deutlicher ausführen.

Diese Erklärung meiner Dürftigkeit habe ich Ihnen deswegen thun müssen: weil ich Sie sehr bitten wolte mir doch solche Schriften anzuzeigen die ich nach meinen Umständen vorzüglich lesen solte. Und nun verzeihen Sie mein langes Geschwätze. Es ist mir doch immer so eine Aufmunterung nach meinen körperlichen Geschäften etwas in diesem geistigen Fache zu denken:

(*) Was verstehen doch einige Schriftsteller unter relativer Wahrheit? Ist und bleibt der Stock nicht immer würklich gerade; er mag mir gerade oder gebrochen scheinen?

aber, ich sage oft, — es scheint, als wenn wir dergleichen Beschäftigung nur dem künftigen Leben abstehlen, und daß sie nicht für das jetzige seyn soll. Muß nicht ein Mendelssohn einer Seidenfabrik vorstehen? Indessen beneide ich doch zuweilen die Lage eines Bonnet, der Zeit und Vermögen hat Seelenbeschäftigung zu treiben.

Schließlich und herzlich wünsche ich dann, daß das Phänomen Ihres Daseyns die Erscheinung eines recht vergnügten und glücklichen Daseyns darstellen und sich zugleich so über andere Phänomene ausbreiten möge, daß wir vollkommen getäuscht werden, als wenn wir würkliche Wesen oder Dinge wären. So versichern Sie sich nun auch, daß sich Ihres Daseyns herzlich freuet

Hamburg d. 14ten Jun. 1784 J. A. H. Reimarus

Endlich geschlossen! Nein: da der Brief noch liegen blieben, sollen Sie doch auch das Blatt bis zum Ende voll haben.

So eben werde ich durch die Göttingische Recension gereizt mir die Hessischen Beiträge 1 St. holen zu lassen, darin H. Tiedemann einen Aufsatz über die Möglichkeit einer anfangslosen Succession eingerückt hat, welcher dort als sehr gründlich gerühmt ward. p. 24 sagt er — „Zählbar müßten doch einer solchen (auch von Anfange unendlichen) Reihe Glieder seyn, denn ich könte ja von jedem als eins anfangen und dann rückwärts, wie vorwärts, 2, 3 u.s.w. zählen" — Nun ja! so könte er freilich in Ewigkeit fortzählen. Aber nun komt p. 26. eine Erschleichung, darüber ich mich bey einem solchen Manne wundere, da zählbar so gedeutet wird, dessen Zahl bestimmt wäre — Zahl aber und Unendlichkeit, wären ja widersprechend, folglich auch die Anfangslosigkeit einer würklich existirenden Reihe — Wer alles ohne eine Grundursache oder Urkraft bestehend annimt, der muß doch fürwahr auch alles als selbständig von Ewigkeit, folglich in anfangsloser Succession annehmen, weil sonst aus Nichts einmahl Etwas entstanden wäre. Und wer nur eine ewige selbständige Urkraft annimmt, der muß, dünkt mich, ihre Würkung eben so ewig setzen, weil sonst doch in diesem ewigen Wesen etwas neues aus Nichts entstanden wäre. Folglich, wir mögen es begreifen oder nicht, bleibt doch immer die anfangslose Succession unleugbar. Schwierigkeit hat der Gedanke allemahl: denn, wenn ich mir gleich zu helfen meine, da ich denke — vor Gott ist keine Succession, sondern das Zukünftige wie das Vergangene allgegenwärtig, so bleibt mir doch in der Vorstellung des Unendlichen immer etwas Schwebendes, und ich kann es nicht mit der Vorstellung des Allem oder Ganzen reimen welches doch in Gottes Vorstellung gefaßt und bestimmt seyn müsste. Könten Sie mir nicht mit Ihrer Klarheit hier aushelfen? — Eine zwote Abhandlung Tiedemanns ist darin p. 113. Über die Natur der Metaphysik, darin er Prof. Kants Grundsätze zu prüfen anfängt, und zwar erst von Zeit u. Raum, welches von diesem nothwendige synthetische, reine a priori anschauliche Begriffe genant werden — In dem Begriffe von 7 + 5 wäre nicht dasselbe enthalten was in dem von 12 läge u.s.w. — Ich gestehe es: mir wird durch diese Probe von Kants Grundsätzen das Urtheil meiner oben erwähnten kurzen Recension bestärkt.(*)

646

VON AUGUST HENNINGS

Kopenhagen den 6. Juli 1784

Liebster Herr Mendelssohn
Da ich nunmehr sehe, daß es viele Schwierigkeit verursacht, mit Herrn Maurer zur Richtigkeit zu kommen, indem ich bisher nicht einmahl wegen unsers Akkords habe End Richtigkeit machen können, wozu doch nur ein Wort gehörte, so ersuche ich Sie, Bester Freund, noch zu guter letzt die Mühe zu übernehmen die

(*) Zu Eulers Betrachtungen über Raum u. Zeit (in Hißmanns Magazin IV. T.) da dieser sie als eigene Wesen betrachtet, schrieb ich mir folgendes — Zu der Vorstellung eines für sich bestehenden Raumes verführt uns noch die Einbildung des Umfanges der Dinge, deren Grenzen wir übersehen können. Wie man sich aber die Zeit als ein abgesondertes Behältniß für Folgen oder Veränderungen, ohne daß dergleichen darin enthalten wären, vorstellen könne, begreife ich nicht. Es ist der Gedanke eines Schalles in abstracto, mit Wegnahme der Zitterungen die aufeinanderfolgen — und diesen fasse wer kann —

Handschrift über die Schwed. Manuf. in 4° von H. M. zurück zu fordern und an die Dem. Reimarus in Hamburg mit der Bitte zu senden, sie bis weiter bey sich liegen zu lassen, da ich vermuthlich in Kurzem eine Reise nach Hamb. vornehmen werde. Vergeben Sie mir diese Bemühung und erhalten mir Ihre alte und bewährte Freundschaft. Ich bin ewig der Ihrige

Hennings.

647

AN AUGUST HENNINGS

Berlin den 13. July 1784.

Sie haben ein großes Recht, bester Freund! über mich ungehalten zu seyn, wenigstens dieses Mal in meinem Betragen eine unverantwortliche Saumseeligkeit zu finden. Ich weis nicht, wie ich mich von diesem Buchhändler solange habe können äffen und herumführen lassen. Ich hatte ihn, die Warheit zu gestehen, schon lange in Verdacht, gieng sehr oft zu ihm hin, des festen Vorsatzes, ihm das Mst. aus den Händen zu nehmen, und alle fernere Verbindung mit ihm aufzuheben. So oft ich aber zu ihm kam, lies er sich so geduldig den Kopf waschen, und wußte so viel scheinbares zu seiner Rechtfertigung vorzubringen, daß ich am Ende glaubte, ihm zu viel gethan zu haben. Ein langer Roman von dem Unglück, das er gehabt, mit Ihrem ersten Msc. einem Buchdrucker in die Hände zu fallen, der das ganze Werkchen so abscheulich durch Druckfehler verunstaltet, daß er es völlig umdrucken lassen mußte; Er sey darüber mit dem Sudler im Prozesse begriffen, und schäme sich Ihnen zu schreiben, bevor die Sache abgemacht und er im Stande sey, Ihnen ein reineres Exemplar von der kleineren Schrift mitzuschicken; tausend Nebenumstände, die bisher verhindert haben, den vorhabenden zweiten Druck zu veranstalten; ein weitläuftiger Briefwechsel, davon er mir Originale und Abschriften in seinem Copierbuche zeigte, und der blos die Abmachung dieses Streits mit seinem Buchdrucker zum Gegenstande hatte; alles dieses schien mir, so ich bey ihm war, so wahr und zu seiner Entschuldigung so hinreichend, daß ich ihm völlig Glauben gab, und in seine Vertröstung nicht den mindesten Zweifel mehr setzte. Ich bat ihn nur, Ihnen zu antworten, und diese seine Entschuldigungsgründe zu berichten, welches er mir mehr als Zehn Mal versprochen, und wie ich von Ihnen vernehme, doch nicht gehalten hat. Er bleibt am Ende, obgleich alle seine Entschuldigungen nicht unwahr seyn mögen, wohl dennoch ein Windbeutel.

Gestern bin ich endlich mit ihm, nach langem Wortwechsel verblieben: ich erhalte heute das Msc. zurück und zugleich ein Schreiben an Sie, mein bester H!; behalte aber die Schrift noch in Händen, bis ich die zweite Order von Ihnen bekomme, solche nach Hamburg zu senden. Er hofft Vergebung zu erhalten, und daß Sie ihm das Mst. zum Drucke lassen werden. Hoch und theuer hat er mich dieses versichert, und demühtigst gebeten, ihm hierin zu willfahren. Ich, Schwacher! ich Weib! habe mich abermals überreden, abermals wegschicken lassen, unverrichteter Sache. Die Post gehet in Zeit von einer Stunde ab, und ich sehe weder Handschrift, noch Brief von Maurer. Nun, länger als noch 24 Stunden soll mich der Mann sicherlich nicht mehr zum Narren haben. Läßt er diesen Posttag verstreichen, ohne sein so oft gegebenes Wort zu halten; so hört alle Verbindung weiter zwischen uns auf.

Leben Sie wohl, und bleiben Sie, meiner Nachläßigkeit ungeachtet, die im Grunde nur Leichtgläubigkeit ist, mein Freund, so wie ich bin und niemals zu seyn aufhören werde

der Ihrige
Moses Mendelssohn

648

VON AUGUST HENNINGS

Kopenhagen den 24. Jul. 1784.

Das Einzige, Bester Freund, das mich bey dem Buchführen verdrießt, ist die Ungelegenheit die sie Ihnen zu machen scheint.

Den Vortheil hat man wenigstens von dem Umgange mit Menschen, daß man kleine Vorfälle der Art gleichgültig ansehen lernt. Nehmen Sie also, mein Bester, die Sache eben so kaltsinnig, wie ich, und schreiben Sie mir nicht mehr so von Sich Selbst, als in Ihrem letzten Briefe. Sie können doch nicht eines Buchhändlers Hüter seyn, und was hat Ihre Freundschaft für mich, die mir über alles schätzbar ist, mit dem nur zu gewöhnlichen Betragen gewöhnlicher Menschen gemein? Ich sehe es vielmehr, als eine Gefälligkeit von Ihnen an, daß Sie die Sache zu Ende bringen wollen.

Der Buchhändler handelt nicht einmahl klug für sich selber. Es ist wahr, daß die kleine Schrift, so wie sie hier zu Markt gebracht ist, so voller Drukfehler wimmelt, daß sie ganz unverständlich wird. Hätte er mir die Bogen nach und nach zugeschikt, so wie sie aus der Presse kamen, so würde ich ihm die Irrthümer sorgfältig angezeigt haben, so wie ich mit den ersten Bogen that, und dann hätte er sich mit der Anzeige der Drukfehler helfen können. Dieses wäre besser gewesen, als eine würklich falsche Wahre in die Welt zu schiken, denn ich will den sehen, der nicht ganze Seiten, als unsinnig, überschlagen muß. Mit dem Umdruken hat es wohl nicht seine Richtigkeit, da die schlechten Exemplare schon bis hieher abgesetzt sind. Sollte aber daran gedacht werden, so ist nichts natürlicher, als mir erst ein Exemplar corrigiren zu lassen, da gewiß keiner, als ich, den Sinn vieler Stellen errathen kann.

Das größere Werk würde vermuthlich, der fremden Gegenstände und Namen halber noch schlechter abgedrukt werden, als das kleine. Ich wünsche daher auch aus dem Grunde es zurükzuerhalten, um es in Hamburg oder Altona, wohin ich reise, unter meiner Aufsicht drucken zu laßen. Haben Sie daher die Güte, dem Buchhändler, der Ihnen nunmehr die Handschrift zurükgeliefert haben wird, zu sagen, daß er es nicht anders zurük erhalten würde, als wenn er 2 Species Ducaten für den Bogen, der so wie meine Ostindische Geschichte gedrukt seyn muß, bezahlte, und gleich, beym Empfange der Handschrift 15. Bogen, oder 30 Spec. Ducaten voraus vorlegte; da ich ihm für so viele Bogen einstehen will, und ihm verspreche, wenn das, was Sie in Händen haben, nicht hinreichen sollte, ohne den geringsten Aufenthalt

ihn mit so viel Text zu versorgen, daß das Werk einen ansehnlichen Band ausmachen kann; wiewohl mit dem Bedinge, daß er immer mit dem Vorausbezahlen fortfahre. Alsdann kann mein Name der Schrift vorgesetzt werden. 2 Spec. Ducaten ist das, was ich hier für meine Schriften erhalte, und ich habe hier einen Verleger, der baar bezahlt.
Will der Buchhändler sich hiezu nicht verstehen, so haben Sie die Güte meine Handschrift unter meiner Adresse an die Dem. Reimarus in Hamb. zu senden, und Sie zu bitten, das Paket bis zu meiner Ankunft aufzubewahren.
Innerhalb fünf bis sechs Wochen hoffe ich in den dasigen Gegenden zu seyn, da ich meine hiesige Stelle niedergelegt habe, und als General Intendant des Handels und der Manufakturen in den Herzogthümern Schleswig und Holstein eingesetzt bin.
Es ist in der That ein Misbrauch, den ich von meinem Briefwechsel mit Ihnen mache, Sie von VerlagsSachen zu unterhalten. Diese Gegenstände machen aber den Geist so stumpf, daß er zu keinem ordentlichen Gedanken fähig ist.
Lassen Sie mich Ihrer Freundschaft bestens empfohlen seyn. Gott erhalte Sie gesund, für Sich, für die Menschheit und für Ihre Freunde, unter denen keiner Sie mehr liebt und ehret als ich.

Hennings.

649

VON FRIEDRICH NICOLAI

[Berlin, 28. Juli 1784]

Verzeihen Sie, mein theuerster Freund, daß ich Ihnen nicht eher auf das Billet des Hrn. Herder, das Sie mir mittheilten, geantwortet habe. Ich nahm es unter andern Briefen, die ich zu beantworten hatte, nach Freyenwalde, mit allem guten Willen sie da zu beantworten, welches aber nicht geschehen ist, weil, wie Sie wissen, Müssiggang mein Loos im Bade seyn sollte, um nachher desto besser arbeiten zu können.

Herr Herder verlangt Sie zum Mittler zwischen uns, daß alles vergessen werde, im Falle ich dessen empfänglich wäre. Ob ich es bin, mein theuerster Freund, wissen Sie am besten, der Sie mich so lange und so genau kennen. Ich habe nie in einem gelehrten Streite die Sache mit der Person meines Gegners vermischt. Nie habe ich gegen diese Zorn oder Groll zurückbehalten. Im gegenwärtigen Falle war alles was mir von dieser unangenehmen Streitigkeit zurückblieb, die traurige Erinnerung, daß ein Mann von Talenten so sehr hatte vergessen können, was er sich selbst und dem Publikum schuldig ist. Zu sehen, daß er sich selbst dessen erinnert, ist eine so lebhafte angenehme Empfindung, das sie ihrer Natur nach alle vorige Unannehmlichkeit sogleich ins Vergessen bringt. Ich vergesse auch wirklich alles mit Vergnügen.

Indessen erlauben Sie mir, mein theuerster Freund, einige Anmerkungen, über die Art mit der sich Herr H. über diese Sache ausdrückt. Ich möchte ihm nicht gern einen Vorwurf machen, jetzt am wenigsten, da von Friedfertigkeit die Rede ist. Doch kann ich, der Wahrheit gemäß, auch nicht zugeben, daß mein Betragen gegen Ihn, in einem ungerechten Lichte vorgestellet, und seinem Betragen gegen mich gleich gestellt werde. Es thut mir leid, daß beides wirklich so sehr unterschieden war. Bey ihm war der Angriff hart, persönlich und, ich befürchte, ohne genugsame Kenntniß der Sache. Ich bin überzeugt, daß bey mir in beyden Fällen, das Gegenteil war. Hr. H. will mich zwar nicht persönlich beleidigt haben. Er hat es aber doch gethan, indem er mir z. B. der Absicht schuld gab, als habe ich mich den Rosenkreuzern gefällig machen, als habe ich die Chr[isten] einladen wollen; indem [ich] die Freymaurer wider mich aufhetzen wollte, und ohne allen Anlaß mich beschuldigte, ich habe mein System über fremde Grundfäden gezogen u.s.w. So habe ich gegen ihn nicht gehandelt. Ich habe die Materien, von [denen] die Rede war, aus dem Grunde studirt, und auch in meiner Verantwortung bloß so gesprochen, als jemand der seiner Materien Herr ist, mit einem Gegner spricht, der es nicht ist. Auch in der Verantwortung, ist nichts als Entwickelung der Wahrheit mein Zweck gewesen. Hr. H. sagt, er habe mir Blatt für Blatt antworten können, und habe es nur unterlaßen, um nicht Oel ins Feuer zu gießen. Ich muß gestehen, ich glaube nicht, er könne Blatt für Blatt seine Sätze gegen mich vertheidigen, deren Ungrund zu zeigen mir nur allzu leicht geworden ist. Wenn er es aber könnte und wollte, so wüßte ich nicht auf welche Art bey mir deshalb Oel sollte ins Feuer gegossen werden. Wahrheit ist von Anfang an mein einziger Zweck gewesen, und bleibt es noch. Ich möchte außerdem auf keine Weise Anlaß geben zu vermuthen, wenn ich in Herrn H. friedfertige Gesinnungen persönlich einstimme, daß im geringsten die Ursache davon sey, zu verhindern, daß Hr. H. mir ferner antworte. Ist er in irgend einer Sache von mir noch nicht überzeugt worden, so wünsche ich daß er alle Thatsachen, darauf es hier ohnedem, und auf die beweisenden Dokumente bloß ankommt, noch ferner, so viel und so oft er will, untersuche. Die Hauptsätze meines Systems so wohl über Tempelherren als über Freymäurer habe ich so genau geprüft, sie sind meines Erachtens so unumstößlich gewiß, daß sie bey genauerer Untersuchung notwendig gewinnen müssen. Und gesetzt, Hr. H. könnte, durch mir bisher noch unbewußte Dokumente und Gründe meine Überzeugung davon wankend machen; so kennen Sie mich, theuerster Freund, viel zu gut, um zu wissen, daß ich diese und andere Sätze, bloß deshalb annehme, weil ich aus Gründen davon überzeugt bin, und daß ich sie bey veränderter Überzeugung sogleich würde fahren laßen. Was also Hr. H. wider mich schreiben möchte, wird auf mich keine andere Wirkung haben, als die die Art seines Verfahrens selbst mit sich bringt. Dieß bloß pro sola informatione. Daß ich Widerspruch vertragen kann, habe ich ja so oft gezeigt. Wie wenig ich meine gelehrte Streitigkeit mit Hrn. Herder über ihre Grenzen auszudehnen gemeint gewesen, zeigte ich auch, indem ich unmittelbar nach Bekanntmachung meiner Verantwortung, eine lobende Recension des Maran atha in der deutschen Bibliothek abdrucken ließ, die ich, wenn ich mir sonst so etwas erlauben wollte, sehr leicht hätte unterdrücken können. Ich rühme mich dessen nicht, denn ich glaube mit meiner so strengen Unpartheylichkeit nur eine gemeine Pflicht ausgeübt zu haben; aber ich führe es an, um zu zeigen, wie sehr ich jeder friedfertigen Gesinnung empfänglich und wie wenig, die größte Verschiedenheit in gelehrten Meinungen, auf mich einen persönlichen Einfluß haben kann. Ich biete Hrn. H. von ganzem Herzen die Hand, und bin gegen Ihn, so wie gegen jeden Gegner, den ich kann gehabt haben, von aller Feindseligkeit weit entfernt.

Sie selbst, mein theuerster Freund, wissen dieß schon lange. Finden Sie aber für gut daß es auch Hr. H. näher wüßte, glauben Sie daß es auf irgend eine Weise zur Beförderung der Ehre der Gelehrsamkeit etwas beytragen könne, so können Sie, von diesem meinen Billete allen Gebrauch machen den Sie selbst wollen. Ich umarme Sie von Herzen.

NS. Sie wissen schon, daß ich bey
meiner vielen Arbeit fast beständig
meine Briefe und Aufsetze diktiren muß. Berl. 28 Jul 84

650

AN FRIEDRICH HEINRICH JACOBI

An Herrn Berlin, den 1. Aug. 1784.
Jacobi in Düsseldorf.

Elise hat Ihnen bereits in meinem Namen zu erkennen gegeben, wie sehr ich durch Ihre philosophische Zuschrift beschämt worden bin, und Sie waren so gütig, mir auf das Vorwort, das diese würdige Freundin zu meinem Besten eingelegt, die Uebereilung zu vergeben, mit welcher ich über Ihren ersten Antrag herfuhr. Man ist so sehr gewohnt, philosophische Masken und Larvengesichter auftreten zu sehen, daß man, wie jener Aethiopier, beym Shaftesbury, am Ende in Gefahr ist, jedes ehrliche Menschengesicht für eine Maske zu nehmen.

Ich habe Ihren Aufsatz seitdem mehr als einmal gelesen, um mich mit dem eigenen Gang Ihrer Ideen bekannt zu machen. Nach dem funfzigsten Jahre mag wohl unsere Seele sich nicht leicht einen neuen Weg führen lassen. Wenn Sie auch einem Führer etwa eine Strecke lang nachfolget; so ist ihr doch jede Gelegenheit in ihr gewöhnliches Gleis einzulenken, willkommen, und unvermerkt verliert sie ihren Vorgänger aus den Augen. Dieses mag vielleicht die Ursache seyn, warum mir so manche Stelle in Ihrem Briefe schlechterdings unverständlich ist, und bey mancher ich die Bündigkeit vermisse, mit welcher die Gedanken in Ihr System passen.

Da ich vor der Hand von dem Vorsatz, über Lessingen zu schreiben, abgekommen und Willens bin, vorher etwas über den Spinozismus zu entwerfen; so sehen Sie, wie wichtig es mir seyn muß, Ihre Gedanken richtig zu fassen, und die Gründe gehörig einzusehen, mit welchen Sie das System dieses Weltweisen zu unterstützen bemüht sind. Ich nehme mir also die Freyheit, Ihnen meine Bedenklichkeiten und Erinnerungen in einliegendem Aufsatze vorzulegen. Sie haben den Handschuh ritterlich hingeworfen; ich nehme ihn auf, und nun lassen Sie uns unsern metaphysischen Ehrenkampf, nach Ritterbrauch, unter den Augen der Dame ausfechten, die von uns beyden hochgeschätzt wird. Es ist beneidenswerth, den Preis des Sieges aus ihren Händen zu empfangen; aber auch nicht unrühmlich, als Besiegter, ihr Mitleiden zu verdienen. Elise wird Ihnen also dieses Schreiben zustellen, und um geneigte Antwort bitten.

Moses Mendelssohn.

[Beylage]
[Erinnerungen an Herrn Jacobi]
[JubA, III.2, 200—207]

651

AN JOHANN GOTTFRIED HERDER

[Berlin, 3. Aug. 1784]

Daß ich Ihren überaus lieben Brief vom 4ten Mai nicht eher beantwortet, mag einliegendes Billet von meinem Freunde Nicolai entschuldigen. Da mir die Tempelherren, sammt ihren Bavemetos, nie wichtig genug geschienen haben, daß sich rechtschaffene

Männer einander um ihretwillen unangenehme Stunden machen, so war mir Ihr Auftrag, Sie mit Nicolai wieder zusammenzubringen, herzenswillkommen; und ich bestand auf eine schriftliche Erklärung von Seiten meines hiesigen Freundes. Wie und warum sich diese verzögerte, ersehen Sie nunmehr aus der Erklärung selbst, welche ich Ihnen im Original hier einlege.

Nicht ganz ist diese Erklärung nach meinem Sinn, dieß gestehe ich. So willig ich auch Nicolai zur Sühne gefunden, so scheint mir doch seine Äußerung nicht so frei von aller Nachempfindung zu seyn, als ich sie wünschte. Freilich! da Sie Ihrem friedlichen Anerbieten selbst eine Art von Bedrohung mit anhängten; da Sie, indem Sie die Hand zur Güte ausstreckten, sich immer noch verlauten ließen: „ja, wenn ich nur wollte“ u. s. w.; so mußte die Antwort allerdings ausfallen: „nun, so thuen Sie es doch! heraus damit!“

Ihr Schriftsteller mögt sagen, was ihr wollt; wir Schriftsteller (damit meine Bescheidenheit nicht vielmehr Selbsterhebung werde) mögen sagen, was wir wollen: uns ist es wenigstens eben so viel um unsere Schriftstellerei als um unsern persönlichen Charakter zu thun. Die Liebe zu unsern Schriften verkleidet sich sehr oft in Liebe zur Wahrheit; und wäre es auch eine Wahrheit, daran keinem Sterblichen weiter etwas gelegen, so nehmen wir uns derselben gleichwohl mit solcher Wärme an, als hinge das Wohl des menschlichen Geschlechts davon ab.

Und nun im Ernst, bester Freund! Lassen Sie den Streit nicht ganz fahren. Führen Sie ihn aber so frei von Bitterkeit, wie ich versichert bin daß Sie ihn gegen mich führen würden. Lieben Sie Nicolai in mir! Meiner innern Überzeugung nach müssen Leute von Ihrem Werthe sich einander verkennen, um sich gram zu seyn.

Bei Gelegenheit des Streits wider mich komme ich durch Ideenverbindung auf einige flüchtige Anmerkungen, die Sie über mein Jerusalem machen, und von diesen auf den Antheil, mit welchem Sie diese Schrift gelesen zu haben mich versichern. Jene sind mir Beweise, daß diese Versicherung mehr als ein leeres Compliment sei; und dadurch wird sie mir reicher Ersatz für alle schale Kritik und alles noch schalere Lob, womit die gewöhnlichen Recensenten diese arme Broschüre verfolgen. Wenn ich Herdern,

Kanten und Garven nicht mißfalle, so ist meine Eigenliebe befriedigt.
Leben Sie wohl, und lieben Sie

Ihren
Moses Mendelssohn.

652

AN ELISE REIMARUS

Theuerste Freundinn!
Ich habe zu anliegender Depesche weiter nichts hinzuzuthun, als um Vergebung zu bitten, daß ich Sie damit beschwere. Sie haben selbst Anlaß dazu gegeben, indem Sie mir die Ausforderung des Herrn Jacobi zugeschickt haben. Waffnen Sie sich nur mit der lieben Geduld. Ich stehe Ihnen dafür, unsere Briefe werden in die Länge immer weitläuftiger, dunkler, unentschiedener, rechthaberischer u. s. w. werden; aber ich hoffe, wir werden unter Ihren Augen die Gesetze der Bescheidenheit, die Gränzen eines ritterlichen, wohlerzogenen Verhaltens nie überschreiten, und uns niemals Ihrer Achtung und Theilnehmung unwürdig machen.
Ich bin mit brüderlicher Liebe und Hochachtung

der Ihrige,
Berlin den 8 Aug. 1784. Moses Mendelssohn.

653

AN AUGUST HENNINGS

Bester Freund!
Ich konte der Bitte des Verlegers nicht widerstehen, das MST. noch einen Postumlauf in Händen zu halten, und Ihre Antwort auf einliegendes Schreiben von demselben abzuwarten. Wie er mündlich sagte, schienen mir die Bedingungen, zu welchen er sich in

demselben verstehet, noch so ziemlich billig, und im Grunde habe ich noch nicht Ursache, ein so entschiedenes Mistrauen in ihn zu setzen. Er verzögert, und säumet zuweilen; hält doch aber am Ende Wort, und piquirt sich ein rechtschaffener M a u r e r zu seyn. Vergeben Sie also, mein Bester! daß ich dieses Mal Ihren Auftrag nicht pünktlich vollziehe; sondern vorher mir Ihre letzte Entschließung ausbitte.

Ganz der Ihrige

Berlin den 15ten August 1784 Moses Mendelssohn

654

VON KARL GOTTHELF LESSING

Liebster Freund

Herr Voß wird Ihnen wohl das Mskt zu dem 3ten Theile von den vermischten Schriften vorgezeigt haben. Es sind die Rettungen, von welchen sich wenig sagen läßt, und was bey ihren Erscheinungen neu und kühn war, ist jetzt alltäglich. Der 4te Theil soll nun seine Briefe enthalten, und darunter ist einer, der den bekannten Langeschen Streit erregt hat. Was sagen Sie dazu, wenn ich bey dieser Gelegenheit, alles mit drucken lasse, was von meinem Bruder und Langen geschrieben worden? Freylich ist die ganze Sache nur eine grammatikalische Zänkerey. Und wenn ich lauter Leser, wie Sie, zu haben glauben könnte, so müßte ich mit dem ganzen Bettel zurück bleiben.

Herr Professor Engel läßt mir durch den jungen Voß schreiben, er sey erbötig das was er von meinem Bruder über den D. Faust erzählen gehört, aufzusetzen, und mit dem zu verarbeiten, was in den Litteraturbriefen davon steht und auch in den nachgelassenen Manuscripten gefunden worden. Ich sollte es dann in den theatralischen Nachlaß einrücken dürfen, in der Vorrede aber sagen müssen, daß er dieses auf mein Ersuchen gethan habe. Ich hätte wohl Lust, sein Anerbieten anzunehmen und die Bedingung, die er mir dabey auflegt, könnte ich wohl so wenden, daß sie eben nicht grade eine Lüge würde, oder H. Engel den Schein hätte, als

habe er sich zu was angeboten, ob ich gleich, armer Erdenwurm, auch hierinn keine Erniedrigung sehe.
Haben Sie, liebster Freund, noch nicht den Vorsatz aufgegeben, über meinen Bruder etwas zu schreiben? Und könnte es wohl zu Ostern 85 gedruckt werden? Wie sieht es auch mit Ihrem Briefwechsel aus? Den Ihrigen möchte ich gerne haben. Ehestens schicke ich Ihnen den mit dem Prof. Ernesti, Reiske, Ebert, der mir den seinigen durch Bitte der Mad. Reiske von freyen Stücken zugeschickt, Schmid zu Braunschweig, Mylius, Heinicke, Heyne, und ich bin neugierig, was Sie dazu sagen werden.
Leben Sie recht wohl, und seyn Sie nicht ungehalten, daß ich Sie zu weilen um ein Stündchen zu bringen suche.

Stets ganz der Ihrige

Breslau den 18 August 1784 Lessing

655

AN JOHANN GEORG ZIMMERMANN

Verehrungswürdiger Freund!
Das herrliche Geschenk, das Sie mir mit Ihrem Werke über die Einsamkeit gemacht, habe ich wohl erhalten. Meinen Dank, so wie die Antwort auf das freundschaftliche Schreiben, mit welchem es begleitet war, habe ich bisher verschoben. Ich war Willens das Werk selbst vorher mit der Aufmerksamkeit durchzulesen, die es verdient; weil ich wußte, daß dem Edeldenkenden recht genießen der schiklichste Dank sey. Allein es verlies kaum die Hände des Buchbinders; so bemächtigten sich desselben meine Frau, mein Schwiegersohn, meine Tochter, mein Sohn, die alle zwar gute, aufklärungswürdige Menschen sind, an deren Vergnügen ich auch herzlichen Antheil nehme. Indessen gehet das Werk noch immer in meinem Hause von Hand in Hand, und ich habe bisher nur einzelne Blicke hinein werfen können. Zur sehr gelegenen Zeit haben Sie gesprochen, vortreflicher Mann! Wir träumten von nichts als Aufklärung, und glaubten durch das Licht der Vernunft die Ge-

gend so aufgehellt zu haben, daß die Schwärmerey sich gewiß nicht mehr zeigen werde. Allein wie wir sehen, steiget schon, von der andern Seite des Horizonts, die Nacht mit allen ihren Gespenstern wieder empor. Das Fürchterlichste dabey ist, daß das Uebel so thätig, so wirksam ist. Die Schwärmerey t h u t, und die Vernunft begnügt sich zu s p r e c h e n.
Der Lord Shaftesbury glaubte, Witz und Laune seyen die kräftigsten Gegenmittel wider den Fortgang des schädlichen Aberglaubens. Allein bloßer Scherz vertreibet das Vorurtheil nur zum Scheine. Aus Furcht verspottet zu werden, sucht man höchstens seine Albernheit zu verheimlichen. Man spottet wohl selbst mit, wo dieser Ton herrschet, und ist in seinem geheimsten Schlafgemache, wie ich Beyspiele gesehen, nichts desto weniger verführter und verführender Schwärmer. Der beste Ton ist, wie mich dünkt, der den Sie gewählt haben. Sie lassen dem gesunden Menschenverstande die L a u n e zur Seite gehen; Sie geben der Vernunft ihre Nahrung, und lassen auch die Einbildungs und Dichtungskraft nicht darben. Man denkt und empfindet, bedauert, lacht und bewundert, nachdem der Gegenstand es erfordert. Wenn die Kinder des Geistes so zu Hause ihren Unterhalt und ihre Beschäftigung finden; so werden sie desto weniger s c h w ä r m e n.
Es wäre zu wünschen, daß ein glückliches Kind der Vorsehung mit eben solchen Waffen wider den Atheismus, der bald der Vorläufer, bald der Nachfolger der Schwärmerey ist, zu Felde zöge; ein Mann, der den hohen Ernst der Vernunft; so wie die sanfteste Wärme der Empfindung und alle Milde einer reichen, aber nicht verschwenderischen Einbildungskraft in seiner Gewalt haben müßte, mit einem Worte, wenn ich mir das Ideal desselben vorstellen will: ein Mann, der das für die Sache der Gottheit thun könte, was W i n k e l m a n n für das Heidenthum gethan. Dieser würde zu Ihrem Werke der Kunst den P e n d a n t schreiben, und so hätten wir dem von allen Seiten einreißenden Uebel auch von allen Seiten zu steuern gesucht.
Von meiner Seite muß ich es vor der Hand blos bey dem f r o m m e n Wunsche bewenden lassen. Ich fühle mich zur Vollendung dieses erhabenen Werks viel zu schwach. Indessen will ich, so lange mir die Vorsehung das Leben fristet, Materialien dazu herbeyschaffen. Vielleicht bedienet sich derselbst einst ein glückliche-

rer Sterblicher! Und vielleicht — trostvoll und herzstärkend ist dieser Wunsch für meine Schwachheit — vielleicht ist dieser glücklichere mein Sohn!

Leben Sie wohl! und fahren Sie fort mich zu lieben,

Ihren
aufrichtigen Freund
Moses Mendelssohn

Berlin den 1ten Sept. 1784.

656

VON FRIEDRICH HEINRICH JACOBI

Hofgeismar den fünften Sept. 1784.

An den Herrn Moses Mendelssohn zu Berlin.

Meine schlechte Gesundheit, die seit einigen Monathen immer schlechter geworden ist, hat mich hieher ins Bad getrieben, und wird wahrscheinlich mich noch weiter treiben. Unter den Dünsten der Mineralwaßer, die mich von außen und innen in die Enge treiben, bin ich ganz unfähig, Dero schätzbare Zuschrift vom 1sten August (die zu Düßeldorf den 27ten erst angekommen ist, und den 1sten Sept. mich hier erreicht hat) so gleich zu beantworten. Ein glücklicher Zufall aber setzt mich in den Stand, Ihnen dennoch auf der Stelle gewißermassen Genüge zu leisten. Die Prinzeßin von Gallitzin, die hier auch den Brunnen und das Bad gebraucht, hat die Abschrift eines Briefes bey sich, den ich vor einiger Zeit an Hemsterhuis über die Philosophie des Spinoza schrieb. Ich laße nach dieser Abschrift eine zweyte machen, und lege sie hiebey. Was ich auf das wichtigste in Ihren Erinnerungen zu sagen habe, findet sich hier in einem Zusammenhange, der auf das Ganze mehr Licht verbreiten, und manchem Mißverstande abhelfen wird. Ueber den Vorwurf, den Sie mir machen: ich hielte Ausdehnung und Bewegung für die einzige Materie und Objecte der Gedanken, bin ich würklich mit einer Art von Schrecken in die Höhe gefahren. Dieses ist so wenig meine Meynung, daß ich wohl von keiner in der Welt entfernter bin, und ich begreife nicht,

wie ich nur die geringste Veranlaßung, sie mir beyzumeßen, habe geben können.
So bald ich wieder zu Hause und ein wenig in Ruhe bin, werde ich meine Ihnen gegebenen Nachrichten über Leßing wieder durchlesen, meine Aeußerungen mit Ihren Erinnerungen vergleichen, und alsdann nachhohlen, was durch den hiebeykommenden Aufsatz noch nicht abgethan seyn möchte. Daß ich ritterlich den Handschuh hingeworfen hätte, davon weiß ich nichts. Wenn er mir entfallen ist, und Sie wollen ihn für hingeworfen ansehen, und ihn aufnehmen: gut; ich wende nicht den Rücken, sondern wehre mich meiner Haut so gut ich kann. Wofür ich aber stand und stehen bleibe, das ist nicht Spinoza und sein Lehrgebäude: es sind jene Worte des Paskal: La nature confond les Pyrrhoniens, et la raison confond les dogmatistes. Dieses; was und wer ich bin, habe ich vernehmlich gesagt; und daß Sie mich für einen andern halten, das kommt nicht von irgend einem blauen Dunst den ich gemacht hätte. Kampf und Ausgang werden zeigen, daß ich keiner unerlaubten Künste mich bediene, und auf nichts weniger bedacht bin, als mich zu verstecken. Ich empfehle mich dem Himmel, unserer Dame, und dem adelichen Gemüthe meines Gegners.

Friedrich Heinrich Jacobi

657

AN ELISE REIMARUS

Theuerste Freundinn!
Unser Freund Hennings wird vermuthlich entweder bereits bei Ihnen seyn, oder wenigstens in einigen Tagen bei Ihnen eintreffen. Haben Sie die Geneigtheit, einliegendes Schreiben für ihn zu verwahren. Machen Sie ihm und dem Bruder meinen besten, freundschaftlichen Empfehl, und fahren Sie fort, meine Freundinn zu seyn, so wie ich unveränderlich bin

der Ihrige,
Berlin den 21 Sept. 1784. Moses Mendelssohn.

658

VON AUGUST HENNINGS

Altona, den 21. Sept. 1784

Bester Freund.

Mit diesem Briefe erlauben Sie mir, Bester Mendelssohn, Ihnen meine glükliche Ankunft und Niederlassung in Ihrer Nachbarschaft zu melden. Sie wissen, daß es in Hamburg der guten und braven Leute recht viele giebt, und daher freue ich mich recht sehr meines Aufenthaltes. Zwar erhalten die Götzen noch immer fürstliche . . . aber wir können hier gerne die Götzen den Fürsten überlassen, von denen wir so weit entfernt sind, daß, ihre großen Thorheiten ausgenommen, mit denen sie die Welt in Feuer setzen, alles, was sie angeht, sich aus unsern Augen verliehret.

Der Mode Ton, die Schwärmerei, scheint nach und nach zu verdampfen, und beinahe ist es schade. Wenn die bloße Thorheit sich zeigen wird, muß das Interesse sich verliehren, daß sie vormahls veranlaßte, und dann verliehret auch das Gute seinen Wehrt, das dagegen gesagt wird. Noch lieset man gerne was Schmettow und Lichtenberg schreiben, aber bald wird es heißen, es war ia nicht der Mühe wehrt, die Thoren zu belachen.

Man sagt indessen hier, daß das Geisterleben in Berlin sehr überhand nimmt. Unglauben und Aberglauben sind fast immer verbrüdert; daß doch das Hellste, was wir sehen können, daß wir nicht weit sehen können, so selten gesehen wird.

Reimarus empfiehlt sich Ihnen, bester Freund; er ist immer der unerschütterte Philosoph, den nichts in seinem Gange irre macht, den er ruhig und sicher ausgehen wird. So wie er zu leben und zu denken ist vermuthlich das einzige wahre Leben und Denken. Beatus ille! Elise ist so gichtich und krank, daß sie mich noch nicht hat sehen wollen.

Wegen H. Maurer erwarte ich von Ihnen einige freundschaftliche Worte, ob er nemlich bey unserer letzten Abrede bleibt, in die ich schon von Kopenhagen aus eingestimmt habe. Ich wünschte, daß der Mann ordentlich wäre, da wir gewiß zu beiderseitigem Vortheil mehrere Sachen miteinander machen könnten.

Erhalten Sie mir Ihre Güte und Freundschaft, Bester und weiser Mendelssohn, und seyn Sie von meiner Verehrung und freundschaftlichsten Ergebenheit versichert.

A. Hennings.

659

AN HERZ HOMBERG

Berlin, den 19. October 1784.

Bester Freund!

Tausend Dank für die ungemein ergötzende Nachricht, die Sie uns mitgetheilt haben. Ihr Vorhaben mag nunmehr gelingen, oder von Mißgünstigen hintertrieben werden, so haben Sie doch einen großen Schritt gethan, und verdienen den Dank und die Hochachtung eines jeden rechtschaffenen Israeliten, der Kinder hat, und sie nicht gern alle Trödler und Aerzte seyn, oder Trödler und Aerzte heirathen lassen möchte. Heil dem großen römischen Kaiser, der auf dem Throne einen so menschlichen Gedanken fassen, zur Reife kommen und zum Vorsatz gedeihen lassen konnte! Aber auch Heil und ewigen Segen den Staatsdienern und den Männern auf den Kathedern in Wien, den Männern, die sonst sehr engen Herzens zu seyn pflegen, daß sie sich mit solcher Großmuth den großen Absichten des Regenten anfügen und solche mit so vieler Bereitwilligkeit befördern helfen. Ich kann Ihnen meine Freude nicht genug beschreiben, aber auch die Ungeduld nicht, mit welcher ich den Ausgang erwarte. Schon ist ein Posttag verstrichen, ohne ein Näheres von Ihnen. Madame Arnstein hat zwar ihrem Hause gemeldet, daß Sie die Posten wirklich erhalten hätten; ich traue aber keinem andern Menschen so leicht, bevor Sie mir selbst schreiben, wie es darum steht. Bey gelegener Zeit erwarte ich auch umständliche Nachricht von der Art und Weise, wie man Sie geprüft hat. Es scheint mir aus Ihrem Schreiben, daß Sie über die Ihnen vorgelegten Fragen aus dem Stegreife hätten reden müssen, wovon ich mir im Grunde keinen rechten Begriff machen kann. Dem sey wie ihm wolle, so haben Sie mir nunmehr lange, ausführliche

Briefe zu schreiben, die ich mit Sehnsucht erwarte. Nichts mehr von allem, was ich Ihnen noch zu sagen oder zu fragen habe. Wer in ungeduldiger Erwartung ist, ist zu beydem nicht aufgelegt. Leben Sie wohl, Herr Correpetitor! Gebe Gott, daß mein Sohn Ihnen nicht nur die Fähigkeit, sondern auch die Möglichkeit zu verdanken haben möchte, dem menschlichen Geschlechte auf eine ehrenhafte Weise nützlich zu seyn.

Moses Mendelssohn.

660

VON AUGUST HENNINGS

Altona den 21. Oct. 1784.

Vergeben Sie mir, Bester Freund, wenn ich zu viel wage, indem ich Ihnen einige Bedenklichkeiten vorlege, welche mir bey Lesung Ihres Aufsatzes, über die Frage: Was heißt aufklären? aufgestoßen sind. Einige Ihrer Aeußerungen schienen meiner Lieblings Meinung, der Freyheit zu denken, entgegen zu stehen, und so wie es mir leid seyn würde, vom Autoritäten Schwörer ein Ansehen, wie das Ihrige, gegen mich aufgestellt zu sehen, so schmerzet es mich auch immer, wenn ich zu sehen glaube, daß man dem Menschen sein anerschaffenes Eigenthum, den Gebrauch des Verstandes, schmälern will, durch dessen Verlust alle Freyheit wegfällt, und durch dessen Beibehaltung alle Menschen in einer Reihe gestellt werden, indem alle blos vor dem Richterstuhl des Einzigen, des Schöpfers, gezogen, und dort gerichtet werden können.

Bildung, sagen Sie, zerfällt in Kultur und Aufklärung. Kultur ist ein entliehenes Wort, und heißt auf deutsch Bearbeitung von colere. Der lateinische Gebrauch des Worts ging weiter, als der Unsrige. Man sagte auch vom Gottesdienst cultus, und so wie die Götter der Menschen Machwerk waren, konnte auch der Dienst, den man ihnen erwies, wohl mit Recht eine Bearbeitung genannt werden. Wir scheinen für den Ausdruck zu erröthen, nicht immer für die Sache.

Da Cultur Bearbeitung ist, so würde ich sagen, Aufklärung würkt Bearbeitung, und aus Bearbeitung entstehet Bildung. Aufklärung gehet immer der Bearbeitung voran, wenn sie gleich oft unter der Bearbeitung entstehet. So gehet die Kraft der Lawine immer der Vergrößerung voran, wenn gleich durch die Vergrößerung immer die Kaft vermehret wird.

Von der Sprache würde ich also nie sagen, daß sie Aufklärung erlange, wohl aber, daß sie durch Aufklärung bearbeitet und gebildet werde.

Ich würde nicht sagen, die Nürnberger haben mehr Cultur, die Berliner mehr Aufklärung. Ich würde sagen, nie fand ich in speculativischen Wissenschaften und in practischer Weisheit mehr Aufklärung und Cultur, als ich bey Mendelssohn fand. Nirgends weniger, als in der Geister Schwärmerei, und vielleicht haben in Nürnberger Kram und Poppenwerke auch die Nürnberger den Vorzug vor Berlinern.

Und die Franzosen mehr Cultur, die Engeländer mehr Aufklärung? Liebster Mendelssohn, wie wollen Sie das behaupten? Lassen Sie den Franzosen Politur, Glattheit, Geschliffenheit; aber wo war auf dem Erdenrund mehr Kultur, als in Engeland? Nehmen Sie die schönen Künste aus, was sind dagegen die Griechen? O! daß nicht ganz Europa einsiehet, daß Engeland nieder zureißen, dem höchsten Grade der Bildung den Krieg ankündigen, und zur Fahne der Barbarei schwören heißt! Ich weiß wohl, daß unsere Odendichter dabey die Nase rümpfen werden, aber was gehen uns die Pharisäer oder Bedlamiten an?

Gilt meine Meinung, so bedarf der Mensch, als Mensch, allerdings Cultur, so ist Aufklärung ohne Cultur, Sonnenlicht ohne Pflanzenreich. Der isolirte Mensch ist des Genusses fähig, und also auch der Bearbeitung, so wohl der geistigen, als der leiblichen, der Politur weniger. Diese Sätze sind vorläufig. Nun unsere Haupt Irrungen. —

M e n s c h e n A u f k l ä r u n g, sagen Sie, k a n n m i t B ü r g e r A u f k l ä r u n g i n S t r e i t k o m m e n. Da sey Gott für! Der Gegensatz von Aufklärung ist Verblendung, activ oder passiv; Barbarei, oder Dummheit. Bei ienem Streite also müssen Menschen zur Barbarei verleitet, oder in Unwissenheit erhalten werden. Hier wird Gott in Widerspruch mit Sich Selbst gesetzet.

Er hat eine Kraft in einzelnen Menschen erschaffen, um im geselligen Menschen unkräftig, oder unthätig zu bleiben. Soll das nicht seyn, so hat die Bürgerliche Verfassung Unrecht, und dann müssen wir nicht mehr sagen, Bürger Aufklärung, sondern Bürger Verblendung. So ist kein Streit mehr möglich, sondern Empörung, Rebellion der vermeinten Staatsklugen gegen gesunden Menschenverstand.

Wie soll ich den Ausdruk wesentliche und unwesentliche Bestimmungen des Menschen philosophisch verstehen? Ist es nicht eine contradictio in adjecto, außerwesentlich und Bestimmung zusammen zu setzen. Wie kann dieses und Bestimmung getrennt werden? Was mich bestimmt, ist mein Wesen, und mein Wesen hat seine Bestimmung. Mehr oder weniger weis ich nicht.

Ich weis aber wohl, daß es eine Bildung giebt, die falsch, und eine, die richtig ist. Jene fließet aus einer fehlerhaften Bearbeitung, es sey des Geistes, oder des Körpers, diese allein aus Aufklärung. Die Wilden, die sich lebendig essen lassen, die lebendige Menschen verzehren, sind gewiß sehr cultivirt, aber auch gewiß sehr fehlerhaft, aber auch gewiß sehr wenig aufgeklärt. Je edler ein Ding in seiner Vollkommenheit, desto gräßlicher in seiner Verwesung!

Unglückselig ist der Staat, würde ich ausrufen, wo Bildung und Aufklärung mit einander im Widerspruch stehen, wo die Aufklärung, diese einzige unfehlbare Leiterin der Menschheit, sich nicht über alle Stände des Reichs ausbreiten und der Cultur die rechte Lenkung geben kann; wo die Cultur darin bestehet, in der Religion ein an der Krippe gebundener Orthodoxe, in der Staatskunst Despote oder Sclave, in der Bürgerlichen Verfassung nur das zu seyn, was Gunst und Vorschriften erlauben! Schreiben die Gesetze hier Nothwendigkeit (: nicht Nothwendigkeit, die ich nirgends finde, Gesetze :) vor, oder schmieden sie Fesseln, der Menschheit anzulegen, so schweigt der Philosoph, oder man zerschlägt ihre Arme und Beine wie Epiktet, und kann er nicht schweigen, so verlasse er einen Staat, der Blindheit heiligt.

Misbrauch der Aufklärung verstehe ich so wenig, als Dunkelheit des Lichts. Bei der Cultur muß man, deucht mich, sehr dahin sehen, daß die Aufklärung immer den Vorsitz behalte. Dieses ist nothwendig, damit Cultur nicht die edle Bestimmung des Men-

schen verfehle, der erhabne Geist nicht ein schaler Oden- oder Heldendichter; der Reformator nicht ein Münster, und Tell nicht ein Irländischer Volontair oder so klein werde, als in Stolbergs unsinnigen Rhapsoden. Wo Aufklärung und Cultur mit gleichen Schritten fortgehen, da ist die Menschheit für Irregehen sicher!
Je weiter die Cultur gehet, desto wachsamer muß man durch Aufklärung dem Verirren zuvorkommen suchen. In dem beständigen Streben nach Vollkommenheit, ist dem Menschen nichts mehr entgegen, als etwas für Vollkommenheit anzunehmen. Wenn ihm daher etwas als vollkommen vorgeschrieben wird, und man ihm das Bearbeiten untersagt, verschlimmert er es, daher ist das größte Verderben in der Religion. Je vollkommener diese seyn soll, desto mehr muß Aufklärung sie bearbeiten. Untersagt die Lehre Aufklärung, so kan man gewiß seyn, sie taugt nichts, oder wird bald nichts mehr taugen. Die Erfahrung beweiset es.

661

VON ELISE REIMARUS

Hamburg den 26sten Oct. 84.

Hier, mein liebster Mendelssohn, ist aber mal ein Paquet von unsrem Freund Jacobi, Sein Brief sagt Ihnen alles was er davon in Ansehung Ihrer Ritterfehde hofft. Mir liegt nur ob, Ihnen zu sagen: woher es gekommen, daß es nicht eher an Sie gelangt ist; und überhaupt Sie mit Ihrem Gegner so bekannt zu machen als es in meinem Vermögen steht. Was die Zögerung betrifft, so ist sie theils daher entstanden, daß Jacobis Abschreiber des franz. Briefes ihm zu Hofg. schlecht gedient, und theils, weil ich ein paar Monathe an der Gicht krank gewesen, und erst itzt wieder schreibfähig geworden bin.
Zur Bekanntmachung mit Ihrem Gegner ists das Beste, ich lasse ihn selbst reden. „Seyn sie so gütig — sagt er nachdem er die Ungeschicktheit zweier Abschreiber und des daherigen Verschiebens bis nach Düsseldorf erwähnt — „seyn sie so gütig u. erzählen

sie Mendelssohn diese Umstände u. empfehlen mich ihm bestens. Ihre Sache ist es Elise die Kämpfer aufzumuntern. Von meinem Eifer sind sie überzeugt u. daß ichs über all redlich meine. Thun sie das ihrige um Mendelssohn gegen mich ein ähnliches Vertrauen einzuflößen. Ich habe über dergleichen, u. über das ungemeine Vergnügen, welches mir sein Antrag macht selbst an ihn nicht schreiben mögen, um den von ihm angegebenen Ton, den ich ganz vortreflich finde, nicht zu verändern."

In meinem frühern Briefe als ich ihm kund gethan, daß Sie stat über Lessing zu schreiben erst ein Wort zu seiner Zeit gegen die heurigen Spinozisten reden wollten antwortet er: „Mendelssohns Entschluß ist mir der angenehmste den er fassen konnte, wegen der Aufklärung die uns seine Schrift verschaffen wird, mittelbar und unmittelbar."

Und so dächt ich hatt ich fürs erste das meine gethan um zwey edle Ritter die mir beide wehrt sind in die gehörige Fassung für einander zu setzen. Gebe der Himmel Ihnen liebster Mendelssohn, auch die erforderliche Gesundheit um Ihren gemeinüzigen Plan auszuführen.

Daß Lessings Bruder uns als ein ehrlicher Mann auf unser Verlangen (neml. mir und meinem Bruder) unsre Briefe ausgeliefert habe, werden Sie vielleicht von unserm Freunde Wessely gehört haben. Ich bin aber doch itzt darüber in einiger Verlegenheit, worüber ich Sie zu Rathe ziehen möchte. Nemlich ob Sie meinen daß unter den Briefen die ich von unserm verstorbenen L. habe, und davon Sie den übrigen ungefehr gleichhaltigen Theil noch sehen sollten, wohl etwas sey, das in der herauszugebenden Sammlung figurirn könne? Ich möchte sie als dann dem lebendigen Lessing so gern, stat meinen unterschieben, auf deren Zurückgabe er (wenigstens was einen Theil davon betrifft) noch sehr lebhaft besteht. Wie hätt ich mirs je einfallen lassen können daß unser L. so unbedeutende Briefe als die meinen aufheben würde. — Leben Sie wohl liebster Mendelssohn und seyn Sie von meinem Bruder und unserm Hennings, der sich seine Muße bey uns recht wohl seyn läßt, herzlich gegrüßt!

Elis. Reimarus

662

AN ELISE REIMARUS

Berlin den 15 Nov. 1784.

Herr Hofmedikus Marcard aus Hannover und seine Frau, welche dieses überreichen, beide wünschen, und verdienen, Ihre Bekanntschaft zu machen. Er ist ein Mann von Verdienst, als Schriftsteller und als Mensch schätzbar; sie eine Frau, wie es scheint, völlig nach dem Herzen Elisens, ohne Geräusch und Anspruch, und gewinnt im Umgange. Ich war stolz darauf, ihnen meine Addresse an Mademoiselle Reimarus anbieten zu können.

Wessely ist angekommen, und hat mir die Verlegenheit erklärt, in welcher Sie sich in Absicht auf die Briefe zu befinden scheinen. Von L. glaube ich gesichert zu seyn, daß er rechtschaffen handeln werde; und daß eine fremde Hand Mißbrauch machen werde, ist nicht wahrscheinlich. Sie können also meines Erachtens unterdrükken und bekannt werden lassen, was Ihnen gut dünkt. Uninteressant ist sicherlich nichts, was unsern verstorbenen Freund angeht. — Jedoch ich nehme mein Wort zurück; uninteressanter, wollte ich sagen, kann der Briefwechsel gewiß nicht werden, als ein großer Theil des Nachlasses ist, den sein Bruder drucken läßt.

Sehr lieb ist es mir, daß Jacobi den Ton nicht mißbilligt, welchen ich anzugeben gewagt habe. Ich fürchtete, ihn durch die kecke Art, mit welcher ich ihm zu Leibe ging, ein wenig aufzubringen. Wir bleiben also künftig bei dieser altdeutschen Offenherzigkeit. Er schickt mir die Abschrift eines Schreibens an Hemsterhuis. Sollte der Bruder wohl erlauben, daß ich ihm dafür eine Abschrift von seinem philosophischen Briefe sende? Auf solche Weise kämen wir indirecte einige Schritte näher zum Ziele.

Empfehlen Sie mich diesem unschätzbaren Freunde, so wie Herrn Hennings, dem ich eine Antwort auf seine Herausforderung noch einige Posttage schuldig bleiben muß; und leben Sie wohl.

Ihr aufrichtiger Freund,
Moses Mendelssohn.

663

AN HERZ HOMBERG

Bester Freund!

Außerordentliche Männer thun selten, was Jedermann von ihnen erwartet; denn sie sind außerordentliche Männer. Was also die Majestät in Ihrer Sache entschieden hat, ist ganz in der Regel; uns in aller Betrachtung zwar unlieb, aber doch im Grunde lieber, als wenn die Majestät Sie approbirt, die Philosophie aber Sie als untüchtig verworfen hätte. Ich habe, wie Sie wissen, ein ähnliches Schicksal gehabt. Die Academie hat mich zum Mitgliede gewählt, des Königs Majestät aber die Wahl nicht bestätigt. Warum? das weiß ich eben so wenig, als Sie jetzt wissen, warum Sie der Kaiser nicht zum Correpetitor haben will. Religionshaß ist es doch sicherlich nicht.

Aber müde machen sollen uns selbst die Großmächtigsten nicht! Je größere Schwierigkeiten, desto mehr Kräfte müssen wir anstrengen. Es müssen Mehrere und immer Mehrere unter uns aufstehen, die sich ohne Geräusch hervorthun, und Verdienste zeigen, ohne lauten Anspruch zu machen. Lassen Sie dann nur die Excellenz menschenfreundlich genug seyn, das Verdienst anzuerkennen; die Majestät wird am Ende dennoch der Excellenz nachfolgen müssen.

Mein Sohn Joseph hört Physik bei Dr. Marcus Herz, der sie öffentlich liest, und auch Chymie bei Hrn. Klaproth, ohne daß ich ihn noch zur Gelehrsamkeit bestimmt hätte. Fähigkeit hat er in Sachen des Verstandes; aber mit Sprachen will es nicht recht werden. Er ist selbst in der lateinischen Sprache noch sehr zurück, und hat im Hebräischen fast alles vergessen, was Sie ihm beigebracht haben. Ich lasse ihn seinen eigenen Weg gehen. Ich bin, wie Sie wissen, kein Freund vom Zwange; und bei diesem eisernen Charakter, der sich eher brechen als biegen läßt, wäre ohnehin durch Zwang nichts auszurichten. Sein gesunder Menschenverstand wird ihn schon zu irgend einem Ziele leiten.

Machen Sie den verehrungswürdigen Männern, die sich Ihrer angenommen, meinen gehorsamsten Empfehl, und versichern Sie dieselben meiner aufrichtigsten Hochachtung. Mein Sohn soll immer fortfahren sich in Wissenschaften zu befleißigen, so lange er die Hoffnung hat, sich solcher Männer Beifall zu erwerben. Die Ehrenstellen mögen allenfalls höheres Orts verweigert werden, und Joseph Mendelssohn im bürgerlichen Leben nichts mehr werden, als Moses Mendelssohn, sein Vater, und Herz Homberg, sein Lehrer und Freund, sind und seyn werden. Leben Sie wohl und lieben Sie

Ihren
Bruder, Kaufmann
Berlin den 20 Nov. 1784. Moses Mendelssohn.

664

AN AUGUST HENNINGS

Theuerster Freund!
Sie haben vollkommen recht; und in meinem Aufsatze, dünkt mich, (denn ich habe die Monathsschrift jetzt nicht zur Hand) habe ich es selbst gestanden, daß der Sprachgebrauch meine Unterscheidung nicht völlig gut heiße. C u l t u r ist ein Fremdling in der Sprache. Wollen wir seinen Werth kennen, so müssen wir in seiner Heymath selbst nachforschen. Seine Herkunft mag dabey mit untersucht werden; aber sie entscheidet nicht alles. Mancher ist mehr werth, als eine lange Reihe seiner Vorfahren.

Colere, und Cultur, sagen die lateinischen Schriftsteller, sind Wörter einer so vielfachen Bedeutung, daß sie in keiner anderen Sprache mit gleichvielbedeutenden Wörtern gegeben werden können. Die erste Bedeutung ist wahrscheinlicherweise vom Feldbau hergenommen, und bedeutet den Anbau und die Bearbeitung eines Feldes, um der Früchte willen die man sich davon verspricht. Sodann auch, jeden Dienst den man einem Menschen erzeigt, jede Mühe, die man sich um eine Sache giebt, damit sie Nutzen oder Vergnügen gewähre. Sogar die Sorge, die man für Verzierung des Kopfputzes und der Kleidungsstücke überhaupt trägt, wurde c o l e r e genannt. Endlich auch die Verehrung, die man einem Menschen oder einer Gottheit erzeiget, damit das höhere Wesen uns günstig werde. Cultur setzt also allezeit Bearbeitung des Nutzens willen zum voraus. Mühanwendung, damit eine Absicht erreicht werde, scheint also etwas vorsätzliches zu seyn; da hingegen Aufklärung den Begriff des Vorsatzes wenigstens nicht voraussetzt. Aufklärung kann auch eine Wirkung der Bearbeitung, oder eine Folge des vieldeutigen Worts Cultur seyn; aber es hat mir geschienen, als wenn Aufklärung mehr auf das Theoretische, Cultur hingegen mehr aufs Praktische sich anbringen lassen wollte. Gesetzt, ich wollte nach Schweden reisen, um allda Manufakturen anzulegen, oder astronomische Beobachtungen anzustellen. Ich wäre aber in Zweifel, ob ich daselbst die gehörige Aufnahme, die mir zur Nothwendigkeit gewordene Pflege, die Künstler und Instrumente, die ich brauche, und die Gelehrten und Bücher, die mir Hülfe leisten sollen, finden werde. Sie antworteten mir: Seyn Sie unbesorgt, die Nation hat Cultur; Sie finden allenthalben gutgeartete Menschen, die einen Fremden freundlich aufnehmen; Sie finden reichlichen Überfluß an allen Bedürfnissen und Bequemlichkeiten des Lebens; es fehlt nicht an geschickten Künstlern und Handwerkern; die Nation hat aber auch Aufklärung; Sie finden allenthalben Männer von Einsicht, die Sie unterstützen und mit nützlichen Kenntnissen an die Hand gehen werden; die Zeiten sind vorbey, da man einen astronomischen Beobachter für einen Zauberer hielt, und den zum Scheiterhaufen verdammte, der eine Finsterniß vorhersagt. An den äußersten Grenzen Schwedens ist man aufgeklärt genug, diese Vorurtheile zu belachen. Mich dünkt, daß hier die Worte Cultur und Aufklärung in ihrer gehörigen Bedeutung gebraucht worden, und ich wünsche, den Sprachgebrauch nach dieser Maasgebung festsetzen zu können. Wenn ich dann in einer Provinzialstadt viele Magister der sieben Künste, und alle periodischen Schriften Deutschlands, aber lauter menschenscheue Einwohner, armselige Wirthshäuser, und nicht einen einzigen Bartputzer fände; so würde ich sagen: das Städtchen hat verhältnißmäßig zu viel Aufklärung, und zu wenig Cultur.

Räumen Sie mir diese, im Grunde willkührliche, Wortbedeutungen ein; so ist das Verhältniß, welches ich zwischen Nürnberg und Berlin, England und Frankreich angegeben, so auffallend nicht als es Ihnen scheint. Wollen Sie aber die Gränzen der Worte anders bestimmen; so streiten wir blos um den Sprachgebrauch, nicht um die Sache. Indessen scheinen Sie mir in Ihrer Vorliebe für England zu weit zu gehen, und die Franzosen zu tief herunter zu setzen. Ich habe beide Nationen nicht selbst in ihrer Heymath gesehen: aber so wie ich sie mir beide vorstelle, haben die Franzosen an sanften menschlichen Sitten, an wohlgebildetem Umgange zwischen Menschen aller Stände und Geschlechter, an milden Gesinnungen gegen Fremde in ihrer Heymath wenigstens einen großen Vorzug. Die falsche äußerliche Politur, den unächten Glanz, den wir ihnen zuschreiben, haben wir blos von den herumschweifenden Franzosen abstrahirt; der Nation selbst scheinen diese Eigenschaften nicht so allgemein zugeschrieben werden zu können. Die bekannte Maxime scheint richtig zu seyn: Der Franzose ist geselliger zu Hause, und der Engländer in der Fremde. Und vollends mit den Griechen in ihren glänzendsten Jahrhunderten verglichen, scheinen Sie mir den Engländern viel zu viel einzuräumen. Nicht nur in den schönen Künsten, auch in den schönen Wissenschaften, dünkt mich, lassen die Engländer den Griechen noch einen großen Vorschritt. Und in den höheren Wissenschaften? Wenn hierin die Engländer einen Vorzug haben, so haben sie ihn mehr der Zeit, als ihrem Genie zu verdanken. Sie konnten in der Aufklärung dasjenige benutzen, was ihnen die Griechen vorgearbeitet hatten. Denn Erkenntniß reifet mit der Zeit. Auf Cultur scheint die Zeit weniger Einfluß zu haben. Jedes Jahrhundert erfordert seinen eigenen Anbau; die Vorarbeit kann zur Aufklärung sehr viel, zur Cultur aber vergleichungsweise weit weniger beytragen.

Was außerwesentliche Bestimmung des Menschen sey? Wenn ich mich hierüber nicht erklärt habe; so ist es freylich meine Schuld. Indessen dünkt mich, der Mensch sey bestimmt, alle seine Geistes- und Leibeskräfte und Fähigkeiten auszubilden; sich z. B. in Werken des Witzes und der Einbildungskraft so wie in allen Künsten der Schönheit und Verzierung des Leibes, sowohl als der Seele, zu üben und vollkommener zu machen. Diese aber können zu Sparta mit den Pflichten des Bürgers in Collision kommen, und müssen alsdann hintangesetzt werden. Sowie in jedem kleinen Staate, in welchem die nothwendigen Bedürfnisse noch die gehörige Befriedigung nicht finden. Die wesentlichen Bestimmungen des Menschen gehen aufs D a s e y n, die außerwesentlichen aufs B e s s e r s e y n ; jene erzeugen Vollkommenheit, diese Schönheit; und wenn sie nicht beide zu erhalten sind, so müssen jene allerdings vorgehen.

Kann Aufklärung schädlich seyn? An und für sich freylich nicht; aber zufälliger Weise, so wie das Sonnenlicht blöden Augen. Ich bleibe immer noch bey meiner Worterklärung. Aufklärung geht blos auf das Theoretische, auf Erkenntniß, auf Wegschaffung der Vorurtheile; Cultur hingegen auf Sitten, Geselligkeit, Künste, Thun und Lassen. Wenn Aufklärung der Cultur zu sehr voreilt, so kann sie allerdings schädlich seyn, und sogar zufälliger weise den Fortgang der Cultur auf eine Zeit lang unterbrechen; so wie ein üppiger Zuwuchs dem Baum schädlich seyn kann; ob er gleich an und für sich selbst Würkung des regen Wachsthums ist. Wenn ich es auch in meiner Macht hätte, so würde ich mich gleichwohl sehr hüten, alle Vorurtheile unter welchen die Menschheit seufzet, mit einem einzigen Federstriche aufzudecken. Der Aufklärer, der nicht unbedachtsam zufahren und Schaden anrichten will, hat sorgfältig auf Zeit und Umstände zu sehen und den Vorhang nur in dem Verhältnisse aufzuziehen, in welchem das Licht seinen Kranken heilsam seyn kann. Aber die Entscheidung muß ihm selbst überlassen werden, und keine öffentliche Anstalt darf hierin Maaß und Ziel setzen. Die Zeloten haben Recht, wenn sie zuweilen die Folgen der Aufklärung für bedenklich halten. Der Trugschluß liegt bloß darin, daß sie euch bereden wollen, den Fortgang derselben zu hemmen. Aufklärung hemmen, ist in aller Betrachtung und unter allen Umständen weit verderblicher, als die unzeitigste Aufklärung. Sie rathen also zu einem Mittel, das schädlicher ist als die Krankheit. Das Übel, welches zufälliger Weise aus der Aufklärung entstehen kann, ist außerdem von der Beschaffenheit, daß es in der Folge sich selbst hebt. Lasset die Flamme nur recht auflodern, so wird sie den Rauch selbst verzehren, den sie hat aufsteigen lassen.

Ich habe diesen Brief von fremder Hand müssen schreiben lassen, weil meine Augen mir seit einigen Wochen zu versagen anfangen. Leben Sie wohl! und lieben Sie

Ihren

Berlin, den 27. 9br [November] 1784 Moses Mendelssohn.

665

VON AUGUST HENNINGS

Bester Freund,

Es kommt mir fast so vor als ob meine gesellschaftliche Bestimmung, mich um das Gewerbe und die Thätigkeit der Menschen zu bekümmern, mich ganz von den Ideen des Aestetischen in der Betrachtung der Menschheit entfernte. Dieses hat, wie ich vermuthe, unsere verschiedenen Urtheile über Aufklärung und Cultur, und die Anwendung dieser Begriffe auf gewisse Nationen veranlasset, ob wir gleich, wie Ihr letzter, belehrender Brief mich überzeugt hat, im Grunde in unsern Gesinnungen, und vornehmlich in unsern Wünschen für das Wohl der Menschheit übereinstimmen. Doch mögte ich auch die Bestimmung der Worte, mit denen man den Begriff, den man sich von Aufklärung macht, auszudrücken sucht, nicht eine bloße Wort Kritik nennen. Die gemeinen Begriffe sind noch so schwankend, so unbestimmt, daß mir die größte Schärfe nöthig scheint, Misdeutungen vorzubeugen, welche auf das Wohl und Weh der Menschheit Einfluß haben können. Wir sehen noch nicht, wie wir sollten, in der Aufklärung den Helden, den Erlöser der Menschheit, sie ist noch ein zartes Kind, unserer Erziehung anbetrauet, dem wir vorsichtig die Kleider anlegen müssen, damit im Aufwachsen der Bau des Körpers nicht verunstaltet werde.

Ich trete ganz zu ihrer Meinung über, Bester Freund, daß das Wort Aufklärung theoretisch, und Cultur praktisch zu nehmen ist. Das erklärende Beyspiel, welches Sie von Schweden nehmen, ist sehr treffend und passend: Ueberfluß in allen Bequemlichkeiten des Lebens beweiset Cultur. Belachen thörigter und schädlicher Vorurtheile und Beweise gründlicher Einsicht zeugen von Aufklärung.

Läuft man aber nicht Gefahr die theoretische Begriffe in praktische zu verwandeln, wenn man sie auf gewisse Gegenstände anwendet. Diese Gegenstände mögen nun spekulativische oder mechanische seyn? Oder vielmehr ist nicht der spekulativischste Philosoph, wenn er von seiner Aufklärung Gebrauch macht, eben so praktisch, als der Künstler, wenn dieser den Hobel oder den Meißel, so wie wenn er die Feder, ansetzed? Das Würken des Philosophen scheint mir immer praktisch zu seyn, wenngleich die Würkungen theoretisch werden. Indem der Philosoph zum Besten der Menschheit arbeitet, beweiset er seine Cultur, obgleich das was er zeugt oder schaft wieder Aufklärung würkt. Die Folgen seiner praktischen Würkungen sind nunmehr das Licht des Verstandes, so wie die Folgen der praktischen Würkungen des Beckers Nahrung des Körpers sind. Beiderlei Arten fließen aus Aufklärung, und beyde können wieder neue Aufklärung in ihrem Fache verbreiten. Könnte man oft nicht in einer Provinz Stadt, in der man viele Litteratur und wenig Bequemlichkeit des Lebens fände, sagen, die Leute haben viele Cultur in Wissenschaften aber wenig in den nützlichen Künsten des menschlichen Lebens.

Die Folge, die mir aus dieser Bestimmung zu fließen scheinet, ist diese, daß der Urheber der Natur Kräfte in ieder Seele, in der spekulatisch denkenden sowohl, als in der mechanisch denkenden, die Fähigkeit gelegt hat, sich in Aufklärung zu vervollkommnen, und daß es daher das von Gott anerschaffene Vorrecht eines ieden Menschen ist, seine natürliche Bestimmung zur Aufklärung in seiner gewählten oder zufälligen Bestimmung im bürgerlichen Leben, so anzuwenden, als seine Talente, Neigung, oder Lage es erfordern; daß es mithin eine Menschen über Menchen durch kein Recht verstattete Gewaltsamkeit ist, iemanden im Praktischen oder in der Cultur seiner Aufklärung zu hindern; er sey Philosoph oder Walter des Mantels eines Philosophen.[a])

Hiebey muß ich zwo Voraussetzungen bemerken, die meine Meinung auch denen annehmlicher machen werden, welche das helle Licht der Wahrheit blendet, und die, nach Art der Zeloten Dunkelheit und Nebel um sie zu hüllen suchen. Die eine ist, daß so wie die Natur in allen ihren Operationen langsam und har-

a) Dieses hindert nicht, daß nicht in einem Staate gewisse Cultur ganz untersagt seyn könne, denn die Aufklärung ist an gewisse Cultur nicht gebunden. Wenn aber in einem Staate solche Cultur untersagt seyn sollte, wodurch die Aufklärung eingeschränkt werden würde, z. B. solche die unmittelbar auf die Freiheit zu denken würken, so würde daselbst eine unerträgliche Tirannie begangen werden.

monisch würkt, sie eben die Oekonomie im Denken der Menschen zeigt. Die Uebergänge sind so allmählig, daß das Entstehen der Dinge ganz für unsere Augen verlohren geht. Doch sind die Veränderungen fast schnell, hehr und groß. Die Erde, die neulich noch unfruchtbar und mit Schnee bedekt war, erscheint, einige Wochen später, in anmuthigstem Gewande des Frühlings. So ist es auch mit dem Fortgange der Aufklärung beschaffen. Wer kann besser als Sie beurtheilen, Bester Mendelssohn, wie sanft und wie wohlthuend sich das Licht der Aufklärung über die Menschheit verbreitet, Sie der einer von denen sind, welchen die Vorsicht die Fackel reichte, und an der Quelle des Lichts stellte, sie zur Erhellung der Zeitgenoßen anzuzünden. Der Zelote, der schnelle Folgen der Aufklärung befürchtet, scheint mir daher eben so zu beurtheilen, als das gemeine Sprüchwort dieienigen behandelt, die sich einbilden wollten, Gras wachsen zu hören.

Die zweyte Voraussetzung ist, daß alle schädliche Cultur des Geistes des wahren Aufklärung, oder, kurz, der Aufklärung entgegen ist, (denn alle Aufklärung ist wahr), daß also der sicherste Weg ist, um das Schädliche zu vermeiden, der Aufklärung nichts in den Weg zu legen. Ohne mich hier auf den Ursprung des Bösen einzulassen, können wir annehmen, daß so wie überall Gutes und Böses auf Erden vermengt sind, sich dieses auch bey dem Gebrauche findet, den Menchen von ihrer Willensfreiheit und ihrem Vermögen zu würken machen. Es ist keine Kunst, kein Handwerk, das nicht zum Schaden der Menschheit angewendet werden können. Der Becker kann brandiges Korn zu seinem Brodte nehmen, und allen seinen Kunden die Kriebel Krankheit geben. Die Chemie hat vielleicht mehr Gifte, als heilsame Arzneien, in die Welt geschikt. So kann es auch unter Philosophen, die um ihre Aufklärung zu nutzen, Wissenschaften cultivieren, Leute geben, die Irthümer statt Wahrheiten lehren. Diese Irthümer aber sind Disparaten der Aufklärung. Unwissenheit verwirrt den Philosophen, so wie den Becker, der den Brand in Korn von gesundem Korn nicht zu unterscheiden weiß. Aufklärung in der Physik vertreibt hier den Irthum, so wie dort Aufklärung in physiologischen oder metaphysischen Wissenschaften. Ist der Irthum Vorsatz, wird er zum Verbrechen, so treten bürgerliche Gesetze ein, aber wo ist mehr Aufklärung nöthig, als hier, um zu bestimmen, wo Irthum in Wissenschaften, Vorsatz, wo dieser vorsätzliche Irthum schädlich und zum Verbrechen wird? Wo findet man einen Schild gegen Despotism und Fanatism, wenn das Palladium der Menschheit, Aufklärung wegfällt, und den Menschen nicht mehr sagt, hier cultivirt ihr eine giftige Pflanze, hier Bäume des Lebens?

Wollte man meine Induktion aus dem physikalischen Würken der Natur auf das Geistige der Aufklärung gegen mich anwenden, und behaupten, daß es auch in dem Physischen plötzlich Revolutionen als Gewitter, Erdbeben, Orkane, und dergleichen gebe, und daß eben diese Art durch den Fortgang der Aufklärung plötzliche und schädliche Revolution entstehen könnten, so kann ich dagegen nichts einwenden. Aber die Frage ist nur, da die Natur mit ihrem langsamen und almähligen Würken ein solches schnell entstehendes Uebel verbunden hat, ob es da nützlich seyn würde, diesem Uebel, auch wenn wir könnten, zuvorzukommen, und, in Anwendung des Bildes auf Aufklärung, entstehet gar die Frage, ob es heilsam seyn würde, dem langsamen und almäligen Würken der Aufklärung Hindernisse in den Weg zu legen, um einen plötzlichen Ausbruch zu hemmen. Wir sehen im Erdbeben von Calabrien nur den Ruin der Gegend; aber können wir zweifeln, daß wir die weisen Natur Gesetze bewundern würden, wenn wir den Umsturz dieser Gegend im Zusammenhange, aber in Harmonie, mit der Erhaltung der physikalischen Welt anschauen könnten. Hiezu kommt noch die Frage, ob nicht Aufklärung, dieses erstgebohrne Kind der Gottheit, wenn ich mich so ausdrücken darf, das Vorrecht habe, auch in den schnelsten Revolutionen nie schädlich werden zu können, so bald nur der freie Lauf ihrer Würkung nicht gehemmt wird. Schnell, doch vielleicht nur unserm Auge schnell, war der Ausbruch der Aufklärung im vierzehnten, fünfzehnten und im Anfange des sechszehnten Jahrhunderts, aber floß nicht aller Schade, der daraus für die damalige Generation der Menschheit entstand, aus dem Entgegen Arbeiten der Tirannen, und machte nicht dieses Entgegen Arbeiten zum Theil den Bruch immer größer, die Revolution immer schneller, und eben daher den daraus fließenden Nutzen immer ausgebreiteter?

Den Satz, daß die Revolutionen der Aufklärungen vielleicht nur unsern Augen schnell scheinen, habe ich aus den Beobachtungen meines Lebens abgezogen. Leibnitz, Voltaire und andere ihnen ähnliche große Männer, waren unstreitig seltene Erscheinungen, und große Erschütterer des Irthums. Aber wo würkten sie schleunig, wo schmerzte der Menschheit ihr Würken? Nehmen wir nicht noch die Theodicee für ein ernsthaftes Buch und Leibnitz für einen Lutheraner, ohne zu sehen, daß iene Schrift eine Satyre gegen alle Theodiceen ist, und daß der Verfasser Sektenfreier war, als Lavater in seiner Herzens Erleichterung? Wir erkennen das Würken der großen Männer in allem was die Menschheit angeht, bis im Kanzelvortrage des gegen sie eifernden Zeloten, der, undankbar, seine Aufklärer verkennt, wir sehen es in allen Regierungen, in Ihres großen Friederichs, in Wiens Joseph. Sollte aber ein Regente zu schnell der Aufklärung vorgreiffen, unreife und übereilte Schritte wagen, wer sollte es dann der Aufklärung zur Last legen, und wer könnte dann dem Irregehenden Regenten anders zurufen, als: Gehorche der Aufklärung, sie läßt sich nicht gebieten! Sey durch sie weise, männlich, klug!

Dann wird sich alles, auch das Schnelle, aus allmähligen und langsamen Uebergängen, sicher, nützlich und maiestätisch entwikeln. Mit schnellerm und schnellerm Fortgange, aber doch immer gemessen, immer in der Harmonie mit der allgemeinen Ordnung des Ganzen. So wächst alles üppicher, geschwinder, vollständiger und ansehlicher in einem wohlangebauten Lande, und so entwickeln sich auch alle Geistes Kräfte schneller und in reicherem Maaße da, wo Aufklärung sich ausbreitet. Aber so geschwind und groß auch der Fortgang ist, so ist er immer in der Harmonie, welche die Natur in ihren Würkungen nie verläugnet, immer almählig und gemessen, nie abgebrochen und gewaltsam.

Sind meine Äußerungen richtig, erhalten sie den Beifall meines aufgeklärten Freundes, dessen Sache ich mehr führe, als die Meinige, wenn ich der Aufklärung einzig und allein Altäre baue, so sind die Folgen der Aufklärung nie bedenklich, so kann ein Zelote ihre Folgen nicht hindern, ohne ihren Fortgang zu hemmen, so ist alles Künsteln oder Bessern hier Hochverrath gegen die Grundgesetze der Schöpfung, vermessene Störung ihrer Regeln, Verderben ihres, uns bekannten, besten Werks, der Menschheit; so können wir so wenig der Aufklärung, die Regel ist, Regel vorschreiben, als einem Baum die Krone abschneiden, wenn wir nicht dessen geraden Wuchs zerstören wollen. Dann eilt Aufklärung nie der Cultur vor, dann ist sie die Mutter die Pflegerinn derselben, dann ist sie das einzige richtige Correktiv der üppichen Auswüchse des menschlichen Geistes, dann ist sie, was sie seyn soll und muß, der wahre Gebrauch der gesunden Vernunft, dieser Kraft, wodurch die Almacht im Menchen, so wie durch Naturgesetze im physischen Bau der Welten, ihre Göttlichkeit zeigt. Heilig sey uns allen dieser Berührungs Punkt, wenn ich mich so ausdrücken darf, durch den wir an der Gottheit am unmittelbarsten grenzen, wo wir das Medium finden an der Quelle aller Wesen zu Wesen zu werden! Unheilig sey uns der, der Leibnitzen die Flügel beschneidet und Mendelssohns Geiste Grenzen setzet!

Wie aber wenn dieser Geist mehr Aufklärung hat, als sein Jahrzehend, als sein Volk ertragen kann, als seine eigene Ruhe und Wohlfahrt erlaubt, bekannt zu machen? Ist hier eine Collision? Bester Freund! — Ich finde keine. Jeder prüfe seine Kräfte, ieder beurtheile sich und seine Lage, handle nach seinen Pflichten, nach seiner Beurtheilung, nach seinen Neigungen. Auserwählt oder berufen werden wir uns wohl so wenig in Philosophischen Wahrheiten glauben, als in mechanischen Künsten. Der Künstler muß sich nach seinen Kunden richten, das kann auch der Weise. Gesetzt iener wüßte eine bessere Methode, als der herschende Geschmak suchet, er könnte aber diesen nicht ändern, wer wollt es ihm dann übel nehmen, wenn er nach der schlechtern Methode arbeitete? Doch glaube ich nicht, daß der menschlichen Gesellschaft ein Schade daraus erwachsen würde, wenn der Künstler aus Liebe zu seiner besten Methode verhungern wollte. Eben so wenig glaube ich, daß ein Philosoph der Menschheit Schaden zufügen würde, wenn er aus Liebe zur Aufklärung Märtyrer seiner Wahrheiten werden wollte. Daß Huß und Hyeronymus von Prag verbrannt wurden hat in der Menschheit kein Uebel gestiftet, wenngleich der Hußiten Krieg daraus entstand. Eben so wenig dürfen wir Wiklif für seinen Muth Vorwürfe machen, wenn er gleich die erste Ursache der Verfolgung gegen die Lollards war, und das Bild der blöden Augen, die das Sonnenlicht nicht ertragen können, auf kein Zeitalter mehr passet, als auf das Seinige.

Giebt es Republiken, in denen gewisse Zweige der Aufklärungen untersagt sind, so trift ein solches Verbot eigentlich nicht Aufklärung, sondern Cultur, und da die Cultur dieses oder ienen Geschäftes untersagt ist, so fällt es von selbst weg, daß der Geist sich nicht in dem selben aufzuklären sucht. Wollte er es thun, so würde er niemanden schaden, aber vergebens arbeiten. Wenn also Sparta keine schönen Gebäude aufzuführen zuließ, so folgte daraus, daß keiner die Regeln der Baukunst studierte. Wäre aber ein Spartaner thöricht genug gewesen, es zu thun, so hätte er niemand dadurch geschadet. Man würde ihn, wie unter uns die Alchymisten angesehen haben, die eine unnütze Wissenschaft treiben. Sollte es aber eine Republik geben, in der Witz und Einbildungskraft ganz untersagt wären, wer wollte dann nicht den Staub von seinen Füßen schütten und seinen Stab weiter setzen? Die Spartaner thaten dies nicht: sie sangen Lieder, die Rousseau bewundert und Lessing verdeutschet hat. Ob sie recht hatten, Cultur in dem Grade zu verbieten wie sie thaten, ist eine andere Frage. Ich glaube nein, so wenig, als ich mit Plato einstimme, daß man die Homern alter und neuer Zeiten bey der Hand zum Lande hinausführen müsse, wenn ich gleich denen nicht widersprechen will, welche die Mythologischen Mährgen für kindische Blasphemien halten, man mag sie nun Iliaden, oder Messiaden betiteln, oder gar Jehovah zum Romane machen wollen, wie ein Paar Abentheurer aus Stolbergs und Klopstoks Schule sich unterfangen haben, wozu das Museum Seegen und Gedeihen verleihet. Sind Sie nicht ermüdet, bester Mendelssohn, einem Ihrer unverdientesten Schüler so lange geduldig zuzuhören? Nur noch ein Paar Worte von meiner Vorliebe für die Engeländer. Ganz nach meinen Neigungen zu urtheilen so liebe ich die Engeländer, individualisirt gar nicht, die Franzosen dagegen vielleicht mehr, als irgend eine andere Nation, wiederum wie sich es versteht, individualisirt. Aber, als Nation, achte ich kein Volk auf Erden, so weit mein Auge in die Geschichte blikt, so sehr, als das Englische. Ich nehme hier die Maße der Aufklärung in allen ihren Würkungen auf die Menschheit im Ganzen zusammen, und die Summe, die ich dann in Hinsicht auf Volkesfreiheit im Gewerben, im Eigenthum, im Denken, herausbringe, so wie die daraus fließende Resultate der Cultur, der Beförderung nützlicher Kenntnisse, der Wohlfahrt aller Stände, des Fleißes, der Bevölkerung, der innern Stärke der Nation, übertreffen, nach meinen Berechnungen, alles was von Cadmus an, bis zur Entdeckung des Georgium Sidus, die Annalen der Menschheit aufzuweisen haben. Aber wissen Sie, wo ich hier Aufklärung suche, Bester Mendelssohn? Nicht in den Pallästen der Großen, wo die Regeln des Vitruv und Palladio erschöpft sind, nicht auf der Bühne, nicht in Cabinettern, nicht auf dem Schreibtische eines d'Alembert oder eines Dichters. Ich suche sie auf den Aeckern, und in den Wohnungen des Landmannes, in den Seehäven, in den Werkstädten fleißiger Hände. Nicht daß da Aufklärung ihren Thron habe, aber in dem Lande hat sie gewiß ihren Thron, wo sie bis dahin würkt, und wo sie das nicht thut, da ist sie, wäre es auch bey Griechen und Römern, mehr Charlatanerie als Wahrheit.

Vergeben Sie mir, wenn ich irrte. Vergebung, — das heißt wenn ich mit einem Weisen rede, belehren Sie mich eines bessern. Leben Sie wohl, bester Mendelssohn, Gott erhalte Sie der Aufklärung und Ihren Freunden, und unter diesen Ihrem

ewig ergebenen

Altona, den 3. Dec. 1784 Hennings.

666

AN ERNST FERDINAND KLEIN

[Anfang December 1784]

[Beilage]

Ueber die erzwungenen Verträge.

1) Der Krieg ist ein Zustand, in welchem die Menschen ihre steitigen Rechte nicht die Vernunft sondern die Gewalt entscheiden lassen.

2) Der Sieg giebt dem Sieger die Rechte des beleidigten Theils.

3) Der Sieger kann also Entschädigung verlangen, Ersatz für Schaden und Gefahr.

4) Ihm allein kommt es zu, die Gränzen der Schadloshaltung zu bestimmen, denn ihm allein sind die Collisionsfälle bekannt.

5) Indeß ist er innerlich verbunden, die wahren Gränzen nicht zu überschreiten.

6) Und wenn er dieses thut, so beleidigt er wiederum von seiner Seite, wiewohl nur innerlich.
7) Wenn aber offenbar und über alle Zweifel hinweg ist, daß er die Gränzen überschritten und sich mehr einräumen lassen, als ihm Schaden und Gefahr verursacht worden; wenn kein Collisionsfall zu erdenken, der seine Schätzung der Beleidigung rechtfertigen könnte, so hat der Besiegte ein vollkommenes Recht, den Ueberschuß zu reclamiren.
8) Es giebt also Fälle, wo erzwungene Traktate aufhören, verbindlich zu seyn, und aufgehoben werden können.

667

AN JOHANN FRIEDRICH REICHARDT

Bester theuerster Mann!
Daß Sie mich doch grade zu einem Schmause einladen, dem ich ohne Gefahr nicht beywohnen kan! Gegen Abend ist jede lebhafte Empfindung für mein kränkelndes Nervengebäude von schlimmen Folgen, und eine angreifende Musik vollends ein tödliches Gift. Sollte es nicht möglich seyn, Ihre Composition des Psalms einst des Vormittags bey Ihnen zu hören? Ich bin sehr auf die Ausführung begierig, und möchte des Vergnügens, das ich mir davon verspreche, nicht gern völlig beraubt seyn. Gehet es auch itzt nicht an; so ist es vielleicht nach geendigten Winterlustbarkeiten Ihrer Freundschaft möglich. Ich will mich gern so lang gedulden.
Aber meine Familie nimmt Ihre gütige Anerbietung mit Dank an, und geniesset so lange für mich mit, bis ein besseres Schiksal mich in den Stand setzet, die unschuldigen Vergnügungen mit ihnen zu theilen. Leben Sie wohl! und bedauern Sie

Ihren
nervenschwachen Freund
Moses Mendelssohn

den 14. Dec. 1784.

668

AN AUGUST HENNINGS

Theuerster Freund!
Maurer wird Ihnen zwey Bände Ihrer Handschrift zurük geschikt haben. Die schwedischen Aufsätze, die in derselben enthalten sind, würden ihm, wie er sagt, zu viel kosten, wenn er allhier einen Uebersetzer dazu aufsuchen müßte. Ihnen kan dieses wohl nicht viel Mühe machen. Den dritten Band, in welchem nichts dergleichen vorkömt, behalte ich so lange in Händen, bis Sie darüber beschließen. Der Buchhändler schien empfindlich, daß Sie seine Redlichkeit in Zweifel zogen. Allein Saumseeligkeit ist, wie Sie richtig bemerken, auch nicht der strengen Redlichkeit angemessen, und saumseelig hat er sich gewiß bewiesen. Indessen ist es kein schlimmes Zeichen, wenn ein Buchhändler sich nicht Mangel der Redlichkeit vorwerfen lassen will. In unserer Streitsache, die Aufklärung betreffend, für heute nicht ein Wort. Empfehlen Sie mich den Ihrigen, die ich wie die Meinigen schätze und liebe.

Berlin den 14ten Dec. 1784 Moses Mendelssohn

669

VON FERDINAND KINDERMANN RITTER VON SCHULSTEIN

Prag den 15 X'ber [December] [1]884.

Hochgelehrter,
Verehrungswürdiger Herr,
Immer war der Beyfall grosser Männer, dessen sie mich auch unverdientermassen würdigten, mir eine grosse Aufmunterung; der Ihrige aber jedesmal für mich eine Belohnung. Ja eine reichliche Belohnung für die wenige Mühe; so ich auf die Ausbildung der Israelitischen Nation verwandt habe. Mir ist es leid, das ich auf Ihre gütigen Gesinnungen diesfalls nichts als die Versicherung er-

widern kann, das ich mich stets bestreben werde, diesen für mich so schmeichelnden Beyfall durch meine ferneren Bemühungen zu verdienen.

Ich habe gewiss meine Wünsche mit den Ihrigen vereinigt, und stets dem glücklichen Augenblicke entgegengesehen, in dem ich die Handarbeiten bey den Jüden anfachen, und in Mitte der Finsterniß durchsetzen könnte. Allein eben diese Finsterniß war noch zu dicke; ohne einiger vorausgegangener Aufklärung war ich nicht im Stande, diejenigen, die sie treiben sollten, von der Nothwendigkeit, und dem Nutzen der selben zu überzeugen. Auch hier wollte ich weder einen Sprung machen, weder eine Lücke lassen. Ich hatte dazu freye Hände, ich konnte sie aber dazu nicht brauchen. Doch liess ich mir keine Gelegenheit entwischen, die mir einen Stoff darbot, wodurch ich in den Herzen dieser Nation einen Eindruck zu meinem Endzwecke veranlassen konnte. Immer wollte ich vorrücken, aber der Gedanke: wie viel kann nicht ein einziger „voreiliger Schritt für itzt und für die Zukunft verderben" hielt mich wieder zurück. Die Handarbeit war manchen Juden zu demüthigend, und den meisten, weil sie an das bequemliche und gemächliche Handeln gewöhnt waren, zuwider. Ich müsste also einen glücklicheren Zeitpunkt, bis sich nämlich einiges Licht über ihren Horizont verbreitet, abwarten. Sie müssen zuvor einsehen; das jede nützliche Arbeit ihnen Ehre mache, und die Lücken in ihrem Gewerbe erkennen, die sich nicht anders als durch ihre Handarbeiten und ihre Industrie ausfüllen liessen. Bey den Christen selbst führte ich deswegen ein Jahr später die Arbeitsstunden, als den literarischen Unterricht in den Gemeinschulen ein. Durch diesen Industrialunterricht habe ich nun manchem den Wahn genommen, als wollten wir durch die Schulverbesserung gelehrte Bauer machen und sie aus ihrem Stande heben. Als nun die Morgendämmerung vorbey war, und die Sonnenstralen einigermassen sich blicken liessen, schränkte ich sie alle auf einen Brennpunkt hin, verband meine Absichten und Wünsche mit ihrem Interesse, und hatte das Glück sie / die Israeliten / den 29ten 7'ber d. J. zu überzeugen, das sie sich selbst im Lichte stünden, wenn sie diese so vortheilhaften Erscheinungen nicht benutzten. Darauf entstand eine Schule für die Mägdlein, und eine Erziehungsanstalt zur Erlernung der ihrem Stande eigenen Arbeiten.

Ich sehe nun zu Prag in dieser Schule über 150 Mägdlein die Moral, diese himmlische Wissenschaft, in deutscher Sprache, in der schönsten Ordnung, und in der besten Zucht täglich erlernen, diese guten Lehren, den Samen der Weisheit mit der grössten Begierde in ihre zarten Herzen, und in ihre vor Hunger lechzenden Seelen aufnehmen, die Arbeitsstunden in dem sittsamsten Betragen vollenden, sich in Schreiben, Lesen und Rechnen üben, darinn immer einen vortrefflicheren Fortgang machen, und sich Fleiss und Arbeitsamkeit angewöhnen. Ich darf es nun Ihnen, tiefgehender Weise, nicht mehr sagen, dass man dadurch den wahren, ja vielleicht den einzigen Weg zu ihrer sittlichen Besserung eingeschlagen habe. Es ist bekannt, das wir alle unsre erste / sey es auch nur die physikalische / Erziehung auf den Armen des weiblichen Geschlechts, und unter den Händen der dümmsten Kindsjungfer bekommen, und das die bessere Erziehung der Knaben höchstens nur halb wirken könne, wenn die andere Hälfte des menschlichen Geschlechts unwissend, dumm, und ganz ungezogen bleibt. Was kann auch die beste moralische Erziehung besonderes thun, wenn die physikalische im voraus ganz verdorben ist? Was kann auch das männliche Geschlecht viel erwerben, wenn die andre Hälfte ungeschickt, faul ist, und müssig geht?

Unstreitig, wird man an dieser Einrichtung immer noch vieles zu feilen, zu verfeinern, und zu ergänzen finden. Allein ich beruhige mich deshalben doch; ich habe obige Schulanstalt so viel möglich, nach dem Naturelle, und dem Berufe obiges Geschlechts gerichtet, und ein Plan, der ganz vollkommen, der gleich in alle Ecken Licht verbreittet, ist, und zwar nun einmal für die dermalige hierländige Israelitische Nation nicht. Für die Gegenstände eines solchen Plans sind ihre Augen noch viel zu schwach, als das sie so helle, so starke, und plötzliche Strahlen ertragen und aushalten könnten. Seit Karl dem Grossen bessern wir Schulen und Erziehungsanstalten in Deutschland, und wir wollen itzt auf einmal in diesem Jahr alles / ohne Rücksicht auf das Lokale, auf das wenigere, oder mehrere vorausgegangene Licht zu nehmen / vollständig und vollkommen haben. Ich dachte deswegen immer vor allem auf das nöthige Licht; hernach auf Industrie, die ich noch in keinem finsteren Lande gefunden. Vor allem schuf Gott auf Erden das Licht; und nur nach diesem v e r h ä l t n i s m ä s s i g vorausgegangenem Lichte hoffte ich die Arbeitsamkeit unter den Israeliten national zu machen.

Ich freue mich deswegen im Innersten des Herzens, das die Anstalten zur sittlichen Besserung hierorts so angelegt, und Sie mit mir in diesen Grundsätzen einverstanden sind. Aufklärung und Arbeitsamkeit gehen im gleichen Schritte fort, und Besserung der Sitten folgt gewiss darauf. Der die hiesige Judenschaft vorher gekannt, muss itzt schon einen grossen Unterschied an ihr wahrnehmen. Hr. Moses Wiener Lehrer an ihrer Schule wird ehestens mir vollständige Nachricht von der entstehenden Aufklärung der hierortigen Israeliten liefern; bisher waren die Begebenheiten derselben nicht so gross, das sie den auswärtigen Leser hätten unterhalten können; der Menschenfreund, und der Kenner wird aber immer darinn solche Anfänge ersehen, die einige Aufmerksamkeit verdienen, und eine grosse Aenderung unter dem Israelitischen Volke und zugleich in der moralischen Welt versprechen. Hr. Gunzenhausen, der mir den 4- und 5ten Thl der von Ihnen übersetzten B. M. überbracht hat, bildt sich immer mehr aus, er ist in der That ein so eifriger als geschickter Lehrer. Auch mit dieser Ausbildung der Lehrer musste ich stufenweise vorgehen. Auch diese konnten nicht alles auf einmal ertragen. Hr. Nikolai hat sich meiner erinnert, und sich mir empfehlen lassen; ich bin Ihnen auch dafür den zärtlichsten Dank schuldig; und bitte mich dargegen ihm auf das freundschaftlichste unbeschwerter Weise zu empfehlen; ich bin ihm gewiss sehr verbunden, das er sich die Mühe genommen, die hiesigen Normalschulgesänge zu recensieren. Mir war es leid, das ich nicht in Prag war; wo er durchgereist ist. Ich hätte ihm unsre Anstalten in Schul- u. Erziehungswesen gezeigt, und mir seine gütige Meinung darüber erbethen. Ich habe in den protestantischen Staaten viel Gutes, auch viel Elendes an ihren Schulen gesehen, ich verhielt niemandem meine Meinung, merkte mir das Gute, und nahm es mit nach Haus. Auch das Normalschulinstitut enthält manches Gute; es kömmt nur auf dessen Verwendung an.

Auf den ersten Versuch gleich einen vollkommenen und allen Nationen der oesterreichischen Monarchie durchaus angemessenen Plan zu liefern, war nicht das Werk eines Menschen, noch weniger die Arbeit eines Jahres. Uiberhaupt ist es nun die Sache der Directoren, in Provinzen jenes, was für sie taugt, herauszunehmen, und national zu machen. Mir ist auch immer lieber ein mittelmässig gerathener Plan, der ausgeführt wird, als der Beste, der im Buche, oder auf dem Pulte des Ministers liegen bleibt. Darum ist es mir recht leid, das ich Hrn. Nikolai darüber hier nicht sprechen konnte. Ich würde ihm dargethan haben, das mit der Schulverbesserung in Böhmen in Ansehung dessen, was die Schulen vormalens waren, ungemein viel geschehen sey; und in Hinsicht dessen, was noch zu thun ist, auch noch unendlich vieles vorkomme. Die Brache ist aber umgerissen, es ist geackert, auch an mehreren als tausend Orten bereits gesäet worden; können wir auch noch zueggen, und lässt uns der Himmel noch dazu einen milden Regen fallen; so sorge ich mich nicht um eine reiche Aernte, wenn auch mancher etwas seichter geackert, einen schlechten Pflug gebraucht, und den Samen mit etwas Spreu ausgeworfen hat —

Ich habe Ihre Geduld gemisbraucht, ich will deswegen nichts mehr als meinen unendlichen Dank für die Mittheilung Ihrer so werthen Uibersetzung samt der gehorsamsten Empfehlung an den Geheimen Kriegsrath Dohm hier niederschreiben; ich bin mit der vollkommsten Hochachtung

Ihr ganz ergebenster

F. Schulstein

670

VON JOSEPH VON SONNENFELS

Wien den 16 Dec. 1784.

Verehrtester Mendelssohn!

So können dem Manne, dem Sie so manches Mal Ihre Achtung und Freundschaft zugesichert, eine Bitte nicht wohl versagen, die, obgleich ein wenig Eigennutz mit dahinter liegt, dennoch zugleich ein Beweis meiner wahren, meiner großen Hochachtung für Ihre Verdienste ist. Es ist bei uns eine Gesellschaft von Wissenschaften zusammengetreten, die nach ihrer Grundlage mit der Zeit alles zu vereinigen wünscht, was Deutschland an Gelehrten Unterscheidendes hat. Ein ferne Aussicht! werden Sie sagen; und ich werde Ihnen versetzen: desto weniger Zeit muß man verlieren, um dahin zu gelangen. Von hier nach den äußersten Gränzen Europens ist die Reise immer mehr nicht als ein Schritt um den andern; so betrachte ich jedes weitgesteckte Ziel, um den Muth nicht zu verlieren, und fange immer getrost an, den ersten Schritt zu thun. So verfahre ich nun auch mit den Angelegenheiten dieser Gesellschaft, der ich den weisen Israeliten zuzuführen mir zum vorzüglichen Verdienste anrechnen werde. Ich mache Ihnen dieses Anerbieten nicht als Secretär dieser Gesellschaft, welches Amt ich auf zwei Jahre übernommen habe; ich mache es als ein Mitglied der philosophischen Classe, die keine königliche Bewilligung nöthig hat, um sich durch den Beitritt eines Gelehrten von anerkanntem Ruhme selbst einen Ruhm zu erwerben. Unsre Verfassung hat Freiheit der Meinung und Gleichheit zur Grundlage, die wir um den Titel Académicien de Sa Majesté und einige jettons nicht aufgeben wollen; wir haben keinen Präsidenten, damit der Stolz des Namens keine Kammerherren nach der Stelle lüstern mache. Noch habe ich nur außer der Versammlung die Regung von Ihnen gemacht, für die mir jedes Mitglied Dank gewußt. Um Sie ordentlich vorzuschlagen, muß ich durch Ihre Einwilligung dazu berechtigt seyn; denn wir haben eine Satzung, daß Niemand zum Mitgliede vorgeschlagen werden darf, von dem man nicht versichert ist, daß er die Wahl annehmen werde. Es liegt in dieser Satzung eine zweifache Behutsamkeit: wir wollen unsre Ehre Niemanden mit Gewalt an den Hals werfen, aber uns auch Niemanden aufdringen lassen. Unsre Aufnahme ist Leuten, die es nicht verdienen, durch die Stimmungsart beinahe unmöglich gemacht: daß Sie also üble Gesellschaft nicht zu befürchten haben.

Ich erwarte Ihre Antwort; und hoffe dieselbe, wie ich sie wünsche, um bald mit Ihnen in einem näheren Verhältnisse zu stehen, und mich nennen zu können

Ihren Mitbruder
Sonnenfels.

671

VON AUGUST HENNINGS

Theuerster Freund,
Ich habe immer gefunden, daß dieienigen, die am meisten verdienen in Verdacht gezogen zu werden den größten Lermen macht, wenn man ihnen Argwohn blicken läßt. Maurer hat mir ausdrüklich gesagt, daß es ein leichtes wäre, in Berlin Schwedische Uebersetzer zu finden, weil es daselbst Leute von allerhand Nationen gäbe. Ich habe also aus seinen Briefen verstehen müssen daß er die Uebersetzung besorgen wollte, und in unserm Akkorde den Punkt nicht weiter berührt, weil er sich von selbst verstand, und mir ein Wort genug war. In dieser Voraussetzung schikte ich vor etwa zween Monathe die Handschrift an H. M. Mit einer ausführlichen Nachweisung, in der namentlich iedes Stük bemerkt ist, das übersetzet werden soll. H. M. nimmt alles dieses an und schweigt; scheint also einzuwilligen.
Die Absendung der Handschrift geschah einige Wochen nach dem der mir vor 2 1/2 Monathe von H. M. vorgelegte Ackord von mir angenommen war. Hätte also der Empfang der Handschrift den Ackord verändern können, so hätte H. M. es gleich bemerken müssen. Vielleicht wird es itzt heißen, er habe meine Einwilligung in seinen Ackord nicht erhalten, denn solche Ausflüchte sind in dergleichen Fällen gewöhnlich. Dies müßte dann die Post nachweisen.
Der Ackord ist, daß H. Maurer den 1. Dec. 30 holl. Duk. und den 1. Jul. 30 Duk. bezahlen und daß das Werk wenigstens 30. Bogen enthalten soll. Das mehrere wird nicht gerechnet.
Der Termin vom 1. Dec. verstreicht, ohne daß ich ein Wort von H. M. erfahre. Erst den 14ten dieses Monaths erfahre ich durch Sie, daß H. M. mir einen Theil des Ms. zurükschikt, ohne ein Wort von seinem Akkorde und dem verfallenen Termin zu hören. Ist dies nun bloß Saumseeligkeit? Erklären Sie mein Theuerster, dies Verfahren!
Die Uebersetzung kann freilich nicht viel kosten, aber desto weniger sollte H. M., wenn auch sein Verfahren, ich will weiter nichts sagen, kaufmännisch gewesen wäre, hieran Anstos nehmen, und

sich berechtigt halten, gar nicht an seinen Ackord zu denken. Hätte H. M. sich nicht dazu erboten, so würde ich in Kop. die Uebers. für ein leichtes besorgt haben können. Itzt kostet sie mir, was ich am wenigsten übrig habe, Zeit, weil ich sie selbst übernehmen muß.

Sie sehen hieraus, Bester Freund, daß ich H. Maurer nicht verstehen kann, wenn er mich durch Sie fragen lässet, was ich über den Theil des Ms. beschließen will, den Sie in Händen haben. Die Sache ist klar. H. M. zahlt Ihnen oder mir 30. holl. Duk. und solte es kaufmänisch seyn, die Zinsen seit dem 1. Dec. (welches ich blos der Ordnung halber bemerke) und erhält die Handschrift. Will er nicht bezahlen, so muß ich mich freilich an mein Pfand halten, und mir die Handschr. zurük erbitten. Schikt mir H. M. die 2/3. des Mss. im Ernste zurük, so muß ich wohl das thun, was ich immer bey Chikanen gethan habe, nachgeben, und so bald als möglich aus aller Verbindung mit denen zu kommen suchen, welche Chikanen machen.

Hier haben Sie Wahrheit, bester Mendelssohn, und Behandlung wie ich selbst behandelt zu werden verlange, ohne Scheu und redlich. Aber was sagen Sie nun von einer Welt, worin ich in Geschäften nur noch einen Mendelssohn angetroffen habe?

Tausend Empfehlungen von den Meinigen, und eben so viele an die Ihrigen.

Altona, den 17. Dec. 1784. A. Hennings.

672

AN AUGUST HENNINGS

Theuerster Freund!

Sie werden nunmehr Maurers Schreiben, nebst den beiden Bänden Mst. wohl erhalten haben. Den dritten Band hat nicht der Buchhändler; sondern ich in Händen behalten, um Ihren Willen darüber zu vernehmen. Hierin ist ein Auszug eines weitläuftigen Billets, das er mir gestern darüber geschrieben. Ich bedaure den Verdruß, den Sie von der Sache haben, und ist es mir sehr unangenehm, daß ich die Gelegenheit dazu habe geben müssen, indem ich Ihnen diesen Buchhändler empfohlen; wie wohl ich im Grunde dieses nicht habe vorhersehen können. Melden Sie mir doch gütigst, ob Sie noch bey ihm bleiben wollen. oder ob ich Ihnen den rükständigen Band gleichfalls zuschiken soll. Die Wahrheit zu gestehen, hat es mit der Uebersetzung aus dem Schwedischen allhier viel Schwierigkeit, und würden Sie vielleicht andere hiesige Buchhändler nicht besser behandelt haben. Die Gelehrten müssen das Joch dieser ihrer Tyrannen nun schon in Geduld tragen, bis sie einmal den Muth haben, sich in Freyheit zu setzen. Leben Sie wohl; und bleiben mein Freund, so wie ich bin

der Ihrige

Berlin den 23ten Dec. 1784 Moses Mendelssohn

673

VON ERNST FERDINAND KLEIN

den 25 Dec. 1784.

Ich danke Ihnen, bester Freund, für die gütige Mittheilung Ihrer Bedenken über die Verbindlichkeit der Friedensschlüsse. Anfangs machte mir noch der zweite Satz, nämlich daß der Sieg dem Sieger die Rechte des beleidigten Theiles gebe, einiges Bedenken, weil

1) Gewalt kein Recht begründen kann, und

2) der Krieg nur in einem Völker-System, wie das unserer europäischen Staaten ist, nach Art der gesetzlichen Duelle, für einen Vertrag gelten kann, die streitigen Rechte durch Gewalt entscheiden zu lassen.

Denn ursprünglich ist der Krieg eine Art der Execution, wodurch der, welcher ein Recht zu haben glaubt, den Andern demselben gemäß zu handeln zwingen will. Der Sieg des Letzteren vermehrt nur seine Schuld, und giebt ihm also kein Recht.

Allein dennoch scheint es mir, als ob Ihr Satz fest stehen bleibe. Die Gründe, worauf ich ihn stütze, unterwerfe ich Ihrer näheren Prüfung.

Wer, wie Franz der erste, gefangen ist, oder sonst ganz überwältigt worden, wird durch Gewalt zum Frieden genöthigt, und erhält dadurch keine neue Verbindlichkeit gegen den Zwingenden, sondern nur gegen sich selbst.

Aber die gewöhnlichen Friedensschlüsse setzen noch eine Möglichkeit des Widerstandes voraus. Solchenfalls einigen sich beide Theile, der Besiegte, seine etwanigen Rechte vor dem Kriege, der Sieger, seine durch den Sieg schon erlangten Vortheile gegen die fernere Kriegsgefahr zu compensiren.

Daraus würde ich folgern, daß die Cession bei Friedensschlüssen nicht vorzüglich aus Vergleichung des vor dem Kriege gehabten Rechtes mit dem aus dem Frieden erwachsenen Verlust entstehe, sondern aus dem Mißverhältnisse des zur Zeit des Friedens vorhandenen Zustandes, zusammengenommen mit dem vor dem Kriege existirenden anerkannten Rechte, gegen den durch den Frieden erlittenen Verlust.

Der Friede wäre also null, wenn er durch falsche Nachrichten von einem Siege bewirkt worden wäre; auch alsdann, wenn der Besiegte durch den Frieden Rechte verlöre, welche der Sieger selbst anerkannt hätte, und wenn dieser Gewinn des Siegers mit Schaden und Gefahr in keinem Verhältnisse stände.

Bei jedem Friedensschlusse muß also folgendes Verhältniß zum Grunde liegen:

Gewinn des Siegers.	Was davon abzuziehen.
Jetziger Vortheil.	Künftige Gefahr.
Künftiger Vortheil.	Anerkannte Rechte. Von diesen sind jedoch abzuziehen und dem Sieger gut zu rechnen:
Kriegskosten und Gefahr, in so fern sie nicht auf Bestreitung der anerkannten Rechte, sondern zur Behauptung eines, hier nicht in Rechnung gebrach-	

ten, streitigen Rechts verwendet worden.

Verzeihen Sie, verehrungswürdiger Freund, daß ich wegen Mangels der Zeit meine Gedanken so hingesudelt habe. Ich wünschte sehr, daß es möglich wäre, das aus Friedensschlüssen entstehende Jus perfectum auf feste Grundsätze zu bringen; denn daß es einer gesunden Politik gemäß sei, Friedensschlüsse heilig zu halten, versteht sich wohl von selbst.

Klein.

674

VON CHRISTIAN WILHELM DOHM

Es geht mir recht unglücklich, theuerster Freund, mit meiner französischen Uebersetzung. Nachdem HR. Cerf Beers Leute die Absendung nach Paris Jahrelang verzögert und mich ohne alle Nachricht gelassen haben; meldet er mir endlich in dem Briefe, den Sie mir übersandten, die Absendung sey geschehen, aber so unglücklich, da die Bücher statt in HE. Cerf Beers Hände, an die Chambre syndicale gerathen sind, von der sie schwer herauszubringen seyn sollen. Nun soll ich Gesandten und hundert Dinge in Bewegung setzen, um die Bücher wieder frey zu erhalten. Diess ist wirklich sehr verdriesslich und HE. Cerf Beer hat sich bey der Sache nicht genommen, wie er sollte. Wenn er zu viel mit wichtigeren Geschäften beladen ist, und auf diese Kleinigkeit keine Aufmerksamsamkeit wenden kann, so hätte er sich nicht damit abgeben und nicht mich, der ich mich ganz auf ihn verliess, so viel Verlust an Gelde, Zeit und Mühe grösstentheils durch die Nachlässigkeit seiner Leute verursachen sollen. Ich würde hier längst die Exempl. an einen Buchhändler verkauft haben u. hätte wenigstens kleineren Verlust und nicht soviel Verdruss gehabt.

Ich habe nun Hrn. Cerf Beer einige Wege vorgeschlagen, um die Bücher wieder frey zu erhalten, und wenn dieses gelingt, ihn nochmals gebäten, sie für irgend einen Preiss aber gegen baar Geld an einen Buchhändler zu verkaufen, nicht aber sie in Commission zu geben, weil ich nichts mehr wünsche, als mich von der ganzen Sache loszumachen. Ob ich gleich diess Hrn. Cerf Beer schon mehrmals auf das deutlichste gesagt, so redet er doch immer von Commissionairs, mit denen ich doch nichts zu thun haben will, weil ich mit ihrer ewige Correspondenz und Preissen immer grösseren Verlust hätte. Haben Sie also doch die Güte dieses Hrn. Cerf Beer auch begreiflich zu machen und ihn zu bitten, dass er die Sache bald endigen und alle Exempl. an einen Buchhändler verkaufen möchte, wozu ihm Hr. de la Lande, der mein Buch vor Jahren von Hrn. Bernoulli erhalten und allen Beystand versprochen hat, Anleitung geben würde. Ich habe ihm dieses längst geschrieben, aber es scheint nicht, dass er mit de la Lande gesprochen hat.

den 28ten Dec. 84 Dohm

Schreiben Sie heute an Hrn. Cerf Beer, so bitte den Brief einzulegen, wo nicht ihn Ueberbringern wieder zu geben, und meine Bitte, sobald Sie ihm schreiben, zu erfüllen.

675

AN ERNST FERDINAND KLEIN

[Berlin, Ende December 1784/Anfang Januar 1785]

Sie haben Recht, mein bester Freund! aller Eingriffe der Raubsucht und des Ehrgeizes ungeachtet schneidet die Vernunft doch die Gränzen des Rechts und der Gewalt, zwar fein, aber doch nicht ohne Bestimmtheit ab. Alle Lorbeeren des Sieges haben auf der Schale der Themis kein Gewicht.

Alle Friedensschlüsse setzen zweifelhafte Rechte zum voraus. Wo das Recht nicht zweifelhaft ist, da ist der Friedensschluß nichts anderes als ein Vergleich, den ich mit einem Straßenräuber eingehe. Ich gebe ihm das Meinige zum Lösegeld hin, und bin, wie einige Rechtslehrer wollen, innerlich verbunden, ihm solches zu lassen;

nicht um des Vertrages willen, sondern aus Klugheit, damit künftig die Straßenräuber zu ehrlichen Leuten noch einiges Zutrauen behalten mögen. Hätte ich ihm, zum Lösegeld für mein Leben, einen Wechsel über eine namhafte Summe ausgestellt, so würde ich mich vielleicht auch für innerlich verbunden achten, solchen zu bezahlen. Wie aber, wenn Fiscus in der Verlassenschaft des Räubers einen solchen Wechsel findet, kann er mich mit Recht zur Einlösung desselben anhalten?

Ein Meuchelmörder schleicht sich des Nachts in das Schlafzimmer eines Gutsherrn auf dem Lande, setzt ihm den Dolch auf die Brust, und zwingt ihn, die Abtretung seines Gutes zu unterschreiben. Ist dieser verbunden, den Friedensschluß zu halten? Jedoch diese Frage trifft nicht zum Ziele; denn im Civilstande findet kein Krieg, und also auch kein Friedensschluß statt. Indessen würde auch im Stande der Natur eine auf diese Weise abgenöthigte Unterschrift keine Verbindlichkeit nach sich ziehen. Jeder Friede setzt also ein zweifelhaftes, wenigstens ein nicht genug entschiedenes Recht voraus, über welches im Kriege gestritten worden ist.

Der Sieg macht den Sieger, wie Sie richtig bemerken, zum Executor, und giebt ihm die Macht, nicht nur sein bestrittenes Recht zu verfolgen, sondern auch sich Genugthuung zu verschaffen. Genugthuung heißt nicht nur Schadloshaltung für das Vergangene, sondern auch Sicherheit für die Zukunft. Der Besiegte ist befugt, auf sein vermeintes Recht Verzicht zu thun, so wie jeder Mensch die Befugniß hat, ein Gut aufzugeben, das ihm mehr Schaden und Gefahr als Nutzen bringen kann.

Wie viel eine jede Parthei von ihrem vermeintlichen Rechte aufzugeben und dem Gegner einzuräumen hat, dieses kommt hauptsächlich auf die Umstände an, in welchen beide sich befinden; auf die Möglichkeit, den Krieg weiter fortzusetzen, und auf Betrachtung der Gefahr und des Elendes, welche mit der Fortsetzung verbunden sind.

Die Schätzung der Genugthuung, wie hoch nämlich der Sieger seinen Schaden rechnen und wie weit er die Gränzen der Sicherheit für die Zukunft ausdehnen will, dieses muß allerdings bei einem völlig entschiedenen Siege äußerlich bloß von ihm abhangen. Innerlich aber bleibt er verbunden, die Gränzen der Wahrheit nicht zu überschreiten. Ja die Klugheit erfordert sogar, wie Grotius

richtig anführt, bei Schätzung der Genugthuung nicht überstrenge zu seyn, und von seinen gerechten Ansprüchen lieber etwas nachzulassen als solche zu überspannen.
Die Verfassung, in welcher die kriegführenden Partheien sich bei dem Friedensschlusse befinden, hat also auf Recht und Unrecht keinen Einfluß. Sie verändert die Macht, aber nicht das Recht; und ein Sieger, der sich offenbar mehr angemaßt hat, als eine vernünftige Schätzung der Genugthuung mit sich brachte, ist verbunden, den Überschuß wieder herauszugeben; innerlich verbunden, so lange noch Collisionsfälle möglich sind, die seine Anmaßung rechtfertigen können. Sobald aber die Übertreibung evident und über alle Collisionsfälle hinweg ist, so hat der Besiegte ein vollkommenes Recht, das ihm zu viel Abgenommene zurückzufordern.
Der Sieg hat also bloß den Zweifel aufgelöst, in welchem das streitige Recht während des Krieges sich befunden. Wie kann er dieses, möchte Jemand fragen, wenn alle Gewalt nichts in dem Rechte verändern sollte? Ich antworte: im Stande der Natur hängt die Entscheidung jedes Zweifels von der unabhängigen Person ab, die den Zweifel erhebt. Niemand hat ein Recht, im Stande der Natur mir seine Vernunft aufzudringen. Wenn ich die Macht habe, so entscheide ich den zweifelhaften Fall nach meinem besten Wissen und Gewsisen; und dabei muß es sein Bewenden haben, wenn mir nicht Unrecht geschehen soll. Dieses hatte ich in Gedanken, als ich letzthin sagte: der Sieger werde durch den Sieg zum beleidigten Theile, und habe das Recht, die Größe seiner Genugthuung zu bestimmen.

Moses Mendelssohn.

676

AN JOSEPH VON SONNENFELS

Berlin den 21 Jan. 1785.

Geliebtester Mitbruder!
Ich nehme keinen Anstand, Sie so zu nennen; denn ich erkenne die Ehre, die Sie mir antragen, mit dem lebhaftesten Dank, und

nehme sie mit Vergnügen an. Da Sonnenfels mein Führer seyn will, so frage ich weiter nicht, wohin? — Ich will also nicht wissen, in welcher Männer Gesellschaft Sie mich bringen. Genug, es sind Männer von Wissenschaft, die Sonnenfels schätzen und von ihm geschätzt werden. Aber dieses wünschte ich von Ihnen zu erfahren, worin der eigentliche Zweck der Gesellschaft bestehe und welche Pflichten die Glieder zu übernehmen haben. Wenn diesen eine bestimmte Arbeit auferlegt werden sollte, so werde ich schwerlich im Stande seyn, mich derselben zu unterziehen. Die Nervenschwäche, von der ich schon seit zwölf Jahren leide, macht mich zu anhaltender Arbeit unfähig; und da ohnehin meine häuslichen Verrichtungn viel Zeit und Bemühungen erfordern, so bleibt für die Philosophie nur ein sehr geringer Theil von Zeit und Kräften, die ich ihr widmen kann: und diese lassen mich keinen bestimmten Beitrag versprechen.

Dieses Antwortschreiben kommt über Görz zu Ihnen, weil auch Ihre Zuschrift über Görz, durch die Beförderung meines Freundes Homberg, mir zu Händen gekommen ist, und ich so gerne alle Gelegenheit ergreife, meinen lieben Homberg zu empfehlen. Ich wünsche sehr, daß er ein besseres Schicksal habe als ich, und nicht genöthigt sei, seinen Lebensunterhalt, ohne Vermögen, durch den Handel zu verdienen. Er hat, wie ich vernehme, noch Hoffnung, von seinen bessern Talenten Gebrauch machen zu können; und es würde mir sehr angenehm seyn, wenn mein Vorwort bei Ihnen etwas dazu beitragen könnte.

Leben Sie wohl! und lassen Sie nunmehr Ihre Antwort den geraden Weg nehmen, damit sie nicht, wie Ihre vorige Zuschrift, vom 16 Dec. bis den 20 Jan. unterweges verweile. Ich bin etc.

Moses Mendelssohn.

677

AN HERZ HOMBERG

Berlin, den 22. Januar 1785.

Bester Freund!

Hat man mich, oder Sie, oder uns Beyde zum Besten? Der Einschluß, den Sie mir zugeschickt haben, auf dessen Beantwortung Ihr Schicksal beruhen, davon die Entscheidung abhängen soll, ob Sie zum Professor oder Director einer christlichen Normalschule tauglich sind, dieser geheimnißvolle Einschluß enthält keine Sylbe von Ihnen und Ihrer Beförderung, ist eine Zuschrift von dem Herrn von Sonnenfels, in welcher ich angefragt werde, ob ich in einer zu Wien in Vorschlag gekommenen, oder so eben zu Stande gebrachten Gesellschaft der Wissenschaften (so soll diese Gesellschaft sich nennen) Mitglied seyn wolle? Was dieses mit Ihrer Beförderung oder Zurücksetzung für Zusammenhang haben könne, ist ein Räthsel, das ich nicht auflösen kann. Ich habe indessen gethan, als wenn ich von allem diesen nichts wüßte, und geantwortet, wie Sie aus der offenen Einlage ersehen werden. Wenn nur Eskeles nicht nach der Art gemeiner שדכנים zu Werke gegangen und durch allzu künstliche und gesuchte Wege einen Endzweck zu erhalten gesucht hat, den man geradezu, oder gar nicht erhalten muß. Ich überlasse alles dieses Ihrer Beurtheilung. Sie sind in der Nähe, und die Umstände, so wie die Charaktere der Menschen daselbst, sind Ihnen bekannt. Lassen Sie aber von allem diesen sich nichts merken, denn nichts ist unangenehmer für mich, als Tracasserie. Wenn mein Verdacht ohne Grund ist, so vernichten Sie diesen Brief.

Alxinger hat mir gefallen. Er ist ein junger Mann von guter Gesinnung, der mehr gesunden Verstand hat, als er in seiner überspannten Sprache der Empfindung zu haben scheint. Wenn Zeit und Umgang seinen Enthusiasmus herunterstimmen werden, so verspricht er viel Gutes. — Daß Fränkel mit meinem „Jerusalem" besser zufrieden ist, als mit meiner Vorrede, nimmt mich in der That Wunder. Ich hätte geglaubt, jenes schlüge, nach seinen Grundsätzen, dem Fasse völlig den Boden aus. Leben Sie wohl!

Moses Mendelssohn.

678

AN ELISE REIMARUS

Theuerste Elise!

Ich weiß in der That nicht, ob Herr Jacobi mir oder ich ihm eine Antwort schuldig bin. Als er mir letzthin, durch Sie, sein Schreiben an Hemsterhuys in Abschrift zuschickte, versprach er mir noch eine besondere Antwort auf mein voriges Schreiben, sobald er das Bad verlassen und die dazu gehörige Muße haben werde. Hat er mich seitdem vergessen? Daß ich ihn nicht vergessen, sondern immer noch in lebhaftem Andenken habe, hoffe ich ihm, so Gott will, durch ein, vielleicht 20 und mehrere Bogen enthaltendes Manuscript zu beweisen. Sehen Sie, theuerste Freundinn! dahin haben Sie mich, wider meinen Vorsatz, gebracht! Ich wollte in langer Zeit, wenig oder vielleicht gar nichts Metaphysisches mehr schreiben; und Sie sind es, die ich anzuklagen habe, wenn ich jetzt bis über den Kopf hinweg in transcendentale Spitzfündigkeiten versunken bin. Ich arbeite mit einer schneckenartigen Langsamkeit; denn meine Nervenschwäche leidet keine anhaltende Arbeit, und meine häuslichen Geschäfte verzehren den größten Theil meiner Zeit und meiner Kräfte. Auch sind sie von heterogener Art; und im Grunde meiner Neigung so fremde, daß sie den Geist niederschlagen, das Herz in die Enge ziehen, und mich auch in den Erholungsstunden zu bessern Verrichtungen untüchtig machen. Ich kann also nicht sagen, wie bald meine Handschrift im Stande seyn werde, dem Herrn Jacobi vorgelegt zu werden. Indessen thue ich, was meine Kräfte erlauben; und ein mehreres erwarten weder Sie noch Hr. Jacobi von einem ehrlichen Manne.

Sollte er wohl erlauben, dereinst von seinen philosophischen Briefen öffentlichen Gebrauch zu machen? Vor der Hand gehet zwar meine Untersuchung nicht den Spinozismus allein an; sondern ist eine Art von Revision der Beweise vom Daseyn Gottes überhaupt. Ich lasse mich aber in der Folge auch auf die besondern Gründe des spinozistischen Lehrgebäudes ein; und dabei wäre es mir von einer großen Bequemlichkeit, und auch für manche Leser von großem Nutzen, wenn ich mich des lebhaften Vortrages des Hrn. Jacobi dabei bedienen und ihn an Spinoza's Statt sprechen lassen

könnte. Ich wünschte dieses aber wo möglich bald zu erfahren, weil ich meinen Vortrag hiernach einrichten muß.
Indessen soll kein Blatt hiervon öffentlich erscheinen, das unser Bruder nicht gesehen und gebilligt hat. So dringend auch seine Geschäfte seyn mögen, so bin ich doch dreist genug, ihn hierzu aufzufordern. Die Sache ist mir wenigstens sehr wichtig, und verdient von seiner Seite einige Aufopferung. Auch um die Erlaubniß werde ich ihn bitten, seine Widerlegung des Spinozismus gehörigen Orts einzuschalten. Er besitzt die glückliche Gabe, das Dornigte der Speculation zu vermeiden, und dennoch von der Strenge der Gründe nichts zu vergeben; — ein beneidenswerthes Talent, davon ich mir in diesem Streite den größten Nutzen verspreche.
Dieser würdige Freund und Gottesverehrer hat, wie ich vernommen, einen hoffnungsvollen Sohn verloren, der völlig in seinen Fußtritten wandelte. Ach! das Herz blutete mir, als ich die Nachricht davon in öffentlichen Blättern las. Persönlich habe ich den jungen Mann nicht gekannt; aber Wessely hat mir viel Gutes von ihm gesagt. Ich warf einen Blick auf meinen, auch nicht weniger hoffnungsvollen Sohn, und heiße Thränen entfielen meinen Augen.
Leben Sie wohl, theuerste Freundinn! Ich zweifle nicht, daß unser Bruder sich trösten wird, daß Sie sich und ihn trösten werden; denn ich habe das Glück, Sie und ihn zu kennen.

Berlin den 28 Jan. 1785. Moses Mendelssohn.

Meine Empfehlung an den Herrn Kammerherrn von Hennings! In dem nächsten Stücke der Berlinischen Monatsschrift kommt ein kleiner Aufsatz von mir vor, mit dem er hoffentlich besser zufrieden seyn soll, als mit meinem letzten über Aufklärung.

679

VON ELISE REIMARUS

Hamburg den 4ten Febr. 1785

Herr Wright, der Ihnen diesen Brief wahrscheinlich selbst überbringt, wünscht und v e r d i e n t Ihre Bekanntschaft zu machen. Mehr brauch ich, nach meinem Herzen, nicht zu seiner persönlichen Empfehlung zu sagen. Er ist der Handlungsgefärthe von Herrn Sieveking, dessen Sie sich vielleicht erinnern, und an dem mein Bruder, seit zweyen Jahren, einen würdigen und sehr geliebten Schwiegersohn besitzt.

Von Herren Wright werden Sie hören, wie mein guter Bruder seinen wirklich einzigen und großen Verlust, trägt. — O liebster Mendelssohn, an seinem Beyspiel seh ich, wie so ganz anders es ist, die Weisheit nicht nur oben auf, als einen schönen Aushängebogen, zu halten; sondern innerlich davon durchdrungen zu seyn, so daß sie wie unser eigen Fleisch und Blut wird, und wir sie zur Hand haben wenns Noth ist. Ich bin gewiß, Sie würden diesen rechtschaffnen Vater noch lieber haben als Sie ihn schon hatten, wenn Sie ihn sehen sollten wie er seinem harten Schicksale da, vor allen um ihn klagenden Freunden, mit jener Wahrheit in den Empfindungen die Sie kennen, das Wort redet; u. mit Absicht alles ergreift, was ihn als Mann und Bürger aufrecht halten kann. „Was bin ich besser, sagt er, als andre Väter, was hatt ich mehr zu verlangen?“ und zu denen die meinten es wäre besser gewesen er hätt ihn nun gar nicht nach seinen Reisen wieder gesehn, sagt er „o nein! ich danke Gott daß ich ihn doch noch ein Jahr lang gehabt und alle meine Erwartungen von ihm erfüllt gesehn!“ — Und dennoch, mein liebster Mendelssohn, würde auch diese Weisheit (diese mir so rührende Weisheit) meinen guten Bruder in manchen trüben Augenblicken (denn sie bleibt menschliche Weisheit) in Ruhe lassen, hätt ihm Gott nicht eine Frau gegeben, die, mehr als irgend eine, durch Geist und Herz im Stande ist, ihn seinen Verlust so wenig als möglich fühlen zu lassen. Sie wußten dieses vielleicht nicht mein Freund und werden sich nun meines Bruders halber freuen, Sie der Sie so sehr wissen was häusl. Glückseeligkeit ist. Auch hat er außer der so glückl. verheyratheten Tochter noch kleinere heran wachsende Kinder, die, wenn sie ihm gleich jenes tägliche stündliche Theilen und Auswechseln aller seiner *Lieblingskenntnisse und Erholungen* nie nie ersetzen können, doch manche Vaterfreude machen, gegen die er sein Herz so wenig, als sein Freund Mendelssohn, verschließt.

Aber bin ich nicht zu schwazhaft über eine Materie geworden, die meinem Herzen nur zu nahe ist? Ich antworte nein! weil Sie der Bruder meines Bruders sind, und eile nun zu Ihren mir so lieben Briefen.

Daß ich den ersten, mir durch Marcards überbrachten, nicht beantwortet, daran ist theils meine sehr schwankende Gesundheit Schuld, und theils daß ich gehofft, Hr. Wesseley würde Ihnen unsrer Verabredung nach das Wesentlichste darauf gemeldet haben, neml. daß mein Bruder die Mittheilung seines Briefes an J. billige. Itzt wiederhole ich Ihnen dasselbe in meines Bruders Nahmen, und setze noch hinzu: daß er sich schon im Geiste auf Ihr metaphysisches Werk freut. Auch ich mein Lieber, so gutherzig ich sonst bin, mache mir nicht die geringsten Gewissensbisse solchem, wiewohl mit aller Unschuld, zur Hebamme gedient zu haben; und wünsche nur: daß Gott dem Vater fernere Kraft und Gesundheit gebe, damit er, wie sein Bruder in der Wahrheit, im Stande sey, seine Geistesarbeiten als Erholung der freilig oft so niederschlagenden und heterogenen Berufsplackungen, zu gebrauchen. An Herrn Jacobi werd ich jene frohe Aussicht mit nächster Post gleichfalls mittheilen, und möchte im voraus Bürge werden, daß er gegen den öffentl. Gebrauch seines Briefes an H. nichts einzuwenden haben werde.

Und nun mein liebster Mendelssohn lassen Sie mich meinen langen Brief schließen, denn so freundlich mir auch Ihre Büste zulächelt, so ist es eben diese weise Freundlichkeit und diese freundliche Weisheit, deren ich nicht mißbrauchen will und muß. Leben Sie wohl! und Gott erhalte Ihnen alles was Ihnen Trost, Freude und erheiternde Hofnung für die Zukunft gewehrt! Mein Bruder seufzt lange schon nach der Erholungsstunde sich schriftlich mit Ihnen zu unterhalten, und vielleicht kömmt sie bald. Unterdeß behalten Sie ihn lieb und mich lieb und auch Hennings, der, ich weiß nicht warum gefürchtet hat, Sie beleidigt zu haben.

Elis. Reimarus.

680

VOM REICHSFREIHERRN VON MONSTER

Mein Herr!

Ein Mann wie Sie, dessen herrliche Schriften Teutschlands Bewunderung und Dankbarkeit verdienen, muß so an Beweise von Zutrauen und Achtung gewöhnt seyn, daß ihm auch ein unbekanntes Opfer dieser Gesinnungen nicht befremdend seyn kann. Erlauben Sie mir demnach, mein Herr, Ihnen durch einige Zeilen einen Beweis meiner Hochachtung gegen Sie zu geben, und Ihren Rath in einer Sache zu erbitten, deren Wichtigkeit dem Philosophen und Menschenfreund unläugbar ist.

Es bietet sich eine Gelegenheit dar, ein am Ufer eines der größten Flüsse Teutschlands belegenes, kleines, völlig souveraines Ländchen käuflich an mich zu bringen. Der ganze District, der etwa aus 300 Morgen Weideland besteht, hat nur einen Pachteinwohner; folglich ist es ein ganz wüstes, noch unverdorbenes Ländchen, wo keine Gebräuche, Gewohnheiten und Privilegien irgend einer Anlage im Wege stehen. Mein Wille ist, diese Vorzüge zu nutzen, das Ganze in eine Stadt umzuschaffen, und dort ein kleines, wohl das kleinste unter allen Völkchen, aber desto glücklicheres und wohlhabenderes, anzuziehen. Tausend Pläne sind mir schon durch den Kopf gegangen, ohne mich an einen halten zu können; endlich ist mir einer reizender vorgekommen, und den unterwerfe ich Ihrer Einsicht. Ihre Nation, mein Herr, ist in der ganzen Welt mehr oder weniger unterdrückt; in keinem Lande genießen Sie bürgerliche Rechte, in allen ist Ihnen die Zuziehung zu öffentlichen Ämtern und Geschäften versagt. Wollen nun etwa hundert Familien Ihrer Nation zu mir kommen, so sollen sie die Hälfte des zur Stadt bestimmten Grundes erb- und eigenthümlich, gegen einen mäßigen Grundzins und eine dem Werthe des Grundes proportionirliche Summe, haben; die andere Hälfte gebe ich Christen, weil

Ihre Leute sich mit vielen Sachen nicht abgeben, die doch nothwendig sind. Die Landeshoheit und einige Vorzüge behalte ich. Keine Lasten; Accisen und dergleichen nie; — eine Art von Magistrat, welcher aus einer gleichen Anzahl Juden und Christen bestehen soll und in welchem ich den Vorsitz behalte, soll alles bestimmen, was zur Unterhaltung der öffentlichen Bedienungen und Gebäude erfordert wird. Kurz, der Punkt und die ganze innere Verfassung, welche die Rechte der Unterthanen und des Herrn auf ewig bestimmt, soll festgesetzt werden, sobald ich mit einer gewissen Anzahl Familien contrahiren kann; denn mit einzelnen würde ich mich nicht einlassen. — Ich rechne, daß 3 bis 400 Häuser Platz hätten; die Hälfte also für Juden. Zum Handel ist wohl keine bessere Gelegenheit in Teutschland; Freiheiten werden nirgends mehr gegeben werden. Mit Ihnen, wenn Sie sich der Sache annehmen wollen und Wahrscheinlichkeiten zum glücklichen Ausgang sehen, werde ich den näheren Plan und eine gewisse Art von Regierungsform ausarbeiten. Reichthum verlange ich nicht dadurch zu erlangen; nur Gelegenheit, einige Menschen glücklich zu machen, und die Gewißheit der Welt zu geben, daß doch noch ein Fleckchen auf dem Erdboden ist, wo wahre Freiheit ist, wo der Mensch denken und sagen darf, was er will. — Überlegen Sie, mein Herr, diesen Plan; aber ich verlange Verschwiegenheit. Wie glücklich würde ich mich schätzen, wenn er Ihren Beifall erhielte! Ich habe nicht das Vergnügen, Sie persönlich zu kennen; nur Ihre Schriften haben mir das Zutrauen eingeflößt, Ihnen meinen Plan bekannt zu machen. Sie wollen das Wohl der Menschheit; ich auch. So klein die Anzahl derjenigen ist, deren Glück in dem kleinen Winkel gemacht werden kann, so heilig ist sie uns; und wohl dem, dem die Vorsehung eine solche Gelegenheit darbietet! Von Jugend auf war mein Wunsch, so der Stifter einer kleinen glücklichen Gesellschaft zu seyn; und Sie wissen, wie wenig das möglich ist, wenn man Unterthan ist. Nie wird wohl eine solche Gelegenheit sich wieder finden; und wie sehr würde ich es bereuen, sie nicht genützt zu haben!

Ich erwarte Ihre Antwort in Mageburg, wo ich den 22sten wieder seyn werde; oder noch hier, wo ich bis Montag bei dem Hrn. Obr. v. Buddenbrock bleibe. Gern wäre ich nach Berlin gekommen, um mündlich mit Ihnen zu reden; verschiedene Verbindun-

gen, in welchen ich dort stehe, halten mich ab, da ich meiner Frauen Güter wegen in Magdeburg Geschäfte habe.
Versichern Sie sich unterdessen der uneingeschränkten und aufrichtigen Hochachtung

Ihres
ergebenen Dieners,
Reichsfrhrn. v. Monster,
Ihro Königl. Hoh. der Herz. in York
Geh. Rath, Ritter verschiedener Orden.

Rathenow an der Havel
den 15ten Febr. 1785.

Das kleine Ländchen, von welchem die Rede ist, liegt nicht unter dem Reiche; ist ganz unabhängig, an einem großen, schiffbaren Fluß, mit bevölkerten Städten und Ländern umgeben; und hat alles, was Handel und Industrie wünschen kann.

681

VON FRIEDRICH HEINRICH JACOBI

Düßeldorf d. 18ten Febr. 1785

Ich habe Sie nicht vergeßen, mein Verehrungswürdiger — Gönner oder Freund — wie darf ich Sie nennen? Ein seltner Zusammenfluß von Zufällen hat mich ganze vier Monathe lang nicht zu mir selbst kommen laßen, und an Geist und Körper übel zugerichtet. Das alles ist nun am Weichen; aber es ist ein Weichen, wie jenes Ihrer Väter aus Aegypten. Diesen Monath durch müßen Sie mir noch nachsehen; dann sollen aber meine Anmerkungen zu Ihren Erinnerungen auch nicht mehr lange ausbleiben. Unterdeßen erhalten Sie hiemit meine vollkommene Einwilligung zu dem öffentlichen Gebrauch meiner zwey Briefe über den Spinozismus. Ich kann Ihnen nicht sagen, wie sehr ich mich Ihres Unternehmens freue; Ihre Arbeit segne; u mit welcher Ungeduld ich dem Genuß davon entgegen sehe. Leben Sie wohl, Verehrungswürdiger Mann, u bleiben Sie mir gewogen —

Jacobi

Dürfte ich Sie bitten, gütiger Mendelssohn, wenn Sie Herrn Dohm sehen, ihm ein Wort des Andenkens u der Freundschaft in meinem Nahmen zu sagen.

682

AN DEN REICHSFREIHERRN VON MONSTER

Hochgeborner Herr!
Gnädiger Herr Reichsgraf!
Ew. Excellenz bin ich für das Zutrauen, das Sie in mich setzen, unendlich verbunden. Um aber völlig dessen würdig zu seyn, bitte ich um die Erlaubniß, Ihren großen Gedanken einer Gesellschaft aufgeklärter Freunde anvertrauen zu dürfen, für deren Verschwiegenheit ich einstehen kann, deren Einsichten und Weltkenntniß aber ich mehr zutraue als der meinigen. So viel Vergnügen mir auch der Entwurf überhaupt gemacht hat, so weiß ich mir doch so manche Fragen gar nicht zu beantworten; und ich schreibe dieß bloß meiner Unerfahrenheit in Geschäften und Unternehmungen dieser Art zu. Jene einsichtsvollen Männer werden weit weniger Schwierigkeit finden, in den Plan zu entriren; und Ew. Excellenz würden mit ihnen in einem Briefe weiter und dem Ziele näher kommen, als mit mir in zehnen. Daß es Männer von bewährtem Ansehen und Charakter sind, dürfen Ew. Excellenz nicht zweifeln. Der Geheimerat Dohm ist einer von denselben; und wenn die übrigen auch als Schriftsteller nicht so berühmt sind, so sind sie doch an Rechtschaffenheit und aufgeklärter Denkungsart ihm gleich.

Ich kann mir z. B. nicht erklären, 1) warum Ew. Excellenz aus dem Vorschlage ein Geheimniß machen, und was Sie etwa von der Bekanntmachung desselben zu befürchten haben? 2) wie sich das Freiheitssystem, das Sie errichten wollen, bei Ihrem kleinen Häuflein ohne Unterstützung und Verbindung aufrecht erhalten soll? 3) warum Sie gerade auf eine bestimmte Anzahl von Christen und Juden bestehen? und endlich 4) warum Sie mit diesen Contracte schließen müssen?

Wenn ich meiner Einsicht nach zu rathen hätte, so würde ich ohne Umstände rathen zu Werke zu schreiten, den Plan öffentlich bekannt zu machen, und anzuzeigen, unter welchen Bedingungen Sie bereit wären, ohne Unterschied des Glaubens und Nichtglaubens jeden unbescholtenen Mann in Ihrem kleinen Staate zum Staatsbürger aufzunehmen und mit gleichem Rechte an allen öffentlichen Wohlthaten Theil nehmen zu lassen. Ich setze zum voraus, daß Sie von Seiten des K. und des Reichs gesichert sind, und von keiner benachbarten Macht etwas zu befürchten haben, und daß Sie dafür die Gewähr zu leisten im Stande sind; so werden sich Subjecte genug finden, die sich Ihnen in die Arme werfen, und die Bedingungen, welche Sie ihnen vorschreiben, herzlich gern annehmen werden. Ich glaube, daß aus Holland allein die erforderliche Anzahl sich in kurzem einfinden wird. Sie mögen dann sich anbauen, und mag die Stadt auf eine natürliche Weise nach und nach entstehen; oder sie mögen mit vereinigten Kräften gleich Anfangs eine Stadt anlegen. Ich sehe nicht ab, warum Ew. Excellenz so schlechterdings auf das Letztere bestehen.

Wollen Dieselben der Mühe überhoben seyn, auf diese und dergleichen Fragen zu antworten, so wiederhole ich meine Bitte, die Sache mit meinen Freunden in Überlegung nehmen zu dürfen. Nachtheil haben Ew. Excellenz sicherlich davon nicht zu befürchten, wohl aber bessere Rathschläge und wohlthätigere Hülfsleistungen von diesen sich zu versprechen, als von

Dero
unterthänigem Diener,
Berlin den 21sten Febr. 1785. Moses Mendelssohn.

683

AN FRANZ MICHAEL LEUCHSENRING

Mein Herr!
ich begreife nicht, was Sie berechtiget, mir solche Worte zu sagen? Was Sie berechtiget, mir Zinsen anzubieten? was Sie berechtiget, mich überhaupt auf eine so — unanständige Weise zu begegnen?

Ich mag Ihr Geld nicht erbrechen, werde auch kein Billet mehr öffnen, das von Ihnen kömt. Das Billet, das ich von Ihnen erhalten haben soll, kan ich Ihnen nicht zurückschiken, denn ich habe kein dergleichen Billet in Händen.

d. 23. Febr. 1785 Moses Mendelssohn

684

VOM REICHSFREIHERRN VON MONSTER

[Anfang März 1785]

Mein Herr!

Ihr gütiges Schreiben erhielt ich vor ohngefähr acht Tagen; und noch habe ich keinen Augenblick abmüßigen können, Ihnen meinen aufrichtigen Dank für Ihre Theilnehmung an meinem Plan abzustatten; auch heute nur kurz und in wenig Worten.

Gern, sehr gern würde ich es sehen, wenn Männer wie Ihre Freunde, unter welchen ich den Hrn. Geh. Rath Dohm wie einen sehr aufgeklärten und vorzüglich gelehrten Mann lange schätze, sich mit Ihnen vereinigen wollten, mich in meinem Vorhaben durch Rath und Meinung zu unterstützen; allein wichtige Ursachen, die sich nicht auf Mißtrauen gründen, setzen mich in die Nothwendigkeit, bis jetzt den Ort jener Veränderung und Anlage nicht zu nennen. Indeß bin ich es gern zufrieden, und werden Sie mich unendlich verbinden, wenn Sie meinen Plan Ihren Freunden vorlegen wollen: Sie sagen nur das, was ich Ihnen in meinem ersten Brief schrieb; es ist dabei nicht nöthig, weder mich noch den Ort zu nennen. Ich habe mich indessen in seiner Größe geirrt, er kann wenigstens eintausend Häuser halten. Sie sehen also, daß, wenn sich Liebhaber finden, es ein artiges Städtchen werden kann. Von Nachbaren hat es nichts zu befürchten; es steht weder unter dem Reiche, noch irgend einem andern Herrn, und ist völlig unabhängig, außerdem daß ich es von einem, wieder vom Reiche völlig unabhängigen Staate zu Lehn trage. Es kann von den eigenen Gerichten nirgend appellirt werden als an den Herrn; kurz es ist die sonderbarste Verfassung, in welcher irgend ein Land ist, und der Besitzer unstreitig der souveränste unter allen. So vortheilhaft wie diese völlige Souveränität in einigem Betracht ist, so scheint sie mir doch vielleicht für Viele abschreckend zu seyn; und das ist ein Hauptgegenstand, zu dessen Einrichtung ich Rath erbitte. Wie steht der Herrschsucht oder unumschränktem Despotismus meiner Nachfolger vorzubeugen? wo finden wir Fesseln, die den Herrn und den Unterthan beide so binden, daß sie wechselseitiges Vertrauen gegen einander fassen? Der Herr wird immer vom Lehnsherrn geschützt; aber der Unterthan? Ich möchte meinem Nachfolger nicht gern ein Messer in die Hände geben, mit welchem er Andern frei schaden könnte; ich möchte nicht schuld seyn, daß die mit vollem Zutrauen zu mir gekommenen Unterthanen dereinst dafür gemartert und in Fesseln gelegt würden; und gern begäbe ich mich eines Theils meiner Rechte, um die zukünftige Freiheit meiner Unterthanen zu sichern.

In einem Punkte scheinen wir uns nicht verstanden zu haben: ich bestehe keinesweges auf einer gleichen Anzahl Juden und Christen; nur will ich nicht ausschließlich eine oder die andre Nation vorziehen: alle sollen gleiche Rechte haben. Warum ich aber wünsche, mit einer gewissen Anzahl Familien gleich contrahiren zu können, das hat folgenden Grund. Ich bin nicht reich; 150,000 Thlr., die ich für die Herrschaft gebe, sind der größte Theil meines Vermögens. Ich bin also nicht im Stande, das Capital oder dessen Ertrag lange zu entbehren. Meine Absicht ist, die Stadt und Straßen einzutheilen, alle Hausstellen ganz egal abzumessen, ohne jedoch einem Jeden zu wehren, mehrere zu nehmen; diese Plätze zu einem geringen Preis und einem ebenfalls geringen Grundzins anzuschlagen und zu verkaufen; die daraus kommenden Gelder zu Anlegung von Mühlen, Brauereien und anderen Anlagen, auch einer gewissen Anzahl Häuser zum vermiethen anzuwenden, und dann übrigens allen Einwohnern freie Macht zu handeln und wandeln zu geben. Aus den Mühlen, Brauereien, Fahrgerechtigkeit über den Strom und andern Regalien, vereinigt mit dem stehenden Grundzins, würd ich meine Einnahme ziehen, und sonst keine Arten von Auflagen machen. Mir däucht, daß diese Art die reizendste ist. Es ist aber unumgänglich nöthig, daß ich wenigstens mit hundert Familien zugleich contrahire; und die finde ich, wenn ich nur erst durch Ausarbeitung einer festgesetzten Staatsverfassung und Ge-

setze jedem zeigen kann, was er zu erwarten hat. Fange ich aber mit einzelnen an, so erfordern z. E. alle Handwerker Vorschüsse, alle Mühlen und Brauereien ebenfalls; oder ich muß letztere von Andern bauen lassen: und dann fällt der einzige Weg, ohne Unterdrückung eine ansehnliche Einnahme zu haben, ganz weg. Ich kann in meiner Meinung irren, und lasse mich gern belehren. Vereinigen Sie sich mit Ihren Freunden; alles, was Sie zum Besten der Menschheit vorschlagen werden und was anzuwenden ist, ergreife ich mit beiden Händen. Mein eigenes Interesse ist nur in so fern Hauptabsicht, als es mir Gelegenheit giebt, thätiger meine Unterthanen zu unterstützen; sonst verlange ich nichts zur Pracht und Üppigkeit.
Ich erwarte Ihre Antwort hier; und bitte Sie, sich ganz der unbegränzten Hochachtung überzeugt zu halten, die Ihnen auf ewig weihet

der Reichsfreiherr von Monster.

685

VON JOHANN BAPTIST VON ALXINGER

[Wien, März—April 1785]

Nehmen Sie Verehrtester! noch einmal die Versicherung meiner ewigen Ergebenheit, und zugleich ein Buch, welches ich meine Jugendsünden nennen will, daferne es nicht ihren Beyfall erhält. Zwar Wahrheitsliebe, und Freymüthigkeit, die niemand darinnen verkennen kann, werden Ihnen gefallen, und mir wenigstens als Menschen ihre Achtung erwerben, die ich bisher immer dem Authorruhm weit vorgezogen habe.
Der liebe arme Homberg hat mir, ehe er von hier weggieng, seine Freündschaft geschenket; Warum konnte ihm doch die meinige von gar keinem Vortheile seyn? Es giebt doch Augenblicke, worinnen wir trotz aller Philosophie zürnen, unbedeutende Menschen zu seyn. Swieten that für ihn, was er konnte, und wird es noch ferner thun. Bey Gemmingen dem vertrauten Freünde Swietens hab ich

ihn aufgeführt, und ihn dringend gebeten eine philosophische Abhandlung von viertel Jahr zu viertel Jahr als einen Beytrag in Gemmingens Journal zu schicken. So was ist ein Mittel widers vergessen werden, obgleich der vortreffliche Swieten kein so kurzes Gedächtniß hat, als ihn sein Präsidententitel zu haben berechtigte.
Ich habe bei Ihrer Academiegeschichte voll Unwille ausgerufen C'est partout comme chez nous! aber chez nous ists doch noch ärger: besonders bey den betrübten und närrischen Dingen die itzt in Siebenbürgen und Holland vorgehen. Der schrecklichste Vers des Horaz ist mir immer in den Ohren: Quidquid delirant reges plectuntur Achivi. Doch genug! So was schreibt sich nicht . . .
Gönnen Sie meinem Buche einen Platz in ihrer Bibliothek, und mir in ihrem Herzen. Ich wenigstens bin ewig

der Ihrige
Alxinger
m propria

686

AN FRIEDRICH NICOLAI

Bester Freund!

Nichts ist peinlicher für mich, als suchen und nicht finden. Schon seit einigen Tagen suche ich den Theil von Sprengels Buchdruckerey, den ich noch von Ihnen haben soll, vergebens. Indessen muß er sich blos unter die übrigen Bücher verloren haben, und am Ende doch wieder finden lassen. Ich bitte also um Ihre Geduld und zugleich um Vergebung, daß ich Sie damit aufhalte. Zeigen Sie mir doch genauer an, welcher Theil eigentlich fehlet, und ob das Werk noch im Buchladen zu haben sey?
Kennen Sie einen J. C. G. Werdermann, der in der Buchhandlung der Gelehrten im Jahre 1784, einen neuen Versuch zur

Theodicee herausgegeben? Das Buch scheinet mir Aufmerksamkeit zu verdienen.

Berlin den 11ten April 1785 Moses Mendelssohn.

687

AN JOHANN BAPTIST VON ALXINGER

[Berlin, 12. April 1785]

688

AN EPHRAIM VEITEL EPHRAIM

P. P.
Ich habe den Aufsatz durchgelesen, und finde die Gründe, welche in demselben angeführt werden, sehr gut und treffend. Ich wüßte im Grunde nichts erhebliches hinzuzusetzen, und glaube, daß sie auf ein billiges Gemüth von guter Wirkung seyn müssen. Schaden können Sie sicherlich nicht bringen, da die Wahrheit in demselben mit eben so viel Bescheidenheit und Mäßigung, als Gründlichkeit vorgebracht wird. Nur scheint es ihm an Ordnung und Deutlichkeit des Vortrags zu fehlen. Ich wünsche daher, Herr Ephraim ließe den Aufsatz von einem gelehrten Schriftsteller in Ordnung bringen und umarbeiten. Die Sache müßte er unverändert lassen, und sein Bemühen darauf einschränken, ihm durch den Vortrag mehr Licht und Deutlichkeit zu geben. Ja wenn ich unmaaßgeblich rathen darf, so ist vielleicht dienlich, solchen ins Französische übersetzen, oder vielmehr von einem dieser Sprache kundigen Gelehrten den Aufsatz ausarbeiten zu lassen.

Berlin den 26 April 1785. Moses Mendelssohn.

689

AN JOHANN CHRISTOPH SCHWAB

Berlin 26 April 1785.

Ich freue mich, in Deutschland einen Philosophen zu finden, der sich nicht schämt, Wolfianer zu seyn. Den Schriften dieses Weltweisen habe ich meine erste Bildung zur Philosophie zu verdanken; daher ich eine Art von Vorliebe für ihn jederzeit behalte, und mir ein Vergnügen machen werde, alles zu retten, was aus seiner Feder geflossen ist. Seine Erklärung von der Vollkommenheit —; mich dünkt, wenn eine Definition keiner Verbesserung bedarf, so nimmt sie auch keine an. Eine ähnliche, wie diejenige, die Sie in Vorschlag bringen, hat auch Baumgarten in der Vorrede zur 2ten Auflage seiner Metaphysik im Sinne gehabt. Gleichwohl hat er sie nach reiflicher Überlegung als pleonastisch aufgegeben. Sie sagen: Wolf hätte wohl gethan, die Vollkommenheit durch die Übereinstimmung mehrerer Dinge zur Realität zu erklären. Allein jedes Ding ist an und für sich, in so weit es ein Ding ist, schon etwas Reales, und kann als ein solches nicht anders als zur Realität führen. Zudem ist der consensus selbst auch eine Realität; oder dasjenige, was durch Übereinstimmung erhalten wird, kann an und für sich nichts anders als eine Realität seyn.

Übrigens nenne ich Realität ein jedes Merkmal, wodurch etwas in die Sache gesetzt wird; ein jedes Prädicat, das, mit dem Subjecte verbunden, einen bejahenden Satz ausmacht. Weiter kann das Erklären nicht gehen; denn das Bejahen und Verneinen sind einfache Actus des denkenden Wesens, die sich nicht weiter zergliedern lassen. Wir können sie bloß durch synonymische Redensarten oder bedeutende Handlungen so mannigfaltig ausdrücken, daß der Hörer dieselbe Operation in seiner Seele vornimmt, welche wir in Gedanken haben; aber dieses heißt nicht erklären.

Wenn also jedes praedicatum ponens qua tale mit allen übrigen praedicatis ponentibus qua talibus nothwendig übereinstimmen muß, und diese Übereinstimmung selbst eine neue Realität ist, die jedem einzelnen Merkmale als übereinstimmend zukommt; so sehen Sie hier den Sinn, in welchem *Realität* mit *Vollkommenheit* gar wohl für synonymisch gehalten werden kann.

Was Sie übrigens von dem Beweise auf das Daseyn Gottes aus der Zufälligkeit der Welt sagen, hat vollkommen meinen Beifall; so daß ich Anfangs glaubte, ein Capitelchen aus einer Schrift zu lesen, die ich künftigen Sommer herauszugeben gedenke, und mit der ich eben beschäftigt war, als ich Ihr Schreiben erhielt. *Platner's Aphorismen* habe ich zwar nicht sorgfältig durchgelesen; allein die Anhänger des Spinozismus oder Pantheismus haben sich von jeher dieser schwachen Ausflucht bedient, und niemals recht einsehen wollen, daß, wenn wir selbst zur einzigen Substanz gehören, unsre subjective Veränderlichkeit auch zugleich eine objective Veränderlichkeit seyn müsse, und daher eine Zufälligkeit der Form ohne Zufälligkeit der Existenz nicht statt habe.

Die Materie von der *Freiheit* und *Nothwendigkeit* scheint mir völlig erschöpft zu seyn. Man hat genug in der Sache replicirt und duplicirt. Auch hier wäre es Zeit, einmal die Acten zu schließen. Jeder Wahrheitsforscher darf nur nachsehen, was in der Sache verhandelt worden, um nach seiner besten Überzeugung ein Urtheil zu fällen. Was von den Partheien noch hinzugethan werden kann, ist, wie mich dünkt, bloße Verlängerung des Streits. Neues kann wohl von keiner Seite mehr hervorgebracht werden.

Wenn ich um etwas bitten darf, so wäre es um die Geschichte Ihrer Studien. Ich wünschte die Universität zu kennen, auf welcher Sie gebildet worden; die Männer, deren Führung Sie gefolgt sind; und die Veranlassungen, welche Sie gehabt haben, diesen Gang zu nehmen. Ich wünsche dieses nicht zum öffentlichen Gebrauch, sondern zu meiner eigenen Belehrung.

Moses Mendelssohn.

690

VON FRIEDRICH HEINRICH JACOBI

Düßeldorf, den 26. April 1785.

Elise wird, auf mein Ersuchen, Ihnen schon gemeldet haben, was für neue Hinderniße meine Antwort auf Ihre Erinnerungen abermals verzögerten. Ich bin nun desto ernstlicher darauf bedacht gewesen, in der Sache selbst Sie zu befriedigen. Nur den Eingang betreffend muß ich Sie noch bitten, daß Sie ja nicht glauben, ich hätte im Ernst Ihnen etwas übel genommen. — Ich verreise heute Abend auf einige Tage nach Münster, und bin deswegen sehr beschäftigt und zerstreut, sonst hätte ich Ihnen gern noch ein und anderes über den Nutzen gesagt, den es haben könnte, wenn das Lehrgebäude des Spinoza in seiner wahren Gestalt, und nach dem *nothwendigen* Zusammenhange seiner Theile öffentlich dargestellt würde. Ein Gespenst davon geht unter allerhand Gestalten seit geraumer Zeit in Deutschland um, und wird von Abergläubigen und Ungläubigen mit gleicher Reverenz betrachtet. Ich rede nicht allein von kleinen Geistern, sondern von Männern aus der ersten Klaße. Auch Kant läßt über dieses = X sein Gemüth in ganz sonderbare Functionen gerathen, wenn anders, wie ich gar nicht zweifle, der kleine Aufsatz über das Fundament der Kräfte von ihm herrührt. Vielleicht erleben wir es noch, daß über den Leichnam des Spinoza sich ein Streit erhebt, wie jener über den Leichnam Moses zwischen dem Erzengel und Satanas. Denen von des Erzengels Parthie leuchtet der elucidarius cabalisticus von Wachter, vornehmlich aber das Büchlein jener Englischen Dame vor, worüber neulich in der Berliner Monatsschrift eine Anfrage geschah. — Ueber alles dieses mehr, wenn ich ihre Antwort habe und weiß, ob Sie sich über den Begriff von der Lehre des Spinoza mit mir vereinigen können: ein Zweifel den ich kaum so nennen darf. — Verzeihen Sie diesen flüchtig hingeworfenen unordentlichen Brief; leben Sie wohl, und bleiben Sie mir gewogen.

Friedrich Heinrich Jacobi

Wenn Sie sich aufs Beten verstehen, lieber Mendelssohn, so helfen Sie beten daß Dahlberg Kuhrfürst von Mainz wird.

[Beilage]
[„An Herrn Moses Mendelssohn, über deßelben mir zugeschickte Erinnerungen."]
[Einleitung: JubA, III.2, 208—209]

691

VON ELISE REIMARUS

Hamburg, den 26sten Apr. 84

Schon längst, mein liebster Mendelssohn, hab ich Ihnen in unsers Jacobi Nahmen eine Frage thun sollen, und habe sie nicht gethan. Es ist diese: „ob Sie unter dem System des Spinoza, welches Ludwig Mayer nach dessen Tode herausgegeben, etwas anders als die Ethik gemeint haben?" Er versprach in dem neml. Briefe, der den 22sten Febr. geschrieben war, daß Sie unverzügl. seine Anmerkungen zu Ihren Erinnerungen haben sollten, und wünscht meines Bruders Brief übern Spinozismus an Sie, noch vorher zu sehen, den er auch wahrscheinl. schon von Ihnen erhalten hat. Seitdem, neml. diesen 5ten April, schreibt er mir aufs Neue, „daß ein böser Fluß im Kopf ihn durchaus unfähig gemacht Ihnen sein Versprechen zu halten, und verlangt daß ich Ihnen die Ursache dieses Aufschubs melden möge. Zugleich sagt er daß der Entwurf zu seinem Aufsatze schon gemacht sey, welches er nicht für das leichteste bey der Sache hält. Ich bitte Sie, mein liebster Mendelssohn mir, so bald es Ihre Zeit erlaubt, hierüber ein paar Zeilen Antwort zu schicken, damit ich Jacobi befriedigen kann; oder diese Antwort auch nur mündlich unserm Wesseley mitzugeben, durch den ich übrigens gern recht viel Gutes von Ihnen u. Ihrem ganzen Hause hören möchte.

Mein Bruder, der Sie herzlich grüßt hat mir noch diese Frage aufgetragen: Ob Sie eine Schrift: Betrachtungen über das Fundament der Kräfte. Königsb. 1784. 8. kennen: wonicht meint [er] verdiente sie von Ihnen gekannt zu seyn. Leben Sie wohl l. M. u. behalten uns lieb

Elis. Reimarus.

692

AN ELISE REIMARUS

Theuerste Elise!

Eben war ich im Begriff, unsern gemeinschaftlichen Freund, durch Sie, bitten zu lassen, mit der Beantwortung meiner Erinnerungen nicht zu eilen. Ich bin entschlossen, nach der Leipziger Messe den ersten Theil meiner Broschüre abdrucken zu lassen. In demselben habe ich zwar hauptsächlich mit dem Pantheismus zu thun, allein unseres Briefwechsels geschieht noch keine Erwähnung. Dieses verspare ich mir auf den zweiten Theil, mit welchem es aber noch lange Zeit hat. Diesen ersten Theil meiner Schrift muß Hr. Jacobi vorher lesen, bevor er auf meine Erinnerungen antwortet; wenigstens wird er auf beides zugleich antworten können, und durch meine Schrift vielleicht Gelegenheit bekommen, sich deutlicher zu erklären. Meine Erinnerungen enthalten ohnehin bloß vorläufige Anmerkungen, die nicht genug eindringen.

Ich lasse jetzt das Manuscript abschreiben, um es Ihnen zuzuschicken; zwar nicht für Hrn. Jacobi, den ich so lange damit verschone, bis es gedruckt seyn wird, aber der Bruder muß alles schon in der Handschrift lesen; denn ohne dessen Censur kann nichts öffentlich in der Sache erscheinen. Grüßen Sie den liebenswürdigen Gegner in meinem Namen, und umarmen Sie den Bruder und Kampfrichter mehr als ein Mal, an der Stelle Ihres Bruders und Freundes,

Berlin den 29 April 1785. Moses Mendelssohn.

693

AN ELISE REIMARUS

Sie erhalten hiermit, theuerste Elise! einen Theil des Manuscripts, das ich abdrucken zu lassen entschlossen bin. Haben Sie die Freundschaft für mich, es selbst durchzulesen und unserm geliebten Bruder zur Censur vorzulegen. Ich habe keinen philosophischen Freund, dem ich mehr Freimüthigkeit, Wahrheitsliebe und Beurtheilungsfähigkeit, also bessern Willen und bessere Kräfte zutraue, mir hierüber die Wahrheit zu sagen. Bitten Sie ihn, beste Freundinn! mir einige seiner Nebenstunden zu schenken; und senden Sie mir die Handschrift mit Spuren seiner verbessernden Hand bezeichnet, sobald es angeht, zurück. Die Fortsetzung ist noch unter den Händen des Abschreibers, und soll nächstens erfolgen. Herrn Jacobi kann ich die Handschrift nicht sehen lassen; er muß den ersten Theil der ganzen Abhandlung vollendet und gedruckt zu Gesichte bekommen, Sie sollen alsogleich hören, aus welcher Ursache ich dieses für nützlich halte.

Es geht mir mit Hrn. Jacobi fast wie dem Abraham de Moivre mit Isaak Newton. Je mehr Erläuterung er sich mir zu geben bemüht, desto unverständlicher wird er mir. Seinen Brief an Hemsterhuys habe ich schon nicht verstanden, in dem buchstäblichsten Sinne nicht verstanden; und eben jetzt habe ich einen ausführlichen deutschen Aufsatz von ihm erhalten, der zu fernerer Erläuterung jenes Briefs und zugleich zur Antwort auf meine vorläufige Erinnerungen dienen soll: und ich schäme mich nicht, es zu gestehen —, ich verstehe diesen Aufsatz noch weit weniger. Was ist nun anzufangen? Wenn wir fortfahren uns verschiedener Idiome zu bedienen, so kommen wir in Ewigkeit nicht aus einander. Dabei scheint Hr. Jacobi (unter uns) zuweilen heftig zu werden und in Hitze zu gerathen; wiewohl diese Hitze auch nur mit Fleiß angenommen seyn kann, um den Streit lebhafter zu machen. Im Grunde mag das Herz immer noch von Eigendünkel und Rechthaberei frei seyn.

Dem sei nun, wie ihm wolle, so muß ich, um Verwirrung zu vermeiden, zuerst meine Grundsätze darlegen, bevor ich mich mit Hrn. Jacobi in Wettkampf einlassen kann. Ich gebe also den ersten Theil meiner Morgenstunden heraus, sage in demselben noch nichts von unserm Briefwechsel, berühre aber gleichwohl den Pantheismus, und suche ihn zu widerlegen. Den Briefwechsel, und alles was Jacobi und Lessing insbesondere angeht, verspare ich mir auf die Fortsetzung, welche eine Zeit lang hernach erscheinen mag. Unterdessen lerne ich vielleicht Hrn. Jacobi besser verstehen, oder bin so glücklich, mit ihm in einigen Punkten übereinzukommen, um zu wissen, wovon wir ausgehen. Bevor wir wettlaufen, müssen wir uns an einem bestimmten Orte zusammenfinden.

An Ihren Herrn Bruder, meinen würdigsten Freund und Beurtheiler, schreibe ich nicht besonders, weil einmal alles durch Ihre Hände gehen soll, und ich ihn auch nicht gern in die Nothwendigkeit setzen möchte, einen unnützen Briefwechsel zu unterhalten. Melden Sie ihm indessen meinen brüderlichen Gruß, und wie sehr sich mein Herz sehnt, ihm meine Liebe und Bewunderung einst mündlich zu bezeigen. Leben Sie wohl!

Berlin den 24 Mai 1785. Moses Mendelssohn.

694

VON JOHANN ALBERT HEINRICH REIMARUS

Hamburg 1785. Jun. 18

Hier haben Sie, verehrtester Freund! meinen wärmsten Dank für die mir zugesandte — so schön und deutlich ausgeführte Abhandlung — und zugleich, begehrter Maaßen, einiges was mir dabey eingefallen. Meistens aber, wenn ich etwas schreiben wolte, fand ich es schon in dem folgenden ausgeführt, und ich sehe wohl, daß auch was ich geschrieben nicht viel bedeutet. Aber, Sie werden vorlieb nehmen. Nun wolte ich noch gern einen Brief dabey schreiben; es ist mir aber jetzt nicht möglich. Also: nur noch meinen herzlichen Wunsch guter dauerhafter Gesundheit und fröhlichen Muthes, daß Sie im Stande bleiben mögen die Wahrheit und unsere Fortdauer bündig zu lehren und tapfer zu verfechten. Den größten Beifall ruft Ihnen zu

Ihr
Ergebenster
Reimarus

[Beilage]

Gott kennt, wählt, würkt das Beste.
Ein trefflicher Satz! Ich g l a u b e ihn vollkommen: aber wir haben mit Zweiflern zu thun, die immer noch Auswege suchen — Der Satz also: daß, was (dem materialen, oder absolute denkbaren nach) bloß möglich war, nur deswegen würklich geworden weil es jetzt und hier das B e s t e war — mögte also wohl etwas gerade zu behauptet scheinen, da er nicht aus zuvor erwiesenen Eigenschaften Gottes gefolgert wird, sondern vielmehr diese Eigenschaften aus jenem Satze gefolgert werden, welches ein wichtiger Punkt unserer Untersuchung ist.
Solte dann nicht der Einwurf gemacht werden können: daß alles, ohne weitere Rüksicht; nur deswegen würklich werde, weil nur dieses und kein anderes jetzt und hier m ö g l i c h war — Nicht deswegen steht der Zeiger meiner Uhr jetzt auf diese[r] Zahl, weil ich oder der Uhrmacher es für das Beste gehalten, sondern weil das Rad welches ihn treibt, und das zweite, u.s.f. es so bestimmen: besser wäre es, daß die Uhr richtiger ginge — Nach unsern eingeschränkten Einsichten können wir nicht den Ausspruch thun — dies oder das wäre gleich möglich — diese oder jene Bestimmung ist zufällig. Dies sagt nicht mehr, als — wir sehen den Widerspruch des Gegentheils nicht ein. So können wir allenfals unmittelbare Widersprüche zwischen Prädicat und Subject entdecken, als — daß Gott keinen Stock machen könte der nicht zwey Enden hätte. Aber, den Widerspruch, der im Zusammenhange des Ganzen liegt, und der doch gewiß auch eine Unmöglichkeit gebieret, können wir keinesweges übersehen. Und doch läßt sich urtheilen, daß es Gott eben so unmöglich gewesen wäre (was Form betrift) die Weltkörper würfelformig zu bilden: oder (was Raum betrift) die Erde in den Platz der Venus, den

Merkur in den Platz des Mars zu setzen: oder (was Zeit betrift) den Sohn vor dem Vater erscheinen zu lassen — Von völliger, ich mögte sagen anwendbarer, Zufälligkeit können wir also gar nicht urtheilen —
Diesem auszuweichen hatte ich mich in meiner Vorerinnerung zur Natürl. Relig. § 8. auch nur bloß auf die Abhängigkeit aller Dinge in der Welt berufen — Aber: haben wir dann auch strenge erwiesen; daß eingeschränkte Wesen, die eins von andern abhängig sind, nicht nothwendig oder selbständig seyn können, wie es doch dem Materialisten dünkt? Kann dieser nicht sagen: „Jedes allein ist freilich abhängig, und könte nicht für sich bestehen: aber es kann jedes Einzelne doch hier und jetzt nothwendig, und durch alle übrigen so bestimmt seyn, daß alles zusammen bestehen, so und nicht anders bestehen muß. Z. B. (lasset uns statt abhängig seyn, die andere Metapher anwenden: Wenn das Daseyn eines andern Dinges die Würklichkeit begründet.) Ehedem schloß man so — Jedes Theil der Erde muß sich auf einem andern gründen: und, da dies von allen gilt, so muß der Grund unserer ganzen Erde auf etwas anderm ruhen: sie muß von einem großen Elefanten getragen werden — Und doch war der Schluß falsch: denn, nachdem man das Ganze übersah, fand man, daß der Inbegrif oder Zusammenhang von allen, eine wechselseitige und vollständige Gründung aller Theile gegen einander würkt, und daß es des Elefanten nicht bedurfte" — Es könte also der Materialist fragen — „ob nicht, so wie wir eine innere Nothwendigkeit eines selbständigen Wesens setzen, vielmehr eine innere Nothwendigkeit aller, der Art und den Graden, dem Raum und der Zeit nach möglichen Wesen angenommen werden könne, wenn gleich deren jedes für sich von andern, oder vielmehr alle von allen in unzertrennlichem Inbegriffe abhängig wären — Daß die Nothwendigkeit des Daseyns zugleich Vollkommenheit in einem einzigen Wesen begreiffe, sey nicht einleuchtend erwiesen und der Irthum in Schlüssen die sich so weit über unsern Gesichtspunkt erstrecken leicht möglich. Es könne also auch der Inbegrif von allem, durch seine Unendlichkeit nach jeder Ausmessung, die erforderte Vollkommenheit haben und dadurch bestehen. Am Ende, wenn wir gestünden, daß die nothwendige Ursache ewig sey, und wenn sie ewig wäre auch von Ewigkeit

gewürkt habe, und nicht anders habe würken können; so wären ja doch alle Theile der Welt, ohngeachtet ihrer eingeschränkten Beschaffenheit, von Ewigkeit vorhanden und in unendlicher Reihe, nur jedes von seinem Platze nothwendig bestimmt, so daß keines derselben existiren könte ohne daß zugleich alle existirten."

So scheinen mir die Materialisten, und auch andere Leute* undeutlich zu denken — Ich antworte: Wenn wir diese Nothwendigkeit näher untersuchen, so können wir uns doch nur zwey Fälle als möglich vorstellen. Entweder: es wäre jedes Wesen für sich selbständig, und gleichsam abgesondert, in sich selbst gegründet, oder es bestünden alle vermöge einer gemeinschaftlichen alles umfassenden nothwendigen Ursache — Das erste, daß alle unzählige oder unendliche Millionen verschiedener Wesen, deren keines vom andern oder vom Ganzen weiß, jedes aus eigener Kraft existire und sich doch so ins Ganze passe, wird wohl keiner der nachdenkt behaupten können. Es bleibt also nur übrig, e i n e allgemeine, alles bestimmende Ursache anzunehmen: (und so verhielte es sich auch mit der Schwere in dem obigen trüglichen Beispiele.) Diese allbestimmende Ursache nun mit einem bloßen Worte — N a t u r - N o t h w e n d i g k e i t u.d.gl. auszudrücken, ist offenbar nichts gesagt. Es muß ein W e s e n eine K r a f t seyn, dadurch etwas gewürkt wird. Nur hierin haben wir den allgemeinen Grund den wir suchten, dadurch die untergeordnete auf Ort und Zeit sich beziehende Nothwendigkeit bestimmt wird.

In der That: der bloße Gemeinsinn, dem Sie so wohl das Wort reden, giebt hier fast mehr Überzeugung als die Subtilitäten der Metaphysik, da jener anschauliche Beweise für sich hat, diese ein zartes, oft zerbrechliches, oft sich verwirrendes Gewebe — Was mir am auffallendsten scheint, ist, daß die überall bemerkte Ordnung nicht bloß so sich verhält wie sich etwa Dinge in einander schieben konten oder musten um bestehen zu können; sondern so, daß sie vorzüglich und bequem nach allen Verhältnissen eingerichtet sind, wie z. B. in den Organen unsers Körpers am besten zu erkennen ist, da eine viel weniger vortheilhafte Einrichtung doch bestehen konte. Ferner: daß sie nicht allein für einen gegen-

---

* S. A u c h F r a g m e n t e

wärtigen Bestand, der gleichsam aus einem Gleichgewichte von Kräften erfolgt wäre, sondern auch für die Dauer — für Ersetzung verlohrner Theile — für einen künftigen Zustand zureicht. Dies zeigt sich bey Pflanzen und Thieren im Wachsthum, in der Nahrung, im Ersatz der täglich abgehenden, ja in Heilkräften der gewaltsam beschädigten Theile. So sind ferner die Knospen des Baums aufs Beste für den Winter bedeckt und zum künftigen Ausbruche bereitet: Das Insekt, welches weder von seinen Ältern, noch aus eigener Erfahrung etwas wuste, wird getrieben nicht allein für gegenwärtige Bedürfnisse aufs schicklichste zu sorgen, sondern sich auch zur Verwandelung auf die ihm zuträglichste Weise einzurichten. Alle Vernunft muß doch Kentniß voraussetzen um Mittel zu wählen: also, auch der gröste G r a d v o n V e r n u n f t könte diese Würkung nicht hervor bringen. Da nun doch Vorsicht darin hervorleuchtet, so muß diese in einem andern mit Kentniß würkenden Wesen gesucht werden, welches für das unwissende Thier, so wie für den sinnlosen Baum, nur auf verschiedene Weise, sorgte — ja, welches nicht nur die Erhaltung, sondern auch die Fortpflanzung der organischen Wesen veranstaltet hat — So viel man sich auch jetzt bemühet die Endursachen zu verwerffen, so glaube ich doch nicht, daß der Gemeinsinn zulässt sich so zu blenden, daß man im Ernst Absicht und Weisheit in der Einrichtung der Welt verkennen solte. Auch können sich die Herren nicht enthalten, unversehens die Ausdrücke fahren zu lassen — die Natur s u c h e — z i e l e — u.s.w.

Doch: was schweife ich aus! da wir nur hier mit deutlichen Vernunftschlüssen dem Gemeinsinne nachspüren wolten, um der Bahn desto sicherer zu seyn!

Und W o l f f versprach ja, die metaphysische Methode der mathematischen gleich zu machen! Aus dieser Schule sind wir nun gewohnt, statt m ö g l i c h oder u n m ö g l i c h seyn, die Ausdrücke — sich d e n k e n oder nicht denken, b e g r e i f f e n, oder nicht begreiffen lassen, anzuwenden. Aber: bey den Gegnern müssen wir uns oft sogar der Sprache unsers Systems entäußern. Dies — werden sie sagen — heißt am Ende etwa nur so viel, als — wir m e i n e n, daß ein Widerspruch darin stecke, oder nicht. Aber: welch ungereimte Dinge hat man nicht für denkbar, ja für nothwendig gehalten. Z. B. in den göttlichen Eigenschaften! Hingegen — daß es Antipoden gäbe, ließe sich nicht gedenken oder begreiffen. Mögten also dieses nicht in der Anwendung etwas unsichere Merkmal der Wahrheit scheinen? Endlich: wenn man sich auch darüber einverstünde, daß — genau genommen — nur das Würkliche oder Mögliche denkbar sey, so mögte man es doch für einen kühnen metaphysischen Schritt halten, wenn Sie noch weiter gehen und behaupten — Alles was wahr ist muß von irgend einem Verstande gedacht werden, u.s.f. Ich g l a u b e dies, weil ich einen Gott glaube, aus dessen Verstande alles fließet: aber rückwärts den Beweis zu führen würde ich mir nicht getrauen. Denn diejenigen, welchen jene Quelle der Wesen noch nicht erwiesen ist, und welche nur eine physische Nothwendigkeit für alles Daseyn annehmen, werden keinen unmittelbaren Zusammenhang der Real-Existenz mit der Ideal-Existenz einsehen, und sagen — wie die Eigenschaften des Zirkels, so bald ein Zirkel gesetzt wird, in sich nothwendig sind und bleiben, es mögen denkende Wesen sich dieselben vorstellen oder nicht, so sind auch alle Dinge von Ewigkeit her aus physischer Nothwendigkeit so und nicht anders gewesen. Ob sie gedacht werden, d.i. ob jedes Vorbild auch irgend einem Spiegel nachgebildet werde, ist eine Nebensache, die auf das Daseyn des Objects selbst keinen Einfluß hat und auch nicht daraus nothwendig erfolgt.

Nach Spinoza's System behauptete unser J. das Daseyn des Gegenstandes müsse wenigstens e h e r gesezt werden als der Gedanke welcher es sich vorstellt — Dies ist aber nach unserm eingeschränkten und abhängigen Denken gefolgert, die wir nicht urprüngliche, sondern bloß abbildliche Vorstellungen haben, und wird mit Unrecht auf die Gottheit angewandt, die doch Quelle alles Daseyns ist: eben als wenn einer von dem zurückgeworffenen Lichte des Mondes und der Planeten schließen wolte — das Licht wäre ein Wiederschein, und folglich müsse auch die Sonne ihr Licht von einem andern Körper her empfangen — So verführt uns indessen unsere abbildliche Vorstellungsart, von der wir allein einen Begrif haben, zu urtheilen, und demnach scheint mir der Beweis vorher gehen zu müssen, daß ein Verstand zur Quelle der Würklichkeiten zu setzen sey.

695

AN ELISE REIMARUS

Berlin den 28. Juni 1785.

Schreiben Sie es sich selbst zu, meine theuerste Freundinn! wenn ich schon abermals mit einem Bündel Manuscript beschwerlich falle. Es ist aber vor der Hand auch der ganze Rest des ersten Theils meiner Morgenstunden. Da Sie zu dieser ganzen Schreiberei die Veranlassung gegeben haben, so werden Sie sich auch die Mühe gefallen lassen, welche Sie davon haben. Sie werden sich gefallen lassen, zu lesen, und unsern vortrefflichen Bruder in meinem Namen zu bitten, daß er auch lese und diesen Rest seiner Beurtheilung würdige. Den Dank, welchen ich ihm für die mir jüngst mitgetheilten Anmerkungen über meine vorläufige Abhandlung schuldig bin, erspare ich, bis ich vollends sein Endurtheil und seine ferneren Anmerkungen erhalte. Ich gestehe es, daß ich sein Urtheil mit Zittern erwarte. Ich wünsche alle Spitzfindigkeit zu vermeiden, und gleichwohl keine Subtilität unberührt zu lassen, welche von Folgen seyn kann. Ist mir dieses gelungen? Selbst kann ich hiervon nicht urtheilen; das Urtheil meines philosophischen Freundes, und Ihr Beifall, meine Theuerste! sollen mich leiten, und ihnen will ich mich unterwerfen. Ist mir zu verdenken, wenn ich beides mit Ungeduld erwarte?

Mit unserm würdigen Jacobi wird mich alles dieses nicht zusammenbringen; so viel sehe ich zum voraus. Wie ich mir seinen feurigen Geist vorstelle, wird er alle meine Gründe als bekanntes Schulgeschwätz verwerfen, und der Mühe nicht werth achten, es nochmals zu untersuchen. Ja, er nimmt mir es vielleicht noch übel, daß ich den tiefsinnigen Lehren des Spinoza meine platte Compendien-Weisheit entgegensetzte. Am Ende fürchte ich, wir bewirthen uns einander wie der Storch und der Fuchs in der Fabel. Jener läßt in tiefen Flaschen, dieser auf flachen Tellern auftragen. Immer sorgt der Wirth nur für seinen Mund, und läßt den Gast darben.

Dem sei indessen wie ihm wolle, so erfährt Hr. Jacobi doch auf diese Weise, woran es liege, daß ich ihn nicht verstehe; und warum

wir aus einander scheiden, und einer den andern segnen müssen, bevor noch die Morgenröthe aufgegangen.
Umarmen Sie unsern theuersten Bruder, und versichern Sie ihn, so wie sich selbst, von den brüderlichen Gesinnungen

Ihres
Moses Mendelssohn.

696

VON JOHANN JOACHIM ESCHENBURG

Braunschweig, den 18. Juli 1785.

Wohlgeborener, hochzuverehrender Herr!
Der Wunsch des Herrn Hawkins, Euer Wohlgeboren persönliche Bekanntschaft zu erhalten, ist eine Folge der von ihm gefaßten großen Hochachtung für Ihre Schriften und Ihre nicht minder berühmten persönlichen Verdienste. Ich hoffe daher Entschuldigung, wenn ich so frei bin, ihn durch diesen Brief bei Euer Wohlgeboren einzuführen und mich zugleich bei dieser Gelegenheit Ihrem gewogenen Andenken zu empfehlen.
Es ist natürlich, daß mich dieser Anlaß an unsern unvergeßlichen Lessing lebhaft erinnert, durch den ich vor mehreren Jahren die persönliche Bekanntschaft Euer Wohlgeboren in Braunschweig erhielt. Noch immer ist seine Grabstätte von keinem Denkmal bezeichnet und es ist längst schon Leisewitzens und mein Vorsatz, ihm zu demselben durch öffentliche Subscription oder vielmehr der Nachkommenschaft zur Erinnerung des Platzes, wo der große Mann begraben liegt, zu verhelfen. Aber die Idee zu einem solchen Monument wünschten wir von keinem als Euer Wohlgeboren zu erhalten; denn er selbst hätte sie von keinem lieber erfunden gewünscht. Dürfte ich Sie daher ersuchen, mir gelegentlich solch eine Idee mitzuteilen und mit derselben Ihren Rat in Ansehung der besten Ausführungsart dieses Vorhabens?

Mit größter Verehrung und Hochachtung bin ich
Euer Wohlgeboren gehorsamster Diener
Eschenburg.

697

AN ELISE REIMARUS

Theuerste Freundinn!

Ich habe die Schrift über das Fundament der Kräfte nun wieder durchgelesen. Es geht mir unglücklich mit Schriften dieser Art. In währendem Lesen erhalten sie mich, wo nicht in beständigem Denken, doch wenigstens in voller Erwartung und Anstrengung. Sie versprechen und versprechen. Jetzt, denke ich immer, wird es kommen! die folgende Seite wird Aufschluß geben! Auch diese vergeht, und viele der nachfolgenden, mit täuschender Hoffnung; und am Ende weiß ich selbst nicht, was ich gelesen habe. Der dunkele Vortrag in so dunkeln Materien wird mir unausstehlich, wenn wir nicht wenigstens durch Präcision wieder schadlos gehalten werden.

Von dem Fundament der Kräfte suche ich einen Übergang zu dem verunglückten Prinzen von Braunschweig, und finde ihn eben so wenig, als dieser einen über den reißenden Strom. Ich bin so frei gewesen, in der Liste derjenigen, welche für „das Leben und den Charakter des Prinzen" zum Besten der Schule zu Frankfurt Vorauszahlung annehmen, die in dem nächsten Stücke der Berlinischen Monatsschrift zu lesen seyn wird, für Hamburg Sie und Wessely zu nennen. Ich denke, daß beyden dieses nicht zuwider seyn wird. Zum Anfragen wurde mir nicht Zeit gelassen.

Vom Prinzen auf Jacobi ist der Übergang leicht; car m'y voilà! sagt Mr. Clément. Ich bitte, ihm beykommendes Schreiben zuzusenden, und mir die verlangte Abschrift baldigst bei ihm auszuwirken. Bei der Langsamkeit, mit welcher ich arbeite, muß ich bald an die Fortsetzung meiner Morgenstunden denken, wenn sie nicht gar zu lange ausbleiben soll. Leben Sie wohl, beste Elise! Sagen Sie mir bald ein tröstliches Wort in Ihrem und Ihres Bruders Namen, über das Manuscript, davon jetzt der dritte Bogen schon unter der Presse seufzt.

Berlin den 21 Juli 1785. Moses Mendelssohn.

698

AN FRIEDRICH HEINRICH JACOBI

Berlin den 21 Juli 1785.

Vergeben Sie, theuerster Herr Jacobi, daß ich Ihre beyden wichtigen Aufsätze, den französischen an Hemsterhuys und den deutschen an mich, noch unbeantwortet lasse. Elise und Reimarus sind meine Zeugen, daß ich, nach Maaßgabe meiner jetzigen Schwäche, in unserer Streitsache nicht müßig gewesen; und wenn Ein Reimarus meine Arbeit nicht ganz verwirft; so wird der nächste Meßkatalogus ihr Zeugniß bestätigen. Ich mache mir zwar keine Rechnung, Sie durch diese Schrift von meiner Meinung zu überführen. Ich kann mir dieses um so weniger schmeicheln, da ich mir selbst gestehen muß, daß mir so manche Stelle in Ihren Aufsätzen, so wie in den Schriften des Spinoza selbst, völlig unverständlich sind. Aber den Statum Controversiae hoffe ich in der nächstens Ihrer Beurtheilung zu unterwerfenden Schrift fest zu setzen, und dadurch den Streit gehörig einzuleiten. Wenigstens wird es sich zeigen, woran es liege, daß mir manches so schlechterdings unverständlich vorkomme, und sich meinem Blicke immer mehr entziehe, je mehr Erläuterung Sie mir zu geben bemühet sind.

Und nun noch eine Bitte. Ich bin ein schlechter Aktensammler, und habe die Abschrift von meinen E r i n n e r u n g e n, die ich irgendwo aufbewahrt zu haben, mir sicher bewußt bin, unter den Papieren verloren. Schon einige Wochen suche ich sie vergebens, und das Suchen verlorner Papiere ist überhaupt eine gar unlustige Arbeit. Vielleicht haben Sie diese zur Hand, und können mir ohne Beschwerlichkeit eine Abschrift davon zukommen lassen. Sie würden mich dadurch sehr verbinden; denn ich bin Willens, nunmehr unserm Streite näher zu kommen, und zu diesem Ende Ihre beyden Aufsätze nochmals mit aller mir möglichen Aufmerksamkeit und Anstrengung durchzulesen. Hierzu aber gehören nothwendig die E r i n n e r u n g e n, auf welche Ihre Antwort gerichtet ist. Leben Sie wohl, theuerster Mann! und lieben Sie mich.

Moses Mendelssohn.

699

VON JOHANN ALBERT HEINRICH REIMARUS

Hamburg 1785. d 28st July

Wenn ich Ihnen darstellen solte, wie mir das Ganze Ihrer Abhandlung und wie viele Punkte mir besonders gefallen — wie schön ich die Auseinandersetzung des Spinosismus gefunden u.s.w. — wehrtester Freund! so hätte ich viel zu schreiben. Aber ich bin aufgefordert zu opponiren: und da habe ich denn wahrlich tolles Zeug opponirt. Ich suchte mich nämlich in die Denkungsart der Gegner hinein zu setzen und sie so viel mir möglich deutlich zu fassen, um desto schärfere Widerlegung und auf jede Wendung den Gegenstreich hervor zu locken. Daß ich doch nicht alles aus meinem Gehirne hervorbringen konte, sehe ich, da ich eben in den Göttingischen Anzeigen 102 St. die Recension von Plattners Aphorismen lese, in welchen die Gründlichkeit, die Unterscheidung des Gewissen vom Ungewissen u.s.f. gerühmt wird. Ich habe die Aphorismen noch nicht gelesen, da ich aus einer ehemaligen Recension in der Berliner Biblioth. ersehen, daß Plattner sich äußere „die materiellen Ideen könten wohl den äußern Objecten körperlich ähnlich seyn“. Nun sehe ich in dieser Göttingischen Recension p. 1021. mit Beyfall angeführt, daß er den Satz des zureichenden Grundes so erwiese, daß er sich nur auf die Gründe unserer Urtheile, nicht auf den Grund des Seyns der Dinge selbst beziehe. Was diesen betrift sage der Verf. „eine Entstehung aus nichts, ohne Ursache, wäre eine Thätigkeit ohne Kraft setzen“. Das wäre nun, dachte ich, doch einen zureichenden Grund suchen, und meinte er redete von der Thätigkeit des Hervorbringenden. Aber nein: darum bekümmert er sich nicht, sondern sieht auf die Thätigkeit des Hervorgebrachten und „da Seyn so viel als Würken wäre, so würde ein solcher Anfang ohne gründende Ursache so viel als eine erste Würkung ohne Kraft seyn“ — Der Recensent — gewiß ein philosophischer Lehrer, macht den Einwurf — „Mit dem Anfange des Seyns ist Kraft und Thätigkeit zugleich gesetzt: unbegreiflich freilich, wie alles Erste, aber nicht widersprechend". Sehen Sie nun was d e n k b a r ist! Mit solchen Philosophen müssen wir wieder von vorne anfangen, da wir meinen ausgemacht zu haben, denn, wenn wir meinen sie an der Klinge gefasst zu haben, so sind sie daneben vorbey gegangen. Solte man der Metaphysik nicht müde werden! — Ich habe Sie durch meine Schwester wegen einer kleinen Schrift über das Fundament der Kräfte befragt — nicht weil ich einen besondern Wehrt darauf legte — denn ich bin nicht einmahl in der transsendentalen Sprache bewandert, sondern weil sie den Spinosismus berührt, und um Ihr Urtheil davon zu hören. Dies habe ich nun so eben aus Ihrem Briefe ersehen. Er ist wie ich vermuthete ausgefallen. — Vermuthlich ist Ihnen auch eine Schrift eines sonderbaren Selbstdenkers unter dem Titel A u c h F r a g m e n t e zugeschickt worden. Im zweiten Stück werden Sie p. 8. sq. p. 21 und p. 190 sqq. etwas von mir eingerückt finden. Aber mit diesem Manne komt man auch nicht aus der Stelle — Herr Kant scheint nunmehr aus seiner transscendentalen Sphäre sich herab zu lassen und auf festen Boden zu treten. In der Berliner Monatsschrift habe ich ein Paar recht sinnreiche Aufsätze von ihm gelesen, und, wo er (bey Gelegenheit der Vulkane im Monde) von der ersten Bildung der Weltkörper handelt und das Werden des Lichts erklärt, mit Vergnügen bemerkt, daß er demnach weiter als Newton gekommen zu seyn scheine. Nun kann ihn unser einer doch auch verstehen: seine vorigen Schriften deuchte mich gingen entweder ganz über die Sphäre meiner Begriffe oder stießen alle meine Begriffe um. Was Umstoßen dessen was vest geschlossen schien betrifft, muß ich Ihnen doch meinen Fall klagen. Ehedem glaubte ich daß der Beweis den mein Vater in der Natürl. Relig. vom Anfange einer jeden Reihe gegeben so klar und mathematisch richtig sey als das a + x größer als a ist. Als ich aber die Sache von der andern Seite, nach Cochius Gründen ansahe, schienen mir diese noch evidenter und unumstößlicher. Dies hat mich recht betrübt, und machte mich fast alle Hofnung von metaphysischer Gewisheit aufgeben. Bey Veranstaltung der neuen Auflage war ich auch sehr verlegen: denn, auf jenem Grunde war der Hauptbeweis des ganzen Werks gebauet, und den solte ich nun für trüglich erklären: Ich drükte mich also — um dem Leser keinen Anstoß zu geben, Vorerinn. § 4 nur so aus — ich wolle den Beweis auch auf den Fall e r w e i t e r n wenn man gleich die Reihe aller Dinge als unendlich annähme — Von welcher Seite betrachten Sie aber diese Reihe? von uns hinauf; so scheint sie einen Anfang haben zu müssen: oder vom ewigen Schöpfer herab; so kann kein Anfang seyn? — unbegreiflich auf beiden Seiten! — So sagte mir jemand — Wenn ich von unserer Denkkraft die Betrachtung anfange und allenfals nur zu den vollkommenern Thieren herabsteige; so scheint die einfache Seele hervorzuleuchten: wenn ich aber von unten, vom Gewächsreiche (welches doch auch mehr als mechanisches Leben hat) anfange, zu den zusammengesetzten Thieren, Korallen, Polypen, u.s.w. fortgehe, so weiß ich die Grenze nicht zu finden, wo das Regieren e i n e r Seele anfienge — es wäre denn, daß man alles für belebt halten wolte" — So glaube ich auch, war meine Antwort, und was dort durch Democratie geschiehet, kann hier die Monarchie würken — Der Sohn welcher mir noch übrig ist soll sich doch lieber mit dem reinen Gemeinsinn begnügen und nicht Metaphysik studiren, die Zweifel in den Kopf und Dolche in die Brust giebt. Verzeihen Sie, lieber, vester, gleichmüthiger Mann! Ihnen kann ich wohl so etwas schreiben, und so können Sie auch künftig noch einen schwarzgalligten Brief über die Bestimmung des Menschen aushalten, welchen ich denn, so wie den jetzigen, zu zernichten bitte, damit keiner meiner Nebenmenschen ein Ärgerniß daraus schöpfe — Meine Antwort auf den Einwurf, den ich selbst gemacht hatte, wegen des Bestandes der Weltkörper durch gegenseitige Kräfte, finde ich doch, die Wahrheit zu sagen, nicht befriedigend — Es geschieht vermöge einer a l l g e m e i n e n Kraft — „Wohl — wird der Gegner sagen — das ist zweydeutig: die Kraft der Anziehung ist freilich allen Theilen gemein: aber es ist eine Kraft die in jedem e i n z e l n e n Theile liegt, und nicht von außen würkt: alle Körper oder Theilchen besitzen sie eigenthümlich und wesentlich: und so ist es doch ein Beispiel, daß die Zusammenwürkung vieler eingeschränkter Wesen, eben dadurch weil sie eins von allen abhängig sind, Ordnung und Bestand hervorbringe." — Meines Theils glaube ich nun zwar, daß die Anziehung von e i n e r einfachen Ursache herrühre: aber ich kann es doch dem nicht beweisen der es leugnet und behauptet — Anziehung und Bewegung sey jedem Körper wesentlich. Doch: nicht mehr von Zweifeln und Verwirrung, die sich doch immer wieder entspinnen. Ich habe schon ehemals geklagt, daß nichts bündiges gegen dasjenige eingewandt sey was Sie im Phädon über den nur im denkenden Wesen erfassten Begrif vom Körper oder Zusammengesetzten so deutlich vortragen: ich weiß auch nicht, daß jemand das widerlegt hätte was ich von der Falschheit materieller Ideen geschrieben habe, (erfahren Sie etwas so bitte ich es mir anzuzeigen) und doch wird die Vorstellung von Materie und materiellen Ideen immer wieder erneuert. Lassen Sie indessen sich alles dies nicht abschrecken! Sie zeigen ja selbst den Nutzen der Zweifel als ein duldsamer Mann. Genug: wer es vernünftig und ohne Eigensinn betrachtet, wird finden, daß nach Ihrer Vorstellung alles so wohl zusammenhängt und erklärt wird, als man von den Gegnern nie wird rühmen können. Vollenden Sie also nur ihr trefliches Werk mit gutem Muthe! Bekehren Sie meinen Collegen Selle, leben Sie wohl und vergnügt, und behalten mich stets in gütigem Andenken.

R.

700

VON FRIEDRICH HEINRICH JACOBI

Pempelfort bey Düßeldorf den 2ten Aug. 1785

Eine vorräthige, gleich nach meiner Zurückkunft von Hofgeismar gemachte Abschrift Ihrer Erinnerungen, setzt mich in den Stand, das Verlangen Ihres Briefes vom 21ten July in demselben Augenblicke da ich ihn erhalte zu erfüllen.

Gott stärke Sie, mein Theuerster, auch um der Hoffnung willen welche Sie mir machen!

Mit aufrichtigster Verehrung

Dero verbundenster
Friedrich Heinrich Jacobi

701

VON JOHANN AUGUST EBERHARD

Halle den 15. Aug. 1785.

Theuerster Freund!

Der Überbringer dieses ist ein Geistlicher aus Curland, der Past. Becker, der Sie schon einmahl im Jahr 1773 besucht hat. Er verlangte einen Brief an Sie von mir, und ich habe mich gern dazu willig finden lassen. Sie werden an ihm einen sehr verständigen und wohlunterichteten Mann finden.

Ich muß mich jetzt damit beschäftigen, ein Lehrbuch über die Geschichte der Philosophie zu schreiben. Ich fürchte mich vor dem Zeitpunkte der Kabbala. Haben Sie über die Zeit des Sepher Jezira (das ich nach Rittangels Ausgabe besitze) oder über die Zeit des Sepher Sohar was genaueres, als was in den christlichen Büchern stehet? Wo findet man die ersten Spuren von Kabbala? Hat nicht die gnostische Philosophie unter den Christen große Aehnlichkeit damit? Sie würden mich sehr verbinden, wenn Sie mir Ihre Gedanken über diese Fragen nur in ein Paar Worten mittheilen wollten. In der Apocalypsis ist augenscheinlich Cabbala; es kommen ja Buchstaben u. Zahlen Spiele darin vor, z. B. die Zahl 666.

Ich beharre mit der treuesten Ergebenheit

der Ihrige
Eberhard

702

AN ELISE REIMARUS

Theuerste Elise!

Überbringer dieses, mein Sohn Joseph, hat den Auftrag von meiner ganzen Familie, Sie ihrer ungetheilten Hochachtung und Freundschaft zu versichern; und es gefällt mir, daß er, seiner anscheinenden Keckheit ungeachtet, zu bescheiden ist, sich einer Person, die er so hochzuschätzen gelernt hat, ohne Empfehlung zu nähern. „Sie hat dich doch gesehen, lieber Sohn! und ihr ist nichts unwillkommen“, sprach ich, „das aus unserm Hause kommt“. — „Mich hat sie lange wieder vergessen“, antwortete er; „und überhaupt macht mich nichts so schüchtern, als die Hochachtung.“ — Er hat allerdings Recht, der gute Junge; und Niemand empfindet dieses besser, als

Berlin den 1ten Sept. 1785. Moses Mendelssohn.

703

AN JOHANN ALBERT HEINRICH REIMARUS

Theuerster Freund!
Mein Sohn Joseph, der das Vergnügen hat, das er so lange gewünscht, den Mann von Person kennen zu lernen, den er zu lieben und zu verehren ist angewiesen worden, wird Ihnen, nebst diesem meinem väterlichen Empfehlungsschreiben, auch meinen herzlichen Dank überreichen, für die Güte, die Sie gehabt, meine Handschrift durch zu lesen, und mir Ihre Anmerkungen darüber mit zu theilen. Der Mismuth, mit welchem Sie in Ihrem Schreiben von der Metaphysik sprechen, hat mich freulich in etwas niedergeschlagen. Wenn denn auch R. so spricht —. Doch nein! Es war eine verdrießliche Laune, die den vortreflichen Mann anwandelte, als er seine Freundin so öffentlich mishandeln sahe. Bester Freund! Es ist nicht alles verloren, und auch die geringste Bemühung, die man anwendet, die Wahrheit aufrecht zu halten, oder wieder aufzurichten, ist nicht verloren. Die Schreier führen das große Wort, und machen einen Lerm, als wenn sich alle Stimmen schon für sie erklärt hätten. Es ist aber nicht an dem. Es giebt noch nüchterne, unbefangene, sittsame und stille Männer im Publikum, die nicht so laut sind, aber mit der Zeit doch auch ihr Stimme hören lassen. Daß nur kein Biedermann sich schreken lasse! — Hiervon künftig ein mehreres —. Leben Sie wohl, und lieben Sie

Ihren

Berlin den 1ten Sept. 1785. Moses Mendelssohn

704

AN HERZ HOMBERG

[Berlin den 6. Sept. 1785.]

Bester Freund!

Vergeben Sie, daß ich Ihr Schreiben vom —, doch nein! es hat kein Datum, — heute an meinem 56sten Geburtstage beantworte, und so lange zu beantworten verschoben habe. Heute, an meinem Geburtstage, dessen Morgen ich in der besten, freundschaftlichsten Gesellschaft, die vielleicht in ganz Deutschland für mich zu finden seyn dürfte, sehr vergnügt und wohl zugebracht habe, — heute will ich die liebevollen Besorgnisse eines zärtlichen Freundes niederschlagen, der wohl diesen schönen Zirkel hätte vollenden oder gar den Mittelpunkt davon ausmachen können. Nein, mein bester Homberg! ich lebe, Dank sey es der Vorsehung! noch so wohl und so munter, als man bey einem Gesundheitszustande, der Ihnen bekannt ist, immer seyn kann. Ich lebe, und hoffe Ihnen zur Messe den Beweis davon in die Hände zu geben. Sie sollen ein Büchelchen von mir zu lesen bekommen, über das Daseyn Gottes, das Ihnen wenigstens mein jetziges Daseyn apodictisch beweisen soll.

Was in Wien vorgeht, ist mir völlig unbegreiflich. Sonnenfels hat mir weiter nicht geantwortet. Wie steht es um seine Gesellschaft der Wissenschaften? So viel ich weiß, hat diese noch keine Zeichen ihres Daseyns gegeben. Sie soll, wie ich höre, um Approbation angehalten und keine erlangt haben. Dieses läßt sich denken. Die Großen fürchten: wenn sie dergleichen gut heißen, so müssen sie auch Geld hergeben; und Geld ist ihnen werther als Aufklärung, oder vielmehr sie lieben nur Aufklärung, wenn ihnen diese mehr Macht oder mehr Geld bringt. — Der Dichter Alxinger hat mir einige Male geschrieben, — ein guter Mensch, nicht ohne vorzügliche Geistesgaben, aber, wie es scheint und er selbst gesteht, in Wien ganz ohne Einfluß. Er ist Ihr Freund. In seinem letzten Schreiben meint er, Sie hätten einen gewissen —, der Name ist mir entfallen —, vernachlässigt. Derselbe soll viel bei van Swieten vermögen, und Sie hätten ihn, auf Alxinger's Anrathen, durch einen Beitrag zu seiner periodischen Schrift gewinnen können. So meint Alxinger, aber ich fürchte, es sei den Herren daselbst niemals wahrer Ernst gewesen, einen Unchristen zu einem öffentlichen Ehrenamte gelangen zu lassen. Es war bloße Figur der Übertreibung, die sie sich in einer üppigen Anwandlung erlaubten und bei nüchternem Muthe so gern wieder aufgeben.

Die italiänische Uebersetzung des Phädon erinnere ich mich einst in Händen gehabt zu haben. Ich verstehe nun zwar nichts von der italiänischen Sprache; sie schien mir aber sehr schulmeisterhaft, etwa das Exercitium eines Sprachmeisters zu seyn, der, seine Lehrlinge im Übersetzen zu üben, eine deutsche Schrift gewählt hat, welcher weder er noch seine Lehrlinge recht verstehen. Ich danke herzlich für eine solche Uebersetzung; und mich dünkt, die Italiäner haben nicht Unrecht, eine Uebersetzung von dieser Art nicht lesen zu wollen. Die französische Uebersetzung des Prof. Junker zu Paris ist viel besser.

Die „Ritualgesetze der Juden" und מלות ההגיון werde ich Ihnen durch Nicolai besorgen lassen. Der Briefwechsel mit Lavater hat sich vergriffen, und ich selbst habe kein Exemplar davon. Auch die lateinische Uebersetzung des More kann ich Ihnen nicht schicken. Mein Sohn Joseph, mein Schwiegersohn Simon Witzenhausen, und der Lehrmeister meines Sohnes Abraham, Herr Moses Metz, lesen den More und vergleichen das Original fleißig mit der Übersetzung.

Daß ich meine Tochter Reikel mit Mendel, Sohn des Mecklenburg-Strelitzischen Hofagenten Nathan Meyer, versprochen habe, glaube ich Ihnen schon gemeldet zu haben. Ich weiß, Sie nehmen an allem, was den Meinigen angenehmes widerfährt, freundschaftlichen Antheil. Sie will Ihnen ihre Verbindung selbst kund thun; denn sie und alle meine Kinder, die sich Ihrer erinnern können, denken nie ohne Zärtlichkeit an den angenehmen und lehrreichen Umgang, welchen sie mit Ihnen gehabt. Ich breche also hier ab, um ihr einigen Raum zu lassen. Zwar ist jetzt ihr Bräutigam zum Besuche auf einige Tage herübergekommen, und dürfte ihre Gedanken allzu sehr beschäftigen; indessen läßt die Liebe allezeit auch ein Plätzchen für die Freundschaft, das sie mit gutem Bedachte nicht ganz ausfüllt. Leben Sie herzlich wohl! und geben Sie auch Ihrer Liebe zu erkennen, welchen Anspruch die Freundschaft noch auf Sie zu machen berechtigt sei.

Moses Mendelssohn.

705

VON FRIEDRICH HEINRICH JACOBI

Pempelfort bey Düßeldorf den 30ten Sept. 1785.

Ich hoffe, Theuerster Mendelssohn, Sie werden die Parthie die ich ergriffen habe, meine an Sie gerichteten Aufsätze besonders heraus zu geben, nicht mißbilligen; wenigstens deßwegen mir nicht übel wollen. Meine in der Schrift selbst angeführten Bewegungs Gründe, wiederhole ich hier nicht. Ihre Erinnerungen habe ich nicht mit drucken laßen, weil ich nur über das, was mir allein unstreitig zugehörte, nach eigenem Gutdünken, schalten zu dürfen glaubte; überdem auch gewiß war, daß sich der Inhalt derselben in Ihren Morgen Gedanken, denen ich mit unaussprechlicher Sehnsucht entgegen sehe, weit vollkommener finden würde. Da die Erinnerungen weg blieben, so ist auch der ganze Eingang meines letzten Aufsatzes weg geblieben. Ein Gebundenes Exemplar meiner Schrift erhalten Sie nächstens. Das gegenwärtige laße ich mit der reitenden Post voraus gehen, weil ich nicht will daß sie das Daseyn meiner Schrift aus dem Meßcatalogo zuerst erfahren.
Leben Sie wohl, Theuerster Mann, und gönnen Sie mir ferner Ihre unschätzbare Gewogenheit.

Friedrich Heinrich Jacobi

706

VON JOHANN ALBERT HEINRICH REIMARUS

Da ich mir gerne das Vergnügen machen wolte über verschiedene Speculationen mich mit Ihnen, wehrtester Freund und Beystand! zu unterhalten, und nun aber wenig Muße dazu finde, so bin ich auf den Einfall gekommen einen Brief anzufangen und gelegentlich was mir vorkomt hinzuzuschreiben. Wolten Sie ein gleiches thun, so würde es mir zu großer Aufmunterung gereichen.

Nach Wahrheit forschen ist so gut als Ungewißheit suchen — schrieb neulich ein gewisser Freund. Fast solte ich mit ihm einstimmen.

Herrn Prof. Kant Critik der reinen Vernunft und übrige metaphysische Schriften habe ich nicht gelesen, weil sie mir in meinen ermatteten Abendstunden zu schwer oder eigentlich zu intricat sind. Besonders leidet mein Gedächtnis nicht die vielen Divisionen und Subdivisionen neuer Benennungen zu fassen und in der Anwendung zu behalten. Herrn Hofpred. Schultze Erläuterungen darüber habe ich auch nicht zu studiren gewagt. Aber bey Gelegenheit dieser habe ich in der Jenaischen allgem. Litteratur-Zeitung, Monat Julius 1785 eine Auseinandersetzung des Kantischen Systems durchgelesen, welches Hr. Schultze sowohl als der Recensent nicht allein zu verstehen meinen, sondern auch so anrühmen „daß es Epoche machen müsse — daß es mit apodiktischer Gewisheit zeige, wie alle bisherige metaphysische Systeme lauter Sophisterey und leerer Dunst seyn," u.s.w. — So haben wir also nur umsonst gearbeitet und mögen uns nur mit der schadenfrohen Voraussehung schmeicheln, daß über 50 Jahre oder weniger wieder ein anderer Metaphysiker Herrn Kants Vorstellungen für leeren Dunst erklären werde. Meines Theils will ich Ihnen nur einiges Bedenken, was mir aufstößt, vortragen wie mir besagte Zeitung (die ich anführen werde) dazu Gelegenheit giebt.*

N. 162. p. 43. „Analytische Urtheile sind — wo das Prädicat (verstekter Weise) im Begriffe des Subjects enthalten ist, und also durch Identität gedacht wird: synthetische aber, wo die Verknüpfung ohne Identität gedacht wird und das Prädicat ganz außer dem Begriffe des Subjects liegt". So sollen nun alle Lehrsätze der Arithmetik und Geometrie bloß synthetische Sätze seyn (unmittelbare Folgerungen aus Definitionen und Nebensätze nimt doch der Recensent schon aus). Also z. B. daß 5+7 zwölf machen,

---

* Dies schrieb ich ehe Ihr Herr Sohn hier ankam, von dem ich höre, daß Sie diese Zeitung selbst lesen. Verzeihen Sie also, daß ich Sie damit aufhalte, oder denken Sie, daß wir dieses noch ein Mahl mit einander durchlesen um darüber zu schwatzen. Es ist mir Bedürfniß, weil ich keinen solchen Gefährten um mich habe.

daß die Winkel des Dreyecks zweien rechten gleich wären, läge nicht in den Begriffen von 5, 12 und Summe, oder denen von Linie, Winkel und drey — Mich dünkt im ersten Falle ist doch die Identität sonnenklar, und es sind bloß verschiedene willkürliche Benennungen, die mich dieselben 1+1+1 u.s.w. in Verbindung betrachtet fünf, sieben u.s.f. heißen machen: Zählten wir nur bis fünf, so hießen dieselben Einheiten 10 und 12, und die Summe 22 — Im Begriffe des Triangels (wo der Verf. doch in seinem Wörterbegrif das Z u s a m m e n f ü g e n der drey Linien ausgelassen hat) liegt gewiß auch alles das, dessen Nichtsetzen den Begrif aufheben würde. Daß es nicht sogleich eingesehen wird, thut nichts zur Sache, denn sonst müßten wir von demselben Dinge verschiedene Begriffe zum Grunde legen nachdem ein Kopf mehr davon begreift als der andere, oder sich sogleich mehr unmittelbare Folgen vorstellen kann. Eben so liegt das Verhältnis $y^2=ax—x^2$ in dem Begrif des Zirkels ob es gleich nur der Kunstverständige daraus entwickelt. Oder vielmehr: Diese Folgen stecken unzertrennlich in der B e d i n g u n g daß eine Figur ein Triangel, ein Zirkel u.s.f. sey. Daraus fließt ja eben die Unfehlbarkeit der mathematischen Sätze, daß sie bloß Entwickelung der Bedingungen sind, und dieses ist, dünkt mich, der einzige fruchtbare Gesichtspunkt, aus welchem wir diese Lehrsätze in Vergleichung mit andern zu betrachten haben: nicht die Worterklärungen (welche Hr. K. hier reine Begriffe nennt) in so fern wir darin mehr oder weniger mit W o r t e n ausdrücken, nicht der Umstand ob wir mit e i n e m oder mit mehreren Schritten zu den Folgerungen gelangen — Aber, sagt Hr. K. „zu dergleichen Beweisen ist Construction und Anschauung der Figur erforderlich". Zugestanden: nur weiß ich nicht, was er denn für einen andern reinen Begriff von Linie, Winkel u.s.f. haben will, als wo diese Gegenstände wenigstens in der Einbildung dargestellt werden: denn die bloßen Worte machen doch keinen Begriff aus.

Das. p. 43. heißt es: „Alles was geschiehet hat seine Ursache — sagt so viel als: wenn etwas geschiehet, so muß etwas vorausgesetzt werden, worauf jenes regelmäßig folgt, und demnach ist das Prädicat im Subjecte nicht enthalten. N. 179. p. 123. wird das g e s c h i e h t noch erklärt — was anhebt zu seyn — heißt es — die Notwendigkeit, daß alles in der Natur eine Ursache voraussetze, gehe lediglich und zwar ohne Ausnahme auf die Erscheinungen: eine freie Handlung selbst aber sey keine Erscheinung und also diesem Gesetz nicht unterworfen — Mir scheint nun der Satz des zureichenden Grundes oder der Ursache des Entstehens so identisch zu seyn, als wenn ich sage — was gewürkt wird, wird gewürkt — was hervorgebracht wird, wird hervorgebracht: und ich begreife nicht wie Hr. K. in seinen Gedanken, aus welchen dann doch auch die freien Handlungen entspringen, die Ursachen derselben, oder wie er sich ausdrückt die regelmäßige Folge verkennen kann. Dieses aber, daß Hr. K. zeigen soll, wie man sich bisher vergeblich bemühet habe den Satz des zureichenden Grundes dogmatisch zu erweisen, (p. 123) wie auch, daß er demonstrirt habe, daß keine Demonstration von der Lehre der Unsterblichkeit der Seele möglich sey (n. 87. p. 52. unten) nebst dessen Widerlegung der Einfachheit, Identität u.s.f. (p. 125.) scheint sowohl dem Jenaischen als dem Göttingischen Philosophen in ihren Recensionen ein besonderes Vergnügen erweckt zu haben.

N. 164. p. 53. wo Hr. K. Idee, oder neuer Ausdruk, vom Raume, daß es nur die Form aller Erscheinungen äußerer Sinne sey, vorgetragen wird, leugnet er, daß der Begrif von Raum und Zeit ein abgezogener Begrif (wie der von Garve) sey — Ist aber nicht Raum eben so wohl ein Abstractum des Auseinanderseyns, und Zeit ein Abstractum des Aufeinanderfolgens mit Hinweglassung der Dinge, als Farbe, im Allgemeinen gesagt? Die Vorstellung vom Raume, welche sich der mit den Fingerspitzen denkende Blindgeborene macht ist auch gewiß ganz anders als die unsrige, die wir mit dem Gesichte ein unbefühltes Weite umfassen. N. 179. p. 122. nennt Hr. K. ohngefähr so etwas Schema was wir Abstraction heißen, und dahin rechnet er dann doch gleichermaaßen, neben den Begriffen von Raum und Zeit, auch den von Zahl, von Realität, von Substanz u.s.f. — Am Ende (p. 125) sehe ich auch, daß er die Einheit des denkenden Wesens zweifelhaft macht, weil der Gedanke (welcher, und nicht das Denkende, ihm der Hauptgegenstand zu seyn scheint) nur collective Einheit hätte. — p. 126 Daß der Gedanke Ich, wie die übrigen Gedanken fließend seyn könte, wie auch die Gegensätze — daß die Welt Anfang und Grenzen habe, oder nicht habe — daß ein nothwendiges Wesen existire, oder nicht existire: wo er doch zugiebt man könne annehmen, daß die oberste Bedingung vom Daseyn der Sinnenwelt gar nicht Erscheinung, sondern ein Ding an sich selbst sey — Ey! ey! wer hätte das gedacht! — Doch, ich will aufhören. Nur sagen Sie mir, ob ich ganz ohne Grund in Herrn Kants Systeme Bedenklichkeiten finde. Wenn ich etwas von Ihnen, oder Cochius, oder Garve lese, so verstehe ich doch was sie behaupten, und wie sie es erweisen: aber hier bleibt mir alles wüste: von den Recensionen, die ich ehemahls in den Göttingischen Anzeigen und der Allg. deutschen Bibliothek gelesen, ist fast nichts haften blieben, und selbst bey der Jenaischen, die ich jetzt vor mir habe, muß ich immer wieder ins Buch sehen, wenn ich einen seiner Sätze ausdrücken will. Es werden zwar viele den großen Scharfsinn oder Tiefsinn bewundern und rühmen und anführen: „Das hat K. erwiesen oder widerlegt". Daß aber diese Philosophie würklich vielen Einfluß haben und Aufklärung schaffen werde, zweifele ich noch sehr. Meinem Vater schien auch Lamberts Philosophie zu dunkel: und, so viel ich weiß, ists auch da beym Ruhme des Scharfsinns geblieben.

Ihre in Wien gedrukte Abhandl. über die Unkörperlichkeit der menschlichen Seele habe ich jetzt eben durchgelesen. Sie verdiente doch wohl gedrukt zu seyn, und enthält bey ihrer Faßlichkeit bündige Gründe. Ich mögte mir also wohl gelegentlich auch die Abschrift von der Einleitung ausbitten, welche der gute Freund (wie ich von Ihrem Sohne höre) nicht druken lassen konte und welche ich nicht ohne Ihren Willen druken lassen werde. Bey p. 26. 30. 70. wünschte ich, daß Sie den materiellen Veränderungen nicht den Nahmen von Bildern gelassen hätten, die zerrüttet oder verrückt werden könnten, oder Spuren darstellten, welches etwas Bleibendes anzeigt. Sie wissen, daß die Materialisten alles aus diesen Bildern machen — p. 33 steht empfindende Lebenssaft — ich gedenke, statt: Empfindung erregende — p. 32. glauben Sie, daß die Empfindungen aller Sinne irgendwo im Gehirn zusammenlauffen und sich vereinigen müssen — dergleichen zusammenlauffen des Ursprunges der verschiedenen Nerven zeigt die Zergliederung gar nicht an, nicht einmahl von den beiden Nerven desselben Sinnes. Es war nur bloße Vermuthung der Physiologen. Wenn aber auch ein solcher Mittelpunkt im Gehirn zugegeben würde, was hülfe es, da er doch, als materiell, immer zusammengesetzt und theilbar bliebe? Sie haben aber in Ihrer neuen jetzt zu druckenden Abhandlung gezeigt, daß das örtliche bey den Empfindungen nur Erscheinung ist — p. 37. behaupten Sie — eine Kraft zu denken müsse würklich denken, oder aufhören zu seyn. Dies erinnert mich an Ihr voriges Schreiben, darin Sie ein gleiches behaupten. So kann ich dann begreiffen, wie Sie es zu so großer Fertigkeit im Denken gebracht haben, wenn Ihre Denkkraft schon vor Abrahams Zeit (denn damahls hat sie doch schon existirt) würklich zu denken gewohnt gewesen ist. Meines Theils gestehe ich, daß ich nichts mitgebracht habe, und nichts klüger auf die Welt gekommen bin, als die Kinder die vor ein Paar tausend Jahren geboren worden, und die doch so viel weniger Zeit zum Denken gehabt hatten — Doch im Ernst (ob Sie gleich mir auch den Scherz nicht übel nehmen werden) durch den Ausdruck S t r e b e n, welches Sie mit unter W ü r k e n begreiffen, habe ich diejenige Würkung zu unterscheiden für nützlich erachtet, welche durch Widerstand im Gleichgewicht bleibt, und also keinen andern E r f o l g als die Gegenwürkung hat, daher man alsdann die Kraft t o d t nennt, und deswegen ich die entstehende Ruhe keinen eigentlichen Erfolg nennen, sondern lieber dabey nur den Ausdruk W i d e r s t a n d oder desgleichen gebrauchen wolte* — Doch: die Ausdrüke sollten uns nicht aufhalten. Also zur Sache: daß in der Starrsucht und desgl. Zustande immerfort eine Reihe von Begriffen in der Seele fortlaufen, läßt sich zwar behaupten und vieles von den dunkeln Vorstellungen sagen, weil niemand von dem Zustande da er sich nichts bewußt ist, weder daß er Vorstellungen gehabt, noch daß er sie nicht gehabt, bezeugen kann: aber erwiesen ist es nicht, daß der Zustand gänzlicher Ruhe durch keinen äußern Eindruk wieder aufgehoben werden könte, gebe ich nicht zu, wenn nur das Streben der Kraft bleibt, und der Widerstand durch diesen Eindruk ge-

---

* Dies, meine ich, ist dem Sprachgebrauche gemäß. Elasticität, würde ich sagen, ist ein S t r e b e n zur Ausdehnung: die w ü r k l i c h e Ausdehnung kann indeß durch Widerstand gänzlich gehemmt seyn, und doch die Kraft ungeschwächt subsistiren.

hoben wird. Dies erläuterte ich mit dem Beispiele meiner Uhr, an der ich die Unruhe hemmen und loslassen kann: dies beweiset auch jeder fallende Körper, dem die Stütze entrissen worden, und wenn Sie es von der einen Gedankenreihe zugeben, daß sie unterbrochen seyn könne, so kann es auch von der andern zugleich lauffenden gelten. So glaube ich auch, daß einige Leute langsamer denken als andere: das ist aber im Grunde nichts anders als Zwischenräume der Vorstellungen haben die größer oder kleiner sind. Endlich sagen Sie selbst (das. p. 72) die Seele kann ohne organisirtes Werkzeug weder empfinden noch denken. Nun dünkt mich kann ich sicher schließen —also auch nicht, wenn dies Werkzeug gehemmt ist, denn was hilft ein Werkzeug das nicht taugt — Was man aber auch von meiner Hypothese halten mag, so hoffe ich doch, Sie werden mir zugestehen, daß selbige unserm Hauptzwecke in der Seelenlehre in so ferne dienlich ist, weil sie dem Zweifel wegen der subsistirenden Kraft währen einer Erstarrung, oder der Existenz vor der Geburt begegnet, und aus Induction zeigt, daß eine Kaft in ihrem vollen Wesen existiren könne, wenn gleich alle Auswürkung (so unterscheide ich die lebendige Würkung vom bloßen Streben) gehemmt ist, oder der Umstände wegen sich nie hat äußern können, und folglich, wenn man gleich annähme, daß unsere Seele nicht immer Vorstellungen zeugte. So wolte ich dann unsern Streit beylegen, und will nun nichts weiter hinzuthun, als daß ich Ihnen die besondere Freude bezeuge, welche ich Ihrenthalben empfunden habe, da ich Ihren braven Herrn Sohn kennen gelernt. Ich wünsche Ihnen herzlich Glück dazu, einen solchen hoffnungsvollen Nachfolger zu haben; Ihm aber, daß er noch lange des Vortheils genießen möge von einem solchen Vater Lehren der Weisheit zu empfangen. Ja, Gott erhalte Sie, theurer Freund in Ihrer Heiterkeit, bey Gesundheit und Kräften, und lasse Sie des hohen Vergnügens genießen, den Sieg der Wahrheit befördert zu haben — Ihrem hoggeschätzten freundschaftlichen Andenken empfiehlt sich mit wärmster Gesinnung

Ihr

Hamburg d. 2ten Oct. 1785 J. A. H. Reimarus.

707

AN ELISE REIMARUS

Theuerste Freundinn!
Sie haben kaum meinen leiblichen Sohn entlassen, für dessen gütige Aufnahme ich noch den Dank schuldig bin, als schon mein geistiger Sohn anklopft und Zutritt verlangt. Doch dieser stört nicht. Er kann bis zur bequemen Stunde in einen Winkel geschoben werden, und heischt keine Aufmerksamkeit.
Mein Sohn Joseph wird sich einige Tage zu Strelitz aufhalten; ich erwarte ihn mit Sehnsucht zurück. Herzlich bedaure ich es, daß ich ihn den Wissenschaften entziehen muß, um einen Knecht des Mammons aus ihm zu machen, Zur Arznei hat er nicht Lust; und als Jude muß er Arzt, Kaufmann oder Bettler werden. Er hat mir vieles mündlich von Ihnen zu erzählen versprochen, worauf ich sehr begierig bin.

Ihr
aufrichtiger, wahrer Freund
Berlin den 4 Oct. 1785. Moses Mendelssohn

708

AN FRIEDRICH HEINRICH JACOBI

den 4 October 1785.

Empfangen Sie hiermit, theuerster Freund! den ersten Theil meiner Morgenstunden. In demselben wird zwar unseres eigentlichen Streits noch nicht ausdrücklich erwehnt; aber immer doch auf denselben Rücksicht genommen. Ich habe von den ersten Grundbegriffen anfangen müssen, weil ich vermuthe, daß in dieser Region der Grund enthalten sey, warum wir uns einander so wenig verstehen. Ich finde, daß ich zu alt und zu steif bin, mir mein Schibbolet abzugewöhnen. Ich kann mich in keine andere philosophische Sprache mehr hineinstudiren, als der ich so lange gewohnt bin. Und die Schule, in welcher ich gebildet worden, hat mich gewöhnt, so fest an Deutlichkeit zu halten, daß ich nicht einen einzigen sichern Tritt mehr thun kann; sobald ich sie aus den Augen verliere. Vielleicht gelingt es Ihnen, die Stellen zu bemerken, worauf es unter uns ankömt, und mir einiges Licht zu geben. Haben Sie also die Geduld, mich meine ganze Lection aufsagen zu lassen, und rufen Sie mir freundschaftlich zu, sobald ich auf einen Irrweg ausweiche. Auf diese Weise, denke ich, müssen wir entweder am Ende zusammen oder, wie Sie gar richtig sich ausdrücken, aus einander kommen. Von meiner Seite, und ich hoffe und wünsche auch von der Ihrigen, soll dieses so wenig als jenes ohne herzliche Zuneigung und Freundschaft geschehen.

Moses Mendelssohn.

709

AN FRIEDRICH NICOLAI

Bester Freund!
Haben Sie Jacobi's Schrift über die Lehre des Spinoza gelesen? Was dünkt Ihnen zu diesem sonderbaren, windschiefen Betragen? Glücklicherweise habe ich der Sache, ohne es zu wissen, in meinen Morgenstunden schon zum voraus eine günstige Wendung gegeben, so daß ich hoffe, dieses beinahe hämische Verfahren der schwärmerischen Parthei solle unserm Lessing nicht mehr schaden. Ich bin Willens, meine Erinnerungen, die der delicate Mann nicht hat mit abdrucken lassen, in die Berlinische Monatsschrift einrücken zu lassen. Ach Gott! daß ich gerade jetzt so sehr vom Schwindel geplagt seyn muß!

Den 8 Oct. 1785. Moses Mendelssohn.

710

AN JOHANN GEORG ZIMMERMANN

Verehrungswürdiger Freund!
Ich bin so frey gewesen, Ihnen durch den Verleger von Leipzig aus, ein Exemplar von meinen Morgenstunden zu zu schicken, davon ich die Materie Ihrer strengsten Kritik, die Form aber Ihrer gütigen Nachsicht empfehlen muß. Der Verf. des classischen Werks: über die Einsamkeit muß wissen, daß das Belecken der jungen Gedanken der Mutter so sauer wird, als das Gebähren. Das Ausbilden und Vollenden erfordert eine zweite Anstrengung, und ach! ich bin kaum der ersten noch fähig, die zum bloßen Berichtigen gehört.
Die Veranlassung zur Bekantmachung der Morgenstunden wollte ich in dem folgenden Theile anzeigen; aber Hr. Jacobi ist mir zuvor gekommen, und hat solche unter dem Titel: Ueber Spinozens Lehrgebäude, in Briefen an M. Mendelss. öffentlich bekant gemacht. Dieses Büchelchen ist ein gar sonderbares Monstrum. Der Kopf von Goethe, der Leib von Spinoza und die Füße von Lavater!

Von ganzem Herzen der Ihrige
[Berlin, um den 8. Okt. 1785.] Moses Mendelssohn

711

AN LEOPOLD FRIEDRICH FRANZ HERZOG VON ANHALT-DESSAU

Durchlauchtigster Fürst!
Gnädigster Fürst und Herr!
Dem Durchlauchtigsten Beherrscher meines Geburtslandes, dem weisen Freunde und Beschützer des Guten und Schönen wage ich es eine Schrift zu Füßen zu legen, in welcher ich mit den Widersachern der natürlichen Religion den Kampf erneure. Die An-

zahl derselben ist nicht geringe, und ihre Parthei nicht verächtlich. Freunde und Feinde der Tugend scheinen sich vereinigt zu haben, die Vernunft des Menschen zu verschreien. Wenn ich aber die Wahrheit auf meiner Seite hätte, so wäre unsere Parthei doch wohl nicht die schwächere. Ist meine Vertheidigung auch nicht kräftig genug, so erwecke ich doch vielleicht Männer zu unserm Beistande, welche die Waffen der Vernunft besser zu führen wissen.
Ein Blick der Zufriedenheit von Ew. Hochfürstl. Durchlaucht würde mich zu fernerer Anstrengung meiner Kräfte anspornen; in dessen Erwartung ich mit der tiefsten Ehrerbietung ersterbe

Ew. Hochfürstl. Durchlaucht
unterthänigster
Berlin 12 October 1785. Moses Mendelssohn.

712

AN KARL WILHELM FERDINAND HERZOG VON BRAUNSCHWEIG

[12. Oct. 1785.]

Als ich die Gnade hatte, Ew. Herzogl. Durchlaucht meine Schrift über die Unsterblichkeit der Seele zu überreichen, äußerten Hochderselben den Wunsch, über das D a s e y n G o t t e s einen ähnlichen Traktat ausgearbeitet zu sehen. Diesen Gedanken trage ich seitdem mit mir herum, und ob mir gleich meine Schwächlichkeit noch itzt nicht zu hoffen erlaubt, daß ich der erhabenen Idee völlig Genüge geleistet haben sollte; so vergnügt es mich doch, Ew. Herzogl. Durchlaucht hiermit einen Versuch zu Füßen legen zu können, der vielleicht andere zu besserer Ausführung erwekt; zufrieden, wenn Ew. Herzogl. Durchlaucht denselben eines flüchtigen Anbliks nicht unwürdig achten, ersterbe ich mit der tiefsten Ehrerbietung.

Moses Mendelssohn.

713
AN IMMANUEL KANT

den 16. Oct. 1785.

Verehrungswürdiger Mann!

Ich bin so frey gewesen Ihnen durch den Buchhändler Voß u Sohn ein Exemplar von meinen Morgenstunden, oder Vorlesungen über das Daseyn Gottes zuzuschicken.

Ob ich gleich die Kräfte nicht mehr habe, Ihre tiefsinnige Schriften mit der erforderlichen Anstrengung zu studiren; so weiß ich doch, daß wir in Grundsätzen nicht übereinkommen. Allein ich weiß auch, daß Sie Wiederspruch vertragen; ja daß Sie ihn lieber haben als Nachbeten. So wie ich Sie kenne, ist die Absicht Ihrer Critik blos das Nachbeten aus der Schule der Philosophie zu verbannen. Sie lassen übrigens einem jeden das Recht andrer Meinung zu seyn, u die seinige öffentlich zu sagen.

Die Veranlassung zur Bekanntmachung dieser Morgenstunden wollte ich mir bis auf den 2ten Theil ersparen, um die Leser zuförderst auf einige Äußerungen vorzubereiten, die mir in Absicht auf ihre Folgen u Wirkungen auf das lesende Publikum, etwas bedenklich schienen. Hr. Jacobi ist mir zuvorgeeilet, und hat unter dem Titel Ueber die Lehren des Spinoza in Briefen an Moses Mendelssohn, eine Schrift herausgegeben, die diese Veranlaßung enthält. Er macht in derselben einen Briefwechsel zwischen Ihm, einer dritten Person und mir bekannt, in welchem Jacobi darauf ausgehet unsren Leßing zum erklärten Spinozisten zu machen. Jacobi will Ihm den Spinozismus vordemonstrirt haben; Leßing habe alles mit seinen Grundsätzen übereinstimmend gefunden, u sich gefreuet, nach langem Suchen, endlich einen Bruder im Pantheismus anzutreffen, der über das System des Allein oder Einallerley so schönes Licht zu verbreiten weiß. —

Er für seine eigne Person ziehet sich am Ende unter die Kanone des Glaubens zurük, u findet Rettung u Sicherheit in einer Bastion des seeligmachenden Lavaters, aus dessen engelreinem Munde er am Ende seiner Schrift eine trostreiche Stelle anführt, die mir keinen Trost geben kann, weil ich sie nicht verstehe. Ueberhaupt

ist diese Schrift des Hrn Jacobi ein seltenes Gemische, eine fast monströse Geburt, der Kopf von Göthe, der Leib Spinoza, u die Füße Lavater.
Mit welchem Rechte aber macht man sich jeziger Zeit so allgemein erlaubt, eine Privat Correspondenz ohne Anfrage u Bewilligung von Seiten des Briefschreibenden, öffentlich bekannt zu machen, ist mir unbegreiflich. Noch mehr, Leßing soll Ihm, Jacobi nehmlich, gestanden haben, daß er mir, seinem vertrautesten, 30jährigen philosophischen Freunde seine wahren philosophischen Grundsätze nie entdeckt habe. Ist dieses, wie hat Jacobi sich denn überwinden können, dieses Geheimniß seines verstorbenen Freundes nicht nur mir, vor dem er es geflißentlich verborgen; sondern der ganzen Welt zu verrathen? Seine eigne Person bringet er in Sicherheit, u verläßt seinen Freund nakt u wehrlos auf freyem Felde, daß er ein Raub oder ein Spott der Feinde werde. Ich kann mich in dieses Betragen nicht finden, und möchte wissen, was rechtschaffene Männer davon denken. Ich fürchte, die Philosophie hat ihre Schwärmer, die eben so ungestüm verfolgen und fast noch mehr auf das Proselyten machen gesteuert sind, als die Schwärmer der positiven Religion.

714

VON ELISE REIMARUS

Hamburg den 17ten Oct. 1785.

Daß ich mich Ihres leiblichen Sohnes innig mit Ihnen gefreut habe, liebster Mendelssohn, dieses trauen Sie meinem Kopf und Herzen zu, wenn ich es Ihnen gleich bisher durch keine Zeile gesagt habe. Ist mirs doch immer als thät ich Ihnen eine Wohlthat, so oft ich Ihnen das Lesen meiner Briefe erspare. Ich gab dem jungen Herrn M. dieses zur Ursach an, als ich ihm keinen Brief für Sie mitgab: aber ich kanns nicht verlangen daß er mich ganz verstehe und dies daher glauben könne. Sie, bey denen ich mir schon mehr Glauben erworben habe, wissen was dran ist, und

haben es hoffentlich auch auf diese Rechnung geschrieben, wenn ich auf zwey vorher-gehende mir so schäzbare Briefe nur dadurch geantwortet, daß ich sie in die rechten Hände geliefert und diese für mich antworten lassen.
Nur heute bey der Übersendung Ihres geistigen Sohnes, wie Sie ihn nennen, kann ich nicht länger schweigen, ich muß Ihnen dafür selbst danken, ungeachtet ichs fühle daß seine Unterhaltung mir manchmal Kopfzerbrechen machen wird, um nicht zu sagen bey weitem höher gehe, als meine Geistes Kräfte reichen. Wer doch den Vater in der Nähe haben könnte, um von dessen sanftem Lichte dann u. wann einen Strahl aufzufassen, dann und wann das seine dabey anzuzünden! — Glücklicher Joseph! an dem man es gewahr wird wessen Sohn er ist!
Aber warum bedauern Sie denn, ihn der Handlung widmen zu müssen? Immer lassen Sie ihn auch hier in seines Vaters Fußstapfen treten und irdischen und geistigen Beruf wie Sie verbinden. Handlung sey immer Broderwerb und die Musen frey. Mit einem Kopf wie der seine fürcht ich nicht daß er Sclave der ersten wird, und einen Block an den Füßen muß ja wohl jeder Sterbliche haben. Gott erhalte ihn Ihnen nur l e b e n d und gesund!
Von Jacobi weiß ich in langer Zeit kein Wort, hoffe aber daß Sie die verlangte Abschrift damals directe von ihm erhalten haben; wenigstens habe ich ihm den Brief darin Sie diese von ihm verlangten damals gleich zugeschickt. Der Himmel gebe Ihnen beiden Kräfte und G e d u l d sich an dem bestimmten Kampfplatz zusammen zu treffen! Dem Überwinder, oder den ausgesöhnten Feinden alsdann von fern zu zu klatschen, das ist alles was eine arme Sterbliche wie ich bey der Sache thun kann.
Und noch ein Wort über einen Punct Ihres Briefes, der mich nicht wenig interessirt hat, neml. das Prinz Leopoldsche Gedächtniß. Liebster Mendelssohn schreiben Sies keinem Kaltsinn bey uns zu wenn ich diesem edlen Märtyrer für die Menschheit noch keinen Zoll menschlicher Dankbarkeit in klingenden Beyträgen zu seiner Gedächtnißfeyer bringen können. Was ich in meinem Cubus darauf an Aufmerksamkeit rege machen können, das hab ich gethan, u. vielleicht daß auch dadurch Scherflein mit auf seinen Altar gekommen sind, nur daß sie nicht durch meine Hände giengen. Daß

Sie meinen Nahmen mit unter die der Beförderer eines löbl. Endzwecks genannt, dafür muß ich Ihnen billig danken.
Leben Sie wohl! empfehlen Sie mich Ihrem ganzen mir theuren Hause und lieben Sie mich wie bisher

Elis. Reimarus.

Sind Sie Hennings böse? er glaubt ganz von Ihnen vergessen zu seyn, oder noch mehr.

N. S. Den 18ten Oct.

Kaum hatt ich meinen Brief völlig geschlossen, als ich, mir nichts, dir nichts, das heißt: ohne einen Begleitungsbrief, ohne das geringste Vorherwissen, durch Claudius, zwey gebundene Büchlein, eins für mich und eins für unsern Doctor unter dem Titel: Über die Lehre des Spinoza in Briefen an den Herrn Moses Mendelssohn erhielt. Schon der bloße Anblick des Titels machte mir das Blut ins Gefühl steigen: aber wie sehr stieg mein Unwille da ich in der Schrift selbst nicht nur jeden kleinsten nicht daher gehörigen Umstand einer privat Corespondenz, sondern auch jeden kleinsten nicht daher gehörigen Umstand einer privat Unterredung ja eines vertraulichen privat Spaßes unsers verstorbenen Freundes vor den Augen des spottenden oder trauernden Publicums zur Schau gestellt sah. Wie unschicklich wie schief handelt doch selbst der beste redlichste Mann wenn er in Hitze geräth oder sein beleidigtes Ich vertheidigen zu müssen glaubt. Denn daß dies der Fall bey J. sey sieht man durchs Ganze, insonderheit aber da wo er sich auf eine von Ihnen gegebene Hofnung Ihre Morgenstunden im Manuscript zu sehen, stützt, die Sie nachher nicht zu erfüllen für besser fanden. — Doch ich will Sie nicht auch bis zum Eckel ins Detail dieser Sachen hinein führen, die Sie vielleicht schon mit dem Ihnen eignen Lächeln — bey Seite gelegt haben. Nur eins, liebster M. ist mir wichtig: ob ich es mir auch vorzuwerfen habe in dieser Sache zu viel gethan zu haben, das heißt zu freygebig mit den Auszügen auf Ihren Briefen gewesen zu seyn? Ich habs geglaubt bis dahin seyn zu können, seyn zu müssen, da ich diesen guten zu empfindlichen Mann kenne und wußte wie wichtig jedes Wort aus

Ihren Briefen das Beziehung auf ihn hatte, ihm war. — Sollt es geschehen seyn so vergeben Sie es dem falschen Urtheil eines Kopfes dessen Fehler sonst die Geschwäzigkeit nicht ist. Leben Sie wohl und lassen Sie mich ja bald ein tröstendes Wort von Ihrer Hand lesen.

Elis. R.

Von den privat Meinungen Ihres Gegners sag ich nichts. Es steht ihm frey sie zu haben, oder vielmehr, muß er sie so und nicht anders haben — nur daß unser Doctor bey deren Anschaun sich freute Ihnen damals gerathen zu haben den Spinozism im Allgemeinen zu bestreiten, das muß ich Ihnen doch noch sagen.

715

AN DEN FREIHERRN LEOPOLD VON HIRSCHEN

Hochwohlgebohrner Herr!
Hoch zu ehrender Herr!

Die Zuschrift womit Ew. Hochwohlgebohren mich beehrt haben beweist eben so wohl, daß die Wahrheit: meine Nation könne wie jede andere zum Nutzen des Staats gebraucht werden; demjenigen, den kein Vorurtheil hierin blendet, sehr klar einleuchtet, als daß auch das Vorurtheil wider meine Nation zu tiefe Wurzeln geschlagen, daß es leicht mit Stumpf und Stiel ausgerottet werden könnte. Ich sage: mit Stumpf und Stiel; denn es ist bey Vorurtheilen immer der Fall daß der mindeste zurück gebliebene Theil Saamen wird, und ehe man sichs versiehet, stehet ein neuer Stamm wieder da.

Jedes Vorurtheil muß daher oft und mit Nachdruck von den Schriftstellern begegnet werden, um den neuen Ausschuß in der ersten Blüthe zu ersticken. Nun ist zwar den forschenden Männern nicht viel daran gelegen, wer auch der Verfasser des Buches sei: er liest es, prüft die Gründe; und entsagt ihnen den Beyfall nicht den sie verdienen. Aber bey Leuten vom gemeinen Schlage wirken die Gründe nur etwas und das Mehreste muß die anerkannte Autorität des Schriftstellers und seine Uneigennützigkeit thun. Aus dieser Ursache habe ich es jederzeit mit größerm Vergnügen gesehen, wenn das Vorurtheil der Christen wider die Juden von einem Christlichen als von einem jüdischen Schriftsteller bestritten wird; und aus dieser Ursache scheinen mir auch die Maaßregeln, die Herr Schönemann genommen hat, um den Verdacht der Eigennützigkeit zu vermeiden, dem Zwecke gemäß. Ich möchte aber unvorgreiflich rathen, den Schein vollends zu vermeiden. Der Lohn, den der Buchhändler giebt und die Pränumerationen bringen, ist nicht der einzige Gewinn den ein Schriftsteller ziehen kann, der ein besonderes Interesse begünstigt. Juden müssen sich also gar nicht einmischen, um die großmüthige Absicht zu befördern. Sobald dies geschiehet, sobald muß sie auch gemißdeutet und übel aus gelegt werden. Ew. Hochwohlgebohren sehen also die Ursache, warum ich mich als ein Jude gar nicht damit befassen darf, aber es giebt noch eine andere, darum ich es nicht kann. Diese ist leider meine schwächliche Gesundheit; und ich habe schon mehrere Geschefte auf mich genommen, als mir meine gegenwärtigen Kräfte zu betreiben erlauben, und bin gezwungen, mir einen großen Theil derselben zu entschlagen.

Ich danke übrigens Ew. Hochwohlgebohren für die großmüthige Absicht und empfehle meine Nation zu Ihrer fernern Gewogenheit, ich aber bin in wahrer Hochachtung

Ew. Hochwohlgebohren

Berlin den 18ten October 1785. Moses Mendelssohn.

716

VON KARL GOTTHELF LESSING

Liebster Freund

Ich sehnte mich nach einer bessern Unterhaltung, als ich seit 3 Wochen ungefehr gehabt. Ich ärgerte mich, daß die so genannten klugen Leute nicht über sich selbst zu lachen vermögeten oder wenigstens sich nicht verriethen daß sie glaubten, die Dummen lachten über sie; da erhalte ich Ihren Brief! Daß Ihre Morgenstunden herauskommen sollten, hatte mir mein Schwager geschrieben; aber mir auch nicht Einen Aushängebogen davon zukommen lassen. Vielleicht aus Rache für meine Faulheit. Zu allem Glück hatte der ältere Korn ein Exemplar auf der Post bekommen. Ich verschlang es mehr als ich es laß; und als ich auf Ihre Erklärung des Spinozismus kam, ärgerte ich mich doch ein wenig, daß Sie Ihren Freund zum Vertheidiger desselben machten. Nicht eben, als wenn es ein so großes Unglück wäre, ein Spinoziste zu seyn, als vielmehr darum, weil Sie dazu keine andere Veranlassung hätten, als die paar Sätze in seinem theol. Nachlasse. Kann man, mein Gott! in seinem Leben nicht einmal das und jenes gedacht, für weise und gut gefunden haben; muß man deshalb sein ganzes Leben dieser Meynung gewesen seyn? Aber freylich ärgerte ich mich nicht mehr, nachdem ich Jacobis Briefe an Sie gelesen. Ehe ich Ihnen darüber aber etwas sage, so muß ich Ihnen doch eröfnen, daß J. vor Jahr und Tag seine Briefe, so er an meinen Bruder geschrieben, von mir zurückfoderte. Ich hatte aber dazu nicht Lust, weil er mir nicht einmal äußerte, mir des Bruders seine an ihn dafür zurückzugeben. Er mahnte mich aber noch einmal schriftlich, und der hiesige Buchhändler Löwe quälte mich in seinem Namen fast täglich und hinter einander, daß ich endlich ungeduldig wurde, und ihm seine Briefe schickte, ohne eine Abschrift davon zu behalten. Was ich mich daraus besinne, betraf mehr sein eignes Privatleben, und seine Briefe hatten mehr den freygeisterischen Ton. Sie schienen mir in keinem Betracht sehr wichtig. Ich habe mir manchmal recht den Kopf zerbrochen, warum er seine Briefe so ängstlich fordere. Mögen nicht ein paar derbe Gegensätze von seiner jetzigen Denkungsart darin gewesen seyn? Was denn aber auch darin gewesen, so ist es doch von J. sehr unedel, daß er aus den Briefen meines Bruders Stellen anführt. Ich habe die seinigen nicht bekannt gemacht, und so mußte er es auch mit meines Bruders seinen machen. Was würde der H. für Geschrey erregt haben, wenn ich ihn daraus zum Ungläubigen demonstrirt hätte?

Glauben Sie aber nicht, liebster Freund, daß mein Bruder sich mit J. einen Spaß gemacht? Theils wollte er ihn ausforschen, ob er den Spinoza blos gelesen, und wie weit er ihn gefaßt oder nicht; und aus vielen Stellen ergiebt sichs gar offenbar, daß er ihn schraubte. Es war Laune und Schalkheit in ihm, das Gegenteil von dem zu behaupten, wovon der andere sehr eingenommen schien; nicht in

der Absicht ihn eben zu einem Isten zu machen, sondern den Grad seiner Beurtheilungskraft zu erforschen. Ich habe mir vorgenommen, J. Briefe noch einmal zu lesen und dann an ihn selbst zu schreiben. Ich werde Ihnen vorher den Brief mittheilen. Ich werde thun, als wenn ich mir seine Briefe kopiert hätte, und ihm drohen, sie drucken zu lassen. Doch ehe ich dieses alles thue, muß ich Ihre Morgenstunden noch studiren, denn ich habe sie nur gelesen. Und dann davon ein Mehreres! Glauben Sie aber nicht, nun dadurch zu J. Sinnesänderung beyzutragen. Er schwärmt und heuchelt zu gleich; und eher wird der größte Schelm zum ehrlichen Mann, als ein solcher zur halben Vernunft kömmt. Sie werden Sich doch nicht sehr in der Folge mit ihm befassen?
Leben Sie recht wohl! Könnte ich doch manchen Abend nur bey Ihnen seyn.

Ganz der Ihrige

Breslau den 19 Oktober 1785 Lessing

Aber noch eins! Habe ich denn den J. recht verstanden? Wenn er philosophirt, ist er mit dem Bruder eins. Heißt das nicht, wenn es auf Gründe ankömmt denkt er wie der Bruder? Er will aber erleuchteter erscheinen, er will weiter gehn, als er? Was thut er? Mein Bruder sagt zu ihm: er macht einen salto mortale; zu mir hätte er gewiß gesagt: Du brauchst das vehiculum aller Faullenzer; aller die von ihrem i c h so große Idee haben; die weil sie nicht über den Graben setzen können, an demselben sich hinstrekken und sich die albernsten Dinge, von dem, was diesseit deselben ist, weißmachen lassen; oder wenigstens so scheinen. — Meine schwache Vernunft begreift es auch nicht, wie das Endliche aus dem Unendlichen, das Beschränkte aus dem Unbeschränkten, so daß beydes was verschiedenes ist, entstehe. Ein absolutes Individuum ist mir so reell, als ein individuelles Absolutum. Ehe wir offenherzig bekennen, weiter kann ich wenigstens nicht mit meiner Vernunft reichen: ehe wollen wir lieber das absurdeste glauben, das aller Vernunft widerspricht: aus dem Grunde S. 34: es giebt keine natürliche Philosophie des U e b e r n a t ü r l i c h e n und doch ist beydes offenbar vorhanden. Daher denn beydes o f f e n - b a r vorhanden? Liebster Freund, so bald der Mensch gläubig seyn will, so wende er sich an einen türkischen christlichen oder so einen Pastor Götz, und laß die vernünftigen Leute ungeschoren. Leben Sie recht wohl! Das wäre nicht mein Mann! trotz aller Hochachtung die er für mich hätte.

Lessing

717

AN ELISE REIMARUS

Auch mir, theuerste Elise! ist der übereilte Streich des Herrn Jacobi höchst empfindlich; und mit aller überschwänglichen Herzensgüte, mit welcher Sie seine Schuld zu verringern wissen, ist die Unbesonnenheit doch unverzeihlich. Es liegt so etwas verschobenes, so etwas verwickeltes in dem ganzen Betragen dieses Mannes, darein ich mich nicht finden kann. Wenn er mich in Verdacht haben kann, ich würde ihn als einen Sachwalter des T. öffentlich aufstellen, warum suchte er meine Bekanntschaft? Warum ist er Anfangs so vertraulich, um hernach, ohne Grund und Ursach, so argwöhnisch zu seyn? Ist seine Eigenliebe so zündbar, warum kommt er dem Feuer so nahe? Warum ist er von der einen Seite so keck, um von der andern so furchtsam zu seyn? stößt seinen Nebenmenschen ins Feuer und flieht? reißt Andern die Maske oder wohl gar die natürliche Haut vom Gesicht, um seine eigene Larve undurchdringlicher zu machen. Ich liebe den Umgang mit solchen Leuten nicht, theuerste Freundinn! und bin fest entschlossen, allen P r i v a t - B r i e f - w e c h s e l mit Hrn. Jacobi von nun an aufzuheben. Was wir uns einander zu sagen haben, soll öffentlich geschehen. Ich werde nächstens antworten, werde mich hüten, Gleiches mit Gleichem zu vergelten. Sie können vollkommen versichert seyn, daß ich nicht eher die Feder ansetze, bis ich völlig von aller Empfindlichkeit frey bin. Aber die Wahrheit muß er ein wenig hören; und das Andenken unseres Lessing muß in Schutz genommen werden, so viel meine Kräfte erlauben.

Wie kommen Sie aber darauf, meine Theuerste! sich selbst einen Theil der Schuld aufzubürden? Sie haben sehr wohl gethan, daß Sie ihm die Auszüge aus meinen Briefen mitgetheilt. Wer sollte sich so etwas von einem solchen Manne versehen? Leben Sie wohl, verehrungswürdige Freundin! Beruhigen Sie sich! ich vergebe dem Hrn. Jacobi, so wie Sie ihm vergeben; aber entschuldigen kann ich ihn nicht, seinen Privatumgang kann ich nicht mehr wünschen. Empfehlen Sie Ihrem theuren Bruder

Ihren
aufrichtigen Freund,
Berlin den 21 Oct. 1785. Moses Mendelssohn.

Von Hennings sagte mir mein Sohn, er sei nicht zu Hamburg, sondern auf einer Reise im Holsteinschen. Sobald ich weiß, daß er zurück ist, schreibe ich ihm sicherlich. Wie könnte mir dieser Rechtschaffene je gleichgültig werden?

718

VON KARL WILHELM FERDINAND HERZOG VON BRAUNSCHWEIG

Braunschweig, 21. October 1785

Hochgeehrter Herr
Ich habe dero Schreiben nebst Ihrer Schrift über das Daseyn Gottes zu erhalten das Vergnügen gehabt und ich bin Ihnen für einen so schätzbaren Beweis Ihres Andenkens ausnehmend verbunden. Eine Schrift von Ihnen über einen so erhabenen Gegenstand ist das interessanteste Geschenk für die Menschheit. Es gereichet mir zu einem wahren Vergnügen Ihnen meine Verehrung und die vollkommene Hochachtung ausdrücken zu können. ...

719

VON KARL GOTTHELF LESSING

Breslau den 24 Oktober 1785.

Nun, bester Freund, habe ich Jacobis Briefe über die Lehre des Spinoza ganz gelesen und bis S. 162 gereut es mich auch nicht. Aber von da an wird er einem L a v a t e r ziemlich ähnlich, den er auch fleißig anführet. Und da er sich von da an auf seinen innren Sinn, auf sein individuelles Gefühl, auf sein Θειον λογον, das die Heiden Dämon genannt, so lavaterisch beruft, so ströme ich mit meinem innern Gefühl auch heraus und sage: o lavaterscher Jacobi! so zu saalbatern hättest du gegen meinen Bruder dich nicht getraut! Daß du ihn zu einem Spinozisten gemacht, weil du seine Schraubereyen nicht recht verstanden, ist kein großes Unglück; aber daß er dein vertrauter Freund vor der Welt gewesen zu seyn scheinen muß, Schade!

Im halben Ernst! Nachdem ich diesen Jacobi gelesen, fiel mir jener Tollhäusler ein, der von allen Tollen ganz richtig urtheilte, und den die Besucher auch für einen ganz gescheuten Mann hielten, bis er von einem Wahnsinnigen versicherte, daß er nicht Gott der Sohn seyn könnte, weil er als Gott der Vater es wohl wissen müßte!

Aber so neu kömmt mir bey alledem der Jacobi nicht vor. So haben alle klugen Bibeltheologen gedacht; so reden alle Schwärmer, werden Sie sagen, und ich sage: so reden alle Herrenhutter Quaker etc. wenn sie nicht Schwärmer sind, sondern solche Weltkinder wie ich bin, auf den rechten Weg zu bringen denken. Und wenn dieser innre Sinn bey mir sich regt: werde ich mich zu ihnen wenden. Von der menschlichen Vernunft wollen sie nichts wissen. Was würde dann aus einem Lavater, Herder etc. werden? Ich sehe auch im Voraus, sie werden Ihnen mehr zu schaffen machen, als alle Vernunfttheologen. Von der Vernunft wollen sie nichts; und Sie können ihnen nichts als Vernunft sagen. Wenn Sie sagen, daß Ihre Religion sie mehr als uns die christliche berechtigt, Ueberzeugung zu suchen; so lesen Sie von S. 164 bis 66, wenn Sie es nicht

im Mskte recht lesen konnten. Was ist denn eine verkommene Vernunft! S. 166. Wer Ein * * * S. 174?
Mein Bruder sagte zu J, da er zu schwärmen anfing, Worte, Worte! und mehr habe ich von S. 163 bis Ende auch nicht sagen können.
Ich schreibe nun nicht an Jacobi, wie ich Ihnen in beyliegendem Briefe, der auf die Post zu geben vergessen wurde, meldete. Wenigstens weiter nichts, als ich bäte mir meines Bruders Briefe zurück, und wenn ich diese nicht erhielte, so wäre ich genöthigt, seine drucken zu lassen, wovon ich Abschrift hätte. — Doch nein; ich schreibe gar nicht an ihn. So einen innren Sinn habe ich nicht, und wünsche mir ihn auch nicht. Und hier habe ich Ihre Morgenstunden. Da kann doch unser einer mit sprechen? Und darf sein Bischen Vernunft nicht vor die Säue werfen lassen?
Leben Sie recht wohl. Und Gott gebe Ihnen, da Sie die Jacobis schwerlich ändern werden, wenn Sie selbst daran zweifeln, Geduld, sie zu ertragen, oder die Lage, worinn Sie niemanden blos becomplimentiren dürfen. Voltaire hat doch wohl den besten Theil erwählt, daß er dabey blos lachte. Freylich das Lachen beweiset nichts: aber würde denn Belohnung würken?

Ganz der Ihrige
Lessing

720

AN AUGUST HENNINGS

Da ich vermuthe, daß Sie, mein theuerster Freund! nunmehr von Ihrer Reise zurückgekommen seyn werden; so gebe ich mir die Ehre, hierbey ein Exemplar von meinen Morgenstunden zu übersenden. Die scholastische Grübeleyen, in die ich mich habe einlassen müssen, dürften zwar, bei Ihrem thätigen Leben, Ihre Sache nicht seyn. Auch ich bin itzt nicht mehr dafür, ob ich sie gleich vormals außerordentlich liebte. Es ist aber die Schuld der Skeptiker und Vernunftfeinde in und außerhalb der Religion, die die Sache so fein zu spinnen angefangen, und dadurch dem Vertheidiger die Pflicht auferlegt, ihren Faden zu verfolgen, und die feinen Knoten, die sie mit künstlicher Hand geschlungen, mit eben so künstlicher Hand wieder aufzulösen. Die folgenden Theile sollen hoffentlich schon mehr für den schlichten Menschenverstand seyn.

Mein Sohn Joseph, der sich einige Wochen zu Hamburg aufgehalten, hat sehr gewünscht, Ihre von mir so sehr empfohlene Bekanntschaft zu machen. Allein Sie waren damals auf einige Zeit verreiset, und er kehrte zurük, ohne Sie gesehen zu haben. Dieses that mir herzlich leid. Sie hatten vormals die Güte unser Hausfreund zu seyn, und ich wünschte dieses Band von Neuem durch meinen lieben Sohn zu befestigen. Leben Sie indessen wohl! Ich schicke ihn vielleicht künftigen Sommer wieder nach Hamburg, und er kann das Unterbliebene nachholen.

Ihr
aufrichtiger Verehrer und Freund
Berlin den 5. Nov. 1785. Moses Mendelssohn.

721

AN CHRISTIAN GARVE

Berlin den 7 Nov. 1785.

Der Buchhändler Voß hat Ihnen, mein sehr verehrungswürdiger Freund! ein Exemplar von meinen „Morgenstunden“ in meinem Namen von Leipzig aus zugesandt; und dieses wird, wie ich vermuthe, nunmehr in Ihren Händen seyn. Ich habe vor der Hand nichts hinzuzuthun, als die inständigste Bitte, diese kleine Schrift in einer müßigen Stunde durchzulesen; alsdann auch die Broschüre, welche Hr. Jacobi bei Löwe in Breslau hat drucken lassen, über die Lehre des Spinoza betitelt, zu lesen, und mich Ihre aufrichtigen Gedanken über das Betragen dieses Mannes wissen zu lassen. Sonderbar! der Mann kennt mich nicht, ich kenne ihn nicht. Er fordert mich durch eine dritte Person zu einem Briefwechsel auf; und macht ohne meine und dieser Person

Erlaubniß, ohne unser Vorherwissen aus diesem Briefwechsel bekannt, was ihm beliebt: aus Furcht, wie er vorgiebt, ich würde den statum controversiae unrichtig angeben, oder ihn gar selbst öffentlich mißhandeln; — nichts von der unwürdigen Art und Weise zu sagen, wie er Lessing mitspielt, der sein Freund gewesen seyn soll. Mit einem Worte, mir ist diese ganze Verfahrungsart so fremd, daß ich ihr noch gar keinen Namen zu geben weiß. Ist es Unbesonnenheit, Schwachheit oder böser Wille? Will Jacobi heucheln oder schwärmt er in der That? will er den Atheismus oder den blinden Glauben predigen? Ich mag annehmen, was ich will, so bleibt mir noch manches in seinem Betragen unerklärbar.
Ich bin jetzt noch zu empfindlich, um ihm zu antworten. Ich will reiferer Überlegung Raum lassen, und mir vorher von einsichtsvollen, billig denkenden Männern ihre Gedanken ausbitten. Leben Sie wohl! und denken Sie in einer müßigen Stunde an

Ihren Freund und Verehrer,
Moses Mendelssohn.

722

VON LEOPOLD FRIEDRICH FRANZ HERZOG VON ANHALT-DESSAU

Dessau, 20. November 1785

Ich sehe mit Zufriedenheit, daß die Vernunft einen Mann zum Vertheidiger gefunden, den Deutschland schon längst unter seinen ersten Weisen nennt. Vollbringen Sie Ihr angefangenes edles Unternehmen, und sind Sie des Sieges über Ihre Widersacher, so wie des Beifalls der Welt gewiß. . . .

723

VON AUGUST HENNINGS

[November 1785]

Sie haben, würdiger Mann, durch Ihre Morgenstunden mir ein sehr angenehmes Geschenk gemacht, noch mehr aber durch Ihr freundschaftliches Andenken erfreuet, da ich mich von Ihnen vergessen glaubte. Daß Sie der Philosophie wie einer Todfeindin ausweichen, glaubt man Ihnen nicht auf Ihr Wort, wenn man Ihren Gedanken folgt, und wenn man Ihnen Recht geben wollte, daß Ihre Philosophie nicht mehr die Philosophie der Zeiten ist, müßte man nicht wissen, daß Sie in Ihren Briefen zuerst den Attischen Ton mit dem Tiefsinne des spekulativischen Nachdenkens verbanden, und der Schönheit und Wahrheit, so wie Sokrates den Grazien, opferten; daß Sie in den Literatur Briefen Deutschlands Geschmak bildeten und zeigten, wie gerade auf dem schlichten Pfade der Vernunft die Blumen blühen, die das wahre Genie pflückt, und wie eben dadurch der Flug in die Aussichten richtig gelenkt wird, in denen sich die Einbildungskraft eines Homers verliehrt, und daß Sie den Philosophisch oder Theosophisch-Schwärmerischen Sturm unseres Zeitalters oft durch ein vernünftiges quos ego! zu besänftigen suchten, welches mehr dazu beytrug, die Philosophische Ruhe wiederherzustellen, als jenes Gebieten des Meer-Gottes die Stille der Wellen, da in der bilderischen Sprache so wie in der natürlichen die milden Strahlen der Sonne mehr zur Besänftigung der Stürme beytragen, als das Zürnen des Meers.

Ihr Herr Sohn, mein theuerster Freund, mußte mich freilich in Altona verfehlen, da ich seit einem halben Jahre diesen Ort verlassen und mich hier zu wohnen begeben habe. Warum, weiß ich selbst nicht. There is a fate in every thing, schrieb ein Engeländer an seinen Freund, und erschoß sich. Ich habe mich nicht erschossen, ob ich aber noch lebe, weiß ich auch nicht. Meinen Lebensgeistern sind wenigstens fast alle Zugänge ab[ge]schnitten, und wenn mir solch ein Licht leuchtet, wie Ihre Morgenstunden, ist mirs daher, als ob eine Erscheinung die Dunkelheit um mich durchbräche. Sie läßt freilich das Dunkle um mich; zeigt mir aber doch, daß in der Ferne irgend wo Licht ist.

Leben Sie wohl bester Mendelssohn. Wenn ich itzt die Ruhe des Lebens so anhänglich liebe, wie meinen . . .

724

VON ELISE VON DER RECKE

Berlin, d: 18 Dez: 1785.

Hier mein Verehrungswürdiger ist die Nadtel von Lessings Haaren, nur sechs solche fiehlen aus den Haaren Ihres Freundes, welche mir als heilige Reliquie gegeben wurden. Nickolai, Becker, unsre Herzogin und ich, wir werden dieß Zeichen unsrer Verehrung für Ihren Freund mit Ihnen tragen. Mir soll dieß Andencken Lessings beständige Ermunterung seyn, Ihrer Freundschaft werth zu werden.

Ich bin so dreuste Ihnen Verehrungswerter, ein Blad von einem Briefe meiner Freundin, der Gräfin von Brühl, zuzuschicken, lesen Sie es, Sie werden daraus ersehn, wie sehr diese gute Seele Sie verehrt. Würde Sie das Glück Ihrer Bekanntschaft genießen, Sie schenkten dieser edlen Frau gewiß Ihre Freundschaft. Jetzt mein Verehrungswerter, werden Sie der guten Seele und mir die Freude nicht versagen, ihr dieß weiße Blädtgen, durch Züge ihrer Hand zu heiligen.

Den Brief meiner Freundin erwart ich zurücke, weil ich Morgen an sie schreibe.

Ich bin mit einer Hochachtung die sich nur fühlen, nicht aber sagen läßt Ihre ehrende Freundin

./. Elise ./.

725

VON SOPHIE BECKER

d 22 Dec: [1785]

Verzeihen Sie verehrungswürdiger Freund diese Zeilen, zu denen mich ein Auftrag meines Bruders den ich gestern mit der Post erhielt veranlaßte — Hier sind seine Worte: „Herrn Moses meinen brüderlichen Kuß, wofern es nicht zu stolz von mir ist. Meine Liebe sag ihm hat keine Schranken. Ach liebe Sophie, ich bin ein unglücklicher Theologe! Nicht, daß die Menschen nicht alle zu irgend einer der Klassen gehören müßten worinnen nun einmal alle Adamskinder getheilt sind; aber die Theologen sind der verzerteste Schlag Menschen" Lassen Sie mich immer zur Beruhigung seines Herzens schreiben daß Sie ihn auszunehmen wissen und seinen Kuß erwiedern! Beyliegendes Päckchen ist für meinen lieben kleinen Nathan. Nach den Feyertagen hoffen wir Sie wieder zu sehn, heute ist die gute Elisa nicht ganz wohl, die Herzogin ist heute Abend bey ihr, und ich bin bey Nicolai. Leben Sie wohl Edler! Bester Mann!

Sophie Becker.

726

AN SOPHIE BECKER

Theuerste Sophie!
Scheut Ihr lieber Bruder nicht meinen grauen Bart, so lasse ich mich warlich auch nicht den schwarzen Rock abhalten, daß ich meine Brust an die Seinige drücke, in welcher ein so würdiges Herz schlägt. Es ist überhaupt mit der Familie B e c k e r eine eigene Sache. In welchen Stand sie auch treten, und unter welcher Form sie erscheinen; als Hofdamen oder Schäferinnen, Priester oder Solotänzer, sie behalten ihren Werth als Mensch unverändert, und werden von jedwedem geliebt, der diesen Werth zu schätzen weis.

Ueberhaupt aber bin ich dem geistlichen Stande so abgeneigt nicht, als Ihr Bruder selbst zu seyn scheinet. Jeder Stand hat seine Schwachheit; und die des geistlichen Standes fallen mehr auf, je verehrungswerther sein Beruf an sich selbst ist. Je edler ein Ding in seiner Vollkommenheit ist, spricht ein hebräischer Schriftsteller, desto mehr Eckel erregt es in seiner Verderbtheit. So wie Deutschland noch itzt beschaffen ist, hat die Geistlichkeit noch die ganze Cultur und Sittlichkeit des Volks in Händen. Sie allein erhält Philosophie und sch. Wissenschaften in einigem Werth. Der Geistliche liest noch, wenn er auch im Amt ist; alle übrigen Stände gehen ihrem Geschäft nach, oder spielen.

Von Herzen bedaure ich die beiden unvergleichlichen Schwestern, wegen der Langen Weile die sie in den Tagen der öffentlichen Lustbarkeit haben werden, oder werden auch Sie daran Theil nehmen, beste Sophie? ich fürchte ja, und in diesem Falle nehmen Sie auch Antheil an meinem Erbarmen. Gute, liebe Seelen! welche Arbeit erwartet eurer! unseeligere Arbeit, als diejenige, welche Schröpfer, Cagliostro oder Mesmer den Betrogenen vorschreiben, die sich ihnen anvertrauen. Was ich aus Mitleiden thun kan, soll Ihnen indessen nicht entstehen. Ich will die Göttinn Eitelkeit, die zu Friedrichsfelde einige Verdrießlichkeit gehabt zu haben scheinet, zu versöhnen suchen; und sie flehen, auf einige Wochen sich auf der Neustadt in dem Cesarschen Hause mit ihrem ganzen Gefolge einzufinden, daselbst ihren Altar zu errichten, und täglich einige von ihren Kammerjungfern nach der Kochstraße abzusenden, um auch Elisen und ihre Freundinn einzuladen. Die Philosophie wird Anfangs sauere Gesichter machen; aber sie wird so bescheiden seyn, zurück zu weichen, und sich begnügen, zu beobachten und über die Sitten der Menschen Glossen zu machen, und die Langeweile mag indessen ins Comödienhauss gehen und die Hochzeit des Figaro aufführen sehen. Vielleicht fällt in der Zwischenzeit auch ein Stündchen für Mendelssohn ab, den die Philosophie allenfalls in einem Nebenzimmer unterhält, bis die alleinherrschende Göttin befriediget ist.

Mein kleiner Nathan nam das Geschenk so auf, als wenn er darauf gerechnet hätte. „Dieses schenkt mir Sophie?“ sprach er; „schön! Sie hat mir es auch versprochen; und nun will ich es auch meiner Braut schenken, aber erst ein wenig selbst damit spielen.“ Guten Morgen, meine Theuerste! ich gehe an meine Ruderbank. Erhalten Sie mich in gutem Andenken bey den beiden unvergleichlichen Schwestern.

Den 23 Dec. 1785 Moses Mendelssohn

727

VON SOPHIE BECKER

Glauben Sie nicht, theuerster Freund, daß ich nun, durch Ihre gütige Herablassung dreist, Ihre kostbare Zeit an mich zu reissen suche! Dieser Eingang ist nöthig, damit sie ruhig fortlesen. Freylich nimmt auch das schon einige Minuten weg; aber theils rechn' ich auf die Muße der Feyertage, theils sag' ich mir selbst, daß ich außer diesen Zeilen nicht weiter an Mendelssohn schreiben werde. Mit diesen Gründen wiegt mein volles Herz den Verstand ein und ich schreibe. Ihren Brief, für den ich Ihnen den wärmsten Dank sage, hab' ich meinem Bruder mit der heutigen Post zugeschickt; es versteht sich, nur als ein heiliges Depositum. Sie haben Recht, mein guter Bruder sieht seinen Standort als Geistlicher in einem zu schwarzen Licht. Was Sie über ihn sagen, ist aus meiner Seele genommen; nur daß ich meine Gedanken darüber nicht so gut ausdrücken konnte, diese Gedanken auch aus dem Munde eines Weibes nicht den Nachdruck erhalten, den sie als Vorstellungen der Seele eines bekannten Weisen und Philosophen erhalten müssen.
Wenn ich Ihnen sagte, daß mein volles Herz mich die Feder ergreifen hieß, so wolt' ich nur so viel ausdrücken, daß meine Seele in gegenwärtger Stunde von so mancherley dunkeln Vorstellungen, und durch diese von so verschiednen Gefühlen bewegt wird, daß sie sich irgend wo ergießen muß. Sie waren der Erste, von dem ich glauben konnte, Sie würden mich verstehen, oder da, wo ich mich selbst nicht verstehe, Licht hinhalten können. Ich sitze hier einsam mit so mancherley Betrachtungen über Menschenschicksal beschäftigt; Elisa halb krank, liegt im Nebenzimmer und spricht mit einem Freund, — meine Seele ist gleichsam auf allen Seiten ange-

strengt. — Plötzlich ertönt ein Weynachtsgesang auf der Straße! Welche schnelle Veränderung erfährt mein ganzes Wesen. — Ich bin Kind, alle genossenen Freuden dieser Zeit erwachen mit ihren religiösen Beziehungen. Ich empfinde gleichsam noch einmal den süßen Taumel, in dem ich mich befand, wenn ich mein auswendig gelerntes Weyhnachtslied meinen Eltern herbetete, das Kind in der Krippe meiner Phantasie so lebhaft vorstellte, und es so herzlich als meinen Gott anbetete, und dann wieder voll Dankbarkeit und zärtlicher Thränen hörte, daß er sich meinen Bruder nenne. Diese Bilder traten in so hellen Farben vor meine Seele, und — meine unwillkührlichen Thränen scheinen zu klagen: Sie sind nicht mehr! Welch ein Räthsel bin ich mir selbst? Spricht meine Vernunft nicht laut und deutlich genug, dort war keine Wahrheit; — hier liegt sie, und beglückt den Menschen, ohne seinen Schöpfer zu erniedrigen. Mit ihr bist du aller Widersprüche überhoben, die schon deinen kindischen Kopf bisweilen verwirrten? Ja sie spricht alles diß; aber es ist, als wenn in meinem Herzen eine Leere wäre. Verweben sich die ersten Eindrücke der Kindheit mit unsern Nerven, die der Tod abschneidet, oder bleiben sie in der Seele? Welche Frage! — Theuerster Freund, wie sind Sie bey Ihrem gefühlvollen Herzen über diese ersten falsch religiösen Empfindungen hinweggekommen, ohne überhaupt kälter geworden zu seyn? Mich dünkt, ich bin jetzt weder so dankbar, noch so feurig in meinen Gesinnungen gegen Gott. Als ich mir den Gottmenschen dachte, kostete es mir nicht viel Anstrengung mit ihm zu sprechen, ihm meine Bedürfnisse zu erzählen, ihm meine Leiden zu klagen; wenn ihn meine Einbildungskraft nicht als Gott erreichen konnte, hielt ich mich an seine Menschheit. O wie wohl that mir die Stelle von ihm: „Er wäre deswegen uns gleich worden, hätte deswegen unsre Leiden übernommen, damit er uns in den unsrigen verstehn und helfen könnte." — Wie ungereimt erscheint diese Erklärung für die Vernunft; das Vollkommnere könnte also keine Vorstellung vom Unvollkommnern haben, ohne selbst erst unvollkommen zu werden? Aber ich betete doch bey jener Vorstellung öfter? Jetzt kann ich den Gedanken „Gott" nicht fassen; — ich kann nur bey der Betrachtung der Natur und der so mannichfaltig wirkenden Kräfte in derselben bewundern, erstaunen und verstummen. Meine Gebete werden nicht mehr Worte, denn bey diesen muß ich mir einen

denkbaren Gegenstand denken, sie sind bloß Gefühle, die nur durch Thränen sich ausdrücken. Daher hab' ich auch keinen Sinn mehr für den öffentlichen Gottesdienst, und bin ganz kalt dabey. So sieht es in meiner Seele aus, theuerster Freund; nur Ihnen leg' ich sie so offen dar. Rathen Sie mir, auf welche Art ich es anfange, meinem Herzen den Gott näher zu bringen, den mein Verstand im Sandkorn, wie in der Sonne, anbetet. Die gesunde oder reine Vernunft scheint mir gar zu kalt. Das Gesetz bey den Juden, welches ihnen vorschrieb, wenn sie anbeten wolten, ihr Gesicht gegen Jerusalem zu richten, ist ziemlich starker Beweis, daß der Gesetzgeber die menschliche Seele kannte. — Ach das Universum ist uns zu groß, wir finden Gott nicht drin; wir müssen die Augen gleichsam auf einen bestimmten Fleck vesthalten, um zu ihm zu reden! —
Von den bevorstehenden Vergnügungen, um die Sie uns bedauern, möchten Elisa und ich nur wol ein paar Opern mitnehmen, besonders da Erstere schon bey Hof Abschied genommen hat, und sich auch nicht wohl befindet. Unser gemeinschaftliches Erbarmen betrift also die liebe Herzogin, der ich heut die Stelle aus Ihrem Brief vorlas. Sie zuckte die Achseln, freut sich aber doch, daß die Lustbarkeiten unserm Moses Gelegenheit gegeben, seine Gesinnung gegen sie und uns so angenehm an den Tag zu legen. Wir alle hoffen Sie, theurer Freund, in diesen Feyertagen zu sehn und zu sprechen. —
Mein kleiner Nathan verdient Freunde zu haben, weil er so fein auf ein gegebenes Wort bauen kann. Möchte er nie betrogen werden!

Ihre
ganz ergebene
Sophie Becker

Den 24 Dec. 1785. Abends.

728

AN SOPHIE BECKER

Theuerste Sophie!
Meine Maxime ist, ich lasse mir kein Vergnügen entgehn, das mit irgend einer Vorstellungsart verbunden ist. Meine Vernunft muß

nicht spröde thun, und mir die unschuldigen Vergnügen dieses Lebens verleiden wollen. Die Philosophie soll mich glücklicher machen, als ich ohne dieselbe seyn würde, und dieser Bestimmung muß sie treu bleiben. So lange sie eine gute Gesellschafterin ist, und mich auf eine angenehme Weise unterhält, bleibe ich bey ihr. So bald sie vornehme, frostige oder gar saure Geister macht, und üble Laune bekömmt, laße ich sie allein, und spiele mit meinen Kindern.

Ziemlich epikurisch, werden Sie sagen. Es kann seyn! Ich wähle auch aus den Systemen der Weltweisen immer dasjenige, was mich glücklicher und zugleich besser machen kann. Eine Philosophie, die mich mismuthig, gegen andre Menschen oder gegen mich selbst gleichgültig, gegen Empfindung des Schönen und Guten frostig machen will, ist nicht die meinige.

Was populäre Religionsbegriffe betrift, so dünkt mich, daß die angenehmen Empfindungen, die sie mit sich führen, größtentheils sich auf Wahrheit gründen, die ihnen zum Grunde liegt, und bloß durch falschen Zusatz verdunkelt worden ist. Die Allgegenwart Gottes z. B. wird in Ihrer Religion gar zu sehr versinnlicht, und nach einigen bis zur Menschheit herabgesetzt. Allein im Grunde können wir uns, auch der Vernunft nach, die Gottheit nicht stark, nicht lebhaft genug als g e g e n w ä r t i g vorstellen, und alle Versinnlichung reicht nicht hin, uns den Enthusiasmus mitzutheilen, den wir bey dieser Vorstellung haben solten. Ich halte mich also an populäre Religionsbegriffe so lange, bis meine Vernunft stark genug ist, mir den Abgang der angenehmen Empfindungen anderweitig zu ersetzen. Ich freue mich mit jedem Religionsgebrauch, der nicht zu Intoleranz und Menschenhaß führt, freue mich, wie meine Kinder, mit jeder Ceremonie, die etwas Wahres und Gutes zum Grunde hat, suche das Unwahre so viel möglich abzusondern, und schaffe nichts ab, bevor ich dessen gute Wirkung nicht durch etwas Besseres zu ersetzen im Stande bin.

Wenn Sie Geduld genug gehabt haben, theuerste Sophie, meine Morgenstunden durchzulesen: so werden Sie auch die Stelle bemerkt haben, wo ich von der Schwierigkeit handle, die Erhabenheit Gottes in der stärksten Verbindung mit dessen allbarmherziger Herablassung zu denken, und unserm Lessing ein großes Verdienst um diese wichtige Wahrheit zuschreibe. Mich dünkt, Sie be-

finden sich jetzt in dem Fall, da Ihnen diese Erwägung gute Dienste leisten kann. Mit Ihrem Kopf und Ihrem Herzen werden Sie keine sonderliche Anstrengung brauchen, diese Lehre in ihrem ganzen Umfang zu fassen und wahren Trost und Beruhigung zu finden.
Sie sagen, der Weltweise bete nicht, wenigstens nicht laut, nicht mit Gesang; sondern höchstens in Gedanken. Beste Sophie! Wenn seine Stunde kömmt, und er zum Beten gestimmt ist, so wird er wider seinen Willen in Wort und Gesang ausbrechen. Der gemeinste Mensch, dünkt mich, singt nicht, daß Gott ihn höre und an seinen Melodien Gefallen finde. Wir singen unserthalben, und das thut der Weise so gut als der Thor. Haben Sie je die Psalmen in dieser Absicht gelesen? Mich dünkt, viele Psalmen sind von der Art, daß sie von den aufgeklärtesten Menschen mit wahrer Erbauung gesungen werden müssen. Ich würde Ihnen abermals meine Uebersetzung der Psalmen vorschlagen, wenn es nicht zu viel Autorschwachheit verriethe. So viel ist gewiß, mir haben die Psalmen manche bittere Stunde versüßt, und ich bete und singe sie, so oft ich ein Bedürfniß zu beten und zu singen bey mir verspüre.
Leben Sie wohl, theuerste Freundin! Empfehlen Sie mich unsrer würdigen Frau Baronin, deren Befehl ich erwarte, wenn ich das Vergnügen haben soll, Sie zu sehn.

Den 27 Dec. 1785. Moses Mendelssohn

729

VON SOPHIE BECKER

d 30 Dec: [1785]

Wie sehr bin ich Ihnen theuerster Freund für Ihren Brief verbunden. Ich werde von demselben so wohl als von allen Ihren Schriften für meine Ruhe und Heiterkeit den besten Gebrauch zu machen suchen. — Unsere Freundin Elisa, oder die Kammerherrin, trägt mir auf Ihnen zu sagen sie hätte viel zu viel Achtung für die Stunden eines Mendelssohn, als daß sie ihm zu bestimmen wagte welche er ihr schenken soll; aber kommen Sie theurer Mann, wenn Sie nur kommen können, Elisa sieht jeden Besuch den Sie ihr gönnen nicht allein für einen rührenden Beweis Ihrer Freundschaft, sondern in ihrer jezigen Kränklichkeit für Arzney an. Sie kömt noch in einigen Tagen nicht aus dem Hause, u ist also stets im Stande Ihren Umgang zu geniessen. Ich brauche wohl nicht hinzu zu sezen wie sehr auch ich an der Freude desselben Antheil nehme.

Nach herzlichem Empfehl an die Ihrigen nenne ich mich Ihre

ergebene Sophie

MOSES MENDELSSOHN
GESAMMELTE SCHRIFTEN. JUBILÄUMSAUSGABE

In Gemeinschaft mit F. Bamberger, H. Borodianski (Bar-Dayan), S. Rawidowicz, B. Strauss, L. Strauss begonnen von I. Elbogen, J. Guttmann, E. Mittwoch, fortgesetzt von Alexander Altmann in Gemeinschaft mit H. Bar-Dayan, E. J. Engel, L. Strauss, W. Weinberg

Gliederung

I. Deutsche Schriften

Band 1
E

Schriften zur Philosophie und Ästhetik I
Bearbeitet von Fritz Bamberger
Berlin 1929 (1971)
Geleitwort von Alexander Altmann. — Vorwort der früheren Herausgeber. — Einleitung von Fritz Bamberger.
Philosophische Gespräche — Über die Empfindungen — Von dem Vergnügen — Sendschreiben an einen jungen Gelehrten zu B. — Gedanken von der Wahrscheinlichkeit — Betrachtungen über die Quellen und die Verbindungen der schönen Künste und Wissenschaften — Betrachtungen über das Erhabene und das Naive in den schönen Wissenschaften — Bemerkungen zu „Über die Empfindungen" und zu den „Philosophischen Gesprächen" — Bemerkungen zu den „Philosophischen Schriften" (1761) — Philosophische Schriften (1771) — Zu Abbts Anmerkungen über einige Stellen in den Briefen über die Empfindungen
Anhang: Schreiben eines jungen Gelehrten zu B. an seinen Freund
Lesarten — Anmerkungen

Band 2

Schriften zur Philosophie und Ästhetik II
Bearbeitet von Fritz Bamberger und Leo Strauss
Berlin 1931 (1972)
Einleitungen der Bandbearbeiter
Bemerkungen und Entwürfe aus Kollektaneenbüchern — Zu Sulzers Essai sur le bonheur des êtres intelligens — Rezension des Essai de Psychologie von Bonnet — Pope ein Metaphysiker! — Sendschreiben an den Herrn Magister Lessing in Leipzig — Aus der moralischen Wochenschrift Der Chamäleon — Von der Herrschaft über die Neigungen — Rezension der Beurtheilung der Schrift usw. von Waser und Wieland — Briefe über Kunst — Vorschläge zu einer Aufgabe in der Beredsamkeit — Verwandtschaft des Schönen und Guten — Versuch, eine vollkommen gleichschwebende Temperatur durch die Construction zu finden — Kommentar zu den „Termini der Logik" des Mose ben Maimon — Zu einem Laokoon-Entwurf Lessings — Gedanken vom Ausdrucke der Leidenschaften — Abhandlung über die Evidenz — Zu Abbts Abhandlung vom Verdienste
Lesarten — Anmerkungen

pour la lecture des orateurs — IX. Lichtwer: Aesopische Fabeln — X. Berachja: Fabeln der Füchse — XI. Dusch: Schilderungen aus dem Reiche der Natur — XII. Meier: Anfangsgründe aller schönen Künste — XIII. Lichtwer: Das Recht der Vernunft — XIV. Burke: The Origin ... of the Sublime & Beautiful — XV. Gleim: Lieder, Fabeln und Romanzen — XVI. Batteux: Einleitung in die schönen Wissenschaften — XVII. Baumgarten: Aestheticorum Pars altera — XVIII. Warton: The Writings and Genius of Pope — XIX. Zimmermann: Von dem Nationalstolze — XX. Gessner: Der Tod Abels — XXI. Wieland: Lady Johanna Gray
Anmerkungen — Quellen — A. Titelangaben rezensierter Werke — B. Inhaltsverzeichnis der Bibliothek I—IV — C. Mendelssohns Sekundärmaterial

* *Band 5,1* M — *Beiträge Mendelssohns zu den Briefen, die neueste Literatur betreffend (1759—1765)*
Bearbeitet von Eva J. Engel
Einleitungen — Anmerkungen

* *Band 5,2* M — *Beiträge Mendelssohns zur Allgemeinen deutschen Bibliothek*
Bearbeitet von Eva J. Engel
Einleitung und Anmerkungen
Sachregister, Namenregister, Zeitschriftenregister zu den Bänden 4; 5,1 und 5,2

* *Band 6* M — *Kleinere Schriften*
Bearbeitet von Eva J. Engel und Alexander Altmann.
Mit Beiträgen von Simon Lauer
Anmerkungen zu Abbts freundschaftlicher Korrespondenz; Aufsätze zur Philosophie; Literarische und sprachwissenschaftliche Aufsätze; Gedichte; Stammbuchinschriften und Widmungen; Übersetzungen; Nachträge zu den Briefen.

Band 7 — *Schriften zum Judentum I*
Bearbeitet von Simon Rawidowicz
Berlin 1930 (1974)
Einleitungen:
I. Zum Lavater-Mendelssohn-Streit — II. Zu den „Gegenbetrachtungen über Bonnets Palingenesie" — III. Zu „Ritualgesetze der Juden" — IV. Zur Reform des Judeneides
Zueignungsschreiben Johann Caspar Lavaters an Moses Mendelssohn — Schreiben an den Herrn Diaconus Lavater zu Zürich — Erwiderung Mendelssohns auf eine Rezension seines Schreibens — Lavaters Antwort — Mendelssohns Nacherinnerung — Anmerkungen über die von HE Lavater eingeschickte Zusätze — Was ihn zu diesem Schritte bewogen? — Gegenbetrachtungen über Bonnets Palingenesie — Ritualgesetze der Juden — Zur Reform des Judeneides.
Anhang: Briefe und Dokumente zu Mendelssohns Auseinandersetzung mit Lavater und Bonnet.

Lesarten — Anmerkungen — Quellennachweis zu „Ritualgesetze der Juden"

* *Band 8* M

Schriften zum Judentum II
Bearbeitet von Alexander Altmann
Einleitungen
Manasseh Ben Israels „Rettung der Juden". Aus dem Englischen übersetzt. Nebst einer Vorrede von Moses Mendelssohn — Jerusalem oder über religiöse Macht und Judentum
Anmerkungen

* *Band 9* M

Schriften zum Judentum III
Bearbeitet von Werner Weinberg
Einleitung
Übersetzung der fünf Bücher Moses

* *Band 10* M

Schriften zum Judentum IV
Bearbeitet von Simon Rawidowicz, Werner Weinberg und Alexander Altmann
Einleitungen
Psalmenübersetzung — Salomos Hohes Lied übersetzt — Kleinere judaistische Abhandlungen — Predigten, Gedichte nach dem Hebräischen
Lesarten — Anmerkungen

Band 11 N, E

Briefwechsel I
Bearbeitet von Bruno Strauss
Berlin 1932. Mit Nachträgen von Alexander Altmann (1974)
Vorbemerkung von Bruno Strauss
Briefwechsel 1754—1762
Lesarten — Anmerkungen — Nachträge

* *Band 12,1*

Briefwechsel II,1
Bearbeitet von Alexander Altmann
Stuttgart-Bad Cannstatt 1976
Vorbemerkung von Alexander Altmann
Briefwechsel 1763—1770
Anmerkungen

* *Band 12,2*

Briefwechsel II,2
Bearbeitet von Alexander Altmann
Stuttgart-Bad Cannstatt 1976
Briefwechsel 1771—1780
Anmerkungen

* *Band 13*

Briefwechsel III
Bearbeitet von Alexander Altmann
Stuttgart-Bad Cannstatt 1977
Vorbemerkung von Alexander Altmann
Briefwechsel 1781—1785
Anmerkungen

II. Hebräische Schriften

Band 14 E	*Hebräische Schriften I* Bearbeitet von Haim Borodianski (Bar-Dayan) Breslau 1938 (1972) Vorbemerkung von Haim Borodianski (Bar-Dayan) Kohelet mussar. Kommentar zu den Millot hahigajon des Maimonides. Kommentar zu Kohelet. Sefer hanefesch. Or linetiba. Gedichte, Rätsel, Bemerkungen zu fremden Werken u. ä. Lesarten — Anmerkungen — Berichtigungen
* *Band 15—18* M	*Hebräische Schriften II, 1—4* Bearbeitet von Werner Weinberg Einleitung Kommentar zu den fünf Büchern Moses nebst deutscher Übersetzung in hebräischen Schriftzeichen
Band 19	*Hebräische Schriften III* Bearbeitet von Haim Borodianski (Bar-Dayan) Berlin 1929, dort Band 16 (1974) Briefwechsel
Band 20 M	*Deutsches Namen- und Sachregister* Bearbeitet von Dominique Bourel

BRIEFE VON UND AN MENDELSSOHN

Die kursiven Ziffern bezeichnen die Briefe an Mendelssohn, die geradestehenden die Schreiben von ihm.